# LES

# DOMINICAINS FRANÇAIS

## A L'ILE DE LA TRINIDAD

### (1864-1895)

PAR

## LE R. P. MARIE-JOSEPH GUILLET

De l'Ordre des Frères Prêcheurs

TOURS

ANCIENNE LIBRAIRIE ALFRED CATTIER

MARCEL CATTIER, ÉDITEUR

—

1926

# Les Dominicains Français

### à l'Ile de la Trinidad

Chapelle de la léproserie de Cocorite

(Vue prise en 1924)

# Les Dominicains Français

## à l'Ile de la Trinidad

### (1864-1895)

PAR

## Le R. P. Marie-Joseph GUILLET

DE L'ORDRE DES FRÈRES PRÉCHEURS

TOURS

ANCIENNE LIBRAIRIE ALFRED CATTIER

## MARCEL CATTIER, EDITEUR

—

1926

# AVANT-PROPOS

*L'histoire que nous présente en ce volume le R. P. Marie-Joseph Guillet, Frère-Prêcheur de la Province de Lyon, ne porte que sur un petit nombre d'années. Elle va seulement de 1864 à 1895 : Donc en tout trente et un ans !*

*En 1864, les Dominicains français arrivent à la Trinidad, colonie anglaise, et commencent à se dévouer dans cette île au salut des âmes. En 1895, la mission leur étant retirée, ils quittent Port-d'Espagne, à l'exception d'un certain nombre, et cèdent la place à des Dominicains de langue anglaise.*

*Le P. Guillet, l'auteur de cet ouvrage, est un de ces religieux français, qui préférèrent, avec la permission de leurs supérieurs, continuer à cultiver jusqu'à la mort, et avec amour, le champ où ils avaient dépensé les plus belles années de leur existence. En 1925, époque où nous écrivons, il vit encore dans cette île de la Trinidad où il a tant travaillé. Mais, âgé de quatre-vingts ans, malade et infirme, il ne lui est plus possible depuis un an de célébrer la sainte Messe.*

*La mission a été transférée en 1895 aux Dominicains anglais. Cela fait donc trente ans, que le P. Guillet porte, et avec une parfaite obéissance, le joug de supérieurs d'une autre nationalité que la sienne. Venu aux Antilles en 1879, il y a exercé son zèle près de cinquante ans.*

*Son livre est une page de l'histoire dominicaine. La première moitié concerne la Province de France. Sans être officiellement chargée de la mission, c'est elle qui fournit en 1864 au diocèse de Port-d'Espagne son premier archevêque dominicain dans la personne de Mgr Gonin, et elle lui prêta également plusieurs autres religieux, dont quelques-uns, tels que les PP. Bion et Mariano Forestier, furent des hommes remarquables, de vrais fils de l'éminent restaurateur de l'Ordre, le P. Lacordaire.*

L'autre moitié du livre a pour objet la *Province de Lyon*, qui reçut du Saint-Siège, depuis 1872 jusqu'en 1895, la charge de donner à la Trinidad les ouvriers évangéliques dont elle aurait besoin.

Avec les religieux du grand Ordre, les *Sœurs Dominicaines d'Etrépagny* occupent aussi dans cet ouvrage une place considérable.

Enfin, si intéressante qu'elle soit pour les deux Provinces de France et de Lyon, et pour les Dominicaines, l'histoire du P. Guillet le sera plus encore pour le diocèse de Port-d'Espagne. Elle rappellera aux catholiques de ce pays les travaux, les institutions, le zèle admirable de ces religieux et de ces Sœurs qui leur ont prodigué tout leur dévouement.

Le R. P. Guillet n'aspire pas aux remerciements et aux félicitations qu'il aurait mérités. Mais nous transcrivons une demande par laquelle il termine son manuscrit : « Amis lecteurs, écrivait-il, priez pour moi ! »

Donnons lui satisfaction et que Dieu le récompense !

*Fr.* D. MÉZARD.

O. P.

Lyon, 7 juin 1925.

## PREMIÈRE PARTIE

———

# Dominicains de la Province de France

# CHAPITRE PREMIER

## Mgr Gonin nommé archevêque de Port d'Espagne

Le premier Dominicain français sur lequel se porte notre attention, c'est Mgr Gonin. Nous reproduisons ici les détails biographiques concernant ce saint personnage, tels que les a donnés l'*Année Dominicaine* en 1889, au lendemain de sa mort.

« Mgr Gonin, raconte cette revue, est né à Bourgoin (Isère) dans le Dauphiné, le 14 décembre 1815. A peine âgé de deux ans, l'enfant partit avec ses parents pour l'île Maurice. Là il fit ses études littéraires et il les termina en apprenant le droit. En 1849, après avoir réalisé sa fortune, il se rendit en Angleterre et se fit attacher au barreau d'Edimbourg.

Cependant, désireux de connaître son pays natal et les vieilles terres de ses ancêtres, il passa bientôt en France, et c'était là que l'attendait la divine Providence pour lui révéler ses mystérieux desseins. En traversant Paris, il assista aux conférences du P. Lacordaire, alors dans tout l'éclat de sa gloire, et dont l'irrésistible influence attirait la jeunesse chrétienne et les intelligences d'élite au pied de la chaire de Notre-Dame.

Comme tant d'autres, Mgr Gonin fut lui-même captivé. Bien que parvenu à cet âge où d'ordinaire on a orienté son existence et choisi définitivement sa voie, il ne se sentait pas complètement à sa place. Son cœur resté jeune et son âme naturellement généreuse avaient besoin de se dévouer à une plus grande cause que les causes du barreau.

Il alla voir le P. Lacordaire, et, au contact de cette haute et surnaturelle intelligence, il reconnut d'un trait sa place et son devoir. Il les vit dans l'état religieux et le don complet de soi-même aux âmes et à Dieu.

A l'exemple de saint François d'Assise, il commença par se dépouiller de tout ce qu'il possédait, et ensuite, une fois ce renoncement accompli, il demanda humblement au P. Lacordaire de lui ouvrir les portes de la vie religieuse. Depuis deux ans, le noviciat simple de la Province de France avait été transféré de Chalais à Flavigny. Il comptait une dizaine de novices, quand, le 12 octobre 1852, le Fr. Gonin y prit l'habit avec le nom de Louis. Saint Louis Bertrand, apôtre et protecteur des Indes occidentales, semblait prédestiné à servir de patron au courageux chrétien, qui, au midi de ses jours, brisait avec un passé brillant pour se soumettre sans réserves à la rude discipline des austères vertus du cloître.

A peine revêtu des blanches livrées de l'Ordre, le Fr. Louis s'étudia à vivre dans l'esprit de sa nouvelle famille. Les survivants de cette forte génération aimaient à se souvenir de la simplicité et du joyeux entrain avec lesquels l'ancien avocat du barreau d'Edimbourg recherchait toutes les occasions de s'humilier et de rendre service à ses jeunes frères. Les plus rudes besognes étaient celles qu'il ambitionnait davantage, et il avait à s'en charger un mérite d'autant plus grand qu'il y était naturellement malhabile. Ses insuccès dans cet ordre de choses avaient souvent le don d'exciter la verve des jeunes novices, et de contribuer à faire régner parmi eux cette gaieté de bon ton, vraie fleur de charité qui répand sur la vie commune dans les noviciats où règne l'esprit religieux un charme inexprimable.

Aussi le Fr. Louis était autant aimé de ses frères qu'estimé de ses supérieurs. Le P. Lacordaire le tenait en grande considération, et dès qu'il fut prêtre, il l'appela près de lui à Sorèze, dont il venait d'entreprendre la restauration matérielle et morale.

Le P. Gonin n'y resta pas longtemps. Le Rme P. Jandel, Maître Général de l'Ordre, l'envoya, après deux ans de séjour à Sorèze, travailler au rétablissement de la Province Dominicaine d'Angleterre.

D'abord supérieur du Vicariat de Stroud, le P. Gonin ne tarda pas à être nommé Prieur de l'important couvent de Woodchester, où il remplit en même temps les délicates fonctions de Maître des novices. C'est là qu'en 1863, le choix du Souverain Pontife vint chercher l'humble religieux pour l'élever sur le siège archiépiscopal de Port d'Espagne, vacant par la mort de Mgr English, et il fallut presque le contraindre à accepter.

Le sacre de Mgr Gonin eut lieu le 27 novembre de cette même année, à Rome, à Sainte-Sabine, conféré par le Cardinal Patrizzi, Protecteur de l'Ordre de Saint-Dominique et membre de la Congrégation de la Propagande, qui eut pour assistants Mgr Dupanloup, et un évêque anglais.

Avant de partir pour la Trinidad, le prélat revint en France, et il combla de joie ses confrères du couvent de Saint-Maximin en s'arrêtant quelques heures auprès d'eux. Cette maison qui est aujourd'hui de la Province de Toulouse, appartenait alors à la Province de France (1), les religieux y étaient au nombre de soixante-dix.

Mgr Gonin, annoncé par une lettre de Marseille pour le 20 janvier 1864, n'arriva que la nuit suivante vers deux heures du matin, accompagné par le P. Bion, qui devait le suivre dans les Antilles pour partager les labeurs de son apostolat. Et malgré les fatigues du voyage, il voulut assister aux Matines qui se disaient à trois heures. C'est là sous le regard de Dieu que les Pères le virent pour la première fois.

Le matin, vers huit heures, il célébra le saint Sacrifice sur l'autel de la Crypte. Tout le noviciat était présent, et témoin de la foi ardente du Pontife et de sa tendre piété, il communia pour le succès de sa mission et pour son diocèse. Un peu plus tard, dans la matinée, Monseigneur vit les novices en leur oratoire et leur adressa une exhortation humble et modeste comme lui-même, simple et franche comme son cœur. Il leur parla, avec cette certitude que donne l'expérience, de la sécurité et du bonheur de la vie religieuse, et insista sur les joies du noviciat.

A la suite du dîner, pendant lequel il accorda la permission de parler, le Prélat se rendit en récréation avec la communauté. « On nous avait beaucoup parlé, raconte un témoin, des vertus

---

(1) En France, il existe actuellement trois provinces Dominicaines. La plus ancienne est la Province de France, plus connue sous le nom de Province de Paris ; la seconde est appelée Province de Toulouse ; la troisième, Province de Lyon.

de Mgr Gonin, mais cette heure de familière expansion devait nous en dire bien davantage. Nous en avions sous les yeux le spectacle évident. Sa seule physionomie renfermait pour nous toute une instruction, c'était comme la révélation de son âme. Elle témoignait à la fois et de la joie de l'homme qui immole sa vie dans des sacrifices quotidiens, et de la bonté du Père qui sait alléger les fardeaux de ses frères. Il savait donner à sa voix cet accent de cordialité et d'aimable simplicité qui attire et qui charme. Etrangère à toute préoccupation extérieure, on sentait que sa pensée habitait une sphère plus haute, et toute sa personne attestait qu'en devenant évêque, il n'avait pas cessé d'être religieux par le cœur, comme il l'était demeuré par l'habit. »

A l'issue de la récréation, il adressa à la communauté réunie des paroles qui furent à la fois des remerciements et des adieux. Puis le R. P. Prieur lui fit connaître combien on avait été heureux de sa visite et l'assura que les vertus dont sa présence avait apporté la leçon resteraient pour tous comme une excitation puissante à correspondre fidèlement à leur sainte vocation.

On procéda ensuite, pendant le chant alternatif du *Benedictus* et de l'antienne *Quam speciosi pedes evangelizantium pacem; qu'ils sont beaux les pieds de ceux qui annoncent l'évangile de paix,* au baisement par tous les religieux des pieds du Pontife et du R. P. Bion.

Belle et pieuse cérémonie, adieu touchant ! Monseigneur donna à tous sa dernière bénédiction, et une demi-heure après, il était sur le chemin de la Sainte-Baume, grotte située à une petite distance de Saint-Maximin, où Marie-Madeleine, la sainte amante de Jésus, passa les trente-trois dernières années de sa vie dans la plus haute contemplation, et d'où chaque jour les anges la transportaient dans le ciel.

Le lendemain, le prélat célébra la messe dans la sainte grotte et, vers onze heures, il reprenait le chemin de Marseille : c'était le 22 janvier 1864 (1).

---

(1) La *Sainte-Baume* est une vaste grotte au sommet d'une montagne à trente cinq kilomètres de Marseille. Le nom de *Baume* est un vieux mot français synonyme de Grotte et usité dans cette partie du midi de la France. C'est en souvenir de Marie Madeleine qu'elle a été appelée la sainte Baume. Elle est un lieu célèbre de pèlerinage, confié à la garde des Dominicains du couvent de Saint-Maximin.

# CHAPITRE II

## Voyage des Dominicains se rendant à la Trinidad

Mgr Gonin s'embarqua pour les Antilles dans les premiers jours de mars 1864. Il emmenait avec lui plusieurs religieux de l'Ordre de Saint-Dominique, les PP. Thomas Greenough, anglais, Léon Adams, américain, le Fr. O'Sullivan, irlandais, qui n'était encore que sous-diacre.

Un autre groupe de Dominicains français destinés également à la mission de la Trinidad, les PP. Albert Bion, François Estéva, André Lebarbier et le Fr. Marie-Joseph Convers, étaient partis de Marseille le 17 février précédent à bord du *Tampico*, qui devait les conduire jusqu'à la Martinique.

Voyage simple et sans grosses émotions ! Ni tempêtes, ni graves accidents. Le P. Lebarbier a été cependant fort éprouvé par le mal de mer, et n'a pu dominer la situation qu'après dix jours de douleurs vives et continuelles. Le P. Estéva a moins enduré. Le P. Bion en fut quitte pour un jour de malaise et un repas forcément et brusquement interrompu. Quant au Fr. Marie-Joseph, c'est à peine s'il put s'apercevoir qu'il avait changé de terrain, et il ne cessa de se tenir debout, allant de droite et de gauche, en portant aide et secours aux malades.

Ils auraient voulu dire la messe tous les jours, le commissaire du navire se montrait plein d'empressement et de courtoisie. Mais impossible ! Même le dimanche, il leur fallut renoncer à cette consolation ; et la privation dura toute la semaine. C'est seulement le deuxième dimanche qu'ils purent offrir le saint Sacrifice, et ils continuèrent jusqu'à leur arrivée à la Martinique. On mit à leur disposition un petit salon fort recueilli, situé à l'arrière du navire.

En cinq minutes, on installait sur une table la chapelle portative, les flambeaux s'allumaient, et quelques instants après, le prêtre chancelant presque, sur ce sol mouvant et fragile qui le séparait de l'abîme, prenait en mains le pain et le vin, les transformait au corps et au sang de Notre-Seigneur Jésus-Christ, et élevant la sainte hostie vers le ciel, l'offrait à Dieu en supplications, en vœux et en actions de grâces.

Le dimanche, l'un des Pères se réservait pour la messe publique célébrée dans le salon, et à laquelle tous les passagers, à peu d'exceptions près, se rendaient. On comptait dans l'assistance un assez grand nombre d'officiers de tout âge et de tout grade, destinés, pour la plupart, au Mexique. Et les Pères furent édifiés de leur empressement, et de leur tenue religieuse pendant le saint Sacrifice de la Messe.

Le samedi 5 mars, le *Tampico* arrivait à la Martinique. Un curieux spectacle y attendait nos voyageurs. Déjà ils avaient vu des nègres. Mais alors quelle différence ! Les visages blancs faisaient exception. Tout était noir ou à peu près, matelots conduisant les canots, négresses chargées de renouveler le charbon du navire, enfants se jetant à la mer et s'y disputant les pièces de monnaie qu'on leur envoyait du vaisseau.

Les Dominicains furent accueillis dans l'île avec une curiosité respectueuse et sympathique. L'arrivée des Pères blancs, quel événement ! Et lorsque, le lendemain, cédant à l'invitation du curé de la cathédrale qui leur accordait une aimable hospitalité, l'un d'eux monta en chaire pour y annoncer la parole de Dieu, l'église était pleine d'une foule immense ! Et la parole du prédicateur, quoique toute simple, produisit une impression profonde.

Le lendemain, les Pères montés à bord du *Cacique* parvenaient à l'île Sainte-Lucie, où ils débarquaient pour y attendre Mgr Gonin qui devait venir quelques jours plus tard, et se rendre avec lui à la Trinidad. La principale cité de cette île toute française de population et de langue est Castries qui comptait 6.000 âmes. Justement le curé venait de faire route avec les Dominicains, et il avait été convenu qu'ils prêcheraient une retraite à la paroisse pour la préparer à remplir le devoir pascal.

A l'arrivée du navire, toute la population fut là pour recevoir

son pasteur avec un enthousiasme affectueux auquel participè-
rent nos missionnaires. On se rendit à l'église, où le curé, après
quelques instants d'actions de grâces devant le Saint Sacrement,
remercia les fidèles venus à sa rencontre, et leur annonça pour le
surlendemain l'ouverture de la retraite projetée. Cette prédication devait commencer le soir du mercredi 9 mars et se terminer le 18, fête de la Compassion.

Les Pères se partagèrent le travail. Le P. Lebarbier qui n'était
jamais monté que dans la chaire du noviciat, devait avoir les instructions de cinq heures et demie ; le P. Estéva, celles de neuf
heures ; le P. Bion, celles du soir.

Dès le premier jour, l'affluence fut magnifique, l'église était
pleine, dès cinq heures du matin toute la paroisse s'y donnait
rendez-vous. Le Gouverneur lui-même, quoique protestant, alla
publiquement avec toute sa famille, le dernier jour, assister à
l'instruction. De la chaire les Pères passaient au confessionnal,
et ils y restaient la journée entière.

Le samedi, au milieu de la retraite, un appel fut adressé aux
personnes adultes, hommes ou femmes, dont la première communion n'avait pas encore eu lieu, et pour la réhabilitation des
unions illégitimes. Dès le lendemain dimanche, plus de cent
vingt-cinq noms avaient été inscrits, et devant une telle affluence,
il fallut ajourner la préparation de ces pauvres gens. Aussi les
Pères résolurent de demander à Monseigneur qu'ils attendaient
le 19 de les laisser encore quinze jours à Sainte-Lucie, afin de
profiter de ce mouvement, d'achever le bien commencé, de consacrer surtout leurs soins aux premières communions et aux mariages, dont il leur était alors impossible de s'occuper. Ils firent
connaître leur désir et on pria à cette intention.

La retraite achevée, il se trouva qu'on avait eu près de
1.200 communions pascales sur 6.000 habitants. Le 18 fut grande
fête dans toute la paroisse : grand'messe dominicaine avec diacre et sous-diacre, communion générale ; le soir, procession au
calvaire sur une charmante colline qui domine la ville. Rien de
beau et d'édifiant comme cette procession le soir à la fraîcheur,
sous les teintes du soleil couchant, pendant que la psalmodie du
rosaire se mêlait aux chants d'église et aux cantiques.

Le lendemain 19 mars, les missionnaires furent en alerte, attendant le signal de l'arrivée du navire anglais qui devait amener Mgr Gonin. Mais rien, de toute la journée. La nuit suivante, un coup de canon retentit, le steamer entrait en rade. Aussitôt une partie de la population entoure le presbytère, on serre la main des religieux, on prend leurs bagages, on les accompagne au port. Le reste de la ville était déjà là. Toutes les têtes se découvrent. « A bientôt, leur dit le P. Bion, nous allons revenir dans une heure. — Non, vous ne reviendrez point, leur crie-t-on. Adieu, Pères ! »

Ils ne se trompaient pas. Mgr Gonin ne pouvait consentir à laisser retourner les Pères à Sainte-Lucie. Il tenait à entrer à Port-d'Espagne avec les religieux qu'il y amenait et il avait besoin d'eux dès les premiers jours de sa prise de possession. Les missionnaires ne purent donc qu'embrasser les quelques jeunes gens qui avaient demandé comme une consolation de les conduire au vaisseau, et il fallut se séparer.

Alors on se mit en route pour se diriger vers la Trinidad qui n'était pas loin. Qu'on nous permette ici de raconter un trait à l'honneur de celui qui en fut l'auteur. Le capitaine Vial, plus connu sous le nom de capitaine Batisto, vieux Trinidadien, d'origine italienne, se trouvait en rade de Fort-de-France (Martinique), avec sa goëlette, le *Tropic-Bird*, quand il apprend qu'on signale le steamer *Whye*, à bord duquel il savait être le nouvel archevêque de Port-d'Espagne.

Excellent marin, meilleur chrétien encore, notre bon capitaine n'hésite pas, c'est lui-même qui nous a conté cela ; il rassemble son équipage, embarque précipitamment les vivres nécessaires, lève l'ancre en toute hâte, et secondé par des hommes dociles à ses ordres, met le cap sur la Trinidad, vers les rivages de laquelle il cingle à toutes voiles, nous allions dire à toute vapeur. Il fallait, comme on dit en français, avoir *du toupet*, pour vouloir avec un modeste voilier vaincre en vitesse un *vapeur*, même d'un petit tonnage.

C'était cependant ce que voulait notre bon M. Vial, arriver au port de la Trinidad avant le steamer de l'archevêque. *Audaces fortuna juvat*, nous dit le poète. Vents et marée se mirent au service de l'audacieux capitaine, tant et si bien qu'il jetait l'ancre dans le port de notre ville, pendant que le *Whye* grossissait à l'horizon.

Il voulait, le bon capitaine, être le premier à saluer du canon l'arrivée de son archevêque. Aussi le steamer n'avait pas encore mouillé son ancre que le petit canon du *Tropic Bird* annonçait à tous les échos de la ville que son premier Pasteur était arrivé. Ce fait touchant dans sa simplicité, honore autant le marin que le chrétien (1).

Aux coups de canon qui retentissent, la population entière se rend compte de la bonne nouvelle, elle accourt sur le rivage, tous les navires arborent leur pavillon. Monseigneur, avec les six Pères Dominicains qui l'accompagnent, descend dans un canot, et quand il arrive à terre, il est salué par les vivats et les hurrahs de tout le peuple. Il y avait près de dix-huit mois que cette Eglise était privée de son Pasteur.

On imagine avec quels sentiments de joie, de respect et de curiosité furent reçus ces premiers Frères Prêcheurs. La curiosité est parfois légitime, elle l'était spécialement en pareille circonstance. Pensez donc ! On n'avait jamais encore vu d'hommes, de prêtres surtout, si extraordinairement habillés !

Le cortège se rendit directement à la cathédrale. Monseigneur monta sur le trône, et après les prières prescrites, il se tourna vers l'assemblée et prit la parole. L'impression fut profonde. C'était l'accent d'un serviteur de Dieu, tout entier aux intérêts de son Maître, et vraiment pénétré du sentiment de leur importance. Cette première parole conquit à Mgr Gonin la vénération de tout Port-d'Espagne, même des protestants.

La cérémonie terminée, le Pontife fut reconduit au presbytère, demeure ordinaire des archevêques.

Les Dominicains étaient donc arrivés à la Trinidad. C'était le 22 mars 1864. Que vont-ils y faire ? Au premier abord, ils ne songèrent qu'à une fondation analogue à celles de France, c'est-à-dire à un couvent qui enverrait prêcher des religieux partout où ils seraient demandés. Plan irréalisable, ils le comprirent im-

(1) Le Capitaine Vial est mort en 1905, à l'âge de 98 ans.

médiatement. La pensée et le désir des prêtres et des pieux laïques était qu'on les chargeât de la cathédrale. Justement l'abbé Cuénot, curé de cette église, qui avait dû prendre l'administration du diocèse après la mort de Mgr English, attendait l'arrivée de Mgr Gonin pour aller chercher en Europe un repos indispensable. La place devenait donc vacante, et il était possible, sans froisser personne, de confier aux Pères la principale église du diocèse.

En même temps que l'archevêque les introduisait à la cathédrale, ils organisaient leur vie de communauté, autant que le permettaient le petit nombre de religieux et les fatigues de leur nouveau ministère. Les occupations ne leur firent point défaut. Administration des sacrements, prédication, catéchisme, visite des malades, direction des œuvres pieuses, tout cela absorbait leur temps.

Au moment des Pâques, ils donnèrent à toute la ville une retraite paroissiale qui dura quinze jours. Ils prêchaient matin et soir. L'église était envahie, un grand nombre de protestants venaient y entendre la parole de Dieu. Le résultat pratique n'a pas été tel qu'ils l'eussent désiré. On a bien suivi les prédications, mais la majorité s'en est tenue là : il faut semer avant de pouvoir recueillir.

La Fête-Dieu, un peu plus tard, s'est faite au grand jour et solennellement. Rappelant un usage tombé en désuétude depuis quelques années, ils demandèrent que toutes les maisons des catholiques riches ou pauvres fussent ce jour-là ornées de feuillages en signe de fête. On leur donna satisfaction, et malgré les murmures des protestants, les maisons, sur le parcours de la procession, furent décorées de tentures et de guirlandes de fleurs.

Les Pères se souvinrent avec joie, que venus à la Trinidad, ils étaient sur une terre arrosée autrefois du sang des fils de saint Dominique, qui y avaient cueilli la palme du martyre. Voici en effet ce que raconte Barthélemy de Las Casas, évêque de Chiapa, au Mexique, religieux de notre Ordre, vivant au milieu du seizième siècle.

« L'île de la Trinidad est voisine de la côte ferme du côté de Paria et elle est d'une étonnante fertilité. On y comptait, lors de la découverte, une population considérable..... Les Prélats de l'Ordre de Saint-Dominique auquel j'appartiens, résolurent d'envoyer dans l'île de la Trinidad, un religieux, Maître en théologie, d'un grand mérite, avec un Frère convers, pour voir si les habitants étaient disposés à entendre la prédication de l'Evangile. Le prédicateur ne connaissait encore qu'imparfaitement la langue du pays ; il accepta cependant cette mission, espérant qu'à l'aide de signes et de gestes il pourrait d'abord se faire comprendre..... Il arriva avec son compagnon au milieu des naturels qui les reçurent avec autant de plaisir que de bienveillance, écoutant avec docilité leurs leçons, embrassant volontiers leur doctrine, et renonçant en grand nombre à l'idolâtrie pour recevoir le baptême..... Ils demandèrent qu'on leur donnât des noms nouveaux comme aux chrétiens, faveur qu'on fut heureux de leur accorder.

« Tout réussissait à souhait dans l'île, lorsqu'un événement cruel vint troubler cet heureux état de choses. Un bâtiment espagnol arrive, l'équipage est bien accueilli par les insulaires qui se flattent que la présence des religieux en imposera aux étrangers. Ceux-ci disposent tout sur le navire de manière à exciter la curiosité des naturels, et ils les y attirent en grand nombre. Le chef de la tribu, D. Alonzo, sa femme et d'autres notabilités, s'y rendent aussi. Mais à peine ces ravisseurs jugent-ils avoir assez de monde, qu'ils lèvent l'ancre et partent vendre leur butin dans l'*île espagnole* (Hispaniola, actuellement Saint-Domingue). Les Indiens restés sur le rivage sont atterrés par la douleur de voir leurs amis et leurs proches enlevés si cruellement à leur affection. Quelques-uns, plus furieux, veulent se venger à l'instant sur les deux missionnaires, qu'ils accusent d'avoir trempé dans le complot. Mais ils finissent par reconnaître leur innocence et leur font grâce de la vie, à la seule condition qu'ils écrivent à Saint-Domingue pour obtenir le retour du chef D. Alonzo, de sa femme et des autres prisonniers.

« Il parut bientôt un autre vaisseau en vue de l'île, et les religieux profitèrent de son passage pour adresser d'énergiques protestations et réclamations. Malheureusement cette démarche fut sans résultat, les Indiens étaient déjà vendus, et les conseil-

lers de *l'audience royale* se trouvant peu disposés à rendre justice, parce qu'eux-mêmes en avaient acheté plusieurs. Les
missionnaires avaient demandé quatre mois de sursis aux
Indiens ; huit s'écoulèrent et personne ne revint de Saint-Domingue. Alors des soupçons de complicité s'emparèrent de nouveau de l'esprit des insulaires ; ils massacrèrent les deux religieux et résolurent de ne plus distinguer à l'avenir entre
soldats et missionnaires. Ils renoncèrent à notre religion, l'accu-
sant d'être sanguinaire, injuste et cruelle ; et ce parti pris
montre une fois de plus, combien la conduite des Espagnols
dans le Nouveau Monde a porté de préjudice aux progrès du
christianisme. Les deux saints missionnaires moururent comme
des martyrs, et le roi d'Espagne dût renoncer pour un temps à
la tranquille possession de l'île.

« Dans une autre circonstance la cruauté des Espagnols porta
les Indiens à sacrifier à leur vengeance trois autres missionnaires, deux Pères Dominicains et un Franciscain..... »

Le premier martyre à Trinidad eut lieu en l'année 1513. Nous
pouvons tenir comme une vérité historique que notre île de la
Trinidad fut arrosée à cette époque lointaine du sang dominicain. L'histoire nous a conservé le nom de nos deux premiers
martyrs : le P. François de Cordoue attaché à un poteau vit
le Fr. Jean Garcès égorgé sous ses yeux, et on lui fit ensuite
subir le même sort. Le roi d'Espagne ayant entendu parler de
cette infamie, ordonna d'instruire un procès ; mais il était trop
tard pour sauver les innocents, trop tard aussi pour punir les
coupables.

Les Frères Prêcheurs du dix-neuvième et du vingtième siècle
auxquels le Saint-Siège a confié l'administration de la ville de
Port-d'Espagne, foulent donc, chaque jour, un sol qu'ont arrosé de leur sang leurs Pères et leurs Frères du commencement du
seizième siècle. Quelle joie ! Quel honneur pour nous ! Et comme
ce coin de terre doit être cher à notre Ordre ! Aucun sacrifice,
nous l'espérons, ne lui paraîtra jamais trop grand, quand il
s'agira de reprendre possession de cette terre sacrée et de la
conserver à la foi.

———

# CHAPITRE III

## Principaux obstacles au salut des âmes à la Trinidad

Un coup d'œil jeté sur l'état religieux de Port-d'Espagne, lorsque cette paroisse fut confiée aux Frères Prêcheurs de France, donnera une plus juste idée de leurs travaux et fera mieux apprécier encore les services qu'ils ont rendus au diocèse tout entier, en se dévouant, comme ils l'ont fait, au bien spirituel de son chef-lieu.

La tâche était difficile, ardue, hérissée d'obstacles de toutes sortes ; mais le combat, même le plus terrible, n'a jamais fait peur au bon soldat, et le missionnaire est un soldat. A lui peut s'adresser ce vers d'un poète français : « *A vaincre sans péril, on triomphe sans gloire.* » Le péril, il l'accepte pour lui ; la gloire, il la renvoie à Dieu seul.

Quand Mgr Gonin arriva avec ses Frères en Saint-Dominique, le clergé était insuffisant : quatre prêtres, (un curé et trois vicaires) pour le service de la paroisse. Aussi zélé qu'on puisse le supposer, il ne pouvait répondre à toutes les demandes, suffire à tous les besoins. Il avait à lutter contre le protestantisme envahissant, et qui considérait la terre de Trinidad comme un fief lui appartenant du moment que cette terre était couverte par le drapeau britannique ; car alors, comme aujourd'hui, pour beaucoup, qui dit anglais, dit protestant, ce qui est absolument faux. Ici, surtout, le drapeau anglais protège le catholique comme le protestant, et les meilleurs parmi les premiers ne sont pas toujours en dehors de son ombre. Cependant, tout en rendant hommage à la loyale impartialité dont le pouvoir anglais fait preuve dans notre pays, il ne peut cacher entièrement son penchant natif pour ce qu'il appelle sa « religion d'état », conséquence d'un vice originel, dont aucun baptême n'est encore venu le purifier ; d'où, des coups d'épingles qui ne tuent pas, mais qui blessent ; d'où, de temps à autre, des attaques autrement violentes, des coups que l'on aurait voulu rendre mortels, mais qui, par la grâce de Dieu, ont grandi devant la population toute entière ceux qui devaient en être les victimes, tout en humiliant profondément ceux qui en étaient les auteurs. S'ils pouvaient sortir de leur tombeau, Sir Ch. Elliot et M. C. W. Warner pourraient en témoigner.

L'hérésie protestante est le ver rongeur du catholicisme à la Trinidad, et si la foi catholique doit disparaître un jour de ce pays, ce ne seront ni l'impiété, ni l'immoralité, ni l'ignorance, qui l'auront tuée, ce sera le protestantisme. Ceux que, dans notre charité chrétienne, nous appelons *nos frères séparés*, le savent bien. Ils visent à faire considérer comme étranger tout ce qui n'est pas protestant, mieux encore, anglican. Le pavillon couvre la marchandise, est-il dit en terme de marine ; et, pour eux, le pavillon étant le drapeau anglais, la marchandise, c'est l'anglicanisme. Nous acceptons le premier, nous répudions le dernier. La Trinidad, depuis l'illustre navigateur qui l'a découverte, a toujours été une terre catholique. Ici, le catholique est chez lui, il lui faut combattre pour conserver son *home* et l'empêcher de devenir la proie de l'étranger, c'est-à-dire, du protestant.

Quand le serpent se voit attaqué et qu'il craint pour sa vie, il se met en rond ; sa tête est au centre des ronds qu'il forme et cachée sous les anneaux de son corps ; du moment que sa tête est en sûreté, il ne craint pas pour sa vie. Or, la foi est à l'Eglise ce que la tête est au corps ; *Serva caput, fidem, inquam*, nous dit saint Jean Chrysostome : Protégez votre tête, je veux dire votre foi. Le premier devoir des pasteurs est donc de veiller à l'intégrité de la foi dans le troupeau dont ils ont la garde et ils doivent considérer comme leurs plus grands ennemis ceux qui veulent détruire, où même seulement diminuer cette foi. C'est ce but que veut atteindre le protestantisme.

Détruire la foi catholique, c'est-à-dire la doctrine de l'Eglise telle qu'elle nous est enseignée par les successeurs de Pierre sur le siège romain, (la seule qui ait le droit d'être appelée catholique,) le protestantisme n'y parviendra pas ; mais il réussira et il a déjà réussi à la diminuer partout où il s'est introduit, à la Trinidad comme ailleurs ; c'est l'ivraie qui essaie d'étouffer le bon grain. A la Trinidad, il l'a diminuée en y faisant affluer ses adeptes, dont le plus grand nombre nous vient de la Barbade, (plusieurs milliers, dit-on, chaque année.) Cette diminution, *en gros*, qu'on nous permette le mot, ne lui suffit pas. Il espère mieux réussir en s'attaquant, *en détail*, à la population catholique de l'île et, à cet effet, il se faufile dans nos bonnes familles, il s'établit au foyer domestique par le *mariage mixte* et ainsi, comme un cancer sur un corps sain, il enlève à ce corps, la santé d'abord, la vie ensuite, c'est-à-dire la foi qui est la vie de l'âme.

Malheureusement, alors comme maintenant, et maintenant plus encore peut-être, nos catholiques n'ont pas vu le danger. Le mirage du nom, de la position, de la fortune, les séduit. Quand il s'agit de confier le bonheur et l'avenir de leur fille à un gentleman, le père et la mère ne pensent qu'à une chose : Qui est-il ? La question « religion » reste à l'arrière-plan, si tant est même qu'elle soit posée. Au moment où nous écrivons ces lignes, pourrait-on nous citer une seule de nos plus anciennes et de nos principales familles trinidadiennes qui, par le mariage, ne soit pas infectée du *virus* protestant ?

Telle est la raison, la principale peut-être, qui a inspiré au Vicaire de Jésus-Christ, renseigné sur ce sujet par les chefs du diocèse, de confier, non plus à des prêtres séculiers, indépendants les uns des autres, mais à des prêtres, membres d'un Ordre religieux, soudés ensemble par le vœu d'obéissance et formant ainsi un corps compact, la direction pastorale de l'importante paroisse de Port-d'Espagne. Plus unis, ils sont plus forts ; plus forts, ils offrent plus de résistance.

Sans doute il y a un palliatif à ce mal, à cette plaie du mariage mixte ; c'est l'obligation de signer un acte par lequel la partie protestante prend l'engagement solennel, équivalent à un serment, de laisser toute sa liberté religieuse à la partie catholique, et, surtout de faire baptiser, par le prêtre catholique, tous les enfants, nés du mariage ainsi contracté ; mais cet engagement, ce serment est-il toujours gardé ? non. L'Eglise voit si bien le danger que court la foi de ses enfants par ces sortes de mariages, qu'elle ne les autorise pas, elle les tolère et, pour témoigner clairement de sa répugnance, elle les fait célébrer, dans beaucoup de diocèses, sans éclat, n'autorisant ni cloches, ni cierges, ni fleurs, et pas même dans l'église, mais à la sacristie, comme une chose qu'on n'ose produire au grand jour.

Quand les Pères Dominicains prirent la direction de la paroisse, ils trouvèrent sur le sujet dont nous parlons, un usage assez généralement admis dans la pratique ; le père était-il protestant ? tous ses garçons étaient baptisés à l'église protestante ; était-ce la mère ? Alors ses filles devaient être baptisées selon la foi de leur mère. On voit le désordre, la désunion qui étaient la conséquence d'un semblable procédé. Et les catholiques qui se mariaient à l'église protestante ? Et les parrains ou marraines non-catholiques qui étaient admis sans trop de difficulté, pour les baptêmes, présentés avec empressement par des pères et mères se croyant et se disant excellents catholiques ?

Si, quand nous écrivons ces lignes (1912), le mal nous paraît de telle gravité, que devait-il être en 1864, époque déjà lointaine, où les moyens de défense et d'attaque faisaient presque complètement défaut ?

Dans les lignes qui précèdent nous avons essayé de faire comprendre, et combien imparfaitement ! que le premier ennemi, le principal obstacle que nos Pères devaient voir se dresser devant eux, c'était l'hérésie protestante. Mais s'il était, de tous, le plus grand, d'autres venaient l'aider dans son œuvre néfaste. Outre le protestantisme, il y avait en particulier un autre mal qui faisait de terribles ravages dans les âmes, indépendamment de toute erreur religieuse. Nous voulons parler de l'immoralité.

De tous les péchés, nous dit un saint Docteur, et avec lui tous les directeurs des âmes, le troisième des sept péchés capitaux, ou pour l'appeler par son nom, la luxure, est celui qui perd le plus d'âmes, celui qui peuple l'enfer. Déjà n'a-t-il pas failli être la cause de la destruction complète de l'humanité sur cette terre ? N'a-t-il pas, lui surtout, forcé notre Dieu à se repentir d'avoir créé l'homme ? *Pœnituit eum quod hominem fecisset in terra* (Gen. 6. 6.) Ne l'a-t-il pas obligé d'envoyer les eaux du déluge qui auraient effacé jusqu'au dernier vestige de l'homme si une famille, une seule, ne s'était trouvée là pour arrêter les effets de sa juste colère? N'a-t-il pas causé la destruction complète de deux grandes villes et la mort, par le feu du ciel, de tous leurs habitants? Et, dans des temps touchant presque le nôtre, n'a-t-il pas été la cause première de ce schisme terrible qui a arraché du sein de la sainte Eglise, leur mère, tout un pays et tout un grand peuple, qui jusque là avaient été son orgueil et sa joie, par sa fidélité à garder inviolable sa foi catholique? *Intelligenti pauca.* Une foi intacte, des mœurs pures, voilà ce qui fait la force d'une nation. La pureté des mœurs aide à conserver l'intégrité de la foi ; la morale soutient le dogme, et, si les lois de la première n'avaient pas été méconnues dans une cour royale, les enseignements du second seraient encore fidèlement crus et observés chez tout ce grand peuple dont nous venons de parler.

On comprendra, sans qu'il soit nécessaire d'insister, que ces préambules sont à notre travail ce qu'un portique est à un édifice. Un général d'armée étudie le terrain sur lequel il doit livrer bataille et l'historien en donne le plan avant d'en décrire l'action.

La plaie des âmes, à Port-d'Espagne, nous l'avons dit, ce qui leur fait le plus de tort, c'est le protestantisme. Il frappe à la tête, espérant ainsi avoir tout le corps.

Mais il est un autre ennemi qui, pour n'être pas le plus à craindre, n'en est pas moins une cause de ruine pour les âmes et qui fait un mal effrayant, l'immoralité.

Est-ce à dire que la Trinidad et, en particulier, sa capitale, Port-d'Espagne, tient le *record* du vice (suivant une très moderne expression)? Nous ne prétendons pas cela. Nous ne voulons faire aucune comparaison entre ce pays et les autres et en signaler un comme le plus mauvais de tous. Nous voulons seulement dire que nos premiers Pères se sont promptement rendu compte qu'ils rencontreraient sur ce point, en particulier, de grandes difficultés à surmonter pour atteindre à leur but, au terme de leurs efforts : le salut des âmes.

L'expérience acquise durant les nombreuses années que nous avons déjà consacrées au ministère apostolique dans cette paroisse nous montre qu'ils ne se sont pas trompés. De tous les vices, il n'en est pas de plus enraciné, de plus répandu, c'est le produit de la nature humaine déchue par le péché. Si nous passons les autres en revue, nous voyons qu'ils occupent une place très secondaire, comparativement.

En effet : *le blasphème* est une grave injure faite à Dieu, un crime. Il consiste à attribuer à Dieu ce qui ne lui convient pas, ou à lui refuser ce qui est son essence : la bonté, la justice, la sainteté, la sagesse. Blasphémer, c'est donc mal parler de Dieu, ou mêler son nom adorable à des malédictions, à des exécrations, à des anathèmes. Ce crime est-il répandu, se commet-il à la Trinidad, de manière à attirer spécialement sur lui l'attention inquiète des pasteurs des âmes ? Nous ne le croyons pas.

*La violation de la loi du dimanche*, par un travail illicite, est une faute grave. Cette loi divine est encore assez bien observée dans notre paroisse et ne doit faire que rarement le sujet d'un discours spécial du haut de la chaire chrétienne.

*Les mauvaises lectures* sont malheureusement trop répandues, mais le créole, en général, est peu liseur. La lecture demande un effort d'attention et de compréhension dont sa nature apathique est peu capable. De ce défaut naturel nait une heureuse conséquence, c'est que le mauvais livre ne fait pas ici le mal qu'il fait ailleurs.

*Le respect humain ?* S'il est des hommes, des chrétiens qui rougissent de leur baptême et n'osent plus accomplir les devoirs de leur religion ; qu'intimident le sourire imbécile d'un libre-penseur ou le propos insensé d'un ignorant, on ne les rencontre pas à la Trinidad.

*L'athéisme? La négation de Dieu?* Si vous entendez quelqu'un affirmer devant vous que Dieu n'existe pas, vous pouvez affirmer, sans crainte de vous tromper, que cet homme est un étranger, ce ne peut être un Trinidadien. L'athéisme est une plante vénéneuse qui ne s'acclimate pas à la Trinidad.

Il est un autre vice qui, il faut le reconnaître, fait trop parler de lui dans notre île, vice ignoble qui entretient, fortifie et propage l'immoralité et doit être, pour ce motif surtout, vivement et fréquemment attaqué par les pasteurs des âmes, c'est l'ivrognerie, l'abus des liqueurs fortes ; vice malheureusement trop en honneur dans nos pays tropicaux. Qu'on invoque, comme circonstances atténuant la culpabilité de ceux qui s'y adonnent. la rigueur débilitante du climat tropical, le besoin de se *fouetter le sang* pour se donner du courage au travail, la vigueur toute nouvelle qu'un petit verre de *fort* communique à tout le corps, etc, etc., ce sont de belles paroles pour cacher un vilain défaut. Dans tous les pays du monde, le cabaret a toujours été un tombeau où vont s'engloutir trop souvent la raison, la foi, les mœurs, la santé, la fortune et la vie. Plus l'abus des boissons fortes est étendu dans un pays, plus l'immoralité y est grande. Et, après avoir détaillé toute une série de vices abominables, le livre des Proverbes, en son chapitre 23, nous en nomme les auteurs. *Nonne his qui commorantur in vino et student calicibus epotandis ?* Ce que nous pouvons traduire ainsi : N'est-ce pas le fait de ceux qui s'attardent à vider des pots de vin ?

Ainsi donc, avec, mais après l'hérésie du protestantisme, c'est le troisième des péchés capitaux, la *luxure*, qui s'oppose le plus à l'action bienfaisante du prêtre dans notre paroisse de Port-d'Espagne. Ce qu'est ce vice; on ne le sait que trop. De tous, c'est le seul qui ait à son service tous les sens que Dieu a donnés à l'homme. Chaque vice a un de nos sens qui lui est propre, vice qui nous serait pratiquement inconnu si ce sens venait à lui faire défaut. Le propre de la luxure (s'il est permis de mettre l'un près de l'autre ces deux mots) est d'appartenir à tous les sens ; elle a donc cinq portes dont elle possède la clef pour pénétrer jusqu'au cœur de l'homme. Elle seule jouit de ce triste privilège et elle en use largement pour ravager ce pauvre cœur, y faire pénétrer le feu des passions à la place du feu de l'amour divin dont il est la demeure terrestre.

L'hérésie qui nous attaque dans ce que nous devons croire trouve un aide puissant en ce vice qui nous attaque dans ce que nous devons pratiquer. Pourquoi trouvons-nous, chez les hommes surtout, tant d'éloignement pour la réception des sacrements ? Pourquoi ce petit nombre aux portes de nos confessionnaux ? Pourquoi ce nombre moindre encore à la table sainte ? Pourquoi tant d'hommes, et de femmes aussi, arrivés à l'âge mûr, même à la vieillesse, et qui n'ont pas fait leur première communion ? Pourquoi ces querelles, ces désordres, au sein de bien des familles, qui visent à désunir, et finissent hélas ! par une irrémédiable séparation ? Pourquoi tant d'unions coupables que l'Eglise n'a pas bénies et qui défendent au ministre de Dieu de franchir le seuil d'une maison où les saintes lois du mariage sont méconnues et remplacées par un concubinage public ? Qui l'oblige, trop souvent, à refuser les derniers sacrements à l'âme qui va comparaître devant le redoutable tribunal de Dieu ? *Inimicus homo hoc fecit*, c'est l'homme ennemi qui fait tout ce mal, cet homme ennemi, c'est le démon, et l'arme dont il se sert pour tuer les âmes plus sûrement, c'est la luxure. *Inimicus autem qui seminavit ea, est diabolus*. (Matth. 13. 39).

Il est une autre conséquence de ce vice capital, dont nous voulons faire une mention spéciale, chancre hideux qui porte le déshonneur au sein des familles jusque-là les plus respectables, et qui semble s'étendre chaque jour davantage, malgré les plus louables et les plus constants efforts pour en arrêter les ravages. Il s'agit des naissances illégitimes ; tache indélébile qu'un père, qu'une mère coupables ont gravée sur le front de leurs enfants. La civilisation chrétienne n'a pas encore assez pénétré dans ces pays, et elle y est de trop fraîche date, pour en faire comprendre à tous, la honte qui s'attache à ce mot : *bâtard !* Dans notre vieille Europe, si vicieuse cependant, cette honte se cache ; ici, hélas, elle s'étale. Une mère ne rougit pas de présenter elle-même au prêtre, à l'église, le fruit de son crime, elle ne pense pas que, plus encore que les vendeurs du temple, elle devrait en être chassée à coups de fouet ! Une conséquence déplorable et humiliante tout à la fois, c'est que nos vieilles familles, jusque-là si respectables et si respectées, voient, souillé et traînant dans le ruisseau, le nom qu'elles ont reçu de leurs nobles ancêtres.

On pourrait dresser une statistique comparée, portant sur le nombre des naissances légitimes et illégitimes dans la paroisse de Port-d'Espagne, pendant le quart de siècle qui a suivi l'arrivée de nos premiers Pères. En faisant une autre liste sur les vingt-cinq années qui ont suivi, on aurait ainsi la *note* de la moralité croissante ou décroissante dans notre paroisse. Qu'il nous suffise d'affirmer que le nombre des naissances illégitimes est *de beau-*

*coup* supérieur à celui des naissances légitimes. Ce seul fait nous autorise à conclure, pour n'avoir pas à revenir sur ce triste sujet, que l'immoralité est bien la seconde des deux plaies qui désolent la paroisse de Port-d'Espagne et que les gardiens de la foi et de la morale ont le plus de mal à guérir.

Nous n'avons fait que mentionner un autre ennemi que nous aurions passé sous silence si nous n'avions eu la bonne fortune de découvrir des fragments d'une lettre écrite par le R. P. Bion lui-même et qui nous apprend que ce troisième ennemi des âmes pouvait marcher de pair avec les deux premiers et fut, à nos missionnaires, une cause de grande difficultés. Nous voulons parler de l'*ignorance religieuse*.

Nous laissons la parole au R. P. Bion.

« Une de nos principales difficultés tient surtout à l'insuffi-
« sance des secours religieux. Par suite de l'immense étendue
« des paroisses et avec la dissémination des familles, un curé
« peut à peine suffire aux besoins de sa propre paroisse. Qu'ad-
« vient-il lorsque, par suite de l'absence ou de la mort d'un prê-
« tre, le soin de sa paroisse retombe sur son confrère le plus voi-
« sin ? et c'est là un cas qui se présente assez fréquemment. Il
« n'y a, à la Trinidad, comme dans presque toutes les colonies,
« aucun moyen de pourvoir régulièrement au recrutement du
« clergé. Lorsqu'un poste se trouve vacant, il faut attendre que
« la Providence envoie d'Europe quelqu'un pour l'occuper. En
« outre, plusieurs de nos quartiers sont malsains, les Européens
« qui y séjournent sont exposés aux fièvres, et ils ne peuvent
« s'en préserver, ou s'en guérir, qu'en se déplaçant de temps à
« autre pour des changements d'air. Il est arrivé que des popula-
« tions rejetées aux extrémités de l'île sont demeurées dix-huit
« mois sans pasteur.

« Ici, à Port-d'Espagne, où nous avons maintenant deux pa-
« roisses, il y a vingt ans, il n'y avait que deux prêtres, et en-
« core leur zèle devait-il embrasser quatre quartiers de la cam-
« pagne qui en ont été détachés depuis, et érigés en paroisses
« distinctes. Joignez à cela l'absence presque complète d'écoles
« catholiques. Le gouvernement anglais a adopté ici, comme
« presque partout où les populations ne rentrent point sous une

« seule et même communion religieuse, le système des écoles ap-
« pelées *Godless*, c'est-à-dire, *sans Dieu*, parce que pour ne heur-
« ter les convictions de personne, toute question religieuse en est
« absolument bannie. Il n'y a dès lors, ni prière, ni catéchisme.

« Un très grand nombre d'adultes n'ont point encore fait leur
« première communion. Cette absence de première communion
« entraîne une ignorance complète en matière de religion ; un
« grand nombre de ces hommes ou de ces femmes, quand ils
« étaient enfants, n'ont jamais appris une leçon de catéchisme.
« Et je vous assure qu'il est navrant pour un prêtre de se voir
« subitement appelé au lit de mort d'un homme qui, dans quel-
« ques heures, dans quelques jours, va paraître devant Dieu, et
« qui ne s'est jamais confessé, qui ignore les principales vérités
« de la foi, qui vit depuis longtemps d'une façon irrégulière et
« qu'il faut préparer à ce redoutable passage, sous la fièvre qui
« le dévore.

« Vous pouvez comprendre après cela combien le désordre des
« mœurs peut être facilité par cette ignorance et cette absence
« de secours religieux. Que peuvent faire, en face de leurs pas-
« sions naissantes, des âmes jeunes, faibles, n'ayant pour se dé-
« fendre ni la confession, ni la sainte communion ? »

______

## Églises, Hospices et Œuvres diverses

Après avoir esquissé l'état moral de notre paroisse en 1864, il convient de faire un court tableau des édifices et institutions se rapportant au culte catholique.

D'abord *l'église cathédrale*, consacrée le 15 avril 1832 par Mgr Mc Donnell, évêque de Port-d'Espagne. La première pierre en avait été posée par Sir Ralph J. Woodford, gouverneur de la Trinidad, le 26 mars 1816. Eglise gothique bâtie dans toutes les règles, avec un portail encadré de deux tours octogones; trois nefs et un chœur magnifique, cette cathédrale est citée comme un monument dans toutes les Antilles, et lors du Concile colonial que Mgr Spaccapietra y rassembla en 1859, tous les évêques la regardaient avec des yeux d'envie.

Les Frères Prêcheurs, à leur arrivée, y retrouvèrent des souvenirs de famille, un tableau du Rosaire, les images vénérées de saint Dominique et de sainte Catherine de Sienne. La statue de sainte Rose de Lima y occupe une des niches creusées dans les piliers massifs qui séparent le sanctuaire du chœur, et la bannière d'une des confréries, celle du Scapulaire, porte triomphante et richement brodée l'image du fondateur de l'Ordre avec le chien et le flambeau traditionnels. Ces souvenirs semblaient dire aux Pères qu'ils n'étaient point en pays étranger, et que peut-être leur place avait été préparée.

*Saint-Patrick*, la seconde église catholique érigée à Port-d'Espagne, à l'extrémité nord-ouest de la ville, dans le quartier appelé New-Town. La première pierre en fut posée le 29 juin 1858, par Mgr Spaccapietra, archevêque de Port-d'Espagne. Cette église a été consacrée par Mgr Flood, archevêque, le 23 novembre 1902, le R. P. Hyacinthe Jones O. P. étant curé de cette paroisse.

Outre ces deux églises paroissiales, nous avons trouvé une seule chapelle publique desservie par le clergé de la cathédrale, et connue sous le nom de « *Chapelle du Calvaire.* » Elle fut construite au sommet d'une colline, au sud-est de la ville. Sur le versant de cette colline la piété des fidèles avait érigé un chemin de croix formé de quatorze petits monuments en pierre et dominé par une grande croix de bois plantée en souvenir du jubilé de 1851. Nous ignorons l'époque de l'érection de ce calvaire, nous savons seulement que tout le terrain avait été un don gracieux fait à la paroisse par M. de la Sauvagère. Cette chapelle fut bénie par Mgr Spaccapietra, le 23 juillet 1854.

Ce même vénérable prélat, dont le souvenir est encore si vivant dans cette paroisse et dans l'île tout entière, avait bâti un asile où infirmes et vieillards devaient trouver un refuge et des secours quotidiens. Il en posa la première pierre le 23 avril 1858, et, le 8 août de la même année, il bénissait solennellement, avec la maison, la modeste chapelle intérieure où les pauvres, recueillis, vêtus, nourris et soignés dans cet hospice par des chrétiennes dévouées, pouvaient entendre la sainte messe. Le nom de saint Vincent de Paul fut donné à cet asile, mais il reste plus connu sous le nom de « *Hospice Spaccapietra.* » Le bon abbé Marchesi en était le chapelain, il y avait sa demeure, consistant en deux modestes chambres ; il en fut le second bienfaiteur et voulut y finir ses jours. Il y mourut, en effet, le 12 juillet 1878.

Si les bornes que nous nous sommes tracées nous le permettaient, que de choses n'aurions-nous pas à écrire à l'occasion de l'érection de cet hospice et de sa chapelle ! Comme on verrait la vérité de ce que nous avançons quelques pages plus haut, quand nous affirmons que l'hérésie protestante est la plaie de notre catholique Trinidad ! Qu'on nous permette de reproduire ici ce passage de l'adresse si belle et si touchante lue à Mgr Spaccapietra, dans sa cathédrale, au pied de son trône, le 19 juin 1859, à la veille de son départ.

Parlant au nom de tous les fidèles catholiques de la paroisse, M. H.-L. Iobity s'exprimait en ces termes :

**L'Orphelinat de Belmont**
(Vue prise en 1924)

« Nous étions loin de nous attendre que votre présence parmi
« nous aurait été le prétexte, et comme le signal d'une guerre
« active déclarée à notre Eglise, guerre préparée de longue main
« et qui n'attendait pour éclater qu'une occasion favorable. Cette
« occasion, ils ont cru l'avoir trouvée dans votre qualité d'*étran-*
« *ger*, et ils ont pensé qu'en vous adressant leurs coups, nous se-
« rions restés indifférents. Mais ils ne vous ont poursuivi que
« parce que vous étiez *Evêque catholique*, notre Evêque ; et c'est
« bien au catholicisme qu'ils en voulaient ; c'est bien l'Eglise
« catholique de ce pays qu'ils prétendaient humilier ; ce sont les
« intérêts de la population catholique qu'ils attaquaient, malgré
« leurs dénégations hypocrites. Bien aveugles ceux qui ne l'au-
« raient pas compris ! A les entendre, nous devons tout à leur
« tolérance, et nous n'aurions droit de prétendre qu'au libre
« exercice de notre culte, et sans doute encore parce que la foi
« des traités nous le garantit ! Vous abandonner donc, c'eût été
« nous livrer nous-mêmes, notre Eglise, l'avenir de nos familles ;
« nous serrer autour de vous, c'était nous défendre, protéger
« notre foi et les intérêts les plus chers de nos enfants. »

Après avoir lu ces lignes, quel est le fidèle enfant de la sainte
Eglise catholique qui ne redira avec nous et après nous : le protestantisme, voilà l'ennemi ! Quand, dans le cours de ce récit,
nous parlerons des œuvres de nos Pères et, en particulier, des
fondations de Cocorite et de Belmont, on verra mieux encore
combien nous sommes dans le vrai en poussant ce cri.

Outre les églises, il nous faut dire un mot des sociétés, associations, confréries et autres pieuses institutions établies dans la paroisse avant notre arrivée, c'est-à-dire avant 1864.


Nous trouvons d'abord : *Les Filles du SS. Cœur de Marie*. Cette
pieuse société fut fondée par M. l'abbé Poirier, en 1851, sous
l'épiscopat de Mgr Smith. Elle avait pour but la visite des malades. M. l'abbé Poirier (le futur évêque de Roseau, île de la Dominique) s'était inspiré d'un « Règlement pour la société des
enfants du Cœur de la Mère admirable » fait par saint Jean Eudes,
mort en odeur de sainteté, le 19 août 1680, à Caen, dans la Basse-
Normandie (France), et qui vient d'être solennellement canonisé

par le Pape Pie XI. Ce règlement, assez sévère, exigeait des membres de la société, outre des jeûnes et l'abstinence à certains jours, un Office à réciter chaque jour, un vêtement de couleur sombre et d'une forme particulière, et le célibat. Une femme mariée n'était pas admise dans cette société et un de ses membres qui aurait contracté mariage en était exclu.

Les Filles du SS. Cœur de Marie fournirent à M. l'abbé Poirier les éléments d'une seconde société destinée, comme la première, à faire un très grand bien dans cette paroisse de Port-d'Espagne et dans toutes celles où le zèle intelligent des curés travailla à l'établir ; nous voulons parler de l'institution des *maîtresses d'instruction*. Dans l'esprit du peuple cette seconde société ne faisait qu'une avec la première. La classe où elles se recrutaient, l'habit qu'elles portaient, et l'esprit qui les animait, étant à peu près identiques, expliquaient cette erreur qui ne nuisait ni à l'une, ni à l'autre de ces sociétés, mais était au contraire à l'avantage de chacune. C'est aussi en 1851 que cette seconde société fut fondée.

Son but, comme le titre l'indique, était l'instruction, mais exclusivement religieuse. Effrayé de la profonde ignorance de la classe populaire, le zélé fondateur avait fait appel à la bonne volonté d'un certain nombre de personnes pieuses, suffisamment instruites pour enseigner les vérités essentielles de notre sainte religion à ceux qui les ignoraient. Ces bonnes et excellentes filles, soigneusement choisies par lui-même, avaient pour mission de rechercher ceux et celles, bien plus nombreux alors qu'aujourd'hui, qui n'avaient pas encore fait leur première communion quoique déjà avancés en âge, qui ne se confessaient jamais et, souvent, vivaient en concubinage. Elles devaient les faire connaître au prêtre et même, si cela se pouvait, les amener à lui. Elles devaient l'avertir qu'un malade était exposé à mourir sans sacrements s'il n'accourait promptement. Elles avaient encore pour mission d'enseigner les éléments du catéchisme aux pauvres enfants qui n'en recevaient aucune notion, ni chez eux, ni à l'église où, suivant l'exemple de leurs parents, ils n'allaient presque jamais. Sans doute, ces pieuses Maîtresses n'étaient pas des théologiennes consommées et ce qu'elles enseignaient n'était pas toujours d'une correction parfaite au point de vue du dogme ou de la discipline ecclésiastique ; c'est pour cela, sans doute, qu'il est un peu de mode, chez bon nombre de personnes, et même chez certains membres du clergé, de dénigrer et de tourner en ridicule ces *Maîtresses d'instruction*. Ils ont tort ; nous pouvons en parler, nous qui les connaissons depuis de longues années et qui les avons vues à l'œuvre. Pas un des anciens prêtres, tant ceux du clergé séculier que du clergé régulier, n'aura une opinion différente de la nôtre à leur sujet. Elles ont fait un bien immense et rendu à la religion des services considérables, surtout dans cette paroisse de **Port d'Espagne**.

C'est par centaines, par milliers peut-être, qu'il faudrait compter le nombre des âmes qui ont paru devant Dieu purifiées par les derniers sacrements, grâce à leurs exhortations, leur aide et leur secours. Elles les instruisaient de leurs devoirs, et allaient chercher le prêtre, ce à quoi, autour du moribond, personne ne pensait ; et, quand le prêtre arrivait près du malade, il trouvait tout préparé pour la réception du Dieu de l'Eucharistie qui, pour la première fois, franchissait le seuil de cette demeure. Et, quand l'heure de l'agonie avait sonné, une voix s'élevait dans le silence de la chambre, c'était celle de la pieuse maîtresse d'instruction qui récitait les dernières prières, suprême adieu à la terre de l'âme sur le point de la quitter.

Tout récemment, nous avons conduit à sa dernière demeure une de ces bonnes maîtresses d'instruction, et si toutes les âmes, au salut desquelles elle a si puissamment contribué, sont venues au devant de la sienne, avec quelle belle couronne elle a dû paraître au tribunal de son Dieu ! Malheureusement leur nombre est très restreint. Ces fonctions exigent un dévouement dont peu sont capables, nous ne devons qu'en admirer davantage celles qui l'ont. Nous terminerons ce rapide exposé par le souhait que chaque paroisse du diocèse puisse posséder un bon nombre de ces maîtresses d'instruction qui ont en leur faveur, outre le bien qu'elles font, la recommandation du premier Concile des Colonies. (*Sectio tertia de publicis moribus informandis*).

Après les filles du Saint Cœur de Marie, nous trouvons en suivant l'ordre chronologique : *les amantes de Jésus*, société fondée, en 1854, par Mgr Spaccapietra. Le but de cette Association est clairement indiqué dans un « Règlement » que tous peuvent se procurer : Exciter ses membres à l'amour de notre divin Rédempteur et à la pratique de toutes les œuvres de miséricorde pour honorer sa charité divine. Aucune œuvre de charité ne doit être regardée comme étrangère à l'Association. Elle porte des secours pécuniaires aux familles nécessiteuses. Ses membres ont le devoir de visiter les malades à domicile et dans les hôpitaux, à tour de rôle, d'après une liste dressée au Conseil qui se tient tous les quinze jours. Outre les quêtes qui se font aux réunions bi-mensuelles, la société fait, chaque année, un grand Bazar d'où elle tire ses principaux moyens pour les œuvres de charité dont elle se charge.

Dans une réunion du Conseil, tenue le 9 juin 1864, il a été décidé qu'il ne serait reçu dans l'Association aucun membre dont la position serait telle que, d'un moment à l'autre, il puisse devenir une charge à la Société. Pour ce motif, cette Société des Amantes de Jésus, nom qui lui a été donné par son pieux fondateur, ne se recrute guère que dans les classes aisées de la ville. Elles ont, chaque année, une retraite qui se fait toujours dans l'église du Rosaire et qu'on appelle « la retraite des dames. »

Cette Association jouit avec raison d'une grande considération, soit à cause des membres qui la composent, soit, surtout, nous aimons à le croire, en raison du bien qu'elle fait. Son Directeur est toujours un prêtre de la paroisse nommé par l'Archevêque.

En 1862, au livre des annonces de cette époque, il est fait mention des *Confréries du Scapulaire du Mont Carmel et du Rosaire*, mais nous n'avons pu trouver aucun indice nous donnant la date de l'érection de ces deux Confréries ; il est toutefois certain qu'elles étaient érigées à la Cathédrale avant notre prise de possession de la paroisse ; leur fête était célébrée très solennellement. Pour celle du Mont-Carmel, il y avait toujours, grand'messe pontificale. Ce n'est plus qu'un souvenir.

En 1863, le Curé de la paroisse, M. l'abbé Cuénot, établit une Société d'*Enfants de Marie*, sous le nom de *Nativité*. Elle fut solennellement érigée le 8 septembre 1863. Le but de cette société est clairement indiqué dans son « Règlement » :

1° Préserver les jeunes filles de cette ville des dangers sans nombre qui les entourent. 2° Les former à la vraie et solide piété. 3° Leur offrir l'appui du bon exemple et de la prière commune. 4° Donner plus d'éclat à certaines cérémonies religieuses, comme les processions qui se font soit à l'intérieur, soit à l'extérieur de l'église.

Les Règles de cette société étaient assez strictes, c'est pour cette raison, sans doute, que le nombre de ses membres, depuis quelques années surtout, est allé toujours en diminuant. Ainsi les Enfants de Marie de la Nativité ne devaient pas « se permettre de suivre les modes nouvelles » : elles ne devaient aller à aucun bal sans en avoir l'autorisation du P. Directeur ou de la Présidente. Il leur était sévèrement défendu de se déguiser pour le Carnaval. Elles ne devaient pas entrer dans un temple protestant et, si l'une d'elles se permettait d'y assister à une cérémonie, elle était exclue, par le fait même, de la Société, etc., etc.

Comme on a dû le remarquer, nous avons mis, au passé, toutes ces sévères obligations : elles devaient, elles ne devaient pas. Car, pour le présent, si le nombre des membres de cette Société a considérablement diminué, la ferveur a suivi l'exemple du nombre ; aussi ne croyons-nous guère à l'existence, pour de nombreuses années encore, de cette société ; sera-ce un mal ? non, si elle est remplacée par une Œuvre similaire qui, plus jeune, aura une sève plus vigoureuse, tout en poursuivant le même but. Du reste, on le sait, le créole aime le nouveau, sentiment qui a, pour se traduire, un axiôme bien connu, même dans toutes nos Antilles : « Tout nouveau, tout beau. » C'est flatteur pour la jeunesse, mais peu aimable pour la vieillesse. Quoi qu'il en soit, laissons à Dieu qui vivifie et mortifie : *vivificat et mortificat*, suivant la parole de nos saintes Lettres, le soin de prolonger longtemps encore l'existence de cette pieuse Société de la Nativité qui, depuis et pendant son demi-siècle d'existence, a été une sauvegarde pour des centaines de jeunes filles.

Des documents, qui nous ont été communiqués, établissent qu'il existait dans la paroisse une œuvre religieuse dont nous n'avons pas fait mention ; nous voulons parler de la « *Conférence de Saint-Vincent de Paul* » nom donné à une Société de bienfaisance fondée par Mgr Spaccapietra, en avril 1857. Comme toutes celles qui ont été établies dans le monde entier, cette Société est affiliée à celle de Paris, fondée dans la première moitié du dix-neuvième siècle et dont Frédéric Ozanam a été un des principaux fondateurs. Son but est clairement indiqué dans l'extrait, dont nous donnons copie, d'une circulaire du Président Général, M. Jules Gossin, datée du 31 mai 1896.

« L'objet de notre union est de faire du bien aux pauvres selon les ressources que la Providence a mises ou mettra à notre disposition, et aussi de nous procurer infiniment plus de bien à nous-mêmes, au point de vue spirituel, en nous consacrant sans distinction d'âge, de fortune ou de position sociale au soulagement des misères que Dieu confie à nos soins, sans aucune exception, sinon de mettre au premier rang la visite des pauvres dans leurs maisons.

Telle est en abrégé toute notre Œuvre. »

Le premier Président de Port-d'Espagne pour la Conférence de Saint-Vincent de Paul fut le Docteur Comte L. A. A. de Verteuil.

# CHAPITRE V

## Collèges et Maisons d'Éducation



I. — Pensionnat des Sœurs de Saint-Joseph de Cluny.

Après avoir mentionné les églises et œuvres diverses existant dans notre paroisse, et dans notre ville, avant l'arrivée des Pères Dominicains, il nous faut maintenant parler des collèges, écoles et maisons d'éducation que nous y avons trouvés.

D'abord, et en procédant par ordre d'ancienneté, nous trouvons le *couvent et le pensionnat des Sœurs de Saint-Joseph de Cluny*. En traits rapides nous allons en esquisser l'histoire.

Désireux de procurer à son diocèse, et spécialement à sa ville épiscopale dont l'importance augmentait d'années en années, le bienfait de l'éducation et de l'instruction religieuse, Mgr Mac Donnell, évêque de Port-d'Espagne, vit ses prières et ses efforts couronnés de succès par l'arrivée des religieuses de Saint-Joseph de Cluny. Il dressa lui-même, en ces termes, le procès-verbal de cet heureux événement :

« Le 29 janvier de l'an mil huit cent trente-six, Nous, Daniel
« Mac Donnell, évêque d'Olympe, avons reçu et agréé, sous
« notre juridiction, six dames religieuses de la Congrégation
« de Saint-Joseph de Cluny, demandées par Nous à la Supé-
« rieure du dit Ordre établi à Saint-Pierre (Martinique), à l'effet
« de fonder, en cette colonie, une maison d'éducation où toutes
« les classes et religions puissent recevoir une instruction solide
« et étendue. Les membres de cet établissement furent M^{mes}
« Pauline Lefèvre, dite Sœur Onésime, Supérieure ; Adé-
« laïde Delorme, Sœur Scholastique ; Antoinette Beurier, Sœur
« Pélagie ; Marguerite de Wint, Sœur Louis de Gonzague ;

« Marie-Joséphine Remi, Sœur Théotiste ; Civilise Jacquemet,
« Sœur Gabriel ; lesquelles nous ont été présentées comme
« devant et pouvant remplir les fonctions d'institutrices.

« Fait à Port-d'Espagne, l'an septième de notre Pontificat, le
« 5 avril 1836, jour de l'ouverture du susdit établissement. »

Quelque temps auparavant, Mgr Mac Donnell, pour s'assurer
le concours de cette Congrégation religieuse dont il connaissait
le zèle et le dévouement pour l'éducation de l'enfance, avait fait
écrire la lettre suivante par M. l'abbé Bertin, missionnaire apostolique à Port-d'Espagne à la Révérende Mère Marie-Thérèse Javouhey, alors supérieure principale de la Congrégation, à la Martinique.

« Admirateur de votre zèle, de votre dévouement et du bien
« que vous faites dans les Colonies françaises, Monseigneur a
« pensé que vous ne pouviez point borner là l'intérêt que vous
« portez à la jeunesse et à la religion. Sa Grandeur me charge
« donc, aujourd'hui, de vous inviter de sa part, à venir à Port-
« d'Espagne, partager nos travaux apostoliques dans cette par-
« tie de la vigne du Seigneur qui ne lui est pas moins chère que
« celle que déjà vous cultivez avec tant de succès. Je puis vous
« certifier que la terre de Trinidad offre de bien grandes espé-
« rances et qu'elle promet une abondante moisson.....»

La Mère Marie-Thérèse Javouhey, à qui l'abbé Bertin avait
écrit cette lettre, était une des trois sœurs de la vénérable Mère
Anne-Marie Javouhey, fondatrice de la Congrégation des Sœurs
de Saint-Joseph de Cluny, et dont la cause est introduite en Cour
de Rome, en vue de sa prochaine béatification. La vénérable est
née à Chamblanc, en Bourgogne (France) le 10 novembre 1779,
et morte à Paris, le 15 juillet 1851.

Cette Congrégation a pris réellement naissance le 12 mai 1807,
jour où furent admises à l'émission de leurs vœux de religion,
la vénérable fondatrice et ses trois sœurs, et cinq autres jeunes
personnes. Cette profession eut lieu à Châlon, du diocèse d'Autun (France), mais la vénérable fondatrice s'était déjà et définitivement consacrée à Dieu, pendant la grande Révolution française, dans la nuit du 11 novembre 1798. Le nom de saint Joseph a été donné à la congrégation parce que ce fut dans la cha-

pelle de la citadelle d'Autun, placée sous le vocable de saint Joseph, que la communauté naissante avait commencé à se former, le 28 août 1806. Le nom de Cluny y fut ajouté, après la fondation du couvent appelé « des Récollets », à Cluny (petite ville de France) le 24 juin 1812.

Nos lecteurs auront lu, avec plaisir, tous ces détails, sur la pieuse Congrégation dont l'établissement est, pour le diocèse entier, une source de grâces et de bénédictions tant spirituelles que temporelles. Revenons à la fondation du couvent de Port-d'Espagne.

La Mère Marie-Thérèse Javouhey avait été envoyée par sa sœur, supérieure générale et fondatrice, comme visiteuse des communautés de son Institut, aux Antilles. Arrivée à Cayenne, chef-lieu de la Guyane française, pour y fonder une maison, le 4 janvier 1827, elle se rendait le 27 février de la même année à la Martinique. Elle y était encore, en 1836, quand lui parvint la lettre si pressante et si élogieuse de Mgr Mac Donnell. La vénérable fondatrice, sur la demande de l'évêque, autorisa la fondation d'une communauté à Port-d'Espagne, et la Mère Onésime Lefèvre fut envoyée comme première supérieure de la nouvelle maison. Elle y resta un an environ et retourna à la Martinique en nommant pour lui succéder la Mère Scholastique Delorme. La bonne Mère Onésime mourut à la Martinique, en 1844, chargée de mérites plus encore que d'années. Elle y était arrivée en 1824. Mais avant de recevoir la suprême récompense que Dieu réserve là-haut à ses élus, elle avait vu ses mérites reconnus et ses services appréciés dès ici-bas, chose assez rare, surtout quand les services ont Dieu pour objectif. Le Gouvernement français, en 1876, lui avait décerné la croix de Chevalier de la Légion d'honneur.

A ce sujet qu'on nous permette de citer, de cette vénérable Mère, un mot plaisant où l'on voit l'esprit français aidé de sa langue si souple et si maniable. *Depuis plusieurs années, la vénérable octogénaire occupait ses loisirs à tricoter des bas ; comme on la félicitait, un jour, de sa décoration : « Ce ne peut être, ditelle, pour mes hauts faits qu'on m'a donné la Croix, mais pour mes bas faits. »*

Le premier aumônier du couvent et du pensionnat fut M. l'abbé

Bertin. M. l'abbé Poirier, élevé, quelques années après, sur le siège épiscopal de Roseau, île de la Dominique, y était aumônier en 1858. En 1862, Mgr English en remplissait les fonctions.

Il n'entre pas dans notre plan de faire l'histoire du couvent et du pensionnat des Sœurs de Saint-Joseph de Cluny, mais nous manquerions à un devoir et nous nous priverions d'une grande satisfaction si nous ne saisissions pas cette occasion de rendre un juste hommage à l'action bienfaisante et à l'heureuse influence des pieuses filles de la vénérable Javouhey sur la population féminine prise dans son ensemble, et, plus spécialement, sur la haute société de cette ville de Port-d'Espagne. Il est bien peu de familles catholiques de notre ville qui ne s'honorent d'avoir eu leurs filles élevées *au Couvent*. Des femmes remarquables, nous pouvons le dire sans flatterie, en ont toujours eu la direction.

Si nos premiers Pères furent heureux de trouver, en arrivant et en prenant possession de leur nouvelle paroisse, une maison religieuse, ouverte pour l'éducation et l'instruction des jeunes personnes de la ville, pas n'est besoin de le dire ; c'était pour eux un point d'appui, un secours d'autant plus précieux, qu'aucune œuvre similaire n'avait été tentée par les protestants et, depuis soixante-seize ans que cette école supérieure existe, ils n'ont osé essayer de lui en opposer une semblable ou, s'ils l'ont essayé, ils n'ont pas réussi, car si vous la cherchez, vous ne la trouverez pas. Béni de Dieu et des hommes, le pensionnat de la rue Pembroke a toujours été en progressant à tous les points de vue ; les dignes Sœurs qui y sont employées n'ont jamais failli à leur sainte vocation, et, plus encore par leurs vertus religieuses que par leur enseignement, qui a toujours été sans reproche, elles ont droit à la reconnaissance du clergé et de la population entière de la Trinidad. Qu'elles veuillent bien en accepter l'hommage qu'en passant nous leur rendons.

Au moment de l'ouverture de la maison, les pensionnaires étaient nombreuses, car les externes n'étaient pas acceptées ; elles ne le furent qu'en 1853, mais l'externat actuel n'a été ouvert qu'en mai 1890. C'est à cette même date que, sur les instances des parents, une classe séparée fut ouverte pour les petits garçons. Déjà, en 1871, une école gratuite, pour la classe pauvre, était venue s'ajouter au pensionnat et à l'externat et, enfin, en 1895, un « *Training school* » y fut adjoint. Comme on le voit, c'est complet, et notre paroisse de Port-d'Espagne ne peut rien désirer de plus ni de mieux, si ce n'est de voir s'augmenter le nombre de ces pieuses et dévouées maîtresses, afin qu'elles puissent instruire encore plus de jeunes enfants. Sa moyenne actuelle est de deux cent quatre-vingts élèves dont soixante pensionnaires. Une soixantaine de ces bonnes religieuses sont mortes à la Trinidad.

## II. — COLLÈGE SAINT-GEORGES.

Quatre ans après l'ouverture du pensionnat des Sœurs, nous voyons s'élever une autre maison d'éducation sous le nom de *Collège Saint-Georges*, collège réservé aux petits garçons seuls. Il fut construit en 1840, grâce à la générosité de plusieurs familles catholiques de la ville, qui en firent don au diocèse, mais avec cette clause, que la nouvelle maison serait affectée à une école pour les garçons. L'abbé Bertin, du clergé de la cathédrale, en fut le vrai fondateur et le premier supérieur. Nous ignorons l'histoire de ce collège, dont l'existence fut assez éphémère, puisqu'il était fermé en 1858, et qu'en 1860 les Sœurs de Saint-Joseph y ouvrirent une école gratuite pour les filles. Cette école se tenait au rez-de-chaussée, l'Evêque occupait l'étage supérieur.

Le souvenir de ce collège Saint-Georges aurait complètement disparu depuis longtemps, s'il n'avait servi à dénommer la rue sur laquelle il avait son entrée principale. Il ouvrait sur la rue Abercrombie actuelle, dans la partie située entre les rues Park et Oxford, c'était la rue *Vieux collège*, ce nom est le seul qui soit resté. On l'appelait ainsi par opposition au *nouveau collège* fondé plus tard par les Pères du Saint-Esprit.

## III. — COLLÈGE SAINTE-MARIE DE L'IMMACULÉE CONCEPTION

Comme on le verra plus loin, ces Pères, arrivés à la Trinidad en 1863 pour y établir un collège catholique, commencèrent leurs cours dans les salles de ce qui était encore le collège Saint-Georges : ce ne fut que pour quelques mois, car, mis en demeure de laisser cette maison dont Mgr Gonin voulait faire son palais épiscopal, ils achetèrent un vaste terrain bâti, qui appartenait à M. Eugène Lange et situé exactement en face. De la sorte, le chef du diocèse était chez lui et les Pères chez eux, tout était donc pour le mieux. Ce nouveau collège fut ouvert le 1ᵉʳ août 1863 sous le nom de « *Collège Sainte-Marie de l'Immaculée Conception.* »

Nous devons à l'obligeance d'un de ces Révérends Pères tous les renseignements qui suivent et qui sont comme une histoire abrégée de la fondation et du progrès continu de ce collège, depuis le 1ᵉʳ août 1863.

Mais ce que le Révérend Père ne dit pas et qu'il est de notre devoir de faire connaître, c'est le bien immense que leur présence et leur enseignement ont fait au pays. Ils sont venus pour contrebalancer l'influence du « *Collegiate school* » qui existait avant le leur et ils y ont pleinement réussi, non seulement pour le « *Collegiate school* » mais aussi pour le « *Queen's Royal Collège* » qui a remplacé le premier et, dans cette lutte, l'avantage n'a pas toujours été du côté de leur adversaire. Ce que nous avons dit des jeunes filles élevées et instruites par les Sœurs de Saint-Joseph, nous pouvons et devons le dire des jeunes gens élevés et instruits par les Pères de la Congrégation du Saint-Esprit. Ils ont formé des élèves remarquables qui se sont fait un nom, même à l'étranger. Tout récemment encore l'un d'eux, dans un concours auquel prenaient part tous les élèves des écoles du Royaume-Uni, a été classé N° 1. L'honneur qui en est résulté pour le collège des Pères a rejailli sur le pays tout entier, et la Trinidad, grâce à eux, a le droit d'en être fière.

Eux aussi ont eu à leur tête des hommes remarquables. Pour ne parler que de ceux de notre temps, nous citerons le R. P. James Brown, venu à la Trinidad simple étudiant en théologie, qui a eu, pendant quinze années, la direction du collège, et est parti, en laissant parmi nous le souvenir d'un parfait religieux, d'un véritable éducateur de la jeunesse, d'un conseiller prudent, d'un ami qui savait placer ses amitiés et y rester toujours fidèle. — Le R. P. Neville qui a occupé durant sept années environ la charge de supérieur et, marchant sur les traces de ses devanciers, s'est toujours montré digne religieux et fait pour cette supériorité que son chef hiérarchique, Mgr Le Roy, supérieur général de sa congrégation, qui s'y connaît en hommes, lui avait confiée. — Le R. P. Crehan, qui a laissé le poste éminent qu'il occupait en Europe, dans sa Congrégation, pour prendre à son tour la direction du collège catholique de Port-d'Espagne.

Sous son habile direction le collège de l'Immaculée Conception est en pleine prospérité et compte actuellement deux cent soixante-dix élèves.

Maintenant, nous passons la plume au R. Père qui a bien voulu nous communiquer les renseignements suivants qui sont, en réalité, une histoire abrégée du Collège.

« Nommé au siège de Port-d'Espagne en 1860, l'archevêque English chercha à placer l'éducation catholique secondaire sur une base solide et à contrebalancer autant que possible l'influence de la « *Collegiate school* », qui touchait jusqu'à 3.000 fr. par an sur les fonds du gouvernement.

Les Pères du Saint-Esprit lui furent chaudement recommandés dans ce but par un prélat anglais de Rome, Mgr Talbot. Et le cardinal Barnabo, Préfet de la Propagande, dans une lettre privée au Supérieur général, le pressait instamment d'accepter la proposition. La mort de l'archevêque English sembla mettre fin à l'affaire, mais les appels réitérés du cardinal Barnabo, de Mgr Talbot et de l'administrateur diocésain, M. l'abbé Cuénot, furent cause d'une reprise de l'affaire même avant qu'il eut été pourvu à la vacance du siège.

En conséquence, les RR. PP. Victor Guilloux et Albert Sundhauser furent envoyés de France et arrivèrent à la Trinidad le 7 juillet 1863. Le vieux collège Saint-Georges, sur le site occupé maintenant par l'établissement des Sœurs de Saint-Joseph, fut mis à leur disposition par l'administrateur, et le 1er août 1863, on ouvrit le collège Sainte-Marie de l'Immaculée Conception. Il y avait quatorze élèves présents, huit pensionnaires et six externes, mais en septembre le nombre était monté à trente-six, et à l'ouverture de la nouvelle année scolaire, 1er février 1864, on comptait quatre-vingts élèves, et au cours de l'année ce chiffre s'éleva à cent-vingt.

Pour commencer on eut comme maîtres les deux Pères et un professeur d'anglais, M. Gauthorne, secrétaire privé de l'archevêque, Mgr English. L'année suivante, quatre nouveaux professeurs arrivèrent, P. Muller, M. Cummins et Fr. Théodore qui vinrent dans la première partie de l'année, et, à Noël 1864, Fr. Auguste Butler entra à Sainte-Marie.

A l'occasion de la première visite au collège de l'archevêque, Mgr Gonin (Samedi-Saint 1864), on souleva la question d'acquérir un établissement plus considérable. Et le résultat fut que les Pères achetèrent un nouvel emplacement au côté opposé de la rue. Et en 1866, quand les constructions furent prêtes, un nouveau supérieur fut envoyé pour remplacer le P. Guilloux dans la personne du R. P. Corbet, maintenant Mgr Corbet, vicaire apostolique du nord de Madagascar, poste dans lequel il a succédé au P. Guilloux.

Le nouveau supérieur était accompagné d'un Père qu'on chargea plus tard de la procure de Sainte-Marie, ce qu'il fit pendant quinze ans, et qui mourut en 1903 à Sierra-Leone, mission dont il fut pro-vicaire apostolique ; il s'agit du T. R. James Brown.

Malgré les relations étroites entretenues depuis quelque temps déjà entre le gouvernement et la communauté catholique, les membres du premier ne se montrèrent pas favorablement disposés envers le nouveau collège qui semblait être un rival pour leur *Collegiate school*. En fait ils se servirent des questions de nationalité comme d'un moyen de jeter le discrédit sur Sainte-Marie.

Mais le Comité catholique, sous la direction très capable de son Président, le Comte de Verteuil, ne négligea aucun effort pour obtenir en faveur du collège la reconnaissance et l'aide du gouvernement au moins dans une mesure proportionnée à celle dont jouissait la *Collegiate school*. Peu cependant fut obtenu jusqu'à l'arrivée de Sir Arthur Gordon comme Gouverneur en 1866. Celui-ci, tout en se montrant sympathique à Sainte-Marie, poursuivait l'idée d'une certaine union entre les deux collèges, destinée à faire disparaître toute compétition entre eux. Mais son plan ne fut guère acceptable pour les catholiques.

Ce fut seulement en 1870 qu'un catholique Irlandais, Sir Patrick Keenan, venu d'Angleterre et ayant fait un rapport sur la situation, Sainte-Marie obtint sa situation présente de collège affilié au Collège royal de la Reine, titre nouveau dont fut alors gratifié l'ancienne *Collegiate school*.

# CHAPITRE VI

## Mgr Gonin et les premiers Pères Dominicains

Dans un exposé succinct nous avons fait connaître l'état spirituel et matériel de la paroisse de Port-d'Espagne quand nous en primes la direction ; exposé très incomplet, sans doute, mais suffisant pour donner une idée générale de ce que nous avons trouvé en arrivant. La paroisse ou, suivant l'appellation officiellement admise, la *mission de Trinidad* étant confiée aux religieux de saint Dominique, il était de beaucoup préférable, pour conserver en tout l'unité de direction, qu'aucun élément étranger à l'Ordre n'y fut mêlé. Nous ne pouvions donc, et chacun le comprendra, conserver avec nous, logeant sous le même toit, mangeant à la même table, obéissant à un supérieur unique, des prêtres du clergé séculier, quelque dévoués, zélés et édifiants qu'ils fussent. Saint Pierre et saint Paul, les divines Ecritures en témoignent, n'ont pas vécu, ni travaillé ensemble. Qui sait si, travaillant de concert, l'un avec l'autre, au salut des âmes, ils auraient toujours été d'accord sur toutes les questions et n'auraient pas été divisés quant à l'application des principes ? L'Esprit-Saint ne fut-il pas obligé, un jour, de dire : *Segregate mihi Saulum et Barnabam ;* Séparez Paul et Barnabé ! Ce *Segregate* est diversement interprété ; libre à chacun de le comprendre à sa manière.

Mais avant de dire adieu à tous ces bons prêtres qui nous ont précédé, et qui ont creusé avant nous le sillon dans le champ du père de famille, il est de notre devoir de les saluer respectueusement et affectueusement, en notre nom d'abord et au nom de tous les pieux fidèles de cette paroisse, à qui nous adresserons cette exhortation qui ne peut trouver sa place nulle part mieux qu'ici : *Mementote præpositorum vestrorum qui vobis locuti sunt ver-*

*bum Dei, quorum intuentes exitum..... imitamini fidem.*
(Hebr. 13. 7.) Souvenez-vous de ceux qui ont été vos chefs et qui
vous ont annoncé la parole de Dieu et, en les voyant partir, n'oubliez jamais d'imiter leur foi. Nous n'oublierons pas vos noms,
pieux et vaillants missionnaires, modèles parfaits d'humilité et
d'obéissance, qui nous avez ouvert les portes de la paroisse pour
nous y laisser entrer et qui vous êtes si humblement effacés devant nous. Vous avez déjà tous paru devant Dieu pour recevoir la
récompense due à votre zèle et à vos vertus sacerdotales, mais si
quelque dette vous restait encore à solder à la justice divine, nous
prions notre Dieu infiniment bon d'accepter l'humble requête
de vos frères dans le sacerdoce et de vous recevoir dans ce lieu
de rafraîchissement, de lumière et de paix, comme vous l'avez,
vous-même, si souvent demandé pour les âmes de vos frères,
chaque jour, au *memento* de votre messe : *in loco refrigerii, lu-*
*cis et pacis.* Nous tenons à donner ici vos noms, pour qu'ils restent profondément gravés dans la mémoire, dans le cœur surtout,
de tous les fidèles chrétiens de cette paroisse.

Quand les Pères Dominicains arrivèrent à la Trinidad, quatre
prêtres, tous du clergé séculier, desservaient la paroisse. L'abbé
Cuénot, d'origine suisse, était curé et administrateur du diocèse
depuis la mort de Mgr English, troisième archevêque de Port-
d'Espagne, décédé à la Grenade le 19 septembre 1862. L'abbé
Orsini, corse, fut nommé par Mgr Gonin en cette année 1864,
curé de l'importante paroisse de Saint-Joseph. L'abbé Bond, irlandais, reçut la charge de la paroisse de Saint-André, à la Grenade. L'abbé Pitz-Patrick, irlandais, quitta, croyons-nous, le
diocèse.

Il y avait encore l'abbé Albertini, curé de Saint-Patrick, paroisse située à l'extrémité nord-ouest de la ville, dans le quartier
appelé NewTown, et l'abbé Marchesi, mort le 12 juillet 1878.

Ce dernier, après avoir été curé de Sainte-Anne, où il fut remplacé par l'abbé Rivero, vénézuélien, un des plus éloquents prédicateurs en langue espagnole, demanda et obtint de s'occuper
exclusivement des habitants de l'hospice de Saint-Vincent-de-
Paul (Hospice Spaccapietra). Nous sommes heureux de transcrire
ici l'appréciation suivante si flatteuse pour ce bon prêtre, et qui

nous fait comprendre pourquoi, après cinquante ans écoulés, sa mémoire est restée en bénédiction.

« Il recourut, nous raconte un écrit, à tous les moyens possibles d'avoir de l'argent, allant jusqu'à mettre en loterie sa propre montre, et recueillant des aumônes de porte en porte, afin d'assurer la nourriture et le réconfort aux pensionnaires de l'hospice. Egalement, après un voyage en Europe pour affaires de famille, durant lequel il se fit donner une grosse somme d'argent, il remit le tout à l'hospice. Ses charités allaient à tous, quelle que fut la religion, et il déclarait que les différences en matière d'opinion ne devaient pas empêcher les chrétiens de porter secours aux malheureux. »

Tel était alors l'état du personnel ecclésiastique placé à la tête de la paroisse de Port-d'Espagne. A tous ces prêtres nous disons adieu et nous prions pour eux. Fasse le bon Dieu, qu'après leur avoir succédé dans le travail, nous devenions un jour leurs compagnons dans le repos de l'éternité !

Après le *Good bye* a ceux qui partent, il faut adresser le *well come* à ceux qui viennent. Nos lecteurs les connaissent déjà, à deux reprises nous en avons donné les noms.

Le nouvel archevêque, Mgr Louis-Joachim Gonin, ne venait pas seulement comme chef du diocèse, mais aussi comme supérieur des religieux qu'il amenait avec lui et, à cet effet, il avait reçu du Maître Général de l'Ordre, le Rme P. Jandel, le titre et l'autorité de Vicaire général, ce qui le mettait au-dessus du Prieur de la communauté et lui donnait le droit de résoudre des questions, de trancher des difficultés, ce que, dans bien des cas, un simple Prieur n'aurait pu faire.

Dans l'Ordre de saint Dominique, un Vicaire général n'a d'autre supérieur que le Maître Général et possède une autorité presque égale à la sienne. C'est pour cette raison, sans doute, qu'au lieu d'aller habiter dans les appartements que ses prédécesseurs s'étaient réservé au « Vieux Collège », en ce temps, Collège Saint-Georges, il prit sa demeure au presbytère même, avec les Pères. La lettre du Rme Père Jandel nommant Mgr Gonin son Vicaire général pour le représenter dans notre couvent de Trinidad est datée du 16 février 1864.

Personne n'aurait supposé que nous ne fussions pas venus à la Trinidad, tout d'abord pour desservir la cathédrale, c'est-à-dire la paroisse de Port-d'Espagne. Il existe cependant une lettre du Rme P. Jandel qui semble indiquer que tel n'était pas le but primitif envisagé par le Chef de l'Ordre, quand il autorisait le départ de nos premiers Pères pour cette île lointaine. Cette lettre est datée du 11 octobre 1864 et voici, entre autres choses, ce que dit le Révérendissime Père : « J'admets, en principe, que vous « deviez avoir une paroisse, et je suis très porté à croire qu'un « peu plus tard, celle de la cathédrale pourra vous être confiée « définitivement, mais comme c'est une question réservée et qui « ne saurait être tranchée que par le Saint-Siège..... Si vous êtes « définitivement chargés de la cathédrale, il faudra nécessaire- « ment transformer le presbytère en couvent régulier.... Si vous « veniez, au contraire, à en être exclus, il vous faudrait alors, « selon toute apparence, construire un couvent avec une église « qui pourrait, elle-même, servir de seconde paroisse.....»

Cette lettre est datée du 11 octobre, et nous étions installés au presbytère depuis le mois de mars, seuls prêtres chargés du service de la paroisse, avec le R. P. Bion comme curé. Ainsi, nous étions curé et vicaires de la cathédrale sans être, en réalité, ni curé, ni vicaires d'aucune église. Nous ne serions donc venus dans le diocèse de Port-d'Espagne que comme missionnaires, chargés d'évangéliser les populations de ce vaste diocèse, sans être attachés au service spécial d'aucune paroisse, c'est ce qui nous paraît ressortir des paroles de notre Révérendissime Maître Général. Toutefois, il est, dans la lettre citée, un mot qui éclaire la situation, c'est le mot : « définitivement » répété deux fois ; la lettre paraît donc reconnaître que, pour le moment, nous pouvions être *provisoirement* chargés du service de la cathédrale et que, plus tard, ce provisoire pourrait devenir définitif. Il reste toujours que, dans la pensée de notre Supérieur majeur, nous étions accordés au diocèse comme missionnaires, et non comme curés de paroisse.

Nonobstant la lettre du Révérendissime Père Maître Général, nous étions bien le clergé paroissial, à l'exclusion de tout autre. C'était, à n'en pas douter, le désir secret du nouvel archevêque et aussi celui de tous nos Pères. Le provisoire dans l'intention a été du définitif dans l'action, et notre Supérieur Général ne tardait pas à accepter le fait acquis. Il n'a jamais eu, croyons-nous, qu'à s'en féliciter. Ses religieux demeuraient toujours dans l'esprit et dans la lettre de leur vocation, et l'acceptation de la paroisse de Port-d'Espagne avec toutes les charges et obligations qui en découlent, ne constituait pas un fait sans précédent dans l'histoire de l'Ordre dominicain. En pleine Europe, où le clergé séculier se recrute à peu près régulièrement, ne voyons-nous pas, en Angleterre, en Hollande, par exemple, et dans d'autres lieux encore, bon nombre de paroisses ayant à leur tête un religieux de l'Ordre de Saint-Dominique ? Saint Jean de Cologne, une des gloires de la famille dominicaine et le chef des martyrs de Gorcum, en Hollande, n'était-il pas curé de la paroisse de Hornar quand il fut pris, jeté en prison, et mis à mort après avoir subi d'affreux supplices, lui et ses dix-huit compagnons, pour avoir défendu la réalité de la présence réelle de Jésus-Christ dans la sainte Eucharistie et proclamé la primauté du Pontife Romain ?

Nous avons donc de qui tenir. Et le missionnaire, l'apôtre par excellence qu'est le Frère Prêcheur, a prouvé et prouve encore qu'il sait être, au besoin, un excellent chef de paroisse. Celui qui écrit ces lignes se sent d'autant plus à son aise, en disant cela que, quoique membre de cet Ordre illustre, il n'a jamais été à la tête d'une paroisse et n'a aucun droit personnel à se voir attribuer la louange si méritée qu'il adresse à ses Frères.

Mgr Gonin, nommé archevêque de Port-d'Espagne, avait alors un peu plus de 47 ans. A pareil âge, un évêque est jeune. C'était bien ce qu'il fallait pour le climat sous lequel il allait vivre et pour les travaux à entreprendre.

Les affaires du diocèse étaient en assez mauvais état. La dotation fournie par le gouvernement anglais venait d'être considérablement réduite, et cependant le nombre des prêtres était loin de suffire, eu égard au besoin religieux du diocèse. Sans se laisser décourager par cette difficulté et sans cependant contracter de dettes, le zélé prélat se mit de suite à l'œuvre.

L'un des caractères les plus saillants de la physionomie à la

fois forte et douce de Mgr Gonin fut une extrême simplicité.
Toute sa vie il resta ce qu'il avait été dans le cloître, le plus humble des religieux. Il ne quittait jamais l'habit de son Ordre. Un jour qu'on lui en faisait la remarque : « J'ai abandonné, répondit-il, le monde pour me faire moine. Moine je suis, et tout en étant archevêque, et en remplissant de mon mieux ma charge, moine je veux rester et moine je veux mourir. »

Un trait, où se peint bien la profonde humilité du nouveau prélat, nous a été raconté par lui-même : « Etant allé rendre visite au Préfet de la Propagande, le cardinal Barnabo, avant de quitter Rome, je dis à son Eminence que je n'étais pas fait pour être évêque, que je ne connaissais rien aux rubriques, ni aux cérémonies, ni au chant ecclésiastique. — « Oh ! ne craignez rien, me répondit-il, vous ferez aussi bien que les autres ; c'était peu flatteur pour *les autres*. »

Quoiqu'il en soit de la force du nouvel archevêque en chant, rubriques et cérémonies, il est certain que son épiscopat, (le plus long de ceux qui, jusqu'à présent, ont été vus à Port-d'Espagne) a été des plus féconds que nous ayons eu, et le souvenir du bien réalisé dans ce vaste diocèse pendant le quart de siècle qu'a duré l'épiscopat de Mgr Gonin ne s'effacera jamais.

Après avoir, tout d'abord, parlé du grand chef, clef de voûte du diocèse, il est juste de faire connaître ses premiers collaborateurs qui ont eu plus que nous à supporter le poids du jour et de la chaleur. Le laboureur qui peine le plus n'est pas celui qui suit le sillon déjà tracé, mais bien celui qui le creuse pour la première fois.

Il était tout naturel que Mgr Gonin, fils de la Province de France, suivant l'appellation dominicaine, s'adressât à sa Province pour en obtenir des aides et collaborateurs. Sa demande fut favorablement accueillie. Sa Grandeur fut autorisée par le chef de la Province à faire appel à la bonne volonté de ses Frères en religion. Le nombre ne pouvait en être grand, car cette Province, jeune encore, comptait peu de religieux, et devait en outre fournir de missionnaires le Kurdistan et la Mésopotamie dont le vicariat et la délégation apostolique lui étaient confiés ; ce fut même ce dernier motif qui ne permit pas à cette Province de garder la direction de la paroisse et d'envoyer à la Trinidad tous ceux de ses fils qui l'auraient désiré ; c'est aussi ce qui l'obligea d'abandonner entièrement cette Mission après y être demeurée un court laps de temps, de 1864 à 1872. Le zèle apostolique ne manquait pas à ces bons Pères (il n'a jamais fait défaut dans l'Ordre de Saint-Dominique), mais ils estimaient, avec raison, qu'il valait mieux être forts sur un seul point que d'être faibles sur deux. L'union fait la force.

Mgr Gonin amenait avec lui cinq religieux, prêtres, et un sixième qui n'était que diacre. Trois venaient de France, un était anglais ; un autre, américain ; et le diacre était irlandais. Le R. P. Albert Bion, le plus ancien de tous, avait été désigné pour être le supérieur, et l'archevêque l'avait nommé curé de la cathédrale et son vicaire général. Né le 16 juin 1830, il n'avait donc pas encore 34 ans. Jeune encore, il était mûr pour la charge importante qu'on lui confiait et les faits prouvèrent que la grande paroisse de Port-d'Espagne était en de bonnes mains. L'année précédente, en 1863, le R. P. Bion avait été élu prieur de l'important couvent de Saint-Maximin, alors noviciat profès de la Province de France.

Dans une Province dominicaine, et certainement il en est de même dans tous les Ordres religieux, le couvent de noviciat est le plus important de tous. Il en est d'abord le plus nombreux, et c'est la pépinière d'où sortent les religieux qui doivent peupler les autres couvents ; c'est là que se forment à la vie religieuse et s'initient aux fortes études théologiques, ceux que Dieu a appelés à cette sublime vocation. Comme l'homme est dans l'enfant, une Province est dans son noviciat ; j'entends le noviciat des jeunes profès, on appelle ainsi ceux qui déjà ont prononcé leurs premiers vœux.

Il ne suffit pas d'être un excellent religieux pour être un bon supérieur, de même qu'un très bon capitaine peut être un très mauvais général ; c'est le cas de dire avec un poète français :

*Tel brille au second rang, qui s'éclipse au premier.*

Mgr Gonin avait placé le T. R. P. Bion à la tête de ses prêtres. Celui-ci ne fut jamais éclipsé et il resta toujours, par ses mérites et ses talents, comme par sa dignité, le premier de tous : *nulli secundus*. Doué d'une parole abondante et élégante, d'un zèle vraiment apostolique, il laissait, partout où il passait, l'impression d'un saint religieux et d'un infatigable apôtre. Il excellait comme directeur des consciences, et plus d'une âme de celles qu'il a dirigées se souviennent encore de cette direction qu'il savait rendre forte et suave tout à la fois.

Le R. P. François Estéva, un des premiers Pères qui s'offrit à Mgr Gonin pour la mission de Trinidad, fut accepté avec autant de joie que d'empressement. Né à Perpignan, dans le midi de la France, en 1838, il avait donc près de 26 ans quand il débarqua à la Trinidad. Lui aussi fut *cueilli*, qu'on nous passe l'expression, à Saint-Maximin, par Mgr Gonin, lors de son passage dans ce couvent. En raison de la consonnance de son nom, on l'a cru espagnol, mais non, il était bien français. Doué d'un excellent caractère, très jovial, avec plaisanterie facile, il avait le don d'amuser ses Frères et de faire rire le vénérable archevêque, ce qui n'était pas toujours facile. Aussi, on pouvait le remarquer, Mgr Gonin recherchait sa compagnie, au temps des récréations. Sa Grandeur l'appelait « le singe du presbytère. » Ce qui n'empêchait pas l'excellent Père d'être très sérieux quand il le fallait. Il plaisait à tout le monde et quand on nous en parle, quarante-cinq ans après, c'est toujours avec un sourire de satisfaction. On sent que le bon Père était très aimé de tous.

Par exemple, il n'aimait pas prêcher et quand son tour arrivait de faire un sermon, il était heureux si l'un de ses Frères acceptait de le remplacer. Combien de fois le bon P. Mariano Forestier ne nous a-t-il pas raconté que le P. Esteva, le sachant en quête de secours pécuniaires pour le grand orphelinat qu'il voulait bâtir, à Belmont, venait lui dire naïvement : « Père Forestier, si vous voulez prêcher à ma place, je vous donnerai quelque chose pour votre orphelinat ? » Le P. Forestier, qui avait la parole facile, acceptait immédiatement et, après le sermon, le P. Esteva lui mettait gravement un shilling dans la main ; tous les deux étaient satisfaits.

A côté du R. P. Esteva, nous voyons le R. P. André Lebarbier; lui aussi était français. Nous savons très peu de chose sur ce bon Père. Il n'avait pas encore prononcé ses vœux solennels quand il partit pour la Trinidad, mais il était prêtre. Il n'y avait donc pas encore trois années qu'il appartenait à l'Ordre quand il quitta le couvent de Saint-Maximin, avec Mgr Gonin. Doué d'aptitudes financières, il fut nommé économe ou procureur du presbytère. Dans cette délicate fonction, il lui arriva d'être victime de son bon cœur. Il se crut autorisé à prêter une somme assez forte à un ami des Pères, très-honnête homme, dont les affaires n'allaient pas très bien, et qui lui promettait de rendre la somme intégrale, après quelques mois. Les mois se passèrent et la somme prêtée ne revint jamais. Le bon Père en conçut un profond chagrin. On prétend même que ce fut la cause de son départ. Les créoles de la Trinidad ont toujours été les mêmes, ils ont l'emprunt facile et la restitution très difficile.

Le P. Lebarbier mourut en France le 4 février 1870. Sa mort fut celle d'un prédestiné, paisible, sereine, remplie de toutes les consolations et de toutes les espérances. «J'eus avec le Père, deux heures avant qu'il rendit le dernier soupir, écrivait le curé de la cathédrale de Langres, de qui nous tenons ces détails, un entretien dont mon âme est encore émue autant qu'embaumée. Il allait au Dieu qui l'appelait avec une confiance douce et ferme. Attentif et comme souriant aux dernières prières, il serrait le crucifix sur son cœur de prêtre et de religieux, et exhalait dans les embrassements d'un amour parfait une âme que les anges venaient chercher. »

Le juste que le Seigneur retirait de ce monde a quitté cette terre d'exil, le *vendredi* 4 février, *à trois heures*, ayant vécu *trente-trois ans.* Il lui a donc été donné de rendre son âme à Dieu au jour, à l'heure et à l'âge où le Sauveur mourrait pour le salut des hommes.

*Le R. P. Thomas Greanough* fut aussi un des premiers Pères qui accompagnèrent à la Trinidad Mgr Gonin. Anglais, né à Preston, dans le Lancashire, le 27 décembre 1834, il était entré dans l'Ordre de Saint-Dominique le 9 novembre 1856. Ce fut, sans doute, pendant que le P. Gonin était prieur de l'important couvent de Woodchester, qu'il connut le P. Thomas ; il l'apprécia immédiatement et vit en lui un homme de valeur. Elevé sur le siège archiépiscopal de Port-d'Espagne, il lui proposa de l'accompagner dans son lointain diocèse, faisant miroiter à ses yeux le bien immense qu'il y pouvait faire. Il y avait dans le R. P. Thomas cet homme de dévouement que l'on trouve en tout religieux à quelque nationalité et à quelque Ordre qu'il appartienne. De plus, le Révérend Père, d'une santé très délicate, sujet à de fréquents vomissements de sang, était fondé à croire que le chaud climat des Antilles ne pourrait que lui être favorable.

Pour ces deux motifs, pour le premier surtout, le P. Thomas, accepta, sans hésiter, l'offre qui lui était faite. Il dit adieu à sa chère Angleterre, à ce *Home* que les Anglais aiment tant, et avec raison, et il se trouva au rendez-vous, sur le pont du vaisseau qui emmenait Mgr Gonin, avec les RR. PP. Bion, Adams, Esteva et Lebarbier, vers les lointains rivages de l'île de la Trinidad.

Il avait 28 ans. Sa nationalité et la parfaite connaissance de sa langue le mirent immédiatement en relief, surtout devant le gouvernement de la Trinidad et, à ce point de vue en particulier, il rendit de grands services à nos premiers Pères, comme le R. P. Esteva dans la langue espagnole qu'il possédait à la perfection.

Nous devons ajouter que, dès leur arrivée, nos premiers Pères français se mirent courageusement à l'étude de l'anglais qu'ils ne tardèrent pas à parler couramment. Le R. P. Bion l'écrivait, nous a-t-on dit, d'une façon impeccable, mais il péchait, en le parlant, du côté de la prononciation qui, sur ses lèvres, laissait fort à désirer. On raconte même, à ce sujet, qu'un jour ayant besoin de clefs pour ouvrir les armoires de la sacristie, il s'adressa, en anglais, à une personne qui devait les avoir sur elle, mais, le malheureux ! au lieu de demander des *Keys* (clefs), demanda des *Kiss* (baisers). Si l'émotion fut grande chez la personne interpellée, on peut se le figurer, mais le geste qui accompagnait la demande fit comprendre ce que le bon Père voulait et les *Keys* lui furent remis. La personne en question a conservé une grande vénération pour le R. P. Bion et nous a dit bien souvent que le Père écrivait très bien, mais prononçait mal l'anglais. Elle a été payée pour le savoir.

Le R. P. Thomas ne tarda pas à parler le français qui, alors,

était absolument nécessaire, il le parlait très convenablement.
Mais où il excellait, c'est dans le créole, dont il se servait admirablement ; c'était un plaisir de l'entendre en cette langue, car
le créole est une langue qui a sa grammaire, par conséquent ses
règles, et c'est à tort qu'on l'appelle un *patois*, n'en déplaise à
ceux qui ne l'aiment pas.

Le P. Thomas avait un excellent caractère ; pendant les quinze
années que nous avons vécu avec lui, nous ne nous souvenons
pas de l'avoir vu une seule fois vraiment fâché ; s'il l'était, il ne
le faisait jamais paraître. Quant à dire une parole tant soit peu
blessante à un de ses Frères, cela jamais. Il ne parlait jamais mal
de personne. Tout était en lui calme et froid, c'était un véritable
anglais. Lui et le P. Esteva se ressemblaient comme la nuit et le
jour, ce qui ne les empêchait pas d'aller parfaitement ensemble,
l'un complétait l'autre. Le P. Thomas ne sortait jamais sans être
revêtu de sa chape, c'est ainsi que nous appelons le manteau
noir qui complète le beau costume monacal des religieux de
l'Ordre de Saint-Dominique ; c'était aussi toujours avec sa chape
qu'il entendait les confessions.

Nous aurons, dans la suite de ce récit, à parler souvent du
R. P. Thomas ; nous avons cru cependant devoir, dès à présent,
parler un peu longuement de lui, car de tous nos premiers Pères,
c'est lui qui est resté le dernier sur cette terre de Trinidad à laquelle il a consacré trente années de sa vie.

*Le R. P. Léon Adams*, d'origine américaine, était le cinquième
des religieux prêtres venus avec Mgr Gonin. Comme religieux,
il devait être un des plus anciens ; car, dans la nomenclature des
noms, il est toujours placé après le R. P. Bion. Nous ne savons
rien de lui, ou plutôt nous en savons trop. Arrivé en mars 1864,
il était parti le 8 septembre de la même année. Le motif de son
départ a été trop public et tous ses contemporains en ont été instruits. Son père, riche industriel d'une grande ville des Etats-
Unis, venait de mourir ; cette mort affecta vivement le P. Léon, à
ce point que, peu de jours après, il quitta brusquement le presbytère, y laissant tous ses vêtements religieux et on ne le revit
plus. On sut plus tard qu'il avait pris la succession des affaires
de son père et en gérait les biens. De prêtre et religieux, il était

devenu chef d'usine. Les desseins de Dieu sont impénétrables. Vingt ans après, faisant une tournée dans une de ses usines, toutes les machines étant en pleine activité, il en frôla une de trop près, ses vêtements furent pris par une courroie de transmission et le malheureux fut mis en pièces, les lambeaux de ce qui avait été son corps furent ramassés un peu partout.

Avec les cinq Pères dont nous venons d'esquisser rapidement une très incomplète biographie, Mgr Gonin avait accepté le *Fr. Hyacinthe O'Sullivan*, irlandais d'origine. Nous ignorons où et comment Monseigneur l'archevêque le connut. Il fut ordonné diacre dans notre cathédrale, le dimanche 7 août 1864, et prêtre, le troisième dimanche de l'Avent de la même année. Le lendemain, 12 décembre, il célébrait sa première messe. A cette occasion, on annonça aux fidèles, qu'en vertu d'un privilège accordé par les Souverains Pontifes aux religieux, ils gagneraient une indulgence plénière en communiant à cette messe. A partir du moment où il fut ordonné prêtre, il n'était plus le *Frère*, mais le *Père* O'Sullivan, titre qui, dans l'Ordre de Saint-Dominique, n'est donné qu'aux seuls prêtres. — Nous ne savons rien de ce bon jeune Père, son nom est le seul souvenir qui soit resté de lui; peut-être est-ce pour le mieux, car ce ne sont pas ceux dont on parle le plus qui ont toujours fait le plus de bien, et c'est ici le cas de redire cette parole du saint évêque de Genève, François de Sales : Le bien ne fait pas de bruit, et le bruit ne fait pas de bien. Le Père O'Sullivan ne resta que très peu de temps à la Trinidad, il en partit en mai 1865.

Nos lecteurs ont fait connaissance avec tous les personnages ecclésiastiques qu'il leur importait de connaître. Installés sommairement dans le bâtiment qui servait de presbytère et qui était loin d'être luxueux, ils se mirent courageusement au travail, Mgr Gonin leur donnait l'exemple. Ils eurent beaucoup à souffrir, car tout était nouveau, étrange, extraordinaire pour eux. A l'exception de l'archevêque, ils avaient pour la première fois échangé les rives de la vieille Europe contre une île inconnue. Avant de venir, ils en avaient cherché le nom dans un dictionnaire pour savoir à peu près où elle se trouvait. L'ayant découverte, grâce à la boussole, ils y étaient arrivés, certainement heureux et l'âme en paix, car rien ne repose l'âme comme de faire la volonté de Dieu. Ils se sentaient dépaysés au milieu de ce mélange de races, de couleurs et de langues, sans parler des religions et sectes de toutes sortes. La Trinidad était alors, comme elle sera probablement toujours, un pays cosmopolite. L'anglais, le français, l'espagnol, le portugais, le chinois, l'hindou, sans parler du créole, vrai natif du pays, s'y donnent rendez-vous, et chacun apporte avec lui sa langue, son costume, sa religion, ses usages, ses qualités et ses défauts, ses défauts surtout. Quand nos premiers Pères virent tout cela, ils durent avoir beaucoup de peine à y habituer leurs yeux et leurs oreilles, mais ils se souvinrent de cette parole du Maître : *Nemo mittens manum suam ad aratrum, et respiciens retro aptus est regno Dei* : Celui qui met la main à la charrue et qui regarde en arrière n'est pas digne du royaume de Dieu. (Luc. 9. 62). Ils acceptèrent cette devise pour la règle de leur conduite, et ils allèrent courageusement de l'avant. Nous allons les suivre.

Dès les premiers jours de leur arrivée, nos Pères voulurent avoir une chapelle chez eux ; car, s'ils étaient prêtres de paroisse, ils n'oubliaient pas leur condition de *religieux* et que la maison qui les abritait, presbytère pour les fidèles, était, pour eux, un couvent. Ils s'organisèrent en conséquence. Mgr Gonin, nous l'avons dit, avait été nommé par le Rme Maître Général de la famille Dominicaine, son représentant immédiat et le chef suprême, avec autorité entière sur tous les membres de l'Ordre. En vertu de cette autorité, Mgr l'archevêque avait institué le T. R. P. Bion supérieur des Pères et le R. P. Lebarbier, procureur de la communauté. Le R. P. Esteva fut nommé sacristain de la cathédrale. On institua également un conseil, où devaient se traiter toutes les questions importantes concernant la paroisse et la communauté. Et ainsi, dès les premiers jours, la vie intérieure des Pères se trouva parfaitement organisée avec la récitation en commun de l'Office canonique, autant que le permirent les exigences du service paroissial.

Parmi les premiers religieux, on ne voit figurer aucun Frère convers ; ainsi appelons-nous les religieux qui, privés d'instruction, et n'ayant fait aucune étude, ne peuvent prétendre à l'honneur du sacerdoce. Reçus néammoins dans l'Ordre à titre de serviteurs des Pères, ils font tout le travail matériel de la maison. Ils prononcent les mêmes vœux que les Pères et sont religieux au même titre qu'eux.

Il semble donc qu'aucun Frère convers n'ait été envoyé à la Trinidad avec nos premiers Pères ; cependant, il est fait mention d'un Fr. Joseph Gaillardet et d'un Fr. André Pirgent. Le premier est venu, croyons-nous, peu de mois après les premiers arrivés, et le second paraît avoir été un jeune homme d'un diocèse autre que celui de Port-d'Espagne, admis à titre de postulant. Il reçut plus tard l'habit religieux, mais ne semble pas avoir persévéré dans la vie dominicaine. Le Fr. Joseph Gaillardet ne resta que très peu de temps à la Trinidad, deux ou trois ans tout au plus.

Il importe de faire observer que la Province dominicaine de France n'a jamais pris, en réalité, à sa charge, la mission de Trinidad. Mgr Gonin, étant de cette Province, a naturellement fait appel tout d'abord à la bonne volonté des religieux de sa Province ; le bon accueil fait à cet appel par quelques-uns était purement individuel et n'engageait en aucune sorte la collectivité. Aussi voyons-nous que, arrivant dans son diocèse avec trois Pères de la Province de France, il amenait avec eux trois autres religieux appartenant, chacun, à trois Provinces différentes. De plus, toutes les difficultés d'administration, tant spirituelles que matérielles, étaient soumises, pour leur solution, non au supérieur de la Province de France, mais au Maître Général de l'Ordre, comme on le voit clairement dans le livre des délibérations du conseil de notre maison de Port-d'Espagne.

Une autre preuve de ce que nous avançons et qui sera surtout comprise par ceux qui sont au courant de nos règles et de nos usages, c'est que, dans un Conseil tenu au Presbytère et présidé par Mgr Gonin, il fut décidé qu'on suivrait l'*Ordo* de la Province dominicaine de Rome, pour la célébration de la sainte messe et la récitation de l'Office divin ; cet *Ordo* est celui dont se sert le Maître Général. Pour l'intelligence de nos lecteurs, nous leur dirons que le mot *Calendrier* nous paraît être celui qui traduit le mieux l'expression latine *Ordo* quand elle est employée dans le sens que nous indiquons.

Nos Pères se mirent donc vaillamment à l'œuvre apostolique pour laquelle ils avaient tout quitté, mais non sans se heurter à des difficultés sans nombre dont nous avons indiqué sommairement les causes et l'origine. Ils eurent des ennemis dès la première heure. Plusieurs ne pardonnaient pas aux robes blanches de se substituer aux robes noires. Celui qui vient après semble toujours avoir chassé celui qui l'a précédé. Un clou en chasse un autre, dit le proverbe. Hâtons-nous de dire que le plus grand nombre se montra entièrement sympathique aux nouveaux venus, et les robes blanches ne tardèrent pas à conquérir le droit de cité. L'austérité monacale du nouvel archevêque ; la piété et l'éloquence du nouveau curé, le P. Bion ; la serviabilité et la douceur du P. Thomas Greenough ; la jovialité de bon aloi du P. Esteva, sans parler des qualités des autres Pères, plurent bientôt à tous et ne tardèrent pas à leur attirer les cœurs ; nous voulons dire que les sentiments de respectueuse affection qu'ils firent naître se traduisirent par des services de toutes sortes qu'on leur offrit et qu'on leur rendit avec le plus louable empressement. Il faut le reconnaître et le dire, le créole est charitable, il aime à se donner, et à donner, à rendre service à son prochain, à venir en aide à ceux qui lui demandent aide et assistance.

Dans nos grandes villes d'Europe où la richesse déborde, avec toutes les jouissances qui en découlent, bien des gens sont trouvés morts de faim ; à la Trinidad, jamais. Les malheureux rencontrent toujours une main charitable qui se tend vers eux, qui leur offrira toujours, si elle ne peut faire plus, une écuellée de soupe, une orange, ou un mangot.

Cependant, pour être complet, il faut ajouter qu'ils savent les prendre, quand on ne les leur donne pas. Il ne faut pas conclure de là que le malheureux vole, non ; le créole dans la misère ne *vole* jamais, seulement il *manie*, doux euphémisme à l'abri duquel sa conscience est bien tranquille. Et, puisque nous sommes sur le chapitre de la vie matérielle, pour n'avoir pas à y revenir, nous reconnaissons sans peine que nos Pères n'avaient nullement à se plaindre, et de fait, ne se plaignaient pas. Les chefs de paroisse recevaient alors un traitement, un salaire, comme on dit ici, largement rémunérateur, soixante dollars par mois, auquel venait s'ajouter un casuel qui variait suivant les temps et les localités. Ce salaire n'était pas un don gracieux du gouvernement de la Trinidad, mais une dette de justice qu'il acquittait. Par le traité de cession de l'île, faite à l'Angleterre par l'Espagne, cette dernière puissance avait stipulé que le gouvernement de l'île accorderait une rétribution au clergé catholique. Ayant accepté cette clause du traité, l'Angleterre se trouvait débitrice envers les prêtres.

A l'avènement de Mgr Spaccapietra, elle essaya bien de se délivrer de cette obligation sous prétexte que le Vénérable archevêque n'était pas un sujet britannique. Qu'était-ce en réalité ? Un acte de fanatisme et de persécution protestante contre la religion catholique. En frappant à la tête, on espérait atteindre tout le corps ; le coup ne réussit pas. Devant les réclamations et l'indignation publique le gouvernement recula et le traitement complet fut remis à l'archevêque de Port-d'Espagne, y compris l'arriéré qui lui était dû. On sait le noble usage qu'il en fit.

Les chefs de paroisse, les curés, recevaient donc soixante dollars par mois, mais leurs vicaires beaucoup moins ; en outre, quelque fut le nombre des vicaires de la cathédrale, quatre seulement recevaient un salaire. Et c'est ce traitement d'un curé et de quatre vicaires qui sert à faire vivre les douze ou quinze prêtres employés, soit au service immédiat de la cathédrale, soit au service des trois autres églises de la paroisse (Belmont, Rosaire et SS. Cœur).

Ce qui suffisait alors, tandis que la cathédrale était la seule église desservie, étant la seule existante, suffit d'autant moins actuellement (1912) que le gouvernement de la Trinidad a diminué considérablement la somme destinée au service du culte (*Ecclesiastical fund*). En 1890 ou 91, les curés ne reçurent plus que cinquante dollars, au lieu de soixante-dix. Dix ans après, en 1900, ou 1901, dix dollars leur furent encore enlevés mensuellement. Depuis cette date, les curés ne touchent donc plus que quarante dollars par mois. Dans nos grands magasins un employé de cinquième classe en a tout autant. Quand nous disons que le gouvernement a diminué la somme destinée au culte, nous nous exprimons mal ; ce qui est vrai, c'est que le gouvernement a diminué *la partie de la somme affectée, au culte catholique*. Et cette partie qui nous a été enlevée; tandis que le nombre de nos paroisses, de nos prêtres par conséquent, augmentait, a été reporté sur le clergé des églises protestantes. Les mânes des Elliot et des Warner ont dû tressaillir de joie, s'ils ont connu cela, dans l'autre monde.

Ce fut le saint jour de Pâques, 27 mars 1864, que Mgr Gonin, quatrième archevêque de Port-d'Espagne, prit solennellement possession de son siège archiépiscopal. Nous lisons, en effet, dans le livre des annonces, à la date ci-dessus ; « Ce soir, à sept heures, le R. P. Bion prêchera un sermon, ensuite on chantera les Litanies de la Sainte Vierge pour implorer la protection de la Sainte Vierge au moment où Mgr Gonin prend possession de son diocèse ; on donnera ensuite la Bénédiction du Saint-Sacrement. Les fidèles se feront un plaisir et un devoir d'illuminer leurs maisons. » Cette illumination fut très-belle, à Port-d'Espagne, à Arima et dans plusieurs autres centres importants de l'île.

Le jeudi saint, Monseigneur voulut accomplir une cérémonie qu'on n'avait encore jamais vue à la Trinidad. Il lava les pieds à treize enfants, choisis parmi les plus pauvres de la paroisse, après avoir refusé les enfants du collège qu'on lui avait offerts. Acte d'humilité qui édifia profondément.

Le samedi saint, 26 mars, Monseigneur fit sa première visite au Collège.

Le lundi de Pâques, la Grand-Messe, pour la première fois, fut chantée suivant le Rite dominicain, à la cathédrale. Ce mot *Rite* est à peu près incompris et inintelligible pour un grand nombre de nos lecteurs ; peut-être seront-ils bien aises que nous soulevions le voile qui dérobe à leur intelligence le sens de ce mot mystérieux. Rite vient du mot latin *Ritus* qui signifie usage, coutume, ordre prescrit dans les cérémonies qui regardent le culte et qui est usité plus spécialement dans la religion chrétienne pour ses prières, ses cérémonies et sa liturgie. Le Rite dominicain n'est

Les Filles de l'Orphelinat de Belmont
(Année 1924)

donc autre chose qu'un usage, une coutume, un ensemble propres à l'Ordre de Saint-Dominique et suivis par lui dans ses cérémonies religieuses et ses prières liturgiques. Le *Rituel* est l'exposé, en un volume, des cérémonies et prières prescrites par l'Eglise pour l'administration des sacrements.

Une question se pose, ou du moins, est posée immédiatement: Pourquoi l'Ordre de Saint-Dominique a-t-il un Rite particulier et des cérémonies, des prières liturgiques, qui ne ressemblent pas à celles que nous voyons en usage dans les églises paroissiales ? Et cela, non seulement pour la célébration de la messe, mais aussi pour la récitation du bréviaire ? Pourquoi ne faites-vous pas comme tous les autres prêtres, nous dit-on souvent ? En voici la raison :

En 1545, le pape Paul III, ayant convoqué tous les évêques de l'Eglise catholique, réunit tous ceux qui répondirent à son appel en un Concile œcuménique (mot qui veut dire universel) dans la ville de Trente, cité du Tyrol autrichien. Les décrets de ces conciles font loi dans l'Eglise catholique. Les questions les plus graves et les plus importantes concernant le dogme , la morale et la discipline ecclésiastique y sont traitées et résolues. Dans ce concile, le dix-huitième des conciles œcuméniques, on s'occupa, entre autres graves questions, des rites usités dans l'administration des sacrements, dans la célébration de la sainte messe, et des prières liturgiques que renferment le missel et le bréviaire. Des inexactitudes, des erreurs même s'étaient glissées dans ces livres. Des coutumes, parfois ridicules, avaient réussi à s'introduire en maints diocèses, dans l'administration des sacrements. L'unité n'existait pas. Au gré de l'évêque du diocèse, les modifications, les changements les plus étranges étaient ordonnés, dans les cérémonies et les prières de la liturgie. Chaque diocèse avait son Rite souvent en contradiction avec celui du diocèse voisin.

Le Concile de Trente mit un terme à cet état de choses. Il décréta que le missel, pour la célébration de la messe, et le bréviaire, pour la récitation des prières canoniques, seraient uniobligatoires pour tous les prêtres de l'Eglise catholique, les formes, et, sous le titre de missel romain et de bréviaire romain, mêmes, pour tous les diocèses. Les Rites particuliers ont donc été abolis, et la liturgie de l'Eglise romaine est, depuis lors, la seule admise par toutes les églises qui professent l'obéissance la plus absolue, la soumission la plus entière au Pontife romain, chef suprême de la seule véritable Eglise établie par N.-S. Jésus-Christ.

Mais pas de règle sans exceptions. Le Concile de Trente, dans sa sagesse, puisée à une source divine, en reconnut et les accepta. La preuve ayant été faite que ces abus et ces erreurs ne s'étaient introduits dans la liturgie que depuis un certain nombre d'années, et que d'anciennes liturgies, encore en usage dans certains diocèses, et en certains lieux, remontaient aux sources les plus pures et, en raison de leur origine et de leurs auteurs, étaient dignes de tout respect, les Pères du Concile décrétèrent qu'elles seraient conservées et suivies comme par le passé. Le principe adopté fut celui-ci : Tout Rite liturgique, ayant *deux siècles* d'existence à l'époque de l'ouverture du Concile, ne serait pas atteint par le décret d'abolition et ceux chez qui ce Rite était en vigueur, Eglise, Diocèse, ou Ordre religieux, non seulement pourraient, mais devaient le conserver et le suivre. Ce n'était pas une permission, c'était un ordre que donnait le Concile.

Nous parlons ici, non pas des Rites en usage dans les Eglises d'Orient qui suivent en général le Rite grec, mais de l'Eglise latine. Par suite de ce décret du Concile, la noble et vénérable Eglise de Milan conserva, et suit encore le *Rite Ambrosien*, dont le nom indique l'illustre et antique origine. Jamais le saint Concile n'aurait osé toucher à l'œuvre d'un des plus illustres Docteurs de l'Eglise, saint Ambroise.

Une liturgie, en usage en quelques endroits de l'Espagne, fut aussi conservée, d'aucuns la faisant remonter à saint Isidore, évêque de Séville, qui vivait mille ans avant le Concile de Trente. Quoique cette haute origine ne fut pas admise par tous, son ancienneté n'était pas douteuse. Ce rite, connu sous le nom de *Rite mozarabique*, est encore suivi de nos jours, dans deux églises (nous ne disons pas deux diocèses), l'église de Cordoue et l'église de Grenade, en Espagne. On appelait *Mozarabes*, les chrétiens d'Espagne soumis aux musulmans.

En dehors de ces deux exceptions, nous trouvons seulement deux Ordres religieux en possession du même droit. L'un est l'Ordre de saint Bruno, dont les membres portent le nom de Chartreux, en raison du lieu où leur saint Fondateur fit construire son premier monastère. Les Chartreux ont un Rite qui leur est propre et une liturgie toute particulière. Si elle remonte à saint Bruno, elle existait donc près de cinq siècles avant le Concile de Trente. Cette liturgie s'étant conservée dans sa pureté première, le Concile n'y toucha pas.

D'autres Ordres religieux, en possession d'usages liturgiques très anciens, n'ayant pas su, ou pas pu les conserver dans leur intégrité primitive, furent obligés de les abandonner et de suivre le Rite romain.

Il n'en fut pas ainsi pour l'Ordre de Saint-Dominique. Le commencement du XIII⁰ siècle l'avait vu naître. Marchant sur les traces, et suivant les prescriptions de leur saint et illustre Père et Fondateur, nos premiers religieux acceptèrent dans leurs divers monastères les Rites et usages liturgiques, qu'ils trouvèrent établis dans les diocèses où ils étaient appelés à se fixer. Pour la plupart, ces Rites étaient déjà très anciens et purs de tout alliage ; mais le droit ecclésiastique n'ayant encore rien prescrit de définitif sur ce point, les variantes devaient être nombreuses, et une certaine confusion devait en résulter pour les religieux appelés à passer fréquemment d'un couvent dans un autre, de France en Italie, d'Italie en Espagne, d'Espagne en Allemagne, etc., etc. Il devait être difficile de s'y reconnaître.

Pour obvier à cet inconvénient et arriver à cette uniformité, à cette régularité parfaite qui est un des charmes de la vie monastique et qui, toujours importante, l'est surtout dans tout ce qui se rapporte aux prières et aux cérémonies sacrées, on travailla à la composition de livres liturgiques identiques pour tous les couvents de l'Ordre, quelque fut le pays où ils fussent établis. Un religieux pouvait donc changer de résidence et se croire toujours dans le même couvent, en entendant réciter les mêmes prières, moduler le même chant, accomplir les mêmes cérémonies.

Ce travail si grave et si minutieux fut accompli par notre cinquième Maître Général à qui l'Ordre entier a donné le titre de

Bienheureux, titre qui n'a pas encore été sanctionné par l'autorité de l'Eglise, mais qu'il a mérité par l'héroïcité de ses vertus, le Bienheureux Humbert de Romans. Il vivait environ trois siècles avant le Concile de Trente et fut à la tête de l'Ordre de 1254 à 1263. Le Concile, reconnaissant l'ancienneté trois fois séculaire du Rite religieux toujours et uniformément suivi depuis lors dans l'Ordre de Saint-Dominique, en a consacré l'usage, de son autorité souveraine, avec défense formelle d'y rien changer et de le laisser pour en prendre un autre « *deinceps perpetuis futuris temporibus uti.* » Nos critiques qui voudraient en prendre la peine, pourront lire ces paroles dans la Bulle du Pape Clément XII insérée à la première page dans tous nos livres liturgiques. Cette Bulle est du 17 septembre 1736.

Voilà donc suffisamment et clairement expliquée, nous le croyons du moins, la raison de cette différence qui frappe le regard des fidèles, entre les cérémonies du Rite romain et celles du Rite dominicain, particulièrement dans la célébration de la sainte messe.

## CHAPITRE VII

### Monseigneur Gonin à la tête du diocèse

Puisque nous écrivons l'histoire des Dominicains français à la Trinidad, il n'est que juste de consacrer quelques pages au plus illustre d'entre eux, le chef du diocèse, Mgr Gonin.

Nous voudrions en premier lieu parler des rapports de notre archevêque avec les pouvoirs publics, en d'autres termes avec le gouvernement de l'île. Mais nous n'avons rien pu trouver qui valût la peine d'être raconté. Il ne nous paraît pas que Monseigneur ait rencontré, dans ces premiers commencements, des difficultés avec les autorités civiles, tout était calme.

Le gouvernement, dans son dernier assaut encore récent avec Mgr Spaccapietra, avait eu le dessous, il se le tenait pour dit et n'osait pas recommencer et engager quelque nouvelle lutte, qui ne tournerait peut-être pas à son honneur. Il connaissait le vieux proverbe, qui, pour être français, ne s'en applique pas moins aux Anglais et aux gens de toutes nations : *Chat échaudé craint l'eau froide.*

Au sujet des relations avec les pouvoirs civils, nous aurions peut-être pu rencontrer quelque chose dans les papiers de Mgr Gonin. Mais si le vénérable Prélat possédait beaucoup d'éminentes qualités, il lui en manquait certainement une, d'ordre purement naturel, celle d'écrire lisiblement. La calligraphie n'était pas son fort. Et lui-même nous avouait un jour, avec une simplicité charmante, que, plus d'une fois, on lui avait renvoyé de Rome ses lettres adressées au Préfet de la Propagande, parce qu'on n'avait pu trouver un secrétaire capable de déchiffrer son écriture. On comprend, après cela, que nous n'ayons jamais osé affronter un pareil labeur, et prier son vénérable successeur de nous communiquer ces écrits.

Nous savons toutefois par ce qui nous a été dit, que les rapports entre l'Eglise et l'Etat, à la Trinidad, étaient généralement bienveillants de part et d'autre. Le Gouverneur honorait nos fêtes de sa présence quand on l'invitait, même nos fêtes purement religieuses. Conformément à l'usage, il était toujours invité à la messe de minuit, le jour de Noël, et sauf empêchement, il se rendait à l'invitation, quoique protestant.

Cependant nous fîmes cesser cet usage, et à partir de 1884, environ, l'invitation ne fut plus adressée. Assistant à la célébration de mystères auxquels il ne croyait pas, cet anticatholique se ressentait dans sa tenue de son manque de croyance. Les fidèles n'en étaient pas édifiés, et pour son Excellence, ce devait être une pénible corvée. Mieux valait le mettre à l'aise, en le laissant chez lui.

Jusqu'en 1897, ceux qui se succédèrent au gouvernement de la Trinidad furent toujours choisis au sein du protestantisme. Sir Jerningham est le premier gouverneur catholique qui nous ait été donné. Ses deux successeurs immédiats, leurs Excellences Moloney et Jackson, partageaient aussi notre foi. Ce dernier, placé à la tête de l'île en 1904, était d'une haute piété.

Au cours de l'année 1864, Mgr Gonin fit la visite pastorale de presque toutes les paroisses de la Trinidad, d'un quart moins nombreuses qu'elles ne le sont à l'époque où nous écrivons ((1912).

La réception du Pontife était partout à peu près la même. Il nous en a raconté à nous-même quelques épisodes, parfois assez plaisants, et dont il riait encore vingt ans après.

Les adresses que l'habitude obligeait à lui lire constituaient le point difficile. Si le curé s'en chargeait, et pour la composition, et pour la lecture, pas de difficultés. Mais si c'était un des gros bonnets de l'endroit qui la lisait, et surtout qui la composait, il en allait autrement. Il fallait une force de volonté presque héroïque pour garder son sérieux. C'est ainsi qu'à Arouca l'auteur de l'adresse lue à l'archevêque saluait en sa personne le représentant du *Verbe*, dont il était le *Participe présent*.

A Saint-Juan, se levant de table, au dessert, un des principaux paroissiens se disait confondu devant l'*adorable* présence de son évêque.

Et bien d'autres encore, dont le souvenir nous échappe. Mentionnons ce court passage d'une lettre qui fut remise à Mgr Gonin. On y exposait plusieurs reproches qu'on faisait au curé, celui-ci entre autres : « Monsieur l'abbé XX est extrêmement violent et même un peu vif. »

Nous ne pouvons conduire nos lecteurs, à la suite de Mgr Gonin, dans toutes ses visites pastorales à travers son vaste diocèse ; d'abord les renseignements nous manquent; et, de plus, nous tomberions dans des répétitions qui deviendraient fatigantes. Cependant nous ferons mention de la visite épiscopale dans les deux principales villes de l'île : Saint-Joseph et San-Fernando.

La visite de Mgr Gonin, à Saint-Joseph, eut lieu le 1er juin 1864, jour de première Communion et de Confirmation. Sa Grâce fut reçue avec la plus grande pompe religieuse et civile qu'on put imaginer. La vieille foi espagnole se montra en cette circonstance dans toute sa splendeur et la petite ville fit voir qu'elle se souvenait d'avoir été la capitale de l'île, et que, si elle avait perdu la primauté civile, elle conservait toujours la priorité, par son inviolable attachement à la foi de ses pères et fondateurs, tous fils de la valeureuse et catholique Espagne.

Le vénérable chef et pasteur de Saint-Joseph était alors Mgr Farfan, dont la nomination remontait à Mgr Buckley, premier évêque, ou mieux, premier vicaire apostolique de la Trinidad, et datait de 1824. Le successeur de Mgr Buckley, Mgr Mac Donnel, lui aussi, n'avait que le titre de vicaire apostolique. La Trinidad, ou du moins, Port-d'Espagne, n'a jamais eu un *Evêque*, car le successeur de Mgr Mac Donnel, Mgr Smith, fut élevé sur le siège de Port-d'Espagne avec la dignité d'*Archevêque* ; ce fut le premier. Mgr Spaccapietra fut le second ; Mgr English, le troisième ; Mgr Gonin le quatrième.

Mgr Farfan appartenait à une des plus nobles et des plus anciennes familles espagnoles de l'île. Il était, à l'avènement de Mgr Gonin, curé de Saint-Joseph depuis quarante ans. Son mérite et ses éminents services lui avaient valu d'être honoré du titre de Monseigneur et de Protonotaire apostolique ; jamais honneur ne fut mieux mérité. Brisé par l'âge, les travaux, et les infirmités, et frappé, depuis peu, d'un attaque d'apoplexie, il ne put, croyons-nous, venir lui-même au-devant de son nouvel Archevêque, cet honneur fut réservé à M. l'abbé Orsini qui, de la cathédrale de Port-d'Espagne où il remplissait les fonctions de vicaire, fut nommé à Saint-Joseph, avec le titre de vicaire de Mgr Farfan. Peu de temps après le vénérable Curé donnait sa démission, et le digne abbé Orsini devint curé de Saint-Joseph. C'était en 1864. — Mgr Farfan mourut le 29 mars 1869, à l'âge de 71 ans. Le souvenir de ses vertus et du bien qu'il a fait lui a survécu et on peut lui appliquer à la lettre ces paroles de nos saintes Ecritures : *Sapientiam ejus narrent populi et laudem ejus nuntiet ecclesia.* « Les peuples parleront de sa sagesse et l'Eglise chantera ses louanges. »

Une adresse, dont nous regrettons de ne pas connaître les termes, fut lue à Mgr l'Archevêque, à l'entrée de l'église, par M. Victoriano Gomez, au nom des membres du Comité catholique de la paroisse.

Nous ne pouvons laisser passer l'occasion qui se présente sans écrire quelques lignes sur le successeur de Mgr Farfan. M. l'abbé Orsini a été, sans défaillance, ce qui est rare dans l'amitié, l'ami sincère de tous les fils de saint Dominique venus à la Trinidad. La robe blanche exerçait sur lui une véritable attraction. Il ne laissait échapper aucune occasion qui se présentait, sans nous le montrer et le montrer à tous. Les amis des Dominicains étaient les siens.

Le digne abbé a voulu laisser, même après sa mort, une preuve solennelle et authentique de cette amitié qui l'unissait à nous et, en même temps, de la confiance que lui inspirait le zèle apostolique de nos Pères. Dans son testament, il supplie son archevêque de confier sa chère paroisse de Saint-Joseph aux Dominicains. Elle nous fut offerte, en effet, mais nous ne pûmes l'accepter. Notre nombre était petit, et nos charges considérables. Nous n'avons pas à le regretter, ni non plus la paroisse de Saint-Joseph, qui est allée en d'excellentes mains.

Mgr Orsini mourut le 16 janvier 1883. L'année précédente, l'archevêque avait obtenu pour lui le droit aux *Pontificaux*, c'est-à-dire le droit à l'anneau et à la mitre épiscopale. Il en usa pour la première fois à la messe solennelle qu'il célébra le 4 août 1882, fête de saint Dominique, dans notre église cathédrale. Le titre de *Monseigneur* lui avait été conféré, bien des années auparavant.

Quelques semaines après sa visite à Saint-Joseph, Mgr Gonin se rendit à San-Fernando pour y faire sa première visite pastorale, le 6 août de la même année. Cette ville, la seconde de l'île, et beaucoup plus importante que Saint-Joseph, compte plusieurs milliers d'habitants, sur un territoire très étendu, avec plusieurs centres secondaires, assez éloignés les uns des autres. C'est la paroisse de San-Fernando. Elle est située au sud de l'île. M. l'abbé Christophe en était le curé depuis vingt-quatre ans. Il eut pour successeur son vicaire, M. l'abbé Michel Griffin.

Reçu, avec la solennité la plus grande, par toutes les autorités civiles et religieuses, l'archevêque entendit, au seuil de l'église, l'adresse suivante que lui lut M. l'abbé Christophe.

« Monseigneur,

« La présence de votre Grandeur dans notre humble et modeste temple, est pour nous, en ce jour, un bienfait qui nous honore et nous console des pertes anciennes et récentes qui nous ont coûté de bien vifs regrets, et des larmes non moins amères ! C'est sur les cendres fumantes encore, pour ainsi dire, de votre vénéré prédécesseur, que nous bénissons la Providence qui rend en vous, Monseigneur, un père à ses enfants ! Vous êtes le huitième Pontife depuis la fondation de ce temple et son achèvement, qui soit venu bénir le peuple, dévoué, chrétien et fidèle, qui l'a élevé de ses propres mains par la multitude de ses généreux sacrifices, la persévérance de son zèle ardent, et ses constants travaux, sous les yeux et la conduite du vieux pasteur.

« Sous la voûte de ce sanctuaire reposent les cendres des sept missionnaires, moissonnés à la fleur de l'âge, au milieu des travaux et des épreuves de l'apostolat, qu'ils ont supportés avec zèle et courage, où ils ont puissamment aidé à agrandir le flambeau de la religion et de la foi. A l'appel du Seigneur, ils se sont, ici-bas, rapidement endormis du sommeil des justes ; et il nous est doux d'avoir la consolante espérance, qu'avec nous, ils se réjouissent devant le Dieu des miséricordes de vous voir aujourd'hui, Monseigneur, le front ceint de la mître sacrée, envoyé par la divine Providence pour diriger et gouverner une mission qui leur fut chère, comme elle l'est à votre zèle, à votre sagesse, à votre sollicitude.

« Au pied du trône de l'Agneau, ils prieront pour vous, pour le plein succès de votre administration archiépiscopale et paternelle, qui ne tend, ils le savent, comme nous le savons nous-mêmes, qu'à la gloire de Dieu, et à lui procurer des enfants pleins de vertus, et à tous, le bonheur d'une vie sainte et parfaite.

« Permettez que je sois aujourd'hui, Monseigneur, l'organe et l'interprète des fidèles de cette paroisse, en vous offrant les sentiments de respect, d'amour et de reconnaissance dont ils sont pénétrés pour vous, et que votre Grandeur leur inspire. Ils savent votre sage et paternelle sollicitude à leur égard ; ils vous béniront un jour, quand ils en recueilleront les précieux fruits. Croyez au loyal et religieux hommage de ces sentiments de respect et de vénération pour votre Grandeur ; simples et fidèles dans la modeste abondance de leurs cœurs, ils savent dire et prouver qu'ils aiment !

« Oui, Monseigneur, votre première bénédiction paternelle dans cette paroisse y fécondera les cœurs fidèles, et ce jour sera mémorable dans nos plus précieux souvenirs !

« Agréez donc les profonds remercîments et les actions de grâces de mes fidèles et chers paroissiens ; j'ose assurer à votre Grandeur la sincérité de leur vive reconnaissance.

« Veuillez, aussi, bénir le vieux pasteur qui les a guidés pendant vingt-quatre ans ; sa course à lui doit bientôt se terminer ! La carrière parcourue n'a pas été sans difficultés, sans peines, sans épreuves, sans contradictions ! Comme le divin Maître, et plus encore, le faible apôtre doit les attendre d'un monde rarement juste, et toujours ingrat ! Mais à la suite de Jésus-Christ, le prêtre doit-il se décourager et perdre ainsi le fruit des sueurs dont il a arrosé le champ du père de famille ? Non.

« Veuillez encore agréer ma vive gratitude, d'avoir bien voulu me conserver le constant et fidèle compagnon de mes travaux. Saint Paul tenait aussi à son cher Timothée. Nos efforts de nouveau réunis continueront, avec confiance et joie, la part confiée à nos soins dans l'œuvre de la mission. Nous puiserons de nouvelles forces dans la prudence, la sagesse et les lumières de votre paternelle direction, elle sera la Providence et le soutien de notre ministère.

« Tous, Monseigneur, fidèles et pasteurs, nous prions votre Grandeur de vouloir bien agréer les vœux que nous formons pour votre bonheur et prospérité.

« Que le Tout-Puissant daigne nous conserver durant de longues années le nouveau Pontife selon son cœur, qu'il nous a donné dans sa miséricorde. C'est là, Monseigneur, la voix de tout votre diocèse, à laquelle s'unit aujourd'hui tout particulièrement et bien sincèrement celle de cette paroisse et de vos prêtres auxquels le soin en est confié (1). »

(1) M. l'abbé Christophe mourut, le 7 mai 1875, plein d'années et de mérites.

# CHAPITRE VIII

## Activité des Pères Dominicains

Un des soucis de nos Pères fut de régler les heures des confessions, et nous voyons que, dès les premiers jours de leur arrivée, on assigna à chaque religieux des heures et des confessionnaux. Notification en fut donnée aux fidèles qui connurent promptement à qui ils devaient s'adresser pour le français, l'anglais et l'espagnol ; le créole ne vint que plus tard.

Après avoir réglé ce premier point, on s'occupa des catéchismes ; ils étaient nombreux et se faisaient plusieurs fois, chaque semaine, en français et en anglais. Nos Pères, dans leurs annonces du dimanche, reviennent très souvent sur l'obligation des parents d'envoyer leurs enfants au catéchisme. Nous en concluons qu'ils se heurtèrent à de sérieuses difficultés venant, le plus souvent, moins de la mauvaise volonté que de l'insouciance des pères et mères qui, pour le plus grand nombre, n'avaient jamais été à aucune instruction religieuse, et conséquemment n'avaient jamais fait de première communion.

Quoiqu'à un degré moindre, c'est bien ce que nous voyons encore de nos jours ; et nous restons dans les limites de la plus stricte vérité en affirmant que plusieurs milliers de catholiques, ayant passé leur quinzième année, n'ont pas encore fait leur première communion. Que devait-il en être, il y a cinquante ans ! Nous avons la ferme confiance que, grâce à l'initiative du Pape Pie X, qui recommandait avec tant de force la communion fréquente, et même quotidienne, en insistant sur la nécessité d'envoyer à la sainte Table les petits enfants dès leur plus bas âge, ce mal disparaîtra. Les pères et mères comprendront mieux leurs devoirs et ils seront les premiers à montrer à leurs enfants le chemin qui conduit à la table sainte. Sur ce point, déjà, de notables progrès ont été accomplis, nous en sommes, chaque jour, les heureux témoins.

Nous avons pu constater que le mois de mai, consacré par la piété des fidèles au culte de la Vierge Marie, se célébrait alors avec solennité. Ainsi, lisons-nous encore dans *le livre des Annonces* de cette année 1864 : « Samedi prochain (30 avril) Mgr l'Archevêque fera l'ouverture du mois de Marie. Chaque jour de ce mois, il y aura, le soir, à sept heures, une instruction, ou une lecture, suivie du chant des Litanies et de la Bénédiction du Saint-Sacrement. L'instruction ou la lecture auront lieu alternativement, c'est-à-dire qu'il y aura instruction les dimanches, mardis et jeudis, et lecture les autres jours. »

Encore ici, nous saisissons l'occasion qui se présente d'instruire nos lecteurs du motif qui a inspiré aux pieux fidèles de faire du mois de *mai* le mois de *Marie*. Ce n'est pas l'Eglise qui a imposé cette dévotion à ses enfants, elle n'a fait que suivre le mouvement, en l'approuvant et en le consacrant de son autorité. Ce sont les enfants qui ont conduit leur Mère, et celle-ci s'est laissée faire avec joie, heureuse de voir ses fils la devancer dans un acte de piété si conforme à tous ses désirs.

Nous nous sommes posé cette question : Pourquoi le mois de mai a-t-il été choisi, de préférence aux autres mois de l'année, pour être honoré du titre de mois de Marie ? C'est un peu, croyons-nous, en raison de la similitude des noms : *Mai — Marie*. Notre *May* anglais n'est-il pas synonyme de *Mary* ?

Mais la vraie raison de ce choix nous paraît être celle-ci : Les solennités du christianisme sont coordonnées d'une manière admirable aux scènes de la nature ; et si, entre autres exemples, la chute des feuilles amène la fête des morts, pour l'homme qui tombe comme la feuille des bois, c'est naturellement dans la saison des fleurs, au milieu du printemps, que l'Eglise a dû placer le mois de Marie. Marie, en effet, n'est-elle pas la rose mystique, le lis des vallées, en un mot, la plus belle et la plus aimable des créatures ? Du moment qu'il s'agissait de lui faire une offrande, il était juste et convenable de lui dédier le mois le plus gracieux, et on ne pouvait mieux choisir.

Si nous faisions la comparaison entre ce qui se faisait alors et ce qui se fait de nos jours, la comparaison ne serait pas en faveur du temps présent. Les raisons qui ont motivé le choix des fidèles subsistent toujours. Leur dévotion filiale envers la Reine du ciel, nous l'espérons, n'a pas diminué, elle a même augmenté, croyons-nous.

Mais alors, pourquoi le mois de mai a-t-il à peu près cessé d'être, dans notre paroisse, un vrai mois de fête consacré à l'auguste Vierge ? Une bouche que la mort a fermée, mais qui avait autorité pour se faire entendre, nous en a donné l'explication suivante. La dévotion du peuple chrétien envers la Très-Sainte Vierge ne perd rien par le fait que le mois de mai n'a plus sa solennité d'autrefois, car l'Eglise, par son chef auguste, le Pape Léon XIII, n'a pas supprimé, mais seulement changé le mois que la piété des fidèles avait consacré dans son entier à la Vierge Marie. Au lieu d'être le mois de mai, c'est le mois d'octobre qui a été appelé le mois du Rosaire. Le changement est donc purement matériel et les droits de l'auguste Vierge sont sauvegardés.

A notre humble avis, et s'il nous est permis de formuler notre opinion, nous ne croyons pas que telle a été la pensée de Léon XIII. Le vénéré Pontife a voulu, par la solennité qui accompagne le mois d'octobre, exciter en nous et favoriser une dévotion *spéciale*, celle du Rosaire. Le mois de mai ne perd rien pour cela de son cachet particulier qui est d'exciter et d'encourager en nous une dévotion *générale* envers la Très Sainte Vierge. Deux mois peuvent bien être tout particulièrement consacrés, chaque année, au culte de la Mère de Dieu, ce n'est pas trop, c'est même peu.

Autre considération qui nous paraît fortifier notre opinion. Le mois d'octobre est le mois des fruits, comme mai est le mois des fleurs. Ceux qui ont voyagé ne l'ignorent pas. Le fruit nait de la fleur, on sait encore cela. Si la fleur tombe, il n'y a pas de fruit. Si donc nous enlevons à la douce et aimable Vierge les fleurs de mai, comment pourrons-nous lui donner les fruits d'octobre ? Continuons donc à cultiver en mai les fleurs d'une dévotion générale à la Vierge Marie, pour que nous puissions, en octobre, récolter les fruits de cette dévotion, dont un des plus beaux et des plus savoureux est le Rosaire.

Nous ne serions pas de vrais *Frères Prêcheurs*, de vrais fils de saint Dominique, si un de nos premiers soins, en acceptant la direction d'une paroisse, n'était pas d'y établir la dévotion au Rosaire de la Bienheureuse Vierge. Nous ne pouvons oublier ce que nous disent les historiens de l'Ordre, les plus anciens et les plus dignes de foi, que le glorieux fondateur de notre famille religieuse, gémissant sur l'inutilité de ses efforts pour la conversion des hérétiques, et versant des larmes amères, prosterné devant l'autel de l'auguste Vierge, vit apparaître celle-ci qui lui dit ces simples paroles : « Va, et prêche mon Rosaire. » Il se lève, va, prêche la dévotion à la Vierge Marie par le Rosaire, dont l'ingénieux mécanisme venait de lui être montré. Et la conversion de cent mille hérétiques fut le fruit qu'il recueillit de sa nouvelle prédication.

Nous rappelant cette première et glorieuse page de notre histoire religieuse, nous aurions manqué à nous-mêmes et voué nos travaux à la stérilité, si nous avions négligé de nous servir de cet excellent moyen d'action, de ce puissant levier, pour soulever les âmes et les rapprocher de Dieu. Aussi, voyons-nous les premiers Pères et fondateurs de notre mission de Trinidad s'occuper activement d'organiser cette pieuse dévotion du Rosaire.

Nous disons : organiser, car elle existait déjà, et depuis nombre d'années, sur cette terre espagnole, très chrétienne et très catholique. Mais si la *dévotion* au Rosaire n'était pas inconnue dans la paroisse, la *Confrérie* avait-elle jamais été canoniquement érigée avec ses droits et ses privilèges ? Les autorisations légales, prescrites par Rome, avaient-elles été demandées et obtenues ? Aucun document écrit n'était là pour en faire foi ; nos Pères ne tardèrent pas à s'en convaincre. Une messe solennelle était régulièrement chantée, chaque année, le premier dimanche d'octobre, la procession séculaire se déroulait même avec pompe dans les rues de la cité. C'était le fait, mais non le droit. Pour le plus grand bien des âmes et afin de ne pas les priver des innombrables indulgences et faveurs spirituelles attachées à l'établissement canonique de la pieuse Confrérie, on résolut de solliciter une *Sanatoria* pour le passé. On appelle ainsi une demande de re-validation pour défauts ou irrégularités compromettant la validité dans l'érection d'une confrérie, d'un chemin de croix, etc. Ces demandes sont adressées au Souverain Pontife. Pour plus de sûreté, si besoin était, on érigerait à nouveau cette Confrérie du Rosaire. Ce qui fut fait avec grande solennité, par Mgr l'archevêque lui-même, le dimanche 2 octobre 1864, fête du Très-Saint Rosaire.

Cette Confrérie canoniquement érigée dans l'église cathédrale de Port-d'Espagne, l'est aussi, par dispense spéciale, en la paroisse de Saint-Patrick, à New-Town ; nous disons, par dispense spéciale, car la Confrérie du Rosaire ne peut être érigée dans deux églises de la même ville ; c'est pour cette raison que l'église du Rosaire n'a pas de Confrérie et aussi parce qu'elle n'est qu'une église succursale de la cathédrale, paroisse à laquelle elle appartient.

Cette année 1864, notre première à la Trinidad, a été marquée par un événement, très rare, heureusement, et qui, grâce à Dieu, ne s'est plus renouvelé.

Ce même jour, 2 octobre, premier dimanche du mois, fête du Très-Saint Rosaire, avait été fixé pour le jour de la première Communion des enfants de la paroisse. Il était d'usage, comme cela se pratique dans nos pays d'Europe, que les enfants tinssent en main un cierge allumé, pour la cérémonie de la rénovation des vœux du baptême ; ce fut la cause d'un terrible accident.

Le feu se mit aux vêtements d'un enfant, et tout le monde à cette vue fut frappé d'épouvante et poussa des cris. Mais heureusement on parvint à éteindre ce commencement d'incendie. On en fut quitte pour la peur.

Dans cette même année 1864, nos Pères eurent à s'occuper d'une grave question, celle des écoles catholiques. Déjà, pour la classe aisée, la question demeurait résolue par l'arrivée des Sœurs de Saint-Joseph de Cluny qui avaient ouvert un pensionnat et un externat pour les filles, et par les Pères du Saint-Esprit qui instruisaient dans leur collège les garçons, également de la classe plus élevée. Il est vrai qu'à leur externat, les Sœurs avaient ajouté une école gratuite pour les petites filles pauvres, mais cette seule école ne pouvait suffire pour une population qui s'augmentait chaque année et dans laquelle le protestantisme faisait des ravages de plus en plus grands. Il fallait, à tout prix, ouvrir des écoles catholiques où le clergé fût maître de donner aux enfants l'enseignement religieux. Les quelques écoles privées qui existaient avaient très peu d'élèves et l'enseignement qu'on y recevait, surtout au point de vue religieux, était à peu près nul. Il fallait aviser au plus tôt, c'est ce que firent nos Pères.

Nous lisons, en effet, dans une annonce faite à la cathédrale le dimanche 10 juillet 1864 : « L'ouverture d'une école catholique gratuite, pour les garçons, aura lieu prochainement, rue Nelson. Tous les enfants, à partir de l'âge de sept ans, pourront y être admis, à la seule condition d'être décemment vêtus. » Et, au dimanche, 7 août, nous lisons : « L'école catholique gratuite, pour les petits garçons, qui a été déjà annoncée, s'ouvrira le lendemain de l'Assomption, 16 août, sous le patronage de Mgr l'archevêque et sous le titre de Saint-Dominic School. » Ainsi fut ouverte la première école placée sous la surveillance immédiate du clergé paroissial de Port-d'Espagne.

Le soin des enfants, tendres agneaux de ce troupeau dont l'Eglise est la divine bergère, a été une des plus constantes préoccupations des pasteurs du peuple fidèle. Ils n'ont jamais oublié que Jésus-Christ, le prince des Pasteurs, a donné à cet âge des marques particulières de sa prédilection. Ils savent aussi qu'avec l'enseignement qui apprend à la créature la connaissance de Dieu et ses devoirs envers Lui, l'Eglise catholique possède le pouvoir de tenir des écoles et d'y enseigner les sciences humaines. Quand donc elle ouvre une école, elle ne fait qu'user d'un droit que Dieu lui-même Lui a conféré et dont aucune puissance humaine ne saurait la priver.

Si ce droit lui est contesté, méconnu même, au point qu'on lui interdit tout enseignement scolaire dans certains pays, ici, à la Trinidad, nous n'avons pas à nous plaindre. Le gouvernement du pays s'est montré, à ce point de vue, très libéral ; et si nous, catholiques, nous n'avons pas encore tout ce que nous donnerait une liberté plus grande touchant l'enseignement religieux dans nos écoles, nous sommes reconnaissants à un Etat qui, somme toute, n'est pas ami de notre Eglise, de ce qu'il a déjà fait pour des écoles qui ne sont pas les siennes.

Il nous faut dire également un mot de l'école de la rue Nelson, dont l'ouverture constitue une date importante dans l'histoire de l'enseignement religieux adressé aux enfants. Le mouvement était donné, il devait être suivi, et il le fut. Nous en sommes les heureux témoins, nous qui vivons cinquante ans après.

Du jour de sa fondation jusqu'à l'année 1912, l'établissement scolaire de la rue Nelson a connu de bons changements, qui ont toujours tourné à son avantage. Il convient de saluer ici avec respect et affection cet homme dont la science n'a d'égale que sa modestie, et qui, placé à la tête de cette école de Saint-Dominique le 4 février 1868 par le P. André Violette, a toujours repoussé les offres même très avantageuses pour rester avec une inébranlable confiance au poste où l'avait placé la confiance des chefs de la paroisse. J'ai nommé M. Joseph de Suze, le plus ancien des maîtres d'école de première classe à la Trinidad.

L'école de la rue Nelson est devenue l'école de la rue du Park, et d'école Saint-Dominique, elle est devenue école Saint-Thomas ; seul, le maître n'a pas changé ! Tel il était, il y a près d'un demi-siècle, tel il est resté, chrétien exemplaire, bon, serviable, dévoué, aimé et respecté par tous.

La construction de cette école a coûté quatre mille dollars: Mgr Gonin a fourni un tiers, le gouvernement s'est chargé des deux autres tiers. Mais quelques années plus tard, grâce à l'intervention du principal maître, M. de Suze, et à la recommandation instante de M. Gervais Bushe, alors inspecteur des écoles, le gouvernement fit l'abandon généreux de ses droits sur l'immeuble, qui devint ainsi uniquement la propriété de la paroisse.

# CHAPITRE IX

## Le Conseil de Fabrique

Il est une autre question, très importante alors, et dont nos Pères eurent à s'occuper, nous voulons parler du *Vestry* de la cathédrale. Le Vestry d'une église est un conseil dont les membres, choisis ou simplement acceptés par l'évêque, et composés d'un certain nombre de notables de la paroisse, ont en mains la gestion du temporel de l'église. Achats, ventes, réparations, entretien, perception du loyer des bancs, paiement des serviteurs de l'église, etc., tout cela est de son ressort. Ce conseil paroissial est appelé *Vestry*, parce que son lieu habituel de réunion était la sacristie ou le vestry, lieu où le clergé s'habille, mots synonymes. Je ne connais, nous a dit un savant ecclésiastique de qui nous tenons ces renseignements, je ne connais aucun texte du droit canon relatif à cela. Dans le principe, l'administration des biens de l'Eglise était confiée aux diacres ; la vie du diacre et martyr saint Laurent en est une preuve : Ne m'abandonnez pas, ô Père très saint ! criait-il à son évêque, qu'on menait au martyre, car j'ai déjà distribué les trésors que vous m'avez confiés : *Noli me derelinquere, pater sancte, quia thesauros tuos jam expendi, quos tradidisti mihi.* Plus tard, cette administration fut confiée aux archidiacres. Peu à peu, les laïques s'en sont mêlés. En France, à l'époque de la féodalité, les Seigneurs qui avaient fondé des églises sur leurs domaines, en devinrent patrons et en conservèrent l'administration. Puis, lors de l'émancipation des communes, le peuple s'immisça, à son tour, dans l'administration des biens paroissiaux, souvent au grand détriment des églises. A Rome et en Italie, les églises ont ce qu'on appelle la *Fabrica*, conseil de personnes qui en administrent le temporel ; mais les ecclésiastiques seuls en font partie. Je n'en ai pas vu trace dans les pays espagnols, où je suis allé, nous écrit encore le même abbé ; au Mexique, par exemple, où seuls, l'évêque et les curés disposent des revenus de l'église. Aux Etats-Unis, il existe, en bien des endroits, des assemblées laïques qui prétendent administrer les biens ecclésiastiques et causent souvent beaucoup d'ennuis au curé, et sont même en révolte contre lui.

Le Vestry, ou conseil de Fabrique, existait à Sainte-Lucie déjà sous la domination française et y est encore reconnu légalement. Il a le droit de vendre, acheter des propriétés, recevoir des legs, poursuivre en justice. Il y a quelques années à peine, et peut-être maintenant encore, nous l'ignorons, la Fabrique, ou son délégué, nommé par elle, percevait l'argent des quêtes, des bancs, les rentes des propriétés de l'église et payait tous les frais du culte, les réparations de l'église et du presbytère, les serviteurs de l'église et aussi du presbytère, son mobilier, sa lingerie, la pension du curé, c'est-à-dire, un supplément à son salaire, et, dans certaines paroisses, lui fournissait un cheval. (Hélas ! nous ne voyons pas cela à Port-d'Espagne !) Ce délégué devait rendre ses comptes au Vestry à la fin de l'année. Son mandat ne durait généralement qu'un an. Il avait droit à un tant pour cent sur l'argent reçu, pour sa peine.

A la Grenade, il n'existait pas de Vestry, il y a quelques années, mais seulement, dans quelques paroisses, des *Church Committees* nommés par le curé et dépendant pleinement de lui.

Enfin, pour terminer cette histoire de l'institution et du fonctionnement du *Vestry*, qu'on nous permette cette citation extraite du livre du savant historien Imbert de la Tour, intitulé : Questions d'histoire sociale et religieuse..... « L'institution de la « Fabrique (Vestry) apparaît au xiii° siècle, mais au xiv° et surtout au xv°, elle semble un fait accompli. Les *marguilliers* « (ainsi appelait-on les membres du Conseil de Fabrique) sont « nommés par l'assemblée de la paroisse, et présentés à l'archi- « diacre qui, au nom de l'évêque, confirme leurs pouvoirs, et ils « prêtent serment. Tous les ans, ils étaient obligés de rendre « leurs comptes à l'évêque, comme aux habitants. Leur nombre

« était partout le même, deux ou trois, parmi lesquels, mais ra-
« rement, nous trouvons des femmes. »

Ce *Vestry*, ou Conseil de Fabrique, nous paraît avoir été introduit à la Trinidad, principalement à la cathédrale, par des prêtres français. C'était, en effet, des prêtres français qui formaient
la majorité du clergé de la ville avant l'arrivée des Pères Dominicains. Ils ont introduit ici les coutumes de leur pays, car, en
France, il n'est pas une paroisse qui n'ait son Conseil de Fabrique (la loi actuelle de séparation des deux pouvoirs a dû apporter quelque changement sur ce point.) Nous avons cherché,
sans pouvoir la trouver, la date de l'établissement de ce Vestry.
La première fois qu'il en est fait mention, c'est en 1864, au
10 juillet. Il est écrit, à cette date : « La mort de M. Blanchard a
laissé vacante la charge de secrétaire du Vestry et de collecteur
du produit des bancs, charge dont M. Blanchard s'était acquitté
pendant *si longtemps* avec un dévouement et une intelligence
que toute la paroisse a su apprécier. Le Vestry, dans sa dernière
séance, a choisi M. Ferdinand Rat pour le remplacer. C'est donc
à M. Rat que les fidèles auront à s'adresser désormais pour le
paiement ou pour le renouvellement de leur abonnement. » (Par
ce mot on entendait le loyer, ou prix de la place qu'on occupait
à l'église.)

Cette place de secrétaire du *Vestry* n'était pas une sinécure,
aussi si notre mémoire est fidèle, nous croyons nous rappeler que
le secrétaire du Vestry touchait, pour prix de son travail, une
annuité de 200 dollars.

Cette institution était plutôt civile que religieuse et, d'une façon plus ou moins détournée, c'était la mainmise des fidèles
dans des affaires paroissiales qui semblent devoir appartenir
plus spécialement au clergé. Le plus souvent, ce dernier s'en est
plaint et quand il a pu la faire tomber, il l'a fait. Nous entendions, un jour, un bon curé nous dire : « Je ne puis pas mettre
un clou dans mon église sans la permission du Conseil de Fabrique. » A Port-d'Espagne, le *Vestry* n'est pas sorti de son rôle
qui est d'aider, et non de supplanter le clergé dans les affaires
matérielles concernant l'église, et les deux autorités semblent
avoir toujours marché en parfait accord. Cependant, des abus

s'étaient-ils introduits ? des difficultés d'entente entre les deux parties avaient-elles surgi ? c'est probable ; mais la vraie cause qui amena la suppression du *Vestry* de la cathédrale a été la difficulté de réunir, au jour et à heure fixes, les membres qui la composaient. Nous lisons, en effet, dans les « Minutes du Vestry de la cathédrale », à la date du 21 février 1876 :

Séance extraordinaire du Vestry tenue au Presbytère.

Présents : Sa Grâce l'Archevêque : Monseigneur O'Carroll. — Le Trés-Rév. P. Marie Dominique, curé : Le R. P. Thomas Greenough, sacristain-major : Messieurs Lionel M. Fraser, Ferdinand Maingot, Alexandre Thavenot, Jose-Maria Pénabossa, Léon-Denis O'Connor, et le secrétaire, M. Ferdinand Rat.

Le procès-verbal de la dernière séance est lu. Le R. P. Curé fait observer qu'il ne doit pas être confirmé, attendu que la séance, dont il est le compte rendu, était illégale, en ce sens qu'il y manquait le nombre voulu de membres pour la rendre légale. Le procès-verbal n'est pas confirmé, mais restera, seulement comme note dans le livre des « Minutes. »

Sa Grâce l'Archevêque fait savoir que l'objet de cette séance est de communiquer au *Vestry* une lettre officielle reçue par lui du Révérend Père Curé, sur la situation du *Vestry* de la cathédrale. La lettre est lue. — Elle parle de l'irrégularité de plus en plus croissante des séances du *Vestry*, du peu d'intérêt que les membres semblent y prendre et, en dernier lieu, de la difficulté des recettes des bancs. Le Révérend Père ajoute que si le loyer des bancs était régulièrement payé, il serait possible, non seulement de faire face aux dépenses ordinaires de la cathédrale et du Rosaire, mais, dans un temps donné, soit sept ans, d'achever l'ornementation intérieure de la cathédrale, d'ajouter quelques jeux qui manquent à l'orgue, de modifier la sonnerie existante, et de doter la cathédrale d'une horloge.

Sa Grâce commente les faits exposés dans la lettre du Très Révérend Père Curé, et explique que, d'après les principes de l'Eglise catholique, l'Evêque est, dans son diocèse, sous l'autorité suprême du Saint-Siège, non seulement la source de la juridiction spirituelle, mais aussi la source de la juridiction tempo-

relle, en ce qui concerne les biens et revenus ecclésiastiques. Que
néanmoins, comme il lui est impossible d'exercer exclusivement par lui-même tous les devoirs et toutes les charges de cette
juridiction temporelle, il les délègue d'ordinaire à certains auxiliaires. Mais que le mode d'administration temporelle des paroisses n'est ni uniforme, ni invariable pour tous les diocèses,
et qu'il peut, au contraire, varier et se modifier suivant les pays
et les circonstances. Que cette administration temporelle peut
avoir lieu, entr'autres systèmes par l'entremise des *Vestrys* ou
Fabriques, dont il existe deux espèces, savoir : les *Vestrys* légaux
qui sont régis, en partie, par la loi civile (ce que l'Eglise ne fait
nulle difficulté d'accepter, quand la loi civile n'a rien de contraire au Droit Canon), et les *Vestrys* purement ecclésiastiques
dont il appartient à l'Evêque de déterminer les attributions. Qu'à
la Trinidad, spécialement, il n'a jamais existé, du moins depuis
son arrivée dans la colonie, que des *Vestrys* ecclésiastiques ;
mais que, depuis quelque temps, il s'est manifesté d'assez graves
inconvénients pour le *Vestry* de Port-d'Espagne' ; par exemple, la
grande difficulté de réunir les membres du *Vestry*, de manière
à avoir une séance régulière, et un déficit dans le compte annuel,
ce qui est un grand embarras pour le clergé de la cathédrale.
L'archevêque a donc exprimé l'opinion que le moment était
peut-être venu de tenter un autre système d'administration temporelle des paroisses, et il a alors proposé de substituer au système actuel du *Vestry*, un autre système qui lui paraît présenter
plus de garanties, c'est-à-dire le mode d'administration qui est
observé avec succès dans le diocèse de New-York, aux Etats-
Unis, et qui consiste dans les pratiques suivantes :

(Suivent cinq articles, dont nous donnons seulement le premier, pour être plus bref.)

Art. 1er. — L'administration temporelle de la paroisse serait
confiée au Curé, qui serait ainsi seul chargé du recouvrement du
prix de location des bancs et des quêtes ainsi que de leur emploi.


Le projet soumis au vote est accepté à l'unanimité, et le *Vestry*
déclaré ne plus exister à partir du 1er mai prochain.

M. L.-D O'Connor soumet une question à l'égard de M. Rat,

le secrétaire, employé depuis si longtemps par le *Vestry*. Ne lui doit-on pas une compensation, ou plutôt un témoignage quelconque ? La discussion étant personnelle à M. Rat, il demande à se retirer pour laisser plus de liberté aux membres. Il se retire donc dans la pièce à côté. Quelques minutes après, le Révérend Père Curé vient le chercher et il reprend sa place.

Le résultat de la discussion, soulevée par M. O'Connor, amène le Révérend Père Curé à dire que M. O'Connor n'a fait qu'anticiper sa pensée qui était de proposer qu'une lettre de remerciement fut écrite à M. Rat pour ses longs et bons services, et qu'il lui fut offert deux cents dollars, somme égale à un an d'honoraires, qu'il considérera comme témoignage de la façon dont le *Vestry* apprécie ses services. — La proposition du Révérend Père Curé est soumise au vote et acceptée à l'unanimité.

Monseigneur exprime l'espoir, M. Rat présent, que malgré la dissolution du *Vestry*, M. Rat voudra bien mettre le Révérend Père Curé au courant de tout pour faciliter sa tâche.

M. Rat prie sa Grâce de croire qu'il sera toujours prêt à donner au Révérend Père Curé, son concours le plus empressé.

La séance est levée. — Suit l'Ordonnance épiscopale qu'on va lire :

Nous, Joachim-Louis Gonin, archevêque de Port-d'Espagne, Assistant au trône pontifical :

Vu la requête à nous présentée, le 14 février 1876, par le T. R. P. Marie-Dominique Berthet, prieur du couvent des Dominicains et curé de la cathédrale, et dans laquelle sont exposées les irrégularités et les inconvénients résultant du mode d'administration temporelle de la paroisse de Port-d'Espagne, par l'entremise du *Vestry*.

Vu la délibération du *Vestry* tenue sous notre présidence au presbytère, le 21 du présent mois de février, et par laquelle le *Vestry* ainsi rassemblé, a donné à l'unanimité son adhésion au nouveau mode d'administration proposé par nous, et emprunté aux usages de l'Eglise dans d'autres contrées.

Attendu qu'il importe à l'unité du gouvernement diocésain qu'un système uniforme d'administration temporelle soit, autant que possible, appliqué à toutes les paroisses du diocèse,

Avons arrêté et ordonnons ce qui suit :

Article 1er. — L'administration du temporel de la paroisse de Port-d'Espagne sera désormais confiée au Curé de la cathédrale .....Suivent sept autres articles dont nous ne transcrivons qu'un seul que nous livrons à l'attention toute spéciale de nos paroissiens :

Art. 7. — Une liste de tous les bancs avec leurs numéros respectifs sera affichée, chaque année, au mois de janvier, aux portes de la cathédrale et de la chapelle du Rosaire, et, vis-à-vis des numéros des bancs, seront indiqués ceux dont la location aura été payée, ceux dont la location sera encore due, et ceux qui seront vacants, ou en disponibilité.

Cette Ordonnance est datée du 24 février 1876 et a été lue publiquement à la cathédrale et au Rosaire, le dimanche 12 mars 1876.

Voici un témoignage qui montre que nous n'avons pas tort d'être défavorable au Vestry et d'être satisfait de son abolition dans notre paroisse de Port-d'Espagne.

Un curé de ce diocèse nous a écrit ceci :

« Vous ne sauriez croire toutes les difficultés que mon prédécesseur a eues avec son *church committee*, qui prétendait gouverner la paroisse, et surtout disposer à sa guise des revenus de l'église, sans que le prêtre eût à s'en mêler. Ce *church committee* a été dissous par Mgr X. Malgré cela, ils ont continué à tenir des meetings, ne cessant de faire de l'opposition au curé. Il n'en est pas un seul qui s'approche des sacrements. »

Après cela, c'est évident, la cause est entendue.

# CHAPITRE X

## Le R. P. Bion et ses Collaborateurs

Nous avons fait connaître, d'une façon sommaire, mais suffisante, l'état de la paroisse de Port-d'Espagne lors de l'arrivée de nos premiers Pères ; chacun de ces premiers ouvriers évangéliques, venus avec leur chef, Mgr Gonin, a été, de notre part, l'objet de quelques réflexions et appréciations que nous croyons exactes. Avant d'aller plus loin, nous devons ajouter quelques détails sur le R. P. Bion, le premier de nos Pères, par l'âge, l'autorité qui lui fut confiée, et l'influence qu'il sut exercer sur toute la paroisse dont il fut nommé le pasteur.

Il avait été prieur de notre couvent de Saint-Maximin, dans le diocèse d'Aix, en Provence, et il l'était encore quand il s'offrit à Mgr Gonin pour la mission de Trinidad. Or, on ne met pas à la tête d'une communauté religieuse de l'importance, surtout, d'un couvent de noviciat et d'études, comme celui de Saint-Maximin, un homme ordinaire. La supériorité de sa position était un indice certain de la supériorité de caractère et de talent que ses Frères en religion reconnaissaient en lui, par le fait seul qu'ils l'avaient demandé pour être mis à leur tête ; et le Supérieur majeur, chef de la Province, avait conscience du mérite de l'élu puisqu'il en confirma l'élection.

Le R. P. Bion était un homme, disons mieux, un religieux remarquable. Il le prouva. Nous avons bien souvent entendu parler du Révérend Père et jamais une note discordante n'est venue troubler le concert des louanges qui lui ont été adressées. Nous lui devons ce témoignage, nous le lui rendons avec plaisir.

Pour le missionnaire, à Port-d'Espagne, les jours se suivent et se ressemblent, mais cette première année de prise de possession fut pour eux, et surtout pour le nouveau curé de la paroisse, une année exceptionnelle. Il fallait se mettre au courant de tout ; conserver, réformer, corriger, détruire un peu, créer beaucoup. Le Très Révérend Père Curé ne faillit pas à sa tâche. Il mit en œuvre tout ce qu'il y avait en lui de piété, de zèle, de tact et de clairvoyance. Il avait le : *fortiter in re* et le *suaviter in modo*, en d'autres termes : inflexible sur les principes, bienveillant dans leur application. L'observation des commandements de Dieu et de l'Eglise est l'ossature, la charpente de la vie chrétienne ; si cette stricte observation fait défaut, l'édifice croule, il n'y a plus rien.

Pour arriver à cette chose nécessaire, le nouveau curé comprit bien vite qu'il fallait entretenir, encourager, créer au besoin des œuvres, associations, confréries, sociétés pieuses, qui donnent de la vie à une paroisse en y conservant et augmentant la vraie piété. Un bon prêtre qui veut la gloire de Dieu et le salut des âmes qui lui sont confiées cherche, par tous les moyens, à établir tout cela dans sa paroisse. Il sait qu'il faut peu de choses pour plaire à Dieu ; qu'il est sensible, que son cœur est touché de ces petits riens, de ces actes de dévotion dont le monde rit volontiers, et qui sont si utiles aux âmes et si agréables à Dieu. N'est-ce pas le sens de cette parole adressée à l'épouse dans le livre du Cantique des Cantiques : *Vulnerasti cor meum in uno crine colli tui* (Cant. 4. 9) ? Il a suffi d'un seul de vos cheveux pour toucher mon cœur.

Le T. R. P. Bion s'occupa donc très activement de toutes ces œuvres. Il réorganisa la Société des Amantes de Jésus, vieille déjà de onze années ; il augmenta les obligations des membres de cette pieuse société, mit en meilleur ordre son règlement en le rendant plus pratique, tel qu'il est suivi aujourd'hui. Il fut le fondateur de cette bibliothèque des Amantes composée d'ouvrages de tous genres, spirituels, instructifs et amusants.

La Société de la Nativité de la Sainte Vierge, fondée par le bon abbé Cuenat, son prédécesseur à la tête de la paroisse, fut aussi l'objet de toute sa sollicitude, il en révisa le règlement, imposa aux membres de nouvelles obligations et veilla avec grand soin à leur observation. C'était parmi ces jeunes filles de la Nativité qu'on choisissait les chanteuses de la cathédrale. Il ne laissa à aucun autre de ses religieux le soin de diriger cette société, il se l'était réservée.

La Société de Saint-Vincent de Paul fut aussi l'objet de toute sa sollicitude, c'est lui qui en demeura toujours le directeur spirituel. Il en prêchait toutes les retraites, comme aussi celles des Amantes de Jésus, et si quelques-uns l'ont égalé, peut-être, aucun ne l'a surpassé comme orateur, son éloquence était proverbiale dans toute la Trinidad.

N'oublions pas la dévotion toute dominicaine des quinze samedis précédant la fête du Rosaire qu'il inaugura à la cathédrale et qui est pratiquée actuellement avec tant d'édification dans l'église du Rosaire, succursale de la cathédrale.

Le vrai religieux qu'était le R. P. Bion eut la pensée de fonder un vrai couvent de l'Ordre à Port-d'Espagne, pépinière où devaient se former et qui devait donner à la mission les ouvriers évangéliques qui lui étaient nécessaires. L'emplacement de ce couvent avait même été choisi, il devait s'élever, nous disent les récits du temps, sur la petite savane située au-dessus du couvent des Sœurs de Saint-Joseph de Cluny ; petite savane alors, mais maintenant élégant square, au milieu duquel on a mis une belle fontaine avec bassin, le tout surmonté d'une statue, en fonte, du gouverneur, Lord Harris. On est obligé, quand on passe devant sa statue, de baisser les yeux, car l'artiste lui a donné des culottes tellement collantes qu'il semble n'en pas avoir. On ne put donner suite à ce couvent.

Le Révérend Père n'ayant pas réussi de ce côté se tourna vers le Tiers-Ordre de Saint-Dominique. Vu les circonstances, il ne jugea pas expédient d'établir ce que nous appelons une *Fraternité*, mais il reçut, avec un religieux bonheur, plusieurs personnes, individuellement, dans le Tiers-Ordre ; c'étaient des jalons posés par le Révérend Père et qui devaient conduire à la Fraternité qui, pour lui, n'a été qu'un rêve, mais qu'un de ses Frères a été appelé à réaliser bien des années après.

Quand une bataille doit s'engager, c'est sur le général, dirigeant le combat, que tous ont les yeux fixés, c'est lui qu'on regarde, lui qu'on écoute, c'est à ses ordres qu'on obéit. La bataille est-elle gagnée, c'est lui qui est le vainqueur ; est-elle perdue, c'est lui qui est le vaincu. En lui seul se personnifie toute l'armée.

On ne peut donc pas trouver étonnant que nous nous soyons étendu si longuement sur le chef de nos missionnaires. Est-ce à dire que lui seul mérite d'être glorifié et récompensé ? Non. Qu'aurait-il fait si ses ordres avaient été mal compris et, par suite, mal exécutés ? Ses subalternes ont donc droit à partager avec lui les félicitations et les honneurs qui lui sont rendus. Aussi, n'aurions-nous garde d'oublier les vaillants et dévoués coopérateurs qui ont si généreusement prêté leur concours à l'œuvre de régénération de la paroisse, entreprise par le R. P. Bion. De plusieurs d'entre eux nous n'avons rien de particulier à dire, si ce n'est que, pendant les quelques années qu'ils sont restés dans la paroisse, ils ont accompli modestement et avec zèle leurs devoirs de pasteurs des âmes ; se dépensant sans compter, faisant de nombreux catéchismes, annonçant fréquemment la parole de Dieu, visitant les malades, administrant les sacrements, purifiant les âmes dans les eaux salutaires de la pénitence, ouvrant à tous les portes du ciel ; modèles pour tous de dévouement, de mortification, d'humilité et de charité sacerdotale. Ce fut dans ces travaux du ministère, qu'ils passèrent, sous la direction éclairée du R. P. Bion, cette année 1864.

Elle allait finir, cette année, mémorable dans les annales de la mission, mais Dieu, ce Maître qu'il est si bon de servir, préparait déjà un excellent cadeau de Noël, un beau *Christmas* à ses serviteurs. Ils demandaient du secours, du renfort, car ils étaient peu et le travail était grand : *messis multa, operarii pauci*. Dieu exauça leurs prières et, comme toujours, il le fit magnifiquement, en leur envoyant le R. P. Mariano Forestier qui débarquait à la Trinidad le 8 décembre 1864.

L'expression dont nous nous servons n'est pas exagérée ; ce fut bien un don magnifique que Dieu fit à la mission de Trinidad en lui donnant le R. P. Forestier. La suite de notre récit le prouvera. Avec le R. P. Thomas Greenough, tous les deux encadrant le R. P. Bion, ils formaient une trinité de missionnaires et d'apôtres devant laquelle les pieux fidèles de Port-d'Espagne devront toujours s'incliner avec respect et vénération.

Le R. P. Mariano Forestier naquit le 12 novembre 1831, dans un modeste village du diocèse de Meaux, nom rendu célèbre par l'immortel Bossuet qui en fut évêque. Il appartenait au clergé séculier avant d'entrer dans l'Ordre de Saint-Dominique. Ce fut à Rome, dans notre couvent de Sainte-Sabine, qu'il reçut l'habit religieux, fit son noviciat, et prononça ses vœux, le 4 octobre 1863. Il avait donc 31 ans quand il fut admis à recevoir l'habit blanc du Frère Prêcheur. Il prononça ses vœux solennels, avec le Frère Joseph Gaillardet, ici même, le 10 octobre 1866.

Le « *Confitemini Domino quoniam bonus* » chanté par le saint roi David : Louons Dieu car il est bon, a dû souvent retentir dans notre presbytère en cette fin d'année, et la fête de Noël a dû être pour nos Pères ultra-joyeuse, car, avec l'arrivée du R. P. Forestier, une heureuse nouvelle leur fut apportée et, en la leur annonçant, Monseigneur l'archevêque put leur dire : *Evangelizo vobis gaudium magnum* : Je viens vous apporter une grande joie. Un nouveau Frère s'offrait à venir travailler avec eux, et quel Frère ! Le Fr. André Violette ! Quel puissant renfort ! Seulement fallait-il attendre qu'il ait fait une année de ministère, selon le désir de ses supérieurs ? Non, répondit unanimement le Conseil de la communauté, il faut faire venir de suite le P. Violette, vu les besoins de la mission et la nécessité que nous avons de renfort ; en conséquence, le Père fut prié de venir sans tarder. Ceux qui ont eu le bonheur de connaître nos deux Pères, Forestier et Violette, souscriront à l'*alleluia* d'allégresse qui fut chanté au presbytère, en cette fin d'année 1864.

L'année 1865 apporte avec elle peu de faits saillants, hors l'arrivée du R. P. André Violette qui marque une époque dans l'histoire de notre mission de Trinidad. Nous y voyons, toutefois, un fait qui a une certaine importance, c'est la pose de la première pierre d'une chapelle dans le quartier de Laventille, dit du morne Léotaud (morne est, dans les Antilles, synonyme de colline).

Il faut environ une heure de marche pour se rendre du presbytère de la ville à la chapelle de ce morne Léotaud. De chapelle, il n'en existait pas avant l'arrivée de nos Pères. C'est le mardi de Pâques, 18 avril 1865, que la première pierre d'une chapelle y fut posée par Mgr Gonin qui s'y rendit sous la conduite du R. P. Bion. Une école du gouvernement s'y trouvait déjà, mais on n'y donnait aucune instruction religieuse. Le R. P. Bion, mis au courant de la situation, était allé visiter cet endroit peu de mois après son arrivée et jugea nécessaire d'avoir là une petite chapelle ; les difficultés inhérentes à toute fondation pieuse, surtout pieuse, furent promptement aplanies, grâce au zèle actif du Père et à la bonne volonté de la population.

Une excellente chrétienne, Mme Lemaître, fit don d'un morceau de terre pour l'emplacement de la chapelle, un presbytère plus que modeste fut bâti tout à côté, et l'on régla que tous les mardis, le prêtre viendrait y dire la messe et faire le catéchisme aux enfants de l'école. Le R. P. Violette, tout récemment arrivé, fut chargé de l'œuvre et il lui appartint de donner à ce quartier la vie religieuse qui jusqu'alors lui avait fait défaut.

Saint Dominique fut donné pour patron à la nouvelle chapelle, et ce nom est étendu au quartier qu'on appelle couramment, Laventille Saint-Dominique. Ce petit coin de notre vaste paroisse peut s'enorgueillir, à bon droit, de posséder la première église construite à la Trinidad par les Pères Dominicains. Disons de suite, qu'après le R. P. André Violette, ce furent les RR. PP. Hyacinthe Bariou et Marie-Joseph Guillet qui eurent le plus longtemps la charge spirituelle et temporelle de ce quartier.

Quant à l'origine du mot Laventille, on nous en a donné plusieurs. Une surtout nous paraît excellente, et devra, nous le croyons, satisfaire la légitime curiosité de nos lecteurs, comme elle satisfait la nôtre.

Laventille viendrait d'un mot espagnol : *La venta*, d'où le diminutif Laventille, la petite vente. Sans doute, parce que, sur la pente du morne qui touche à la ville, s'étaient établis nombre de petits marchands ou marchandes de fruits et autres denrées à bon marché !

Quoiqu'il en soit, on pourra toujours dire avec les Italiens : Si non è vero, è ben trovato !

Sous ce nom de Laventille, on désigne un quartier très étendu, et tout en collines, situé à l'est de la ville. Ecclésiastiquement parlant, il est divisé en trois parties, trois Laventilles : Celui de Notre-Dame et celui de Saint-Martin, dont nous parlerons plus loin, et celui du morne Léotaud qui nous occupe en ce moment.

Ce dernier quartier, appelé le morne Léotaud, commence à la chapelle de Notre-Dame de Laventille qui domine la ville. Cette chapelle est même construite sur le terrain Léotaud, ainsi nommé, parce qu'il appartenait aux ancêtres de cette ancienne et respectable famille si honorablement connue à la Trinidad.

Ne terminons pas ce rapide aperçu sans rendre hommage à la famille Votor, la principale de ce quartier, Ancienne famille de l'île dont la foi s'est toujours conservée dans toute sa pureté, elle possède une vaste propriété, à l'est de notre chapelle, touchant presque au territoire de Santa-Cruz. Après Dieu, c'est à cette très-chrétienne famille que ce quartier du morne Léotaud doit de posséder église, presbytère et école.

Pour les lui procurer, elle n'a épargné ni peines, ni temps, ni argent, quoique dans une situation de fortune plus que modeste. Avec de très petits moyens, elle a su faire de grandes choses. Que cette honorable famille veuille bien accepter ici ce juste tribut de reconnaissance que lui doit le clergé dominicain de la paroisse de Port-d'Espagne.

C'est en avril, ou en mai 1865, que le R. P. André Violette débarquait à la Trinidad. Né en 1840, il était originaire de la Normandie. En 1859, âgé de 19 ans, il entra au noviciat de Flavigny, dans la Province dominicaine de France, d'où, après une année de probation, ayant prononcé ses vœux, il fut envoyé à Saint-Maximin pour y faire ses études théologiques. C'est dans ce couvent qu'il se trouvait, lors du passage de Mgr Gonin, au commencement de 1864. Plein d'ardeur pour l'apostolat, il s'offrit à lui, fut accepté avec joie, sous la réserve de l'approbation de ses Supérieurs.

Celle-ci obtenue sans peine, il partit pour cette lointaine Mission de Trinidad qui faisait, en lui, une magnifique acquisition ; les faits l'ont prouvé, comme on le verra par la suite.

Entrée de l'asile de Cocorite
(Vue prise en 1924)

C'est encore au R. P. Violette que nous devons la première chapelle qui ait été construite dans le quartier de Belmont. Alors *extra muros*, et à moitié désert, Belmont est, en cette année 1912, un des beaux quartiers de la ville dont elle fait partie, et on y compte environ mille catholiques. L'édifice, élevé par les soins et le zèle du R. P. Violette, était construit en bois avec de très modestes proportions, mais suffisant aux besoins de la population de l'endroit, il servait en même temps d'école. Nous ne pourrions préciser la date exacte du commencement de l'œuvre, ce dut être vers la fin de 1865. Ce que nous savons, les registres de la paroisse en font foi, c'est que le dimanche 24 février 1867, la chapelle fut solennellement bénite par Mgr Ethridge, vicaire apostolique de la Guyane Britannique, de passage sans doute à la Trinidad. Mgr Ethridge n'était ni un étranger, ni un inconnu pour les catholiques de Port-d'Espagne. Lors de la vacance du siège archiépiscopal, par suite du départ de Mgr Spaccapietra, le 20 juin 1859, Mgr Ethridge avait été nommé, par le Saint-Siège, administrateur de l'archidiocèse, charge qu'il remplit jusqu'à l'arrivée de Mgr English, le 22 novembre 1861. Déjà, il était revenu à Port-d'Espagne, mais dans une triste circonstance, c'était pour les funérailles de Mgr English, enlevé inopinément à l'affection de ses diocésains, le 19 septembre 1862. Conjointement avec Mgr Charles Poirier, évêque de Roseau (île de la Dominique) il présida la funèbre cérémonie qui eut lieu le 7 octobre, le corps du vénérable défunt ayant été embaumé, pour pouvoir être transporté de la Grenade où la mort était venue le prendre, pendant qu'il y faisait sa visite pastorale.

L'année 1865 nous a donc laissé, avant de disparaître dans la nuit du temps, le souvenir des deux premiers édifices religieux élevés, dans la paroisse, par les mains des fils de saint Dominique ; précisons davantage, élevés par le zèle pieux et éclairé du R. P. Violette.

# CHAPITRE XI

## R. P. Forestier et la Chapelle du Rosaire

Ayant mentionné plus haut l'accident causé par le feu, et qui aurait pu avoir de si terribles conséquences, le jour de la première communion, à la cathédrale, nous ne pouvons passer sous silence un autre événement qui aurait pu, comme le précédent, causer de grands malheurs. Il n'en fut rien, heureusement.

Nous avions échappé au feu, le 2 octobre 1864, nous pûmes éviter l'eau, le 27 août 1865. En effet, une terrible inondation, causée par le débordement de la *Rivière sèche*, (c'est le nom donné à une rivière qui coule à l'est de la ville et reçoit les eaux de toutes les collines au pied desquelles la ville est bâtie), menaça sérieusement cette partie de la ville qui avoisine la rivière.

Les maisons, dans nos pays tropicaux et sujets à de fréquents tremblements de terre, sont légèrement construites et, par suite, offrent peu de résistance aux éléments déchaînés. Les eaux, coulant à pleins bords à travers les rues de la ville, entrèrent dans presque toutes les maisons de la partie est de la cité et pénétrèrent facilement dans la cathédrale située en la partie basse de la ville. Il y eut bientôt deux pieds d'eau à l'intérieur de l'église et bien davantage dans les maisons avoisinantes. On craignait une catastrophe, il n'en fut rien ; les eaux s'écoulèrent lentement et l'église, comme les maisons, fut préservée.

Mais, après un demi-siècle, on se souvient encore du R. P. Bion allant en *cabrouet*, avec la croix des processions et, raconte-t-on, une grande statue de la Sainte Vierge à ses côtés, aspergeant d'eau bénite les alentours de la cathédrale. Avec des tremblements de terre qui, quoique très fréquents, n'ont jamais été bien violents, ce sont les seuls accidents dont il soit fait mention pendant la durée de ce demi-siècle. Nous devons donc des actions de grâce à Dieu et, pour exprimer notre reconnaissance, empruntons au saint Roi David ces paroles : *Transivimus per ignem et aquam et eduxisti nos in refrigerium* (Ps. 65.12). Après nous avoir fait passer par le feu et par l'eau, vous nous avez conduits dans un lieu de rafraîchissement.

Notre mission avait deux ans ! A cet âge encore bien tendre elle avait déjà fait de grandes choses. Sa troisième année lui en réservait de plus grandes encore.

L'événement, le fait capital de cette année 1866, fut la pose de la première pierre de la chapelle du Rosaire (chapelle alors, mais église plus tard).

Notre église cathédrale qui, canoniquement parlant, devrait être appelée *métropole*, depuis que le siège de Port-d'Espagne est un siège *archiépiscopal*, est, comme on le sait, construite à l'extrémité sud-est de la ville ; à l'époque de sa construction, la mer en baignait presque les murailles, et nous avons connu une vieille dame qui nous a dit s'être souvent baignée dans la mer, là-même où s'élève la loge du Frère portier de notre presbytère qui n'est séparé de l'église que par la largeur de la rue.

Les étrangers, qui viennent visiter notre ville, s'étonnent de voir cette grande église, la principale de toutes, élevée sur les bords de la mer et tout à l'extrémité de la ville. Ils ignorent que, quand elle fut construite, les maisons des habitants se trouvaient presque toutes sur le bord de la mer qui seul alors était habité ; le reste, en montant au nord, consistait en de grands bois, où les bêtes sauvages avaient leurs coudées franches. Insensiblement, les forêts ont été défrichées, des rues tracées, des maisons construites ; les cases ont remplacé les arbres, les gens ont remplacé les bêtes (?) La ville, montant toujours vers le nord, où elle trouvait un terrain plat pour ses constructions, a pris des proportions considérables pendant que sa cathédrale, immuable sur ses fondations, restait majestueusement près de cette mer qui l'avait vu naître et lui avait donné ses premiers enfants.

Ainsi donc, les enfants, augmentant en nombre, se voyaient obligés de s'éloigner de leur mère dont les ailes n'étaient **plus** assez étendues pour les abriter tous. Si la raison ne valait rien, ils avaient du moins un prétexte plausible pour ne pas assister aux Offices et même manquer à la Messe les dimanches. Ils en avaient même deux ; l'église était trop éloignée, et sa capacité trop restreinte pour le nombre croissant des fidèles. Le R. P. Mariano Forestier fut l'homme choisi de Dieu pour remédier à ce mal. L'ouvrier, inspiré d'en-Haut, se mit à l'œuvre. Avec l'entière approbation de ses supérieurs, sans laquelle un bon religieux ne doit rien faire, il commença par chercher un endroit propice pour y élever une très modeste chapelle.

Il y avait, à l'angle nord-est des rues Park et Henry, un vaste terrain sur lequel s'élevait une grande maison déjà vieille, (gens et choses, tout vieillit vite aux colonies). La terre et la maison appartenaient à un comité qui les avait cédées à trois prêtres dont nous allons raconter la peu édifiante histoire.

Un certain abbé De Ridère, prêtre de couleur, venu de la Martinique, avait été admis dans le clergé du diocèse par Mgr Buckley, vicaire apostolique de la Trinidad, c'était en juin 1825. Il fut condamné à la prison, deux ou trois ans après, pour avoir écrit un pamphlet injurieux contre une respectable famille de l'île. Peu après sa sortie de prison, en butte aux plaisanteries et aux sarcasmes de ses confrères, il se sépara d'eux violemment et toute la population de couleur prit parti pour lui. Il s'adjoignit deux prêtres irlandais, Power et Boland, qui embrassèrent sa cause et vinrent habiter avec lui dans cette maison formant angle avec les rues Park et Henry. Ils en firent leur presbytère et cessèrent tout rapport avec l'évêque et les autres prêtres du diocèse.

Schisme déplorable. Ils ouvrirent, en 1830, une chapelle, tout près de là, à l'angle sud-ouest des deux rues déjà nommées, dans une maison dont M. Peschier était propriétaire. Ce schisme dura plus de douze ans et fit énormément de mal, car un bon nombre de fidèles, endoctrinés par ces faux pasteurs, les avaient suivis dans leur révolte, assistaient à leurs messes sacrilèges, communiaient de leurs mains indignes, et ne craignaient pas de paraître devant le redoutable tribunal de Dieu après avoir brisé tous les liens sacrés qui, dès leur baptême, les avaient unis à leur mère la sainte Eglise catholique.

Pour en finir avec cette triste affaire qui causa une grande douleur au vénérable évêque et fut un énorme scandale, nous dirons que l'abbé de Ridère, sans avoir fait sa soumission à l'Eglise, quitta la colonie un ou deux ans après et mourut en mer, un jour avant d'arriver à Bristol, où on l'enterra. Les abbés Power et Boland continuèrent le schisme. Nous ne savons ce que devint ce dernier. Quant au P. Power, en 1840, reconnaissant son erreur, il fit une rétractation publique et, le premier dimanche après la Trinité, il monta dans la chaire de la cathédrale, accompagné du bon abbé Christophe, nommé vers cette époque, curé de San-Fernando, et il fit une confession publique de sa faute. Cette rétractation causa une profonde émotion dans toute la Trinidad. On prétend même que plusieurs, parmi ceux qui avaient été ses premiers adeptes, furent si mécontents de cette conversion qu'ils essayèrent d'attenter à ses jours.

C'est cette place qui fut choisie, achetée, (donnée, croyons-nous), par le R. P. Forestier, pour y élever une chapelle, cette fois, bien catholique, et fille aînée de notre cathédrale. La maison fut démolie, le terrain purifié et, le 14 mai 1866, la première pierre de la nouvelle chapelle, qui devait être dédiée à Notre-Dame du Rosaire, fut solennellement bénite par Mgr Gonin.

Un an après, le 4 mai 1867, un samedi, à 5 heures du soir, l'archevêque bénissait le nouvel édifice, entièrement terminé, sauf l'abside qui ne fut jamais faite et dont on avait seulement posé les fondations, et, le lendemain, 5 mai, deuxième dimanche après Pâques, Monseigneur y chantait la grand'messe, à 8 heures. La bénédiction d'une cloche suivit cette messe, la première qui ait été dite dans cette église. Ce jour-là, il n'y eut pas de grand'messe à la cathédrale. Comme on le pense bien, tout était modeste dans cette nouvelle chapelle. Il n'y eut de remarquable que la charité des pieux fidèles. Que d'actes de dévouement ! que de sacrifices généreusement accomplis et dont Dieu seul a le secret !

Nous voudrions pouvoir nommer toutes et chacune de ces pieuses filles, et chacun de ces généreux chrétiens, qui de leurs prières, de leur temps, de leur argent, de leurs bras même, ont aidé à la construction de cette chapelle. Nous disons de leurs bras, car il est de notoriété publique que des mains, qui n'avaient rien de masculin, extrayaient, chaque jour, sable et pierres du lit de la rivière qui coule aux pieds de l'hospice Spaccapietra et les portaient, qui dans de petits sacs, qui dans leurs bras, aux ouvriers construisant les murailles de l'église.

Le maître-autel fut donné par M<sup>me</sup> Smyth ; la cloche, par M<sup>me</sup> Aurélie Boissière ; le groupe du Rosaire, placé dans une niche derrière et au-dessus de l'autel, par M. Louis O'Connor. (Ce groupe est actuellement dans l'église de Caura). M. Silvestre Devenish, aidé de son fils Abel, fut l'architecte de l'église.

A propos de la chapelle du Rosaire, il est deux personnes, deux noms, que nous nous reprocherions de ne pas signaler à la reconnaissance de tous les fidèles de notre catholique cité. L'une d'elles a déjà reçu, dans le ciel, la récompense si bien méritée par une longue vie d'un dévouement, sous toutes ses formes, prodigué sans compter à toutes les œuvres de sa paroisse. D'une modestie qui n'avait d'égal que son évangélique douceur, d'une piété qui semblait ne laisser place à aucun défaut, aimable à tous, M<sup>lle</sup> Nancy Winniett s'était faite l'humble servante du R. P. Forestier pour l'aider dans toutes les œuvres que le Révérend Père entreprenait. Fille de saint Dominique par le Tiers-Ordre dont elle faisait partie, il lui suffisait qu'une œuvre fût dominicaine, pour qu'elle se sentît attirée vers elle et lui offrît immédiatement toute sa coopération. Pasteurs et fidèles doivent se souvenir d'elle devant Dieu et souscrire à cet hommage posthume qu'en ce moment nous lui adressons.

A côté de Mlle Nancy Winniett, marchant de pair avec elle, la devançant peut-être, ce qui est beaucoup dire, sa sœur jumelle en charité, Mlle Léontine Labastide mérite de voir son nom, quoi qu'en puisse dire sa modestie, transmis à la postérité. Si accablée qu'elle fût par l'âge et les infirmités, on n'approchait d'elle qu'avec respect, tant elle apparaissait à tous les yeux auréolée des vertus de la parfaite chrétienne.

Il n'est peut-être pas une pierre de cette église du Rosaire qu'elle n'ait touchée de ses pieuses mains avant de la livrer au marteau des ouvriers. Que de voyages elle a faits du chantier à la rivière, de la rivière au chantier pour en rapporter sable et roches ! Que de courses à travers la ville pour aller, de maison en maison, quêter pour son bon P. Forestier, c'est-à-dire pour son église du Rosaire ? Que de pièces d'or obtenues ! que de rebuffades reçues ! celles-ci étaient pour elle, celles-là pour sa chère chapelle ; les premières augmentaient le trésor de l'église, les secondes augmentaient celui de ses mérites, elle trouvait que, des deux côtés, il y avait bénéfice pour elle, et elle s'en revenait ravie. Est-ce que nous exagérons en parlant ainsi ? Non, nous avons vécu de longues années avec le R. P. Forestier, nous nous souvenons de tout ce qu'il nous a dit sur ces deux pieuses filles de saint Dominique, et les louanges que nous leur adressons sont bien inférieures à celles qu'elles mériteraient de recevoir, d'une plume plus habile que la nôtre, mais non d'un cœur plus reconnaissant. Fidèles de Port-d'Espagne, et vous surtout qui avez fait plus spécialement vôtre cette chapelle du Rosaire, n'oubliez jamais devant Dieu Mlles Nancy Winniett et Léontine Labastide.

Si des filles nous remontons au Père, que n'avons-nous pas à dire du R. P. Mariano Forestier ! C'est à l'astre que doit revenir tout l'honneur de l'éclat que projettent ses rayons, comme au général celui de la victoire qu'ont remportée ses soldats. Après Dieu, c'est au R. P. Forestier que revient tout l'honneur et le mérite d'avoir établi un lieu de prières au centre de la ville.

Entre Celle à qui cette humble chapelle était dédiée et celui qui l'avait fait construire, le peuple ne mettait pas, quant au nom, une grande différence ; c'était, indistinctement, l'église du Rosaire et l'église du P. Forestier, et on disait bien.

Le Révérend Père cependant n'avait construit que du provisoire, et ce provisoire même était incomplet ; ainsi, d'après les fondations faites, la chapelle devait former une croix latine parfaite ; or, quand on en fit l'inauguration, la nef et le bras droit du transept étaient seuls terminés. Bien des années après, le bras gauche du transept, ainsi que le clocher, furent construits par les soins du R. P. Hilaire Arnaud. L'abside, formant le sanctuaire, ne fut jamais faite. Telle qu'elle était, au jour de son inauguration, le 5 mai 1867, elle rendit un immense service à la population catholique du haut de la ville, qui trouvait là une messe tous les jours de la semaine, et deux le dimanche. Sauf le baptême, tous les Sacrements y étaient administrés, on y faisait les enterrements. Chaque année, à la fin du carême, on y prêchait une retraite spéciale pour les hommes, la seule qui leur était donnée dans toute la paroisse. Elle fut donnée, pour la première fois, par le R. P. Etienne Brosse, en 1868. Ce ne fut qu'en 1880 que cette retraite fut prêchée à la cathédrale pour la première fois, l'église du Rosaire étant trop petite.

Ce qu'eut à souffrir le R. P. Forestier, ils le devinent, ceux qui se sont mis à la tête de grandes entreprises. Il y a cinquante ans, la Trinidad était loin d'être la terre fertile et productive que nous connaissons maintenant. Plus des trois-quarts de la terre étaient en friche. Les grandes fortunes n'existaient pas, la richesse était à peu près inconnue.

Et cependant, si pour construire il faut des pierres et du bois, pour avoir des pierres et du bois il faut de l'or. L'or ne se trouve que chez les riches, et de riches il n'y en avait point, ou très peu, surtout parmi les familles catholiques. Pour bâtir une église catholique, ici comme ailleurs, il ne faut pas compter sur l'or protestant.

Aussi le R. P. Forestier, donnant généreusement de sa personne, et aidé du concours de nombreux fidèles, faisait-il quêtes sur quêtes, frappant à toutes les portes ; il se souvenait de la parole de nos Ecritures : *Manda, remanda ; manda, remanda ; modicum ibi, modicum ibi* : Demandez, redemandez ; vous trouverez un peu par çi, un peu par là (Is. 28. 10). Et il trouva. La partie commencée de son église fut terminée, il en paya, peu à peu, toutes les dettes et il put tourner sa pensée et l'ardeur de son zèle vers une autre œuvre plus importante encore dont nous parlerons plus loin.

L'église construite par le R. P. Forestier n'existe plus, telle qu'elle est sortie de ses mains. Alors, elle avait encore belle allure, dans sa simplicité, entourée qu'elle était de maisons pauvrement construites ; mais aujourd'hui, grâce à la fortune croissante avec les produits du pays et le nombre de ses habitants, elle demandait agrandissement et embellissement. Le protestantisme construisait partout des édifices religieux, l'argent ne lui manquait pas, il ne lui a jamais manqué ; les catholiques avaient à cœur de rivaliser de zèle pour élever à leur Dieu une maison dont ils n'eussent pas à rougir. Ils décidèrent donc de remplacer le modeste sanctuaire de 1867 par une superbe église, construite à grands frais, selon toutes les règles dé la plus pure architecture. Ils donnèrent, donnèrent généreusement. L'obole du pauvre rivalisa avec l'or du riche, et grâce au concours de tous, aidée de la bénédiction d'en-Haut, une nouvelle église, l'église actuelle, est venue prendre la place de l'ancienne. La fille est plus belle que la mère, cela se voit souvent ; mais elle n'a pas oublié son ancêtre et elle tient à ce que son souvenir soit aussi vivant que respecté, dans le cœur de tous ses enfants.

Avec le souvenir de la mère, conservons pieusement le souvenir du Père. La fille n'aurait pu prétendre à l'existence si elle n'avait eu une mère, et qui la lui donna ? C'est le R. P. Forestier. Du haut du ciel, temple éternel dont il contemple les merveilles, il a inspiré à un de ses Frères de continuer son œuvre et il a dû lui faire connaître quelque chose dé la beauté de la maison céleste pour qu'il en mit un peu dans celle qu'il allait élever sur la terre à la gloire de son Dieu. Le vénéré Père a pu dire, avant de rendre le dernier soupir : *Domine, dilexi decorem domus tuæ :* Seigneur ! j'ai aimé la beauté de votre maison. (Psalm. 25. 8). Et nous qui l'avons vu à l'œuvre et qui lui avons survécu, nous pouvons dire que ses œuvres parlent pour lui : *Laudent eum in portis opera ejus.* (Prov. 31. 31.)

# CHAPITRE XII

## Concile Provincial et venue de nouveaux Pères

L'année 1867 vit s'accomplir un événement de grande importance pour notre diocèse, et quoiqu'il ne soit pas ce que nous pourrions appeler un événement dominicain, il nous touche cependant de trop près pour que nous n'en fassions pas mention.

Le 13 janvier de cette année, le second Concile provincial de Port-d'Espagne tenait sa première session dans notre cathédrale.

Le premier Concile avait eu lieu en 1855, sous le pontificat de Mgr Spaccapietra. Nous profiterons encore de cette circonstance pour instruire nos lecteurs, et ainsi, nos modestes écrits ne seront pas seulement une nomenclature de faits d'ordre chronologique, utiles à orner leur mémoire, mais aussi très propres à ouvrir leur intelligence sur des questions, pour eux, jusque-là inconnues.

On peut distinguer quatre sortes de Conciles. Par ordre d'importance, le premier de tous, auquel sont convoqués tous les évêques du monde catholique, est le Concile œcuménique, mot grec qui signifie terre habitée. Le Pape seul a le droit de convoquer ce Concile et celui de le présider, par lui-même ou par son délégué. Vient ensuite le Concile national qui réunit seulement les évêques d'une nation, empire, royaume ou république. Le Pape seul peut autoriser la réunion, mais il ne la préside pas. Vient ensuite le Concile provincial, réunissant tous les évêques d'une province ecclésiastique, après autorisation préalable du Souverain Pontife. La Province ecclésiastique comprend un certain nombre de diocèses ou d'évêchés, soumis, en certains points, à la juridiction d'un métropolitain, appelé plus communément archevêque. Lui seul a le droit de convoquer à ce Concile ses suffragants ; ainsi appelle-t-on les évêques occupant les sièges épiscopaux formant une province ecclésiastique. Deux évêchés, au moins, sont requis pour constituer cette Province.

Nous avons encore le Concile diocésain, plus communément appelé Synode ; il est composé des seuls prêtres d'un diocèse et présidé par l'évêque de ce diocèse. Dans ces graves et solennelles réunions, il ést traité de toutes les questions concernant le dogme, la morale, la liturgie, l'administration des sacrements, la discipline ecclésiastique.

C'était donc un Concile provincial qui ouvrait ses sessions à Port-d'Espagne, le 13 janvier 1867. La présidence revenait de droit et de fait au métropolitain de la Province, archevêque de Port-d'Espagne, Mgr Louis-Joachim Gonin. Etaient présents, les trois évêques suffragants, Mgr René-Marie-Charles Poirier, évêque du Roseau (Dominique) ; Mgr Jacques Etheridge, vicaire apostolique de la Guyane Britannique ; et Mgr J.-B. Swinkels, vicaire apostolique de Surinam (Guyane Hollandaise). Nous ferons remarquer à nos lecteurs qu'un vicaire apostolique a toujours le caractère épiscopal.

Le Concile tint sa dernière session le 23 janvier et fut clos par une messe solennelle célébrée par Mgr Etheridge, en présence de son Excellence l'honorable Arthur Hamilton Gordon, Gouverneur de la Trinidad, accompagné de son aide de camp et du secrétaire colonial. Pour avoir force de loi, les décrets du Concile provincial doivent être auparavant revêtus de l'approbation du Souverain Pontife. Cette approbation demandée fut obtenue le 9 février de l'année suivante 1868.

C'est ce Concile, appelé le deuxième Concile des Antilles, qui demanda et obtint que la fête de l'Assomption de la Bienheureuse Vierge, et celle des apôtres saint Pierre et saint Paul, ne fussent plus des fêtes d'obligation dans le diocèse formant la Province, pour le motif ainsi formulé par les Pères du Concile : « Il a été démontré par l'expérience que la plus grande partie des fidèles catholiques, étant sous la dépendance des non-catholiques, se trouvent dans l'impossibilité d'observer ces fêtes. »

C'est à cette même date du 9 février 1868 que notre très Saint Père le Pape Pie IX approuva un décret de la SS. Congrégation de la Propagande, daté du 27 janvier de la même année et donnant à l'Ordre de Saint-Dominique le siége archiépiscopal de Port-d'Espagne et la cure de l'église cathédrale de la même ville : *Regimen et cura in posterum familiæ Dominicanæ tradentur.*

Cette date est donc mémorable pour la mission dominicaine de la Trinidad, elle constitue son « extrait de naissance. »

Voici la traduction de ce décret :

Le Révérendissime Seigneur Joachim-Louis Gonin, archevêque de Port-d'Espagne, ayant exposé dans un récent écrit qu'il était grandement désirable, pour le plus grand bien de la religion et afin d'arriver à une union et concorde plus parfaites entre les membres du clergé de cet archidiocèse, que la cathédrale et le soin exclusif de cette paroisse fussent confiés aux religieux de l'Ordre de Saint-Dominique, pour qu'à l'avenir le siège archiépiscopal de ce diocèse puisse être occupé par un religieux du même Ordre ; les Eminentissimes Pères, dans une réunion générale tenue le 27 janvier 1868, après un sérieux examen, ont pensé que cette demande devait être favorablement accueillie et que, selon le désir de l'archevêque, le soin et la direction de l'église cathédrale devaient être confiés aux religieux du dit Ordre, aussi longtemps qu'il plairait au Siège apostolique.

Le soussigné, secrétaire de la S. Congrégation, ayant porté ce décret à la connaissance de notre Saint Père le Pape Pie IX, dans une audience du 9 février de la même année, Sa Sainteté lui donna son entière approbation et en ordonna l'expédition.

Donné à Rome, au palais de la S. C. de la Propagande, le 1er mars 1868.

Al. Card. Barnabo. Prœf.

Ce n'est pas sans motif que nous avons publié le document précédent et que nous le faisons suivre de celui qu'on va lire. L'un et l'autre répondent victorieusement à certaines réflexions, plaintes même, plus ou moins intéressées qui, plus d'une fois, sont arrivées à nos oreilles et qui n'auraient pas été formulées si ces documents avaient été connus. Voici cet autre document, nous en donnons la traduction.

Sur un rapport fait par moi, soussigné, secrétaire de la S. Congr. de la Propagande, Notre Très Saint Père Pie IX, Pape par la grâce de Dieu, a bien voulu accorder au R$^{me}$ archevêque de Port-d'Espagne la faculté de prendre à sa volonté son vicaire général dans l'Ordre des Frères Prêcheurs.

Donné à Rome, au palais de la S. Congrégation de la Propagande, le jour et l'an déjà mentionnés (3 juin 1873).

Louis-Jacobini, Secr. de la S. Congr. de la Propagande.

Deux années après ce Concile, aux premiers jours de 1869, le diocèse vit s'accomplir un acte important, la tenue d'un Synode. Il s'ouvrit le 17 janvier, à la cathédrale, sous la présidence de Mgr Gonin ; vingt-deux prêtres de la Trinidad et des autres îles de l'archidiocèse y assistèrent ; vingt-six s'excusèrent de ne pouvoir y venir. Il y avait donc environ cinquante prêtres dans le diocèse de Port-d'Espagne en cette année 1869 ; cinq d'entre eux appartenaient, comme professeurs, au collège des Pères du Saint-Esprit. Nous voyons le T. R. P. Albert Bion y figurer à titre de vicaire général ; le P. Trouche à titre de secrétaire. Ce Synode eut deux sessions ; commencé le 17 il se termina le 20 janvier. Parmi les prêtres assistants, nous trouvons un religieux Franciscain, le P. Augustin Sardi, curé de Laborie, dans l'île de Sainte-Lucie.

L'archevêque, Mgr Gonin, avait été institué, par notre Révérendissime Maître Général, le T. R. P. Jandel, supérieur de tous les Pères Dominicains de la mission de Trinidad, avec le titre et les pouvoirs de vicaire général ; ce titre donnait à l'archevêque une autorité presque égale à celle du Maître Général sur tous les missionnaires Dominicains du diocèse. Mais, avec la lourde responsabilité diocésaine qui pesait déjà sur ses épaules, Mgr Gonin ne pouvait assumer, sans aide, celle de la direction d'une communauté qui nécessite une très grande vigilance de détails. Il avait donc communiqué une partie de ses pouvoirs au R. P. Bion qui se trouvait être à la fois et curé de la cathédrale, et second vicaire ou supérieur de la communauté des Pères.

Trois années, temps légal fixé par nos « Constitutions », s'étaient écoulées depuis sa nomination ; le Révérend Père de-

manda un successeur, il lui fut accordé et au mois d'avril de
cette année 1869, le R. P. Michel Trouche était choisi pour remplacer le P. Bion dans la cure importante de cette ville et dans la
charge de second supérieur de la communauté.

Ces deux dignités ne furent jamais séparées et, dans la suite,
reposèrent toujours sur la même tête. Le R. P. Trouche fut obligé, par obéissance, d'accepter ces deux charges ; elles étaient
bien lourdes, surtout la première, celle de curé de la paroisse. Il
est des hommes à qui l'on succède, mais qu'on ne remplace pas,
le R. P. Bion était de ces hommes. Le P. Trouche le savait ; aussi
son illustre prédécesseur resta toujours son modèle et fut toujours
son principal conseiller jusqu'à ce que la mort inexorable eut
séparé, quelques mois plus tard, ceux que la même vie religieuse,
le même esprit et le même cœur avaient si étroitement unis.

C'est dans les premiers jours de juillet 1866 que la paroisse de
Port-d'Espagne avait eu le bonheur de voir arriver le P. Michel
Trouche.

Ce Père, né le 23 janvier 1822 à Istres, du diocèse d'Aix, dans
le Midi de la France, acheva d'une manière brillante ses études
théologiques. Ordonné prêtre en 1846, il fut joint au clergé de
l'église d'Arles, du même diocèse. Pendant dix années, il réalisa
complètement les espérances de son évêque, et sut se concilier
l'estime de tous par son éloquence et la gravité de sa vie sacerdotale. Toutefois voulant travailler davantage à sa sanctification
et au salut de son prochain, il entra en 1855, à l'âge de 33 ans,
dans l'Ordre des Frères Prêcheurs.

Ses vœux prononcés, on l'envoya au couvent de Saint-Maximin, où il demeura jusqu'en 1862. A cette époque, il fut nommé
prieur du couvent de Dijon, nouvellement fondé. Mais le zèle du
R. P. Trouche n'était pas satisfait, son humilité ambitionnait
d'autres mérites que ceux qu'il avait déjà acquis en abondance.
Il demanda à être envoyé à la mission de l'île de la Trinidad ; il
fallait pour cela être prêt à tous les sacrifices, et dire un
adieu, peut-être éternel, et dans ce cas il le fut, à sa vieille mère
octogénaire, à sa chère patrie, deux mères qu'il ne devait plus revoir ! Il réitéra sa demande, ses vœux furent exaucés, et en juillet 1866, il était dans les bras de ses Frères en religion qui ne sa-

vaient comment lui témoigner leur joie de le recevoir sur cette terre aimée de la Trinidad où il venait travailler avec eux.

Vers la fin de 1867, un nouveau renfort était venu réjouir nos Pères, non parce qu'il leur permettrait de se reposer un peu, mais parce qu'ils allaient pouvoir étendre davantage le champ de leurs travaux apostoliques. Ils se disaient, en s'apprêtant à recevoir ceux qui leur étaient annoncés : nous pourrons travailler davantage.

En novembre 1867, le R. P. Barthélemy Charmont débarquait à Port-d'Espagne. Français de naissance, il appartenait à la Province dominicaine de France. Nous ne savons de lui ni la date, ni le lieu de sa naissance. Deux mois, à peine, après son arrivée, en janvier 1868, il était nommé curé de la paroisse de Saint-Patrick, de New-Town, poste qu'il occupa jusqu'en février 1869. Il succédait au R. P. André Lebarbier qui l'avait précédé dans cette cure, de janvier à décembre 1867. Le P. Charmont n'a été chargé, pendant le peu de temps qu'il est resté à la Trinidad, d'aucune œuvre importante. Il a été de ces religieux, vraiment dignes de ce nom, qui font beaucoup de bien et peu de bruit. Il a, croyons-nous, quitté la Trinidad à la fin de 1869, ou dans les premiers mois de 1870. Son nom reviendra sous notre plume, dans une circonstance bien triste pour notre mission.

Peu de temps après le P. Charmont, le R. P. Etienne Brosse arrivait à Port-d'Espagne. Il naquit à Lyon, le 15 février 1820. Il avait 47 ans. Après avoir consulté le R. P. Lacordaire sur la vocation qu'il se sentait pour la vie religieuse, il entra au noviciat de Flavigny en août 1852, âgé de 32 ans et y fit sa profession le 7 août 1853. De là il fut envoyé dans notre couvent de Chalais, du diocèse de Grenoble, pour y faire ses études théologiques. Ses études finies, il demanda et obtint d'être admis parmi les religieux de notre couvent de Lyon qui venait d'être fondé le 25 décembre 1856. Ceux qui ont connu, ici, le P. Etienne, ne se douteraient jamais que ce qui l'avait séduit dans l'Ordre de Saint-Dominique, c'était la prédication ; il entra dans l'Ordre des Frères Prêcheurs parce qu'il voulait se sanctifier d'abord dans la vie religieuse, mais aussi aller partout annoncer le parole de Dieu. Il faut avouer que nous ne l'avons pas connu sous cet aspect, à la Trinidad. On s'est souvenu longtemps, à Lyon, d'un sermon qu'il prêcha dans notre église, sur la bonté de Dieu : « Mes frères, dit-il, sans préambule, on dit que Dieu est bon. Non, mes frères, Dieu n'est pas bon..... l'homme est bon..... Dieu ne l'est pas. » Et, après quelques instants, tous les regards de l'auditoire stupéfait s'étant tournés vers lui, il s'écria : « Dieu n'est pas bon, mes frères, il est la bonté même ! En nous, la bonté est une qualité ; en Dieu, elle est l'essence même. »

Mgr Gonin était de passage au couvent de Lyon, cherchant des missionnaires pour l'île dont l'évangélisation venait de lui être confiée. Conversant avec le P. Etienne qui avait fait son noviciat à Flavigny et à Chalais en même temps que lui, il lui dit un jour : « Si vous veniez avec moi ? » et il lui exposa ses projets, ses espérances. Le Père ne répondit pas non, Monseigneur prit pour une acceptation positive ce qui n'était pas un refus absolu. Il en écrivit au R. P. Jandel, maître général de l'Ordre, qui, tout heureux de trouver un si bon sujet pour cette mission importante, écrivit aussitôt au R. P. Brosse qu'il acceptait *sa proposition* d'aller à la Trinidad, le félicita et lui fixa le moment de son départ. Le Père fut plus étonné qu'on ne saurait le dire. Mais les choses étaient trop avancées pour permettre de reculer. Il en rit avec Mgr Gonin et se prépara, sans retard, à s'embarquer pour la Trinidad, où il arrivait en décembre 1867.

Il nous faut encore mentionner ici le R. P. Ceslas Mentel, de la Province de France, qui vint à la Trinidad en août 1868, à l'âge de 32 ans. Reçu profès en 1860, il était resté pendant son noviciat à Saint-Maximin sous la direction spirituelle du R. P. Trouche. Quelques mois après son arrivée, il fut mis à la tête de la paroisse de New-Town, où il succéda au R. P. Charmont, de février à avril 1869.

C'était un religieux de profonde humilité et d'une grande défiance de lui-même. Quoiqu'il possédât toutes les vertus de son état et la sainteté d'un homme apostolique, comme l'ont attesté ses Frères et les âmes qui jouirent des prémices de son minis-tère en France, il se trouvait incapable de soutenir la sublimité et les dangers de la prédication. Aussi, préférant aller catéchiser les pauvres nègres, il demanda son envoi à l'île de la Trinidad.

Il devait, hélas ! y rester bien peu de temps. A peine s'était-il donné à ses humbles fonctions que déjà il avait rempli sa course. Moins d'une année après sa venue à Port-d'Espagne, il lui fallait partir pour le repos éternel. On lira plus loin les circonstances de sa mort.

# CHAPITRE XIII

## Le Tiers-Ordre de Saint Dominique

Dans une famille, à côté des frères, on voit ordinairement des sœurs, et celles-ci méritent quelquefois autant que leurs frères d'être l'objet d'une mention spéciale. N'est-ce pas le cas de la famille dominicaine de la Trinidad ? Auprès des Frères Prêcheurs qui se consacrent au salut des âmes, leurs sœurs, les religieuses Tertiaires, se distinguent par un grand dévouement aux besoins et aux misères de la pauvre humanité. Nous avons parlé des frères, il n'est que juste d'appeler aussi l'attention sur les sœurs.

Ferons-nous une histoire complète du Tiers-Ordre de Saint-Dominique ? Non. Mais il ne sera pas hors de propos de présenter quelques détails sur cette fraction importante des enfants de notre saint Patriarche.

Plusieurs Ordres religieux ont un Tiers-Ordre ; les plus connus et les plus répandus sont les Tiers-Ordres de Saint-Dominique et de Saint-François. Le mot indique clairement que leurs membres forment un troisième Ordre, ce qui tout d'abord en suppose déjà deux préexistants. En effet, pour ne parler que de l'Ordre des dominicains, ou Frères Prêcheurs, le premier, appelé le grand Ordre, ne comprend que des religieux destinés à la prédication ou à l'enseignement philosophique et théologique, qui vivent néanmoins d'une vie commune, dite conventuelle, et qui en pratiquent les observances, réunies dans un code, ou recueil de lois, dont l'ensemble forme ce que nous appelons les Constitutions de l'Ordre. Ils admettent des religieux non prêtres, appelés *Frères*, mais en petit nombre et selon le besoin du service des *Pères* formant le couvent. Tous, Pères et Frères, prononcent des vœux dits solennels, et dont la dispense n'appartient qu'au Pape seul. A quelque couvent ou Province qu'ils appartiennent, ils relèvent tous de l'autorité du Maître Général qui a le droit de les prendre pour les envoyer où il lui plaît. Voilà le premier, appelé le grand Ordre.

Le second n'admet que des femmes, dites aussi Sœurs du grand Ordre. Elles mènent une vie contemplative et, pour cette raison, sont très sévèrement cloîtrées, ne devant jamais franchir la porte de leur couvent. Tenues à la récitation de l'Office divin, comme les Pères du premier Ordre, comme eux, elles aussi sont obligées aux mêmes pratiques et austérités monastiques. Notre Bienheureux Père saint Dominique leur a ouvert lui-même les portes de son Ordre et c'est entre ses mains que les premières de ces pieuses filles prononcèrent leurs vœux de religion, à Prouille et à Rome, dans le couvent de Saint-Sixte, fondé par le Bienheureux lui-même.

Le *troisième Ordre*, plus communément et mieux appelé le *Tiers-Ordre*, remonte au berceau même de l'Ordre ; saint Dominique en fut également le fondateur. Dieu ne l'avait pas seulement suscité pour édifier et défendre l'Eglise par l'ascendant de sa parole et l'exemple de ses vertus, mais, admirable dans ses saints, le Seigneur le destinait surtout à fonder au milieu de la société chrétienne une grande famille, héritière de son esprit et de sa foi, et chargée de continuer à travers les siècles l'œuvre à laquelle il s'était consacré.

Dès le premier voyage que le Saint fit en France, sur la fin de l'an 1203, il avait été témoin de l'affaiblissement de la foi parmi les catholiques et des progrès effrayants de l'hérésie. Ce triste spectacle lui avait révélé sa vocation, et dès lors, il avait dévoué sa vie à faire triompher la vérité par la prière et la prédication. Mais l'homme de Dieu savait que l'union seule fait la force et qu'un dévouement isolé ne suffit pas aux besoins de l'Eglise. Cette pensée féconde, comme le sont les pensées des Saints, donna naissance à l'Ordre des Frères Prêcheurs.

Au temps de saint Dominique, l'Eglise, violemment attaquée par de nombreux ennemis, subissait, dans une partie de la France et de l'Italie, une persécution déclarée ; les temples étaient profanés, les prêtres massacrés, les monastères dévastés. Dans le midi de la France, l'hérésie des Albigeois répandait la doctrine infâme du manichéisme. En Italie, la spoliation des biens ecclésiastiques avait réduit le clergé à la misère, et l'Eglise s'était trouvée dans la nécessité de repousser la force par la force et de faire appel aux armes de ses enfants dans la mesure d'une légitime défense.

C'est dans ce but de résistance à l'oppression que saint Dominique institua une association à laquelle il donna le nom de *Milice de Jésus-Christ*. Elle se composait d'hommes vivant au milieu du monde, qui s'engageaient à défendre les biens et la liberté de l'Eglise par tous les moyens en leur pouvoir. Les femmes furent aussi admises à entrer dans cette sainte milice, pour concourir selon leurs moyens, par la prière, les aumônes et les bonnes œuvres, à l'affranchissement de l'Eglise.

On ne saurait fixer, d'une manière précise, l'époque à laquelle cette institution prit naissance. Les uns veulent qu'elle ait précédé de plusieurs années l'établissement même de l'Ordre des Frères Prêcheurs ; d'autres la placent un peu plus tard ; les uns, en France, les autres, en Italie, pendant le séjour du saint Fondateur en Lombardie ; ce dernier sentiment semble être confirmé par un passage de la vie de sainte Catherine de Sienne, écrite par le B. Raymond de Capoue.

Mais, quoiqu'il en soit de cette incertitude sur le temps et le lieu précis de l'institution du Tiers-Ordre, il est hors de doute qu'il eut saint Dominique pour auteur.

Le saint avait tracé pour cette société nouvelle qui n'était ni le monde, ni le cloître, et qui participait de l'un et de l'autre, des règles appropriées à sa double destination. L'austérité de ces règles, qui étonne aujourd'hui notre faiblesse, n'empêcha pas le Tiers-Ordre de faire de rapides progrès. Quelques années à peine après la mort du saint Fondateur, Grégoire IX donnait une bulle datée du 22 novembre 1227, et adressée à ses *chers Fils, les Frères de la Milice de Jésus-Christ*. Un peu plus tard, le 18 mai 1235, le même Pontife écrivait au Bienheureux Jourdain de Saxe, second Maître Général des Frères Prêcheurs, pour recommander à son zèle la propagation de cette sainte Milice.

Plus tard, lorsque la paix eut été rendue à l'Eglise, les nombreux fidèles qui s'étaient enrôlés dans cette sainte Milice, en appliquèrent les règles aux combats et aux luttes spirituelles de l'homme intérieur, et en changèrent le nom en celui de Tiers-Ordre ou Troisième Ordre des Frères et des Sœurs de la Pénitence de Saint-Dominique.

Cependant, le nombre des personnes qui embrassaient ce Tiers-Ordre allant toujours croissant, il s'y était introduit des pratiques et des coutumes différentes, suivant les lieux et la dévotion particulière, ce qui altérait l'uniformité et engendrait la confusion. Pour remédier à cet abus, le R$^{mo}$ P. Munio de Zamora, septième Maître Général de l'Ordre, sentit la nécessité de fixer par écrit les règlements que saint Dominique n'avait donnés que de vive voix, et il rédigea la Règle du Tiers-Ordre, telle que nous l'avons encore aujourd'hui, et ce fut sous cette forme qu'elle reçut, plus d'un siècle après, l'approbation du Saint-Siège : Innocent VII et Eugène IV la confirmèrent, et sous la bénédiction des Pontifes romains, qui seule assure à une œuvre chrétienne la vie et la fécondité, le Tiers-Ordre a traversé six siècles pour parvenir jusqu'à nous sans altération.

La lecture attentive de ce qui précède a montré clairement au lecteur que le Tiers-Ordre de saint Dominique n'est autre chose que la vie religieuse (nous ne disons pas la vie chrétienne) appliquée aux personnes vivant dans le monde. Il y règne la fraternité la plus étroite. L'esprit d'association, le mode d'élection des prieurs, l'autorité, le droit de correction qu'ils exercent, les assemblées qui réunissent les Frères ou les Sœurs pour la prière en commun, l'instruction, l'accusation de leurs manquements, les services de charité mutuelle y réalisent, à un degré auparavant inconnu du monde, la vie de communauté. Pour une vie religieuse complète, il n'y avait qu'à ajouter à la Règle du Tiers-Ordre, la clôture et les trois vœux de religion.

Le pont qui sépare le monde du cloître fut aisément franchi, grâce au Tiers-Ordre et, dès l'an 1255, la Bienheureuse Emilie de Verceil fondait un couvent du Tiers-Ordre qu'elle gouverna comme Prieure jusqu'en 1272. Outre sainte Catherine de Ricci, l'une des gloires dominicaines, le Tiers-Ordre cloîtré a donné à l'Eglise un grand nombre de bienheureuses honorées d'un culte public. Dans un grand nombre de pays on voit des monastères du Tiers-Ordre dont les Sœurs se consacrent avec autant de zèle que de succès à l'éducation de la jeunesse, et autres œuvres de charité corporelle. Leur genre de vie, moins austère et moins contemplatif que celui des religieuses du second Ordre, est plus accessible à des personnes d'une complexion délicate et se concilie mieux avec les devoirs et les relations extérieures qu'imposent la direction d'un pensionnat, le soin des malades et la tenue des hôpitaux.

Il appert, de ce que nous venons d'écrire, que le Tiers-Ordre de Saint-Dominique se subdivise en deux : le Tiers-Ordre *séculier* pour les personnes vivant au milieu du monde, et le Tiers-Ordre *régulier* pour les personnes vivant en communauté.

Les secondes ne se distinguent des premières que par la vie commune, l'obéissance plus stricte à une supérieure, l'habit religieux qu'elles portent, et les trois vœux de religion, pauvreté, chasteté, obéissance, qu'elles professent.

Ce sont ces religieuses du Tiers-Ordre régulier de Saint-Dominique que la Trinidad allait voir arriver ; bienfait inestimable de la bonté de Dieu que le pays ne saura jamais assez reconnaître. Cette terre était chère au saint fondateur, plusieurs de ses fils l'avaient arrosée de leur sang. Il ne pouvait oublier qu'ils y avaient cueilli la palme du martyre et il la voulait voir peupler, non plus de ces païens qui avaient mis à mort ses enfants, mais de ces chrétiens, vrais enfants de Dieu, qui, selon la parole de Tertullien, naissent du sang des martyrs : *Sanguis martyrum, semen christianorum.*

Mais le temps et l'heure appartiennent à Dieu seul, il nous fait attendre ses dons, afin de nous faire avoir le mérite de les désirer plus longtemps, et un plus grand plaisir à les recevoir *diu desiderata dulcius obtinentur* (S. Aug.). Le moment choisi par Dieu était arrivé, l'heure avait sonné, les prières du saint allaient être exaucées ; il allait voir enfin ses enfants fouler de leurs pieds ce sol qui, depuis de longues années, n'abritait plus que les restes, presque oubliés, de ses enfants martyrs. Il avait donc envoyé ses fils sur cette terre de Trinidad ; depuis quelques années, ils la fécondaient de leurs sueurs et cette sueur de l'apôtre était encore assez féconde pour être, elle aussi, une semence de chrétiens.

Toutefois, le bienheureux Dominique n'était pas entièrement satisfait ; s'il avait des fils, n'avait-il pas aussi des filles ? Et il voulait voir les uns et les autres réunis pour travailler ensemble, dans le même pays, à la gloire de Dieu et au salut de leurs frères, chrétiens et païens. Les premiers devaient s'occuper plus spécialement des âmes, les secondes avoir pour leur part le soulagement de toutes les misères corporelles.

Le saint communiqua son esprit à deux de ses fils qu'il avait choisis pour mener cette œuvre importante et qui, par le poste éminent qu'ils occupaient, pouvaient seuls arriver au succès. Le chef du diocèse et le chef de l'Ordre, Mgr L. J. Gonin et le Rme P. A. V. Jandel, l'un et l'autre, animés de l'esprit de leur saint et illustre Père, se trouvèrent entièrement d'accord. Ils confièrent à leurs Frères le soin des âmes et à leurs Sœurs le soin de guérir les corps. C'est cette double et cordiale entente qui a réuni sur cette terre de Trinidad les Frères et les Sœurs de l'Ordre de Saint-Dominique.

Nous avons parlé du Tiers-Ordre *régulier*, composé de membres vivant en communauté, de telle sorte que l'on pourrait croire que les femmes seules pouvaient en faire partie, à l'exclusion des hommes. En effet, pendant de longs siècles il en a été ainsi, et l'histoire de notre Ordre ne fait, nulle part, mention d'un couvent de Dominicains du Tiers-Ordre. Mais puisque le Tiers-Ordre *séculier* admet indistinctement les hommes et les femmes, pourquoi ne pouvait-il en être de même pour le Tiers-Ordre *régulier* ? Il y avait là une lacune. A l'heure choisie par Dieu, elle fut comblée. Et c'est encore la France qui eut l'honneur de voir sortir de son sein le premier couvent de Tertiaires hommes, tous fils de saint Dominique, et qui, pour être les plus jeunes et les derniers entrés dans sa famille, n'en ont pas moins grandement honoré la famille qui les a admis et reconnus comme siens, quoiqu'au troisième rang. Le R. P. Lacordaire, un des princes de l'éloquence chrétienne, choisi déjà par Dieu, pour rétablir en France l'Ordre de Saint-Dominique, emporté avec tous les autres dans la tourmente révolutionnaire de 1793, eut la pensée de fonder ce Tiers-Ordre régulier. Après avoir donné, aux premiers membres qui s'offrirent à lui, une formation religieuse dans un couvent dominicain, le Révérend Père leur confia la direction du collège d'Oullins, petite ville presque dans les faubourgs de la ville de Lyon. Ce collège, déjà renommé, fut gracieusement donné au Très Révérend Père par les prêtres séculiers qui en avaient la direction, pour y fonder un Tiers-Ordre enseignant. C'est donc là que cette œuvre nouvelle a pris naissance en 1852 et obtenu ses premiers développements.

Je n'ai pas à dire ici quels furent les règles, les origines et les succès de ce Tiers-Ordre enseignant, branche nouvelle sortie du grand arbre dominicain. Mais, près de son fondateur, je ne puis m'empêcher de distinguer et de saluer en ce moment une figure mâle et noble, un héros ; celui qui, poursuivi dans son humble dévouement d'éducateur de la jeunesse, traqué par les brigands de la Commune, tombera, percé de balles, dans les rues de Paris, le cœur en haut et le front illuminé des splendeurs du martyre, le Vicaire Général de la Congrégation du Tiers-Ordre enseignant, l'héroïque P. Captier, qui tomba le 25 mai 1871 en poussant ce dernier cri, devenu la devise de ses Frères en religion : *Allons, mes amis, pour le bon Dieu !* (1)

(1) En vertu d'une disposition récente (1925), les religieux du Tiers-Ordre enseignant sont devenus membres du grand Ordre, et font des vœux solennels comme les autres.

## CHAPITRE XIV

### Arrivée à la Trinidad des Dominicaines d'Étrépagny

C'est en 1865, un peu plus d'un an après l'arrivée de nos premiers Pères, que germa, dans la pensée du pieux et zélé archevêque, Mgr Gonin, l'idée de faire venir à la Trinidad les filles de saint Dominique, dont il avait déjà les fils. Il en écrivit au R^me Maître Général, le P. Jandel. Mais, à vrai dire, et, chose curieuse, c'est à un protestant, Sir Arthur Hamilton Gordon, gouverneur de l'île, que revient l'honneur d'en avoir eu la première idée. Dieu, si bon, a dû lui en tenir grandement compte quand il a paru devant son redoutable tribunal ! Voici ce qui motiva cet appel de nos Sœurs :

Il existe, depuis 1845, à trois milles de Port-d'Espagne, une léproserie, en un lieu appelé *Cocorite*. Cette léproserie, entretenue aux frais du gouvernement, était dirigée comme peut l'être un établissement tenu par des mercenaires qui ne travaillent qu'en vue d'un salaire. La tenue de l'établissement laissait sans doute beaucoup à désirer. Car Sir Gordon s'en ouvrit à l'archevêque, et de sa propre initiative lui demanda des religieuses pour leur confier l'asile de Cocorite. Cette demande était toute privée, car elle allait se heurter à de grandes et nombreuses difficultés, devant être préalablement soumise au Conseil législatif de la colonie et au bureau colonial de Londres.

Dans le plus grand secret, Mgr Gonin en écrivit au Révérendissime Maître Général qui, prenant à cœur cette œuvre nouvelle, toute dans les traditions de son Ordre, et, après avoir imploré les lumières d'en-Haut, s'adressa à la Révérende Mère Prieure générale des Sœurs dominicaines de la Congrégation de Bonnay (France). Ici une explication est nécessaire.

Nos Sœurs Dominicaines du Tiers-Ordre sont divisées en *Congrégations*, qui répondent assez exactement à nos *Provinces* du grand Ordre. Chaque congrégation se compose d'une « Maison-Mère » et de plusieurs couvents qui en dépendent, et elle est désignée par le nom du lieu où est située cette Maison-Mère. Pour ne parler que de la France, elle en a bien un certain nombre, dont les plus connues sont celles d'Etrépagny (anciennement Bonnay), de Sèvres, de Nancy, de Cette, de Toulouse, etc. Chaque couvent est dirigé par une Prieure et chaque Congrégation composée de plusieurs couvents, est gouvernée par une Prieure générale. C'est à la Congrégation des Dominicaines d'Etrépagny que s'adressa le Révérendissime Maître Général. (Etrépagny est une petite ville de la Normandie). Nous donnons ici cette lettre, pièce importante pour l'histoire religieuse de la Trinidad. Car elle est le point de départ d'une œuvre de charité chrétienne, belle entre toutes, et qui classe parmi les plus insignes bienfaiteurs du pays ceux qui en ont été les initiateurs ; nous tenons à les nommer encore, pour que leur souvenir demeure profondément gravé dans la mémoire d'une postérité reconnaissante : Sir Arthur Hamilton Gordon, gouverneur de l'île ; Mgr Joachim-Louis Gonin, archevêque de Port-d'Espagne ; et le R^me P. Alexandre-Vincent Jandel, Maître général de l'Ordre des Frères Prêcheurs.

Voici la lettre qu'écrivit le Maître Général à la T. R. M. Saint-Dominique de la Croix (dans le monde, M^lle Joséphine Gand), fondatrice et première Prieure générale de la Congrégation des Dominicaines d'Etrépagny, dont la Maison-Mère était alors à Bonnay. Elle est datée de Rome, 23 décembre 1866.

« Ma fille en Notre-Seigneur,

« Je suis heureux de vous envoyer, pour vos étrennes, la lettre ci-incluse de Mgr Gonin, archevêque de Port-d'Espagne. J'espère que vous y ferez bon accueil et que vous ne démentirez pas ce que j'ai dit à Monseigneur de votre zèle et de l'empressement avec lequel vous vous efforceriez de le seconder. Voilà plus d'un an que nous traitons ensemble cette question d'un établissement de Sœurs pour soigner les malades, et comme Monseigneur, qui est Dominicain, désirait tout naturellement des Sœurs de notre Tiers-

Ordre, je vous ai proposées de préférence en lui disant combien vous aviez accepté volontiers la mission de Mossoul, qui présentait bien plus de difficultés et moins de consolation..... Celle de Trinidad, au jugement de tous ceux qui la connaissent, est une œuvre qui a beaucoup d'avenir, et qui peut prendre de vastes développements..... J'attends donc de vous une prompte et consolante réponse. »

Voici maintenant la lettre de Mgr Gonin au R<sup>me</sup> P. Jandel :

Trinidad, Antilles, 1866.

Mon Révérendissime Père,

« Nous avons ici un établissement de lépreux entretenu aux frais du gouvernement, mais dirigé comme peut l'être un tel établissement tenu par des mercenaires. Il me semble que ce serait une bonne occasion pour nos Sœurs de venir s'établir à la Trinidad ; on accueille toujours avec plaisir des Sœurs qui viennent soigner des lépreux. Le gouvernement leur donnerait, en jouissance, un logement séparé, mais près de celui des lépreux, et un traitement qui suffirait à leur entretien, et puis je ne doute pas qu'elles ne puissent ensuite entreprendre d'autres œuvres dans la ville..... L'établissement contient cinquante-deux lépreux des deux sexes, dont trente-sept catholiques, onze protestants et les autres sont mahométans. Nos Sœurs ne seraient-elles pas disposées à accepter cela ? Notre-Seigneur a promis de tenir fait à lui-même ce que nous aurons fait *au plus petit d'entre ses frères.* Sans doute, nos Sœurs sont prêtes à venir servir Notre-Seigneur dans tous les cas possibles, voudraient-elles lui refuser ce seul sacrifice ? Je ne le crois pas. Nous avons ici des Sœurs de Saint-Joseph de Cluny. Elles sont vingt-quatre et tiennent un grand pensionnat et une école gratuite. Je suis convaincu que si je leur offrais la léproserie, elles l'accepteraient avec empressement..... Mais en mettant de côté mes sympathies dominicaines et en n'envisageant la question qu'au point de vue général, je crois qu'il vaut mieux qu'il y ait ici deux communautés ayant chacune une branche distincte, qu'une seule qui embrasserait tout, les choses se feront mieux, et il y aurait de l'émulation.....»

† Joachim Gonin, archevêque de Port-d'Espagne.

Ces lettres étaient pressantes, mais pour une congrégation, jeune encore, une prompte détermination, dans une question aussi grave, sembla prématurée à la Mère Prieure générale et au Conseil de la Congrégation. Le R<sup>me</sup> P. Jandel fut attristé de cette sorte d'hésitation ; il leur écrivit encore, en février 1867, mais ce fut pour les remercier et les féliciter, toute hésitation avait disparu, l'acceptation était formelle et la nouvelle en fut promptement envoyée à Mgr Gonin par le Révérendissime Père qui, quelques jours plus tard, écrivait à nos Sœurs ces lignes empreintes d'une si grande bienveillance :

« Ce que vous me dites de la joie avec laquelle vous avez accueilli l'offre de Mgr Gonin me fait grand plaisir en me prouvant que je ne m'étais pas trompé sur vos dispositions et votre esprit.....» Et le 17 mars, Monseigneur écrivait au Maître Général : « Je suis maintenant en mesure de vous donner des renseignements plus détaillés sur le projet de fondation d'une communauté de Dominicaines à la Trinidad. C'est le nouveau gouverneur, Sir Gordon, qui a l'idée de confier à des religieuses l'hospice de lépreux. Bien qu'il soit protestant, il semble annoncer des tendances et des sympathies catholiques qui ne sont malheusement pas partagées par ceux qui l'entourent. Voilà ce qu'il m'a dit intimement, son projet devant nécessairement être soumis au Conseil législatif de la Colonie et au bureau colonial à Londres. Il ne peut donc engager sa parole tant que son projet n'aura pas été régulièrement approuvé. »

Quelques mois après, sa Grandeur écrivait à la Révérende Mère Prieure Générale : « Voici enfin une heureuse solution ; le Gouverneur vient de recevoir une dépêche par laquelle le Ministre lui fait savoir que l'organisation d'une Léproserie étant chose d'intérêt local, il le laissait libre de faire à cet égard ce qu'il jugerait convenable. Voici maintenant les conditions du Gouverneur..... » (Suivaient plusieurs conditions d'ordre purement

matériel, toutes très acceptables et qui, par conséquent, furent
acceptées).

Monseigneur ajoute : « Trois choses extraordinaires me paraissent indiquer l'action de Dieu dans cette affaire : 1° L'initiative
d'un Gouverneur protestant, proposant spontanément un changement de cette nature. 2° Le consentement du ministre d'Etat
(également protestant) sur lequel je commençais à être inquiet.
3° L'existence d'une Communauté de Pères Dominicains. Le
Gouverneur désire vivement que les Sœurs partent le plus tôt
possible. La raison est qu'il peut mourir ou être transféré à un
autre poste, ou encore que le ministre des Colonies peut changer d'avis et, dans ce cas, tout serait renvoyé, au lieu que les
Sœurs étant une fois en possession, personne n'osera les déplacer. »

Cet échange de lettres, nécessaires dans une affaire de si
grande importance, avait demandé bien du temps. L'année 1868
venait de commencer, et les Sœurs auraient voulu ajourner, au
moins jusqu'au mois d'avril, le départ des premières religieuses. D'après les instructions de Mgr Gonin, le Rme Maître Général leur écrivit : « Je ne puis plus accepter ce délai. Si donc
vous ne pouvez devancer, avertissez-m'en par le télégraphe afin
que je m'adresse immédiatement à une autre communauté. Je
regretterais vivement qu'au point où en sont les choses, vous
aimâssiez mieux renoncer à cette mission que de vous hâter un
peu. » Les Sœurs lui répondirent qu'elles ne voulaient nullement renoncer à la Trinidad et que, malgré toutes les difficultés et les raisons très graves qu'elles avaient de ne pas faire
partir les Sœurs au mois de mars, on allait pour se conformer
au désir du Rme Père Général, tout préparer pour que cette date
ne fut pas dépassée.

Toutes les difficultés étaient aplanies, l'accord le plus parfait
règnait entre les autorités civiles et religieuses, de l'Ordre et du
diocèse. Le jour du départ était définitivement fixé. Il devait
avoir lieu et il se fit en effet le 8 mars 1868. Les Sœurs désignées
pour partir étaient la Mère Marie-Dominique Bonnardel ; Sœur
Marie Osanna Brevet ; Sœur Marie-Augustin Cartier ; Sœur Catherine Lucie Glasersfeld ; Sœur Marie du Saint-Sacrement Gui-

chardon, et une pieuse veuve du diocèse de Nancy, M^me Corberon, appartenant à notre Tiers-Ordre.

Un de nos Pères de la Province de France s'était offert et avait été accepté pour la mission de Trinidad, le R. P. Raphaël Pierrez, du couvent de Dijon. Nos bonnes Sœurs lui furent confiées. Il s'embarqua avec elles et, pendant toute la traversée, il fut leur « ange conducteur », comme elles l'appelaient. Ce bon Père a laissé peu de souvenirs dans le pays ; il dut retourner en France, le climat des Antilles étant tout à fait contraire à son tempérament. Arrivé en mars, il partait au mois de novembre de la même année, et mourut à Oullins, le 18 mars 1872. Il demeurait à la léproserie de Cocorite, dans un logement séparé, appelé l'Aumônerie ; il fut le premier aumônier de nos Sœurs.

Cette arrivée des Sœurs Dominicaines, le principal événement de l'année 1868, eut lieu le 26 mars. Les PP. Bion, Le Barbier et Thomas Greenough étaient venus à leur rencontre et elles furent conduites à terre par M. Scott, consul et agent du paquebot anglais. Menées au presbytère, elles y furent reçues par Mgr Gonin qui leur présenta tous les Pères de la Communauté sans oublier un vieux nègre nommé Castra et surnommé Baron par le P. Esteva ; il était serviteur des prêtres depuis déjà plus de vingt ans. Il demanda aux Sœurs si elles avaient le pouvoir de confesser et de dire le messe. Nous avons connu ce vieux serviteur ; quand il mourut, vers 1890, il y avait bien près de 60 ans qu'il était au service des évêques et prêtres de la paroisse.

Avant de faire conduire les Sœurs dans le logement qu'il leur avait fait préparer, en face du presbytère, Monseigneur les entretint quelques instants. Il leur dit que le Gouverneur était très préoccupé de leurs santés, qu'on lui avait fait beaucoup de reproches à leur sujet en lui disant qu'il était fou de faire venir des religieuses pour cet hôpital ; que c'étaient des personnes sacrifiées. Son Excellence avait déjà pris toutes les précautions possibles pour qu'elles puissent s'acclimater, et dans ce but, il avait fait louer une maison aux Ilets et voulait que les Sœurs y allassent passer deux ou trois semaines pour se reposer de leur

voyage (1). Elles y allèrent en effet accompagnées du P. Pierrez.
Pendant ce temps on aménageait pour elles la maison adjointe
à l'hospice. Le dévouement de Sir Arthur Gordon ne se démentit pas un seul instant, quoiqu'il eut à lutter contre bien des op-
positions avant et après l'arrivée des Soeurs. Sa fermeté et son
désir de soulager les pauvres lépreux, physiquement et moralement, triomphèrent de tous les obstacles. Appelé par une interpellation à justifier devant la population toute entière l'acte
dont il avait pris la responsabilité, il prononça ces remarquables paroles : « J'ai toujours pensé que pour remédier à des maux
pareils, aux plaies de l'âme comme à celles du corps, il fallait
avant tout un dévouement inspiré par la vraie charité
chrétienne, par cette charité qui voit par dessus tout, dans les
malades et dans les pauvres, les membres vivants de Notre-Seigneur Jésus-Christ. » — Le succès fut complet et la cause gagnée.
Qu'on veuille bien ne pas oublier que c'est un protestant qui
parlait ainsi.

Il y avait, en effet, grande agitation dans le Conseil gouver-
nemental au sujet des Sœurs. Voici ce qu'écrivait le R. P. Bion,
à ce propos, dans une lettre adressée à « *L'Année Dominicaine* »
et publiée dans le N° de mars 1870.

« L'opinion publique avait été comme surprise, à l'égard de
nos Sœurs, et l'opposition, je pourrai dire la colère, ne devait
point tarder à s'éveiller du côté de nos frères séparés. Etrange
aveuglement des dissensions religieuses ! Un bien immense devait, dans l'ensemble, résulter de cette mesure ; des garanties
étaient offertes aux protestants contre tout prosélytisme ; il y a
plus, la présence même de religieuses catholiques devait assurer,
par le fait même, aux malades protestants, un service religieux
plus régulièrement tenu que par le passé (et en réalité c'est ce
qui est arrivé) ; néanmoins les passions se déchaînèrent, des
hommes, jusque-là sympathiques aux idées catholiques, soup-
çonnés même par leurs coréligionnaires de pencher de notre côté, se laissèrent entraîner à la lutte et une fois poussés en avant,

_______________

(1) On appelle Ilels. cinq petites îles, très rapprochées les unes des autres
et à très peu de distance de Cocorile.

y portèrent une ardeur, une âpreté où leur caractère se compromit quelquefois. Les ministres des différentes communions protestantes se réunirent, et, par une démarche collective et rendue publique, demandèrent au Gouverneur s'il songeait à étendre aux autres hôpitaux la mesure prise pour Cocorite.

Enfin une demande d'interpellation fut déposée par un des membres sur le bureau du Conseil législatif de la colonie, et le Gouverneur fut ainsi appelé à justifier, en face de la population toute entière, l'acte courageux dont il avait pris la responsabilité. Ce fut là un de ses premiers triomphes devant l'opinion publique. En répondant aux interpellations, après avoir établi son droit incontestable d'initiative en pareille matière, après avoir fait connaître, ce que l'on ignorait encore et ce qui était décisif, la complète sanction donnée à cette mesure par le gouvernement de la Métropole, il s'éleva à des considérations d'un ordre plus élevé, et, après avoir parlé en administrateur, il parla en chrétien.

Il rappela, en peu de mots, l'état de misère profonde, d'abandon moral auquel les lépreux étaient d'ordinaire condamnés et il prononça les belles et touchantes paroles que nous avons rapportées plus haut, paroles éminemment chrétiennes qui furent écoutées avec autant d'attention que de respect, et contre lesquelles personne n'aurait osé protester sous peine de froisser le sentiment religieux de toute la communauté protestante aussi bien que des catholiques..... Je crois que cette demande d'interpellation fut la dernière tentative de l'opposition. On pense que les opposants ne reviendront plus à la charge. »

Monseigneur faisait part aux religieuses de tout ce qui se passait. Le Gouverneur était disposé à faire bâtir un nouvel hôpital où lépreux et incurables seraient réunis. L'hospice de ces derniers était à Belmont près de Sainte-Anne, l'endroit le plus sain de la ville. On aurait besoin environ d'un an pour faire les constructions.

Pendant ce temps le Gouverneur laisserait les religieuses libres de soigner les lépreux à Cocorite, ou les incurables à Belmont. Monseigneur dit un jour à la Révérende Mère Prieure : « A Belmont, il n'y a que dix-sept malades ; mais on vous donnerait les

Cocorite. — Pavillons de lépreux, n° 3 et 4

(Année 1924)

mêmes émoluments qu'à Cocorite ; vous y seriez, sans doute, bien mieux ; quant à moi, je ne veux pas me prononcer, c'est à vous de choisir, vous êtes parfaitement libres et je ne veux pas vous influencer en aucune façon. »

La Révérende Mère Prieure répondit, sans hésiter : « Il semble, Monseigneur, que puisque nous sommes venues ici pour les lépreux, c'est bien chez eux que nous devons aller ; le bon Dieu nous gardera. » Monseigneur parut content et répondit : « C'est sans doute plus généreux. »

Ainsi fut-il fait. Les Sœurs Dominicaines prirent définitivement possession de la léproserie et y commencèrent leurs premiers pansements le Vendredi-Saint, 10 avril 1868. On bénit leur Oratoire, et la première messe y fut dite le 29 avril. L'hospice comptait alors quatre salles, trois pour les hommes et une pour les femmes.

Ajoutons immédiatement ces détails supplémentaires. La léproserie de Cocorite avait été fondée, en 1845, sous le Gouverneur Sir Henry Macleod. Sir Arthur Gordon, (plus tard Lord Stanmore) mourut en Angleterre en 1912. Il s'intéressa toujours à cette œuvre de Cocorite, et un autre Gouverneur, Sir G. Le Hunte, qui avait été son secrétaire, l'assura plusieurs fois à nos Sœurs. La première Prieure de la Communauté, qui fut aussi la première surintendante, de l'Asile des Lépreux, alors au nombre de soixante-quatre, fut la Mère Marie Dominique Bonnardel ; et le R. P. Raphaël Pierrez, nous l'avons dit, le premier Aumônier et Chapelain.

Une salle fut spécialement réservée pour les prières et le prêche du Ministre protestant. Il venait tous les quinze jours et réunissait autour de lui ses fidèles qui n'étaient que cinq ou six. Les Sœurs le recevaient de leur mieux et il paraissait enchanté d'elles. « Il a l'air d'un bon homme, écrivait de lui une des Sœurs, mais pas tout à fait convaincu de la bonté de son ministère. Il nous a dit qu'il ne voulait pas faire de propagande auprès des catholiques, qu'il ne venait que pour les protestants. »

L'hôpital des lépreux était déjà une affaire importante. Mais la charité chrétienne (la vraie charité est toujours chrétienne) ne connaît pas de bornes, et est infinie comme le cœur de Dieu où elle prend sa source et où elle s'alimente. Elle ne s'arrête qu'à l'impossible.

C'est pourquoi, une œuvre nouvelle s'offrant à nos Sœurs, elles l'acceptèrent sans hésiter. Cette œuvre était celle d'une école pour les petits enfants Hindous des deux sexes. A peu près abandonnés, ils n'avaient à leur disposition qu'un établissement protestant. Les Indiens, les Coolies, comme on les appelle ici, viennent des Grandes Indes. S'ils acceptent un engagement, de cinq ans croyons-nous, ils sont amenés, en des transports spéciaux, à la Trinidad, pour travailler dans des habitations qui, d'avance, les ont demandés et qu'ils ne peuvent quitter sans une autorisation spéciale. C'est une sorte d'esclavage temporaire plus ou moins déguisé. Des lois assez strictes règlent les conditions de leur engagement et leurs rapports avec le maître qui les emploie.

Leurs cinq années expirées, ils sont rapatriés aux frais de la Colonie ou, s'ils le préfèrent, ils s'établissent dans l'île et y jouissent d'une liberté absolue. Ils forment, en ce moment (nous écrivons en 1913), environ le tiers de la population et sont, pour la plupart, boudhistes ou mahométans.

C'était une magnifique mission à entreprendre, mais très difficile à cause de leur langue, l'Hindoustani, qui comprend une quantité de dialectes différents. Seulement un grand nombre d'entre eux comprennent un peu l'anglais. Le P. Etienne Brosse avait fait de cette oeuvre son œuvre de prédilection. Il s'était mis à étudier la langue de ces Indiens et il parvint à la posséder parfaitement. Mais il ne pouvait, seul, s'occuper de cette oeuvre, chargé déjà de l'aumônerie de la léproserie.

Le nombre de nos Sœurs étant insuffisant pour cette nouvelle œuvre, on adressa une demande de secours à la Révérende Mère Prieure Générale, qui lui fit bon accueil, et d'autres religieuses se disposèrent à partir pour aller à la Trinidad, rejoindre celles qui les y avaient devancées. Ce départ fut le troisième, il comprenait six Sœurs, six nouvelles missionnaires.

Cette augmentation du personnel fut providentielle, car quelques mois après, que seraient devenus les malades des deux hôpitaux si les neuf premières Sœurs avaient été seules à prendre soin d'eux ? Ce fut le 24 juin 1869 qu'elles débarquèrent à Port-d'Espagne. Le R. P. Forestier les conduisit directement à Cocorite et, peu d'instants après, elles étaient dans les bras de leurs Sœurs. Quelques-unes des nouvelles arrivées furent employées à l'école hindoue, d'autres à Cocorite et on choisit parmi elles une supérieure pour Ariapita.

Pour des raisons majeures, l'école hindoue ne put subsister longtemps ; un des principaux motifs fut sa situation isolée au milieu des bois, en dehors et loin de l'enceinte de l'hospice de Cocorite. Cette œuvre, si intéressante par elle-même, il fallut l'abandonner au bout de plusieurs mois d'essais, mais nos Sœurs furent amplement dédommagées, plus tard, de ce sacrifice de l'école hindoue, par l'Orphelinat de Belmont, dont on les chargea peu d'années après.

---

## Hospice des Lépreux de Cocorite et autres œuvres

Nos Sœurs se mirent courageusement à l'œuvre, elles étaient six en comptant Mme Corberon, la pieuse veuve et tertiaire venue de France avec elles. Elles eurent à se heurter, on le comprend facilement, à de nombreuses et grosses difficultés. Tout leur était étranger, le climat, le logement, la nourriture, la langue, les usages, le genre d'occupations, etc. etc. Elles se firent à tout, acceptèrent tout, non seulement avec résignation, mais encore avec joie. La vue des ravages de cette horrible maladie, la lèpre, sur ces pauvres corps humains qu'elles étaient appelées à soigner, loin de les décourager, ne fit qu'augmenter leur désir de se dévouer entièrement à leur service.

« Le bon Dieu sera avec nous, écrivait l'une d'elles, il nous donnera la force et le courage nécessaires, nous espérons qu'il ne nous abandonnera pas, puisque nous comptons sur lui seul. C'est pour lui seul que nous sommes venues, nous le voyons en ce moment. Aussi, nous ne reculons pas à la vue de la Croix que Notre-Seigneur nous présente dans toute sa nudité ; nous ne l'en aimerons que davantage.... nous comprenons que si nous étions venues par enthousiasme et pour satisfaire un désir personnel, nous aurions à subir quelques déceptions. Mais tout ira bien ; nous avons la ferme confiance que le bon Dieu bénira notre désir de le servir ici, ainsi que nos faibles efforts, puisque c'est lui qui nous a envoyées..... »

Le jour et l'heure ne pouvaient être mieux choisis, et cependant les Sœurs ne l'avaient pas cherché. Ce fut le vendredi saint, à trois heures du soir, qu'elles pansèrent, pour la première fois, un lépreux. Coïncidence vraiment touchante et qui dut remplir de joie le cœur de nos bonnes Sœurs. C'était le jour même l'heure même de l'anniversaire de la mort de Celui dont le prophète avait dit : « *Putavimus eum quasi leprosum* : Il nous a paru semblable à un lépreux (Is. 53. 4.)

« Nous n'avions vu, écrivaient-elles, ces pauvres malades qu'en passant, ils nous paraissaient affreux ! C'est bien autre chose lorsqu'on les voit de près et qu'on se met à l'œuvre pour les soulager..... Faire la description des misères, des souffrances de ces pauvres gens, ce n'est pas possible, il faut voir pour croire que semblables choses puissent exister ; des plaies hideuses, des figures qui n'ont plus de forme, des pieds, des mains qui n'ont plus de doigts, tout s'en va par morceaux ! Puis, une odeur de pourriture, de cadavre, surtout lorsque cette maladie est arrivée à la dernière période. Et dire que ces infortunés tiennent encore à la vie !.....»

Citons encore ces lignes de l'une de ces *braves* Sœurs : « Oui, je suis bien heureuse et bien reconnaissante à Notre-Seigneur de m'avoir appelée ici ; je suis comme un petit poisson dans l'eau. Je suis plus heureuse que notre Reine Victoria sur son trône. Je vous remercie, ma Révérende Mère, de m'avoir acceptée pour la Trinidad, quoique je ne sois pas bonne, mais le bon Dieu bonifie tout ce qui s'abandonne à lui. »

Les peines physiques sont peu de chose à côté des peines morales, et aux difficultés d'ordre purement matériel devaient se joindre, pour nos Sœurs, d'autres difficultés d'ordre moral qui devaient être (et qui sont encore) pour elles une cause de grandes souffrances. Elles s'y attendaient et s'y étaient préparées : Un bon averti en vaut deux. Elles acceptèrent la lutte et en sortirent victorieuses. C'est la question religieuse qui causa tout le trouble et donna naissance aux plus grands ennuis. Nous copions une page prise dans les « Mémoires sur Trinidad » écrites par nos Dominicaines :

« Depuis que nous sommes ici, ces messieurs (les ministres protestants) se sont sentis animés d'un saint zèle pour leur doctrine menacée, à ce qu'ils disent, par notre présence dans ce petit coin de Cocorite. A voir leur anxiété, leur fureur, on dirait que nous allons envahir l'île entière. Avant notre arrivée, ils ne s'inquiétaient guère de l'asile des lépreux, mais maintenant ils paraissent s'y intéresser beaucoup, leurs visites sont très régulières, surtout celles de M. Echel.

« Les premières fois, ce bon monsieur était très poli, très posé; mais maintenant il ne s'agit plus de politesse. Monsieur le ministre est monté sur son cheval de bataille, la guerre est commencée. Un de nos malades désirait se faire catholique depuis plusieurs années, il s'adressa au ministre pour lui faire part de son désir. Celui-ci dit, tout en colère : « Vous êtes libre de faire ce qu'il vous plait, vous êtes assez grand, mais pour moi, je ne puis approuver votre projet ; si vous me demandiez la permission de voler, ce serait la même chose. »

« Rencontrant, un jour, deux de nos Sœurs, il les engagea à se réformer, parce qu'elles sont imbues d'une fausse doctrine ; il ajouta qu'il voudrait voir à la tête de l'hospice des diaconesses anglaises. Il se moquait des petites chapelles qu'il voyait dans les salles et voulait qu'on mît à la place des passages de la Bible.

« Je sens, dit-il, que pour cela, il faudrait l'anéantissement de l'Inspecteur, c'est une religieuse comme vous..... Vous êtes des esclaves, vous êtes liées à votre confesseur ». « Des esclaves bien libres », lui répondit la Sœur. « Vous mettez en enfer tous ceux que vous appelez hérétiques, répliqua le ministre, et vous envoyez au ciel toutes les Sœurs de charité, mais c'est ce qu'il reste à voir. »

Cette intéressante visite avait été précédée par celle du *vénérable* archidiacre Cumming (ce titre équivaut à celui d'archiprêtre). Celui-ci, grand, maigre, vint d'abord nous rendre une visite de politesse, ensuite il demanda à voir les malades de son Eglise. On l'y conduisit. Après avoir conféré avec ses brebis, il nous députe un vieux nègre, protestant. — « Venez, venez vite, monsieur l'archidiacre vous demande. »

Deux Sœurs y vont et, arrivées auprès de lui, s'informent de ce qu'il désire d'elles ; ne sachant pas le français, il leur fait signe d'attendre le gardien ; l'homme en question arrive avec tous ceux de l'Eglise d'Angleterre, ils forment un cercle autour de nos Soeurs et de la couche du malade. Alors, l'archidiacre élève la voix et interpelle ainsi le malade appelé Richout : — Monsieur Richout, êtes-vous de l'Eglise d'Angleterre, ou non ? — « Monsieur, répond le malade, j'appartiens à l'Eglise catholique, apostolique et romaine. »

A cette réponse positive, l'honorable archidiacre se sent tout déconcerté. Ce Richout avait autrefois, à ce qu'il parait, suivi les protestants, sans l'être précisément, et le ministre Echel lui avait offert un livre qu'il avait accepté. La Sœur le lui avait demandé, ce dont le ministre fut très mécontent. Sans doute l'Archidiacre espérait que Richout ayant peur de lui, dirait qu'il était de son Eglise et, par là, nous aurions été en faute vis-à-vis de la secte.

Le ministre se voyant pris dans ses propres filets, n'avait rien de mieux à faire que de s'excuser de sa méprise. La Sœur lui dit que nous ne nous occupions des protestants que pour leur donner, comme aux autres, les soins que réclamait leur maladie. Ce mot de protestant révolta l'honorable archidiacre : « Protestant ! » « C'est moi qui suis catholique, Madame, vous tombez dans les mêmes erreurs que votre Archevêque. — Protestant ! Vous aussi vous êtes des protestantes, puisque vous protestez contre l'erreur ; et moi aussi, je proteste contre l'erreur. » — Nous sommes catholiques, Monsieur, répondit la Sœur, et en cette qualité, nous tenons à ce qu'on ne distribue pas des livres à nos catholiques, cela ne sert qu'à mettre de la confusion dans leurs idées, et nous y tiendrons la main. »

A la fin de cette discussion, M. l'archidiacre prit un ton solennel et dit à son Eglise assemblée : — « Que tous ceux qui sont ici entendent ma voix et qu'ils gravent mes paroles dans leur mémoire. Si jamais ces dames se permettaient de faire de la propagande, j'élèverais ma voix encore plus haut et bien haut. »

Ils prétendent aussi que nous volons leurs morts, et, lorsqu'un protestant semble près de mourir, ils nous accusent de le faire catholique *sans qu'il le sache*. M. l'archidiacre Cummings avait été très modéré, on dit même qu'il avait eu l'intention de se faire catholique, il a peut-être résisté à la grâce, et maintenant il sort de ses allures habituelles ; il s'est laissé aller aux invectives, aux injures, dans une lettre au gouverneur. Le pauvre homme y a gagné d'être tourné en ridicule, même par ceux de son Eglise. »

Le gouverneur de Tabago, remplaçant provisoirement le gouverneur de Trinidad absent, vint, un jour, visiter l'asile, accompagné du Secrétaire colonial. Ils voulurent se rendre compte par eux-mêmes de l'état des choses ; ils visitèrent tout, examinèrent tout, et, avant de se retirer, ils témoignèrent à la Mère surintendante leur entière satisfaction de tout ce qu'ils avaient vu. Du reste, les ministres protestants eux-mêmes, qui n'étaient pas aveuglés par l'esprit sectaire, ne pouvaient que rendre hommage à la vérité. L'un d'eux dit, un jour, au docteur de l'asile, qu'il se sentait poussé à se mettre à genoux devant les Sœurs, tant il trouvait héroïque leur dévouement à soigner les lépreux.

Un de ces pauvres malades, protestant, avait entendu dire qu'il fallait la permission du gouverneur pour *virer catholique* ; sans rien dire à personne, un jour que le gouverneur était venu visiter l'hospice, il alla droit à lui et lui dit, sans autre préambule : « Monsieur le gouverneur, *moé vlé virer catholique, ça plus meilleur.* » Le Gouverneur lui répondit qu'il était entièrement libre et qu'il devait agir d'après sa conscience. « *Merci, bon Dieu !* » dit ce pauvre jeune homme.

Nous ne pouvons mieux terminer ce rapide aperçu sur la léproserie de Cocorite, qu'en transcrivant des lignes écrites, près de vingt ans plus tard, par le R. P. Bertrand Cothonay, lui aussi missionnaire à Port-d'Espagne :

« J'ai vu les Sœurs Dominicaines panser les plaies, nettoyer les ulcères, prodiguer à tous des soins délicats et dévoués, comme ferait la plus tendre des mères. Je ne connais rien de plus héroïque que le travail de ces religieuses dans la léproserie de Cocorite. Il en est qui, au commencement, sentent la nature se révolter et frémir. Mais quelle n'est pas la puissance de la grâce ! Non seulement elles s'habituent par amour pour Notre-Seigneur, pour Celui qui, par amour pour nous, s'est rendu semblable à un lépreux. L'une d'elles me disait que le bon Dieu la gâtait un peu en lui faisant trouver trop de plaisir, et jusqu'à de véritables délices, dans le pansement des plaies les plus dégoûtantes. Une autre m'avouait qu'elle faisait mieux sa méditation lorsqu'elle avait eu, dans la journée, une besogne absolument répugnante,

et qu'elle avait dû prendre son cœur à deux mains pour ne pas
défaillir. »

Le 8 novembre de cette même année 1868, quatre autres Dominicaines quittaient la France et s'embarquaient à Saint-Nazaire pour venir aider leurs Sœurs dans leur rude labeur à la léproserie de Cocorite. La joie fut immense de part et d'autre. Elles
étaient maintenant au nombre de neuf, « les neuf chœurs des
anges », selon l'expression du R. P. Etienne Brosse, leur futur
aumônier, celui qui remplaça dans cette fonction le R. P. Raphaël Pierrez.

Désigné pour ce poste par Mgr Gonin, qui joignit à son autorité épiscopale celle de supérieur des Dominicains, le R. P. Brosse
quitta le presbytère de Port-d'Espagne, et s'installait le 10 novembre à l'hospice de Cocorite dans un modeste appartement
situé au-dessus de la porte d'entrée, entre les deux grandes ailes
de la léproserie. Il devait y rester vingt-cinq ans. Ce départ du
Révérend Père est le fait le plus important que vit le presbytère
de Port-d'Espagne pendant cette année 1868.

Outre l'hospice des lépreux de Cocorite, les Dominicaines eurent à s'occuper d'un autre établissement pour infirmes. Ce que
nous allons raconter est extrait presque textuellement des « *Mémoires sur Trinidad* », précieux manuscrit dû à la plume d'une
de nos Sœurs, et que nous avons déjà cité.

Port-d'Espagne compte quatre établissements destinés au soulagement des malades. Trois au compte de la colonie, le quatrième au compte de la ville. Le premier est l'hôpital colonial,
fort belle construction bâtie sur un plan, au nord-est de la ville,
et dans les plus heureuses conditions d'air et d'espace. Le second
est un asile plus spécialement réservé aux vieillards, il est connu
sous le nom de « Saint-Clair », situé presque en face de l'hôpital
colonial, mais au nord-ouest de la ville. Le troisième est la léproserie de Cocorite dont nous avons déjà parlé. Le quatrième est
Ariapita ou Shine, appelé aussi « l'hôpital de la ville » à l'ouest
de la ville et plus spécialement destiné aux infirmes pauvres. On
croit communément que la maison qui sert d'hôpital était autrefois une maison particulière, appartenant à M. Chagne, qui

lui a laissé son nom : *Caye Chagne*, c'est-à-dire, case de **M.** Chagne. Son vrai nom est Ariapita, nom d'origine caraïbe.

Cet hospice avait été tenu, jusqu'à ces derniers temps, dans les
conditions les plus désavantageuses. Confiée aux soins de serviteurs à gages, qu'on payait comme de simples domestiques, et
n'ayant d'autre surveillance que la visite hebdomadaire des
membres du Conseil de la ville désignés à tour de rôle, cette
maison offrait un aspect navrant à qui y pénétrait pour la première fois. Et encore, depuis l'arrivée des Pères, un progrès notable y avait été réalisé. Ayant à s'y rendre pour les besoins spirituels des malades, leur ministère ne tarda point à provoquer
le zèle des fidèles qui vinrent visiter régulièrement les salles et
s'occuper de ces pauvres gens, les catéchisant et les préparant à
recevoir les sacrements. Ces visites amenaient toujours quelques
améliorations dans le bien-être matériel de ces pauvres, mais
tout cela était accidentel et passager et pouvait cesser d'un moment à l'autre.

Enfin, un des membres du Conseil de ville, catholique influent
et zélé, eut la pensée d'aller à la racine du mal et de faire remettre l'établissement entre les mains de nos Sœurs. Il fallait s'attendre à des difficultés semblables à celles qui avaient signalé
l'entrée à Cocorite, ou du moins à des protestations. Car les catholiques, étant en majorité considérable au Conseil de ville,
étaient assurés par avance que la proposition, une fois déposée
sur le bureau, ne pouvait rencontrer un échec, et par le fait,
c'est ce qui eut lieu.

Une députation des membres du Conseil se rendit à Cocorite
pour proposer aux Sœurs ce qui avait été voté à l'unanimité.
L'affaire fut déférée à la Révérende Mère Prieure Générale qui
accepta la proposition, et deux Sœurs furent chargées d'organiser l'œuvre en souffrance.

Le 12 mai 1869, elles prirent possession de cet hospice et trouvèrent au commencement beaucoup de difficultés. « C'était autrefois, écrivait une des Sœurs, une maison particulière appartenant à M. Chagne. Son vrai nom officiel est « Ariapita. » Cette
maison, qui n'a guère l'apparence d'un hôpital, se compose de
plusieurs petites baraques en bois où tout est noir et malpropre.

Le mobilier se composait de vieux lits de bois qui n'étaient que des planches posées sur quatre pieds, recouvertes de quelques guenilles. Ce lit servait de table et de chaise, et c'était tout. La vaisselle ne valait pas mieux ; chaque malade avait une calebasse, (gros fruit que l'on vide à l'intérieur), où les malades recevaient toute leur nourriture à la fois, quelqu'en fut le mélange, et il y avait si peu à manger que ceux qui pouvaient se traîner allaient en ville mendier de porte en porte. On comprend, qu'avec les Sœurs, tout changea de face ; les lits eurent leurs paillasses, draps et couvertures ; la vaisselle fut un peu moins primitive, et la nourriture saine et suffisante. Les malades n'eurent plus à aller mendier.

Mais des difficultés d'un tout autre genre ne tardèrent pas à se lever; on les prévoyait, pour les avoir déjà rencontrées à l'hospice de Cocorite. Les protestants étaient furieux de voir qu'on confiait un second hôpital aux Sœurs, une chapelle de plus, n'était-ce pas des conversions au catholicisme en perspective ?

Pour se venger, ils organisèrent des chants, des prières, des prêches, ce qu'ils ne faisaient jamais auparavant. Ils furent pris subitement d'un zèle religieux qu'on ne leur avait jamais vu jusque-là, pour le salut de ces pauvres gens.

Tous les dimanches, nos Sœurs ont été obligées d'entendre, pendant trois heures consécutives, tous ces chants et prières quoi qu'elles se fussent enfermées dans leur chambre, car la salle où ils tiennent leurs conférences est tout près d'elles. A la fin, fatiguées de tout ce tapage, car c'en était un véritable, elles réclamèrent auprès des autorités qui firent droit à leur réclamation en portant une ordonnance pour défendre ces chants et ce bruit, vrai désordre dans un hôpital.

Il y eut même, à cette occasion, une petite émeute rapidement dissipée ; on accusait les Sœurs, aidées de leurs malades, d'avoir battu le ministre. Le maire fut obligé d'accourir avec des agents. Pendant plusieurs jours les religieuses eurent des sentinelles à leur porte. Les Révérends ministres, craignant sans doute d'être blâmés, firent des excuses, ils écrivirent même aux Sœurs qu'ils désiraient être unis à elles par les liens de la charité sur la terre, afin de les retrouver avec eux dans le ciel.

Ce qui est certain, c'est que des personnages importants parmi les protestants approuvèrent l'installation des religieuses à l'hôpital de ville. A partir de ce jour la paix ne fut plus troublée à *Shine*, car c'est l'orthographe actuelle du nom de l'hospice, la prononciation n'a pas changé.

## CHAPITRE XVI

### La fièvre jaune et les Pères Dominicains

L'année 1869 a été une année d'épreuves pour notre mission de Trinidad. Jusqu'alors tout avait souri à nos Pères. Ils aimaient leur paroisse, et les fidèles leur témoignaient beaucoup d'affection. Le bien se faisait, les missionnaires demeuraient en bonne santé, les œuvres prospéraient. Mais le sceau de l'épreuve avait manqué jusque-là, Dieu y pourvut. Le salut de l'homme ne s'opère que par le sacrifice, témoin le Calvaire. Il en fallait aussi à Trinidad, pour que le zèle apostolique des Dominicains portât du fruit. Une victime était déjà choisie, et parmi les plus nobles.

Le 26 juillet, un bruit sinistre courait dans la ville : « Le Père Trouche se meurt ! » Ecoutons M. Ferdinand Rat, qui nous a laissé une émouvante relation. « Bientôt, de toutes parts, écrit-il, arrivent des messagers au presbytère pour avoir des nouvelles. C'est de tous côtés regards anxieux et interrogateurs, questions rapides, à peine articulées, tant la voix est émue, à tous ceux qui revenaient du presbytère sur l'état de celui qui était l'objet de tant de sollicitudes. « Bien mal », était la réponse. Ainsi se passa la journée du lundi.

« L'aube du lendemain devait éclairer une scène plus triste encore. Car, au bruit de la veille « le P. Trouche se meurt », devait succéder cet autre : « le P. Trouche est mort ! On ne peut en douter, les cloches de la cathédrale l'annoncent de leur voix lugubre. »

Qui peindra la profonde douleur de tous ? Vendredi dernier, disait-on, il était au confessionnal, il a célébré la messe et aujourd'hui, mardi, seulement quatre jours après, il n'est plus ! » Il venait de succomber à un terrible accès de fièvre jaune, qui devait encore faire bien d'autres victimes.

Il nous faut donner sur cette mort d'autres détails qui ne manquent pas d'intérêt. Avant le P. Trouche, le R. P. Charmont avait été atteint du fléau le 18 juillet au soir. Prêchant la retraite de la Société de Saint-Vincent de Paul, il s'était, comme d'habitude, donné de tout cœur à ce ministère. Et en cas semblable, rien de fatal comme l'excès de fatigue. Le 19, il se sentit en proie à de violentes douleurs accompagnées de vomissements. A ces premiers symptômes du mal, le docteur le déclara en danger sérieux, ajoutant qu'il y avait certainement encore des chances de salut, mais que les chances contraires apparaissaient plus fortes et plus nombreuses. Les vomissements noirs, il est vrai, n'avaient point eu lieu, mais d'autres indices très graves se manifestaient.

Le R. P. Trouche avait suivi avec anxiété la maladie du P. Charmont. Déjà sous le coup des préoccupations et des fatigues de sa double charge de président de la Communauté Dominicaine et de curé de la cathédrale, dont il venait de prendre possession deux mois auparavant, il s'effrayait du sacrifice que Dieu semblait lui demander au début de sa nouvelle charge. Il ne quittait pas un seul instant le médecin, durant tout le cours de ses visites fréquentes et prolongées, et se faisait rendre compte des moindres symptômes et de leur portée.

Le jeudi 22 juillet amena une légère amélioration dans l'état du P. Charmont, et à partir de ce jour, le malade alla de plus en plus vers le mieux, et le samedi, il était hors de danger.

Mais ce même jour, deux autres Pères furent atteints, le P. Trouche et le P. Thomas Greenough. Ce dernier, le samedi 24 juillet au matin, se rendait au confessionnal. Et après avoir entendu à grand peine deux personnes, il congédiait les autres, et rentrait en toute hâte au presbytère, déjà comme terrassé par le mal. Telle était la situation. Deux religieux gravement malades, et une convalescence à son début dans une maladie qui, trop souvent, a des retours subits et terribles.

Toutes ces nouvelles promptement répandues au dehors, avaient consterné la ville. « C'est assez de trois. », criait, de son lit, le bon P. Trouche, en arrêtant du geste ceux qui voulaient entrer dans sa chambre. Le dimanche apporta quelque

espoir ; l'état du P. Greenough était toujours indécis ; le P. Charmont avait pu descendre de son lit, essayer ses forces, en se tenant debout, sans que la tête lui tournât. Monseigneur rentrant
au presbytère, dans l'après-midi, y trouva tous les visages joyeux.
Le P. Charmont, profitant de l'absence de tous les Pères, pendant les vêpres de la paroisse, était descendu dans la cour et s'y
aventura pendant quelques minutes.

Hélas ! cette sécurité n'était qu'une illusion. C'est là, du reste,
un des caractères de cette maladie terrible. En général, le mal,
quand il est mortel, suit trois périodes bien distinctes. La première débute par des souffrances violentes ; la seconde est caractérisée par ce mieux sensible auquel chacun se trompe et qui,
trop souvent, fait croire à tous que le danger est conjuré ; la
troisième s'annonce par un éclat terrible où tous les symptômes
désespérants se manifestent à la fois.

Le P. Trouche était destiné à parcourir les trois périodes. La
crise éclata dans la nuit du dimanche au lundi, 26 juillet, le
Père fut pris de vomissements, et cette fois, il n'y avait plus à se
le dissimuler, c'était le vomissement noir, quelque chose de
semblable à du café qui, commençant à se décomposer, laisserait le marc se précipiter au fond, avec une eau moitié noire,
moitié jaunâtre par dessus. Le pouls, non content de baisser,
était devenu complètement nul ; à partir de cet instant jusqu'à
sa mort arrivée vingt-quatre heures après, il a été impossible de
sentir une seule pulsation. « Jamais, disait le médecin, je n'ai
constaté un phénomène pareil, et je ne connais aucun auteur
qui l'ait cité. »

« Il était midi, nous dit le R. P. Bion à qui nous empruntons
ce récit, nous nous réunîmes tous dans la chambre du malade,
cachant le plus possible nos préparatifs pour donner l'Extrême-
Onction au P. Trouche, afin de ne point éveiller l'attention du
P. Greenough, couché à quelques pas de là, dans un état toujours plein d'incertitudes. Cependant, le P. Charmont, malgré
nos instances, quittait sa chambre, se traînait jusqu'à la porte
du P. Trouche et, s'appuyant sur une chaise, se joignait à nos
angoisses et à nos prières.

Le Père était demeuré confiant jusqu'au dernier instant, le

médecin l'avait déjà condamné, lorsque, se retournant sur son lit, il parlait avec assurance de la vigueur qu'il sentait en lui. Mais, vers minuit, quand à la suite d'un vomissement de sang rouge et vif, il comprit que tout était perdu : « C'est mon sang, dit-il ; ah ! tout est fini ! »... Nous nous concertâmes un instant si nous devions chanter le *Salve Regina*, suivant l'usage de l'Ordre ; nous ne le pouvions pas. Le P. Greenough était à deux pas de nous, et toute impression trop forte pouvait amener pour lui une crise fatale ; nous récitâmes à genoux, à demi-voix, l'antienne à Marie.

L'heure fatale allait arriver. Il eut une crispation convulsive effrayante ; un nouveau vomissement survint, c'était encore du sang vermeil et caillé. « C'est mon sang, dit-il encore, j'en ai à peine pour quelques minutes ». Et alors, joignant les mains, on l'entendit s'écrier d'une voix étouffée : « Mon Dieu, que votre volonté soit faite... partout... toujours !.. Marie, ma bonne Mère, assistez-moi. » Ce fut sa dernière parole. Le médecin entrait à ce moment. « Eh bien ? lui dîmes-nous, pensez-vous que tout est fini ? — Il est mort », nous répondit-il. Il était deux heures du matin environ, c'était le mardi, 27 juillet, après quatre jours de maladie.

Nous qui écrivons ces lignes et qui sommes arrivé dans cette mission dix ans après la mort du R. P. Trouche, nous nous souvenons que l'éminent Docteur Louis de Verteuil, le même, croyons-nous, qui a assisté notre bon P. Trouche et, presque sans exception, tous nos Pères malades, nous disait, un jour : « Il y a, pour ceux qui sont atteints de la fièvre jaune, trois jours dangereux : le cinquième, le septième et le neuvième. Si le malade passe ce neuvième jour, sa guérison est à peu près certaine. »

Nous avons rappelé l'arrivée du P. Trouche, le lieu de sa naissance et comment, prêtre séculier d'abord, il entra ensuite dans l'Ordre de Saint-Dominique, les charges importantes qui lui furent confiées. Prieur, Maître des novices, prédicateur distingué, son départ fut une grande perte pour son pays auquel il disait un adieu qui devait être éternel, et par suite, une magnifique acquisition pour la terre lointaine vers laquelle l'emportait le souffle de la charité évangélique, plus encore que celui

du vent qui enflait les voiles de son navire. Trois ans après,
presque jour pour jour, il laissait sa chère Trinidad pour sa vraie
patrie, le Ciel !

C'est encore à la notice nécrologique de M. Ferdinand Rat
que nous empruntons les lignes qui vont suivre ; nous le citons
presque textuellement.

« Précédé d'une réputation de savoir et d'éloquence, il voyait
venir le monde en foule pour entendre ses sermons. Ceux qui
l'admiraient surtout étaient les hommes ; ceux qui l'aimaient,
tout le monde. Sa parole était lente, sa voix sonore, sa science
profonde, relevée par une imagination riche et poétique. Au
physique, c'était la dignité froide, mais sympathique, une belle
face recueillie, sans être sévère. A l'autel, comme en chaire, il
était le même ; nulle précipitation, une lenteur grave et recueillie accompagnait tous ses mouvements. La parfaite convenance
de son extérieur le marquait d'un cachet de distinction tout particulier. Il était le favori des hommes ; ils affluaient à l'église
pour l'entendre et n'hésitaient pas, quand l'heure de la conversion avait sonné, à le choisir de préférence pour confesseur. »

Il avait succédé au R. P. Bion dans les charges de curé de la
paroisse et de second supérieur de la communauté de Port-d'Espagne. Double emploi qu'il n'occupa que quelques mois, mais
assez longtemps pour faire preuve de qualités administratives
peu ordinaires. Ses derniers moments ont été aussi édifiants que
sa vie. Avant l'Extrême-Onction, qui lui fut donnée par l'archevêque, entouré de toute la communauté, il réclamait un
instant pour adresser quelques paroles à ses Frères dont les
sanglots étouffés troublaient seuls cette scène désolante, rendue
plus désolante encore par la parfaite lucidité de cette belle intelligence que l'on savait devoir bientôt s'éteindre.

Dans un dernier adieu, il leur demanda pardon des scandales qu'il pouvait leur avoir causés, et de n'avoir pas joint ses
mains pour prier avec eux quand ils l'exhortaient à le faire.
Quelques heures après, vers une heure et demie du matin, le
27 juillet, possédant jusqu'au dernier moment toutes ses facultés, il s'endormait du sommeil éternel.

Le bruit de sa mort se répandit avec la rapidité de l'éclair. A neuf heures, la cathédrale était déjà envahie ainsi que la rue Georges, d'une foule compacte en habit de deuil pour assister à ses funérailles. D'un mouvement spontané, les magasins furent fermés. Nos frères protestants ont voulu, eux aussi, en se joignant à ce mouvement, payer un dernier hommage à celui qu'ils connaissaient à peine, mais dont toutes les voix faisaient l'éloge.

Le corps fut porté à l'église par les membres du *Vestry* et de la Conférence de Saint-Vincent de Paul ; les coins du poële par quatre prêtres séculiers. Il avait, pour escorte, un fort détachement de la police urbaine, ayant en tête l'Inspecteur Commandant. L'église était comble. Monseigneur offrit le saint Sacrifice et fit ensuite l'absoute, et le cortège, que chaque minute voyait grossir davantage, se mit en marche pour se rendre au cimetière. Là s'accomplirent les dernières cérémonies au milieu d'une foule immense et recueillie qu'interrompaient seuls les sanglots des personnes, de tous rangs et de toutes conditions, qui la formaient.

Le P. Trouche a été parmi nous trois ans, et, comme curé, seulement trois mois ; mais sa mémoire survivra aux choses périssables, et sera traditionnellement chérie par tous les cœurs nobles et généreux de cette île.

Qu'il repose en paix !

Ainsi s'est vérifiée cette parole du P. Lacordaire : « Partout où notre Ordre est établi, nos Pères laissent leurs ossements, comme pour y marquer leur passage. »

Et M. Ferdinand Rat termine sa notice nécrologique par ces paroles qu'on nous permettra de citer :

« Il y a autre chose qui marque votre passage parmi nous, fils glorieux d'un glorieux père, ô Dominicains ! C'est le bien que vous faites. Ce sont les semences évangéliques que vous répandez abondamment, et qui fructifient presque toujours par le soin que vous en prenez, et l'exemple, cette puissance morale qui vaut bien toutes les prédications, l'exemple que vous donnez partout de vos vertus. »

Le R. P. Trouche avait accompli un grand acte et laissé un magnifique exemple, en pratiquant à la lettre cette parole de Notre-Seigneur: *Majorem hac dilectionem nemo habet ut ani-*

*mam suam ponat quis pro amicis suis* (Joan. XV. 13). *La plus grande preuve d'amour que nous puissions donner à ceux que nous aimons, c'est de mourir pour eux.* Cette preuve, le cher défunt l'a donnée. Car l'épidémie s'étant déclarée à la Trinidad, il s'offrit en victime un jour qu'il célébrait les saints mystères, et demanda au Seigneur de mourir à la place de tous ses Frères.

Son sacrifice fut accepté, mais en partie seulement, comme on va le voir.

Le matin même de la mort du P. Trouche, quelques heures après, la maladie s'abattait comme un coup de foudre sur un autre religieux, le R. P. Violette.

Ce Père était loin d'être robuste. Arrivé d'Europe avec une santé délicate et un zèle ardent, il se dépensa pour les âmes au delà de ses forces physiques. Le carême dernier l'avait presque épuisé. Chargé des prédications du soir, il dut s'arrêter avant la fin de la sainte quarantaine.

A la mort du P. Trouche à laquelle il assista, une émotion trop vive s'empara-t-elle de lui, ou fut-il incommodé de toutes ces odeurs qu'on respire auprès d'un moribond, il éprouva un fort malaise, et commit l'imprudence d'aller prendre un bain à trois heures du matin.

L'effet ne se fit pas attendre. Presque aussitôt la fièvre se déclara, débutant de suite par le plus redoutable des symptômes, le vomissement noir. Nous étions consternés, l'épreuve semblait au-dessus de nos forces. Le pauvre Père ne se rendait pas compte de la gravité de son état, et parlait de se lever pour accompagner le corps du P. Trouche à sa dernière demeure.

Heureusement le médecin sut lui en ôter l'idée. Nos inquiétudes durèrent toute cette journée fatale du 27 juillet. Le Père souffrait horriblement, comme si, disait-il, on lui brisait les os des jambes. Cependant le médecin avait poursuivi le traitement commencé et mis sur lui un de ces larges cautères comme on n'en met que dans les régions tropicales, et qui, couvrant toute la poitrine, attirerait sans doute, à Paris, l'épithète de boucher au docteur qui l'aurait prescrit.

La nuit fut excellente, et le lendemain, le Père nous accueillait en souriant, la guérison se faisait, le mieux alla en progressant. Et le lundi 2 août, le P. Violette put être acheminé à l'îlet de Gasparillo, où le P. Charmont se trouvait déjà depuis deux jours.

Cependant l'état du R. P. Thomas Greenough donnait encore de l'inquiétude. Aucun des symptômes alarmants ne se présentait, il est vrai, mais rien ne pouvait faire sortir le Père de l'état de prostration où il était tombé. Il s'évanouissait fréquemment, et ne parvenait pas à garder la nourriture qu'il prenait. Nous étions très inquiets. Qu'une crise survint, où le pauvre Père aurait-il trouvé des forces pour la supporter ?

Cet état se prolongea pendant neuf jours. Enfin, le 1ᵉʳ août, notre malade put garder quelques aliments. Progrès immense, les forces revinrent peu à peu, et, le 4 août, le P. Thomas Greenough était capable de rejoindre à Gasparillo ses deux compagnons de souffrance.

Quelques jours s'étaient à peine écoulés depuis la mort du P. Trouche que la fièvre jaune faisait une autre victime. Le R. P. Ceslas Mentel, qui l'avait eu pour maître dans la vie religieuse et pour guide dans la vie apostolique, le suivait dans la céleste patrie, le 7 août, à douze jours d'intervalle, frappé du même mal. Il avait succédé au P. Trouche comme curé de la cathédrale, il lui succéda dans la mort ; et la même tombe réunit ceux que le même esprit et le même cœur avaient si étroitement unis pendant la vie : *Quomodo in vita sua dilexerunt se, ita et in morte non sunt separati (Off. Apost. Petri et Pauli).* Agé à peine de 33 ans et religieux depuis neuf ans seulement, il était d'une profonde humilité et d'une grande défiance de lui-même. Rendant compte, un jour, des motifs de ses aspirations à la vie religieuse, il écrivait : « Tel que je me connais, je ne me crois pas fait pour la solitude d'un presbytère, je craindrais d'y être exposé au danger de me perdre ; du moins je ne serais pas en position d'obtenir aussi aisément le salut difficile de certaines âmes, qui, bien qu'elles en pensent, me sont plus chères que tous les biens de ce monde. Pour cette double raison, il est nécessaire que j'embrasse une vie de pénitence, et conséquemment que je me fasse religieux dans un Ordre austère. »

Ces paroles expliquent suffisamment son départ pour les missions, où une voix intérieure, d'accord avec celle de quelques amis, l'appelait, depuis plus de deux ans ; mais la sagesse de ses supérieurs avait cru devoir mettre en expectative cette vocation nouvelle pour en mieux reconnaître la céleste origine.

Il disait, à cette occasion, avec une humble simplicité : « En France, pour réussir à faire un peu de bien aujourd'hui, il faut beaucoup de talent et d'esprit, avec de grandes vertus. Tout cela me manque à la fois, mais peut-être en aurai-je assez pour catéchiser les pauvres noirs et leurs enfants si délaissés. Jusqu'ici, d'ailleurs, mon peu de mérites n'a pu encore m'obtenir la grâce principale pour laquelle je me suis fait religieux, il faut que je frappe quelque nouveau et grand coup à la porte de la divine miséricorde, pour essayer de lui arracher ce que la justice est en droit de me refuser, peut-être sera-t-elle touchée de ce dernier sacrifice.....» Et il pleurait. A Saint-Nazaire, au moment où il mettait le pied sur le vaisseau qui devait l'emporter pour toujours, loin de sa patrie et de tout ce qu'il y chérissait, il écrivait à un ami intime :

« Je m'embarque donc, sous la garde de Dieu, la protection de la Sainte Vierge et la confiance en mon bon ange ; je vous l'avoue, je souhaite ne jamais revenir. Priez Dieu de m'exaucer..... Priez pour moi, je vais où Dieu m'appelle, la croix nous sépare sans nous désunir. »

Dans une autre lettre, cette fois datée de la Trinidad, parlant de la généreuse offrande que son digne Prieur, le R. P. Trouche, véritable martyr de la charité, avait faite de sa vie, il disait : « Il est digne de remarque que chacune des maisons de notre Ordre a été basée sur la mort de quelques-uns de ses religieux, et qu'ainsi, toutes nos fondations ont commencé par les larmes. »

En parlant ainsi, le bon et pieux Père ne s'imaginait pas que l'immolation d'une seconde victime fut nécessaire, encore moins qu'il put être jugé digne de cet incomparable honneur. Mais aux yeux de la divine Providence, toujours aussi juste que sage dans ses calculs adorables, ce n'était pas trop de ces deux pierres bénies jetées dans les fondations du nouveau Couvent pour en consolider les futures destinées, et pour protéger la sainteté et la vie de ses enfants au milieu des dangers et de l'insalubrité du climat.

Pour tous ceux qui ont intimement connu et étudié la vie du P. Mentel, telle paraît avoir été la destinée privilégiée et glorieuse de ce jeune et héroïque Frère Prêcheur.

Comment dire l'émotion causée dans toute la ville par la mort d'un si bon religieux ? On s'en fera une idée en se rappelant ce qui est arrivé au décès du tant regretté P. Trouche.

Mais nous n'étions pas à la fin de nos peines. Dieu frappe, qu'on nous permette l'expression, à poings fermés, avant d'entrouvrir sa main divine pour nous la montrer pleine de bénédictions. Et ces bénédictions, que sont-elles ? Oh ! si grandes et si douces, qu'on se prendrait à regretter qu'il n'ait pas frappé davantage et plus fort, pour en être béni encore plus.

Il faut nous en souvenir : la vie naît de la mort. Sans la mort du Christ sur le Calvaire, quelle serait la vie de l'humanité ? Lui-même, avec son éloquence toute divine, nous fait comprendre cette vérité, quand, parlant au figuré, il nous dit : *Nisi granum frumenti cadens in terram mortuum fuerit, ipsum solum manet ; si autem mortuum fuerit, multum fructum affert. Si le grain de froment tombant sur la terre ne meurt pas, il reste seul ; mais s'il meurt, il porte beaucoup de fruit .*(Jean. XII. 23).

Qui n'a observé ce phénomène de la mort produisant la vie ?

Le R. P. Bion, par l'ordre de Monseigneur, était allé rejoindre à l'îlet de Gasparillo les trois Pères convalescents ; il s'apprêtait, trois jours après, à retourner au Port, quand un exprès lui apporta la lettre suivante :

Aux Révérends Pères Dominicains de Gasparillo.

Presbytère, 7 août 1869. — Mes chers enfants,

J'ai à vous annoncer la plus triste des nouvelles. Le R. P. Mentel qui semblait être entré en convalescence, jeudi dernier, est devenu plus malade hier matin, et n'a fait, malgré tous les secours qui lui ont été prodigués, que décliner dès ce moment. Il a expiré, hier soir à dix heures trente, après avoir reçu l'Extrême-Onction, et les funérailles auront lieu ce matin, à huit heures. Ainsi tout sera fini à l'heure où vous recevrez ma lettre..... Mais d'après la recommandation expresse du médecin, je vous supplie et au besoin vous ordonne, au nom de la sainte obéissance, de ne pas quitter Gasparillo en ce moment. Je vous ferai savoir dans les premiers jours de la semaine prochaine, quel jour chacun de vous pourra rentrer au presbytère..... Vous comprendrez facilement que ces dispositions ne sont dictées que par le désir de ne pas nous exposer sans nécessité à de nouveaux dangers et à de nouveaux malheurs.

Je vous bénis en Notre-Seigneur et vous recommande la résignation la plus franche à la volonté de Dieu en même temps que la confiance la plus entière dans sa miséricorde ; le temps des consolations viendra.

Votre Père bien dévoué et affectionné.

F. Joachim-Louis, Arch. P. O. P.

Sur sept religieux qui restaient, quatre étaient retenus par un précepte formel dans l'île de Gasparillo ; les trois autres, les RR. PP. Brosse, Esteva et Forestier restaient à Port-d'Espagne, avec Mgr Gonin ; mais dès le jour même de la mort du P. Mentel, l'administrateur sanitaire de la ville leur avait enjoint de quitter pour quelque temps le presbytère et, malgré la valeur très contestable de cet ordre, Monseigneur avait regardé comme plus prudent, ne fût-ce que pour donner satisfaction à l'opinion publique très alarmée à notre sujet, d'y céder et d'accepter, au haut de la ville, dans le quartier le plus sain, une maison qu'une hospitalité pleine de délicatesse chrétienne avait mise tout entière à notre disposition. Les Pères s'y rendaient pour la nuit seulement et le lendemain, dès quatre heures et demie, la même voiture ramenait les Pères au presbytère.

La veille de l'Assomption, huit jours après la mort du P. Mentel, les Pères eurent la liberté de revenir au Port ; mais en arrivant ils trouvèrent un nouveau malade, le P. Etienne Brosse. Dès qu'on le sut atteint, le médecin le fit transporter en ville de Cocorite où il était retourné. Ce ne fut qu'une attaque légère.

Du reste, le P. Brosse avait reçu du ciel, pour résister au mal, deux privilèges précieux en pareil cas ; le premier, c'est une énergie de volonté peu commune ; à force de ne vouloir pas être malade du tout, on finit par se débarrasser aux trois quarts de la maladie ; le second, c'est une maigreur caractéristique et aussi peu commune peut-être que son énergie de volonté. Quand il n'y a presque rien ou du moins très peu de chose entre la peau et les os, le mal perd par le fait même son plus beau champ de bataille.

Quoi qu'il en soit, dès le troisième jour, au moment où nous nous inquiétions au presbytère de la marche des symptômes, on vit le Père apparaître tout à coup, après avoir fait, à pied, une route de près d'un mille. Dès le lendemain, il reprenait son travail.

Deux autres religieux devaient encore, à trois semaines d'intervalle, payer leur tribut. Le premier atteint fut le Frère convers, Joseph Gaillardet, qui avait impunément soigné tous les malades, passé les nuits auprès d'eux, rendu au corps du P. Trouche les derniers devoirs de la charité religieuse. Envoyé à Gasparillo avec les convalescents, il était rentré à Port-d'Espagne dans les meilleures conditions de sécurité ; la maladie cependant l'y attendait ; huit jours après son retour, il fut atteint et rudement, mais grâce à Dieu, il se méprit complètement sur les caractères de sa maladie ; il ne perdit point son calme d'esprit, et quand, au bout de dix jours, il se leva pour la première fois, il fut tout stupéfait d'être passé par les bras de la fièvre jaune et surtout d'en être si facilement sorti.

Le P. Forestier devait le suivre à trois semaines d'intervalle. Procureur et infirmier, il avait eu plus que tout autre sa part de fatigues, au milieu de toutes ces commotions, et peut-être l'avait-il volontairement accrue, ne fût-ce que pour se distraire, et pour échapper, par l'excès des occupations, au contre-coup inévitable de toutes nos émotions.

Mais, s'il était parvenu à s'éloigner du mal, par un côté, en s'efforçant d'y penser le moins possible, de l'autre, il était allé nécessairement au devant de ses atteintes, en s'affaiblissant chaque jour par une fatigue immodérée.

Le dimanche, 12 septembre, il se sentit vaincu ; impossible de lutter davantage ; le mal s'était emparé de lui et le dominait en maître. Les progrès étaient rapides et alarmants. Le médecin nous a avoués, plus tard, qu'aucun de nos malades, avant que les dernières crises eussent éclaté, n'avait présenté des symptômes aussi inquiétants. Dès le mardi, il appréhendait l'apparition de quel-

qu'une de ces complications qui, une fois déclarées, ne laissent
que peu d'espoir. Fort heureusement, cette apparition n'eut pas
lieu ; dès le vendredi, le malade entrait en convalescence. Convalescence longue et douloureuse !

Le R. P. Esteva lui-même, quoique légèrement atteint, eut à subir ensuite l'influence incontestable de la saison. « Je suis, ajoute
le R. P. Bion, à qui nous empruntons tous ces détails, je suis à
peu près le seul qui ait été complètement épargné. »

Il est évident que, dans la suite de notre récit, quand nous aurons à parler de la maladie et de la mort de nos Pères, nous ne
pourrons entrer dans tant de détails ; il faudrait alors faire une
biographie de chacun d'eux ; mais nous avons cru nécessaire
d'indiquer d'une façon un peu plus détaillée ce qui regarde nos
premiers Pères venus à la Trinidad.

Ils méritent à tous égards cette attention particulière de la part
de leur historien. Le constructeur prend toujours un soin plus
attentif des pierres de fondation, car ce sont elles qui doivent supporter tout le poids de l'édifice. Du reste, nous n'avons heureusement pas fini avec ces trois d'entre ceux de nos premiers Pères
que l'oiseau de la mort a frôlés de son aile sans les abattre. Dieu
se les réservait pour de nombreuses, grandes et belles choses ;
par bonheur pour la mission de Trinidad, il leur restait encore
une longue route à parcourir : *Grandis enim tibi restat via*
(Reg. 19. 7).

Après avoir nommé les Pères qui moururent ou qui souffrirent
de la fièvre jaune, il nous faut mentionner le nom d'un religieux
qui fut atteint d'une mort cent fois pire.

En novembre 1869, le nombre de nos Pères augmenta par l'arrivée du R. P. Jérôme Hargrove, de la Province d'Angleterre.
Dès 1865, il était question de ce Père qui se destinait à la mission
de Trinidad avec le consentement du Révérendissime Père Maître
Général. Il faisait alors ses études à Sainte-Sabine, à Rome. En
1868, le Père tomba malade, ce qui ajourna son départ qu'il ne
put effectuer qu'en octobre de cette année 1869.

Le P. Hargrove, né de parents protestants, avait été baptisé
et élevé dans le protestantisme. A quel âge embrassa-t-il le catholicisme ? nous l'ignorons. Mais l'ayant connu, pendant près de

deux années, en notre couvent de Carpentras (France), où l'avait envoyé le R<sup>me</sup> P. Jandel, pour terminer ses études théologiques et sans doute aussi pour affermir sa santé ébranlée, nous nous souvenons qu'il nous montra un livre, en tête duquel se trouvaient indiqués les événements les plus remarquables concernant sa famille ; naissances, baptêmes, mariages, décès, et leurs dates, etc. Sous ce dernier titre, *décès*, se trouvait marqué le nom du jeune Hargrove, et la date était celle du jour de son entrée dans le sein de l'Eglise catholique. C'est son père qui lui avait écrit cela de sa propre main. Pour ce pauvre père, son fils n'existait plus à partir de ce jour. Nous avons toujours été très édifié de la piété du Fr. Jérôme et pendant ces deux années de noviciat, il pouvait être cité comme un modèle de régularité religieuse. Toutefois il nous avait manifesté, plusieurs fois, un sentiment qui nous avait fait mauvaise impression et dont nous nous souvenons encore après quarante-cinq années. « Je trouve, me dit-il un jour (et il le dit également à d'autres) que vous êtes exagérés dans vos dévotions envers la Sainte Vierge et quand vous parlez d'elle. »

Ce fut à Avignon qu'il reçut l'ordre du sous-diaconat et, croyons-nous aussi, du diaconat, puis il retourna dans sa Province d'Angleterre et nous n'entendions plus parler de lui quand nous apprîmes qu'il avait obtenu de partir pour la mission de Trinidad.

Mais, hélas ! l'hérésie protestante qu'il avait sucée avec le lait maternel avait laissé en ce pauvre Père un peu de levain qui devait suffire à corrompre toute la pâte : *modicum fermentum totam massam corrumpit* (Galat. V. 10). Nous nous en doutions lorsque, pendant son noviciat, en France, il nous parlait de la Sainte Vierge. Nous ne nous étions pas trompés, malheureusement. Le 8 septembre 1872, trois années environ après son arrivée à la Trinidad, il quittait brusquement le presbytère et, sans ordre de ses supérieurs, retournait en Angleterre, après avoir laissé son habit religieux. On sut, plus tard, qu'il avait apostasié, et s'était mis à la tête d'une nouvelle secte protestante qu'il avait fondée. Après être monté si haut, comment a-t-il pu tomber si bas ? *Quomodo cecidisti de cœlo, Lucifer, qui mane oriebaris !* (Isaïe 14. 12).

# CHAPITRE XVII

## Dominicaines victimes de la fièvre jaune

Après les Frères, les Sœurs. Dieu qui voulait couvrir de ses bénédictions la famille entière, devait donc éprouver, les uns et les
autres. C'est sa manière. Celui qu'il a frappé le plus durement a
été Celui qu'il a le plus aimé, celui qu'il a appelé son Fils bien-
aimé : *Filius meus dilectus*. Le disciple n'est pas au-dessus du
Maître.

Le presbytère et la ville étaient encore sous l'impression douloureuse causée par la perte de nos deux Pères quand se répandit
tout à coup la nouvelle de la maladie d'une de nos Sœurs. C'était
encore la fièvre jaune tombant comme la foudre parmi les religieuses de notre Ordre, jeunes pour la plupart et portant au milieu de leurs malades tout le dévouement et toute la gaieté de la
jeunesse. La fièvre jaune n'avait pas sévi depuis dix-sept ans à la
Trinidad et personne ne se rappelle une calamité semblable à
celle dont nos Sœurs furent les victimes.

Le 19 octobre, la Révérende Mère Prieure Générale recevait de
Monseigneur l'archevêque de Port-d'Espagne la lettre suivante,
datée du 23 septembre 1869 :

Ma Très Révérende Mère,

J'ai un bien triste devoir à remplir auprès de vous. Vous avez
sans doute appris que la fièvre jaune, qui n'avait pas paru à la
Trinidad depuis 1852, désolait en ce moment les Antilles et avait
déjà enlevé deux Pères Dominicains, les PP. Trouche et Mentel,
deux Pères enseignant au collège des Pères du Saint-Esprit, et
une Sœur de Saint-Joseph de Cluny. Le fléau vient d'attaquer
votre communauté de Cocorite, et il faut vous dire maintenant

qu'il y a déjà fait et y fait encore d'affreux ravages. Quatre de nos Sœurs ont succombé, Sœur Agnès, Sœur Madeleine, Sœur Saint-Jean et enfin, aujourd'hui même, la bien regrettée Sœur Catherine-Lucie.

Ce n'est pas tout, hélas ! il faut bien le dire. Cinq autres sont encore malades en ce moment et deux gravement, la Révérende Mère Prieure et Sœur Marie Osanna. Ce n'est que par le prochain paquebot qu'on pourra vous fixer sur l'issue de la maladie.

Je comprends tout ce qu'une crise aussi terrible aura de douloureux pour votre cœur maternel ; mais j'espère que Notre-Seigneur vous donnera les grâces de résignation et de courage dont vous avez tant besoin en ce moment. Je suis convaincu que tout cela pourra se réparer avec le temps, et que Dieu tirera le bien du mal. C'est le moment de ranimer notre foi dans la divine promesse : *Bienheureux ceux qui pleurent parce qu'ils seront consolés* ». — Fr. Joachim-Louis, arch. de Port-d'Espagne.

« P. S. Je rouvre ma lettre, le 24, pour vous annoncer une chose qui va être un nouveau et cruel déchirement pour votre cœur ; mais il faut bien que j'accomplisse jusqu'au bout ma douloureuse tâche. Deux Sœurs de plus ont expiré depuis hier, et l'une d'elles, hélas ! est la Mère Prieure, et l'autre, Sœur Joséphine. Ranimons notre foi jusqu'à la fin, et répétons du fond de l'âme : « *Seigneur, que votre volonté soit faite.* » Ayons toujours confiance en lui, et la consolation viendra en son temps. Il nous rendra encore plus que ce que nous avons perdu. »

Le R. P. Etienne écrivait à son tour :

Ma Très Révérende Mère,

« Je suis chargé par la Révérende Mère Marie-Dominique et la Révérende Mère Catherine-Dominique de vous écrire et de vous dire les épreuves cruelles, immenses, par lesquelles le bon Dieu nous a fait passer. Notre très chère communauté a vu s'abattre sur elle le fléau, non de cette contrée, mais des contrées voisines, la fièvre jaune. Ma pauvre Mère, je vous écris en pleurant. Nous avons perdu, coup sur coup : Sœur Marie de Saint-Jean, Sœur Agnès du Rosaire, Sœur Marie-Madeleine, Sœur Catherine-Lucie,

la Très Révérende Mère Marie-Dominique. — Sont encore malades actuellement, Sœur Osanna, Sœur Marie-Augustine et Sœur
Hyacinthe. Votre cœur ne peut aller jusqu'au bout de cette liste,
il se déchire.

« Je dois vous dire simplement la vérité. Sœur Catherine-Lucie
m'avait chargé spécialement de vous écrire. Malheureusement,
pressé par tous ces événements et par le rapide départ du cour-
rier, je n'eus pas le temps de vous donner des détails. Une seule
chose suffira ; c'est que toutes ces chères enfants sont mortes
comme des saintes. Je ne saurais vous dire quelle a été leur joie
de mourir, leur bonheur en voyant s'approcher le moment de
voir Jésus ! Je pourrais vous parler spécialement, mais une autre
fois, de Sœur Catherine-Lucie, qui me laisse l'âme à la fois ravie
d'une immense admiration et accablée d'une excessive douleur.
« *Deo gratias* ». Il y a des saintes de plus au ciel !»...

Il convient de donner ici une courte notice biographique sur
chacune de ces neuf premières victimes que Dieu a bien voulu
choisir parmi les filles de son serviteur Dominique. De toutes les
victimes offertes au temple de Jérusalem, c'était toujours la meilleure part qu'on mettait de côté pour être celle du Seigneur. En
venant à la Trinidad, nos admirables Sœurs avaient tout sacrifié
pour servir Dieu dans la personne des pauvres lépreux, objet
d'horreur pour tous, leur volonté, leurs aises, leur bien-être, leur
goût, leur santé, et, plus que tout cela, leur famille et leur patrie. Ce n'était pas assez ; leur sacrifice, pour être complet, devait
aller plus loin, elles devaient se donner elles-mêmes. Pour elles
aussi, il était écrit qu'avant toutes choses elles devaient faire la
volonté de Dieu ; c'est le sacrifice de leur vie qui leur était demandé ; dès qu'elles le comprirent, elles n'hésitèrent pas à répondre : Je viens, me voici : *In capite libri scriptum est de me,
ut faciam, Deus, voluntatem tuam ; tunc dixi ecce venio*
(Hébr. X. 7).

Nous avons fait connaître quels hommes étaient nos PP. Trouche et Mentel ; nous avons dit quelque chose de leur vie et de
leur mort, l'une et l'autre sujet d'édification pour tous.

Pourquoi n'en ferions-nous pas autant pour nos Sœurs ? Leur

vie, comme leur mort, a eu moins d'apparat, moins d'éclat, on en a moins parlé ; mais ont-elles fait moins de bien ? C'est le secret de Dieu. La fleur qui donne et répand le parfum le plus suave n'est pas toujours celle qui frappe davantage le regard. Voyez l'humble violette, elle n'a ni le vif éclat de la rose, ni le port majestueux du lys ; elle se cache si bien que souvent on la foulerait aux pieds si son parfum n'en trahissait la présence. Le parfum de vos vertus a trahi votre présence, Sœurs bien-aimées, quelque soin que vous ayez mis à le faire passer inaperçu aux regards des hommes ; et celles qui vous survivent ont si bien marché sur vos traces que celui qui pénètre dans un des quatre couvents que vous possédez à la Trinidad, se demande si le parfum de charité et d'humilité qu'on y respire, émane de celles qui continuent votre œuvre, ou du tombeau où vos restes mortels reposent, en attendant la bienheureuse résurrection.

Après nos deux Pères, la terrible épidémie avait enlevé, coup sur coup, neuf Sœurs Dominicaines de la Congrégation de Sainte-Catherine de Sienne d'Etrépagny. Les restes de ces nobles victimes de la charité apostolique reposent dans un petit cimetière, dépendant du grand cimetière de Port-d'Espagne. Nous allons donner une notice biographique (nous allions dire hagiographique) sur chacune d'elles ; ces notices sont extraites des Actes du Chapitre général de l'Ordre des Frères Prêcheurs, tenu à Gand en 1871.

I. — *Sœur Marie de Saint-Jean* était une des six religieuses Dominicaines qui, aux derniers jours de juin 1869, abordèrent à Port-d'Espagne. Elle fut la première atteinte par l'épidémie et, quelques jours après, le 8 septembre, elle expira, ayant reçu avec joie les derniers sacrements. Sœur converse et dans la première fleur de la jeunesse, douée d'un cœur droit et généreux, elle apparaissait à tous pure et innocente comme elle l'était de fait. Son humilité était si grande qu'elle abhorrait le plus petit retour sur elle-même ; aussi avait-elle renoncé à sa volonté pour obéir à celle de ses supérieures avec la plus grande abnégation. Elle marchait devant Dieu dans la simplicité et la droiture du cœur.

II. — *Sœur Agnès du Rosaire* avait partagé les travaux de Sœur Marie de Saint-Jean ; elle la suivit trois jours après, le 11 septembre, au lieu du repos. Son nom la peignait parfaitement, car elle avait la douceur et l'innocence d'un gracieux petit agneau. Elle joignait à ces qualités un courage et un dévouement à toute épreuve. Dans une continuelle mortification de ses sens comme aussi dans un continuel recueillement, elle jouissait d'un grand esprit d'oraison et se tenait intimement unie à l'Epoux des vierges. Embrasée de son amour, elle brûlait de zèle pour le salut de ces âmes qui l'avaient poussée à entreprendre une tâche au-dessus de ses forces.

III. — *Sœur Marie-Madeleine* venait d'arriver à Port-d'Espagne, lorsqu'elle fut atteinte de l'épidémie. Elle entra la troisième au port de l'éternité, le 29 septembre. Elle avait supporté ses douleurs en paix et en silence. Humble et pieuse Sœur converse, elle acheva sa vie dans le renoncement et l'immolation d'elle-même.

IV. — *Sœur Catherine-Lucie du Sacré-Cœur* fut une des six qui, les premières, dix-huit mois auparavant, avaient commencé l'œuvre apostolique. Née en Autriche de parents nobles, ornée de tous les agréments qui pouvaient plaire au monde, elle méprisa son royaume et son faste. « Oubliant son peuple et la maison de son père », elle marcha généreusement sur les traces de sainte Catherine de Sienne, par l'exercice de la contemplation intérieure et de la miséricorde extérieure. Elle n'avait rien plus à cœur que de suivre le Seigneur Jésus, qu'elle aimait uniquement, dans la pauvreté, l'humilité et la pénitence ; et c'est grâce à ses vertus que, contrairement à toute espérance, (ayant prononcé ses vœux depuis treize mois à peine), elle fut adjointe aux Sœurs de vœux solennels, et choisie pour cette mission lointaine de la Trinidad. Possédant plusieurs langues et ornée d'une certaine science, elle leur fut en toutes choses d'un très grand secours. Atteinte de l'épidémie le 19 septembre, quatre jours après, le 23, munie des sacrements de l'Eglise, dans la paix et la prière, elle échangea la vie présente pour l'éternité.

V. — Le même jour, elle fut suivie par *Sœur Joséphine du Ro-saire*, arrivée à la Trinidad au mois de novembre 1868. Humble et modeste, c'est avec joie qu'elle se vit destinée à la mission pour laquelle elle s'était offerte elle-même. Jusqu'à la fin, elle ne démentit point l'attente que ses supérieures avaient conçue de ses vertus et de ses qualités ; elle-même ne fut point frustrée du fruit de ses travaux.

VI. — Le 24 septembre, *la Très Révérende Mère Marie-Domi-nique de la Croix*, dans le monde Louise Bonnardel, mourut, accablée par la maladie et la douleur de la mort de ses filles. Née le 12 avril 1818, dans le village de Chassignole (diocèse d'Autun), et élevée par des parents pleins de foi et de piété, elle marcha sur leurs traces et s'appliqua, dès son enfance, à servir Dieu et à accomplir par amour pour lui toutes sortes d'œuvres de miséricorde pour le prochain. Après avoir passé pieusement les premières années de sa jeunesse, elle hésitait, se demandant si elle devait chercher dans le cloître une plus grande sainteté, ou bien continuer ses bonnes œuvres habituelles dans le monde. Indécise, elle alla consulter le vénérable Curé d'Ars, Jean-Baptiste-Marie Vianney. Encouragée par ses exhortations prophétiques, elle résolut de se faire recevoir du Tiers-Ordre de la Pénitence de Saint-Dominique, en même temps qu'une de ses sœurs. Bientôt elles employèrent leurs ressources et leurs soins à fonder un monastère en leur propre pays, et c'est là que fut le berceau de la Congrégation naissante de Sainte-Catherine de Sienne.

Là, elles prirent le saint habit en mai 1855, et furent initiées avec leurs premières compagnes à la vie régulière par une religieuse venue du couvent des Sœurs du Tiers-Ordre de Chalar. Quelques années plus tard, Sœur Marie-Dominique fut envoyée pour assurer l'avenir de la seconde mission de la Congrégation, située près de Louvain, en Belgique. Après avoir dirigé cette maison pendant sept ans, elle fut de nouveau mise à la tête de son premier couvent. C'est alors, en 1868, qu'on lui confia le soin de fonder l'établissement des Sœurs dans l'île de la Trinidad. La servante de Dieu, brûlant de s'immoler et de procurer le salut du prochain, n'hésita point à quitter sa mère tendrement aimée et

Rév. Mère Thomas des Anges

déjà fort avancée en âge, ses frères, ses sœurs, tant de bonnes œuvres commencées et le sol toujours cher de la patrie, pour aller sur une terre lointaine, jeter la semence des bons exemples et moissonner de plus amples mérites.

VII. — VIII. — Le lendemain, 25 septembre, moururent encore *Sœur Marie-Osanna de Jésus* et *Sœur Marie du Saint-Sacrement*, converse.

La première, élevée par les Sœurs de la Révérende Mère Marie-Dominique à la pension du couvent, passa au nombre des religieuses. Inséparable de sa Mère chérie, elle la suivit sur la terre étrangère et l'accompagna au ciel. Cette sainte religieuse portait, empreinte sur ses traits, l'innocence de son cœur. D'un caractère gai, elle cherchait à unir l'édification à la jovialité, uniquement préoccupée de sa sanctification en se rendant aimable au prochain. Appelée de Dieu à la vocation des apôtres dès l'époque de sa profession, elle était au nombre des Sœurs que Mgr Amanton, religieux de notre Ordre, et Délégué Apostolique de la Mésopotamie, avait choisies, en 1860, pour la mission de Mossoul. Frustrée, une première fois, dans ses espérances, elle n'en fut pas moins fidèle à attendre un second appel du Seigneur. Aussi, huit ans plus tard, fut-elle prête, lorsqu'il s'agit d'aller à la Trinidad. Elle travailla beaucoup dans cette île, soit comme infirmière à la léproserie, soit auprès des enfants ; toujours dévouée, toujours infatigable, elle était vraiment digne d'entrer au festin des noces de l'Agneau.

Sa compagne inséparable à la vie et à la mort, Sœur Marie du Saint-Sacrement, fut la première des religieuses converses que sa vertu, sa prudence, sa discrétion et la sérénité constante de son caractère firent choisir pour la mission de la Trinidad ; instruite à l'école du Saint-Esprit, elle était parvenue à une élévation de pensées, une noblesse de caractère que l'éducation la plus soignée ne donne pas toujours.

IX. — La neuvième et dernière victime de la contagion, *Sœur Marie-Hyacinthe*, mourut le 28 septembre. Humble Sœur converse, elle se sentait dévorée du désir des missions. Elle avait d'abord été désignée pour Mossoul par Mgr Amanton, qui lui avait donné la Confirmation et le voile. On rapporte d'elle que, ne sachant pas du tout écrire, à l'exemple de sainte Catherine de Sienne et par son intercession, elle apprit à former les lettres. On dit encore que, par le sacrifice qu'elle fit d'elle-même pour les missions, elle obtint à son plus jeune frère la vocation ecclésiastique.

Quand éclata l'affreux fléau, nous étions vingt-quatre enfants de saint Dominique à la Trinidad, neuf religieux et quinze sœurs. La mort nous en a ravi près de la moitié, deux Pères et neuf religieuses.

L'œuvre sainte quand même n'en souffrit pas. Entre les mains divines, la vie et la mort concourent simultanément au bien des âmes. Nous allons dire adieu à la fièvre jaune, adieu, qui, malheureusement, ne sera pas éternel, car elle reviendra nous attrister par sa visite et plusieurs fois encore.

« Nous avons rapporté dans un sentiment d'admiration et d'espérance l'hommage si solennellement rendu par le Chapitre Général de l'Ordre tenu à Gand en 1871, à la mémoire de nos bien-aimées Sœurs. Oui, nous avons tous admiré leur courage héroïque en face de la mort qui était la destruction de leurs saints projets, mais notre espérance, avec la leur, reste fixée à cette conduite adorable de la divine Providence qui ne ruine que pour relever, nous souvenant que, selon la devise de la Congrégation : « *Dans la croix est la vie.* »

« Les dépouilles mortelles des neuf victimes furent déposées au cimetière de Port-d'Espagne, dans un espace de terrain qui fut peu après acquis par nos Frères et nos Sœurs, entouré de murs, et réservé à la sépulture de tous les enfants de saint Dominique qui mourront à Port-d'Espagne. Neuf croix ont été faites par le R. P. Thomas Greenough et déposées sur chaque tombe de nos Sœurs. Les matériaux en ont été empruntés à ces bois incorruptibles, particuliers aux Colonies et qui, semblables au souvenir des âmes saintes, résistent à toutes les attaques du temps. Le Père y a fait graver en lettres d'or le nom de chacune, son âge et la date de sa mort. C'est le mémorial d'une vie crucifiée et ense-

velie, mais aussi comme le gage de la résurrection et de la vie en
Dieu. »

Ces belles paroles sont extraites d'une lettre du R. P. Bion.
Pendant que nos Sœurs demeuraient forcément absentes de Cocorite (1), que devenaient leurs œuvres ? Tous s'en étaient émus,
et l'on fit de toutes parts des prodiges de zèle et de dévouement
pour les soutenir, mais il y eut, on le conçoit, un moment d'arrêt anxieux. Beaucoup de personnes s'offrirent spontanément
pour aller à Cocorite soigner les lépreux à tour de rôle, mais
l'administration de l'hospice crut plus opportun de confier le
travail matériel à des *nurses* (infirmières) salariées, sous la surveillance d'un directeur.

A Shine, plusieurs jeunes filles se chargèrent de tenir la place
de nos Sœurs. Elles faisaient partie de la Société de la Nativité de
la Sainte Vierge. Leur intention était de remplir alternativement
les fonctions de garde-malades, jusqu'à ce que d'autres Sœurs
fussent arrivées d'Europe. Mais les Supérieures de la Congrégation eurent à prendre d'autres mesures qui modifièrent la situation de l'hospice.

Cette maison d'Ariapita ou Shine, située à l'extrémité de la
ville, n'avait alors aucune clôture ; un logement des plus insuf-
fisants était consacré aux religieuses qui se trouvaient, en tout
temps, dans l'impossibilité d'y avoir ni silence, ni aucune espèce d'observance, quatre seulement pouvaient y loger, et encore !...
De plus, il fallait se rendre à l'église voisine (le Sacré-Cœur)
pour la messe et les Offices.

On le voit, c'eût été la ruine de toute vie régulière. La Révérende Mère Marie-Dominique l'avait compris, après expérience
faite, et regrettait qu'on eut accepté cette œuvre. Mais les circonstances actuelles étaient de nature à ôter toute hésitation pour la
continuer, car le personnel de nos Sœurs avait subi un coup trop
rude pour qu'il fût possible de disséminer celles qui restaient.

Il y eut alors de vives réclamations de la part des catholiques
de la ville, des Pères dominicains, et même de l'archevêque qui
devait se trouver quelque peu embarrassé, on le conçoit, pour

_________

(1) Tout ce qui suit est tiré des « *Mémoires* » écrits par nos Sœurs.

faire face à ces réclamations. Mais les Supérieures de la Congrégation crurent devoir s'en tenir à la décision prise par elles d'abandonner l'hospice d'Ariapita. La Providence pourvut toutefois au soin des pauvres malades, car de pieuses personnes s'offrirent pour les soigner, et plusieurs se dévouèrent totalement à cette œuvre si intéressante. Elles y exercèrent, pendant de longues années, un véritable apostolat et après vingt ans de dévouement, elles furent établies en Congrégation régulière sous le nom de « *Petites sœurs de charité* ». Comme elles faisaient partie du Tiers-Ordre, et que jamais le contrat fait avec nos Sœurs n'avait été rompu, elles en bénéficièrent et la maison resta : *Communauté Dominicaine*. Nous aurons à revenir sur ce sujet et à dire quand, et par qui, cette nouvelle Congrégation fut fondée. La résolution prise d'abandonner Ariapita fut exécutée au printemps de 1870.

Il y eut un élan général dans la Congrégation de nos Sœurs pour s'offrir à aller remplacer les « chères martyres. » On n'eut que l'embarras du choix. Quatre furent désignées, deux religieuses de chœur et deux Sœurs converses. Elles s'embarquèrent, à Saint-Nazaire, le 8 avril, et abordèrent à la Trinidad le 25 du même mois 1870.

Après les émotions de la terrible catastrophe du mois de septembre 1869, il se produisit à la Trinidad, on le conçoit, bien des commentaires sur les causes du désastre. Mais nos Sœurs n'avaient pas perdu courage et l'une d'elles (elles n'étaient plus que six) écrivait à la supérieure générale :

« Nous qui restons, nous ne sommes ni tristes, ni découragées, tout s'arrange ou s'arrangera. Nous vous conjurons, ma Révérende Mère, de ne pas vous attrister à notre sujet. Ce matin. la Mère Prieure a fait écrire au Gouverneur afin de hâter notre rentrée à Cocorite ; il est un père pour nous, quoique protestant, aussi vos six enfants ont-elles signé cette lettre et nous sommes assurées qu'il en sera consolé. »

Entre autres commentaires, un journal, premier journal catholique à Trinidad, « *L'Étoile de l'Ouest* » écrivit un article alarmant sur la question, et attribua la mortalité à l'insalubrité du lieu. Cette objection tombait en partie d'elle-même, puisqu'on avait compté bien d'autres victimes, dans toutes les classes de la société et dans l'île entière. Toutefois, le Gouverneur, Sir Gordon, qui avait pris sur lui toute la responsabilité de l'établissement de nos Sœurs à Cocorite, décida qu'on y ferait graduellement des travaux d'assainissement favorables à l'hospice, et cela s'est fait par la plantation d'arbres dans les endroits marécageux au bord de la mer.

Les affreux ravages de l'épidémie avaient été si sensibles à Cocorite, probablement parce que nos Sœurs n'étaient pas acclimatées quand le fléau se déclara, et aussi parce que le régime suivi par elles dans l'élan de leur ferveur les avait débilitées et rendues incapables de supporter la violence de la fièvre. Quoiqu'il en soit, leur sacrifice n'a pu être, du côté surnaturel, qu'une source de grâces et de bénédictions pour l'œuvre que nous avons vue se développer d'une manière si consolante dans les années suivantes.

L'embarras de nos Sœurs fut grand pour combler les vides faits par la mort, non pas faute de trouver des religieuses de bonne volonté, mais pour trouver une Prieure capable de remplacer la Supérieure défunte, la tant regrettée Mère Marie-Dominique Bonnardel.

La Mère Catherine Dominique, qui était déjà sur les lieux et qui avait donné tant de preuves de courage et de charité au moment du danger, fut choisie pour supérieure de Cocorite. Elle devenait ainsi surintendante de l'asile et sa nomination fut agréée par la Prieure générale, le 28 octobre 1869, un mois après la catastrophe.

Le moment était critique et cette excellente religieuse eut lieu de le constater bientôt, car on fit courir des bruits défavorables à l'œuvre, beaucoup s'en alarmèrent et spécialement l'archevêque. On prétendit que les malades étaient maintenant sans discipline, que tout était changé, que l'Intendante n'avait aucune autorité sur eux, et cela étant, qu'on allait nommer un Inspecteur Résident.

Mais quand le Gouverneur eut visité les Sœurs, et qu'il se fut rendu compte de la bonne tenue de l'hôpital, il parut au contraire fort satisfait, accorda tout ce qui lui était demandé pour l'asile et il ne fut plus question de nommer un Inspecteur résident.

« Nos malades, écrivaient les Sœurs, en 1870, sont toujours très gais, ce qui étonne les visiteurs. Dans la salle des plus jeunes, toute la journée il y a chant et musique, on n'a pas le temps de s'ennuyer. « Une seule chose me fait de la peine, disait une Sœur, c'est de les voir mourir ; à cela je ne puis m'habituer, tant je les aime. »

L'établissement n'avait jamais été plus calme. Les malades se civilisaient sensiblement, et le Gouverneur de Sainte-Lucie, curieux de se rendre compte de la tenue de la léproserie, l'ayant visitée, accompagné du Gouverneur de la Trinidad, en fut tellement satisfait, qu'il parlait de demander des religieuses pour établir dans cette colonie une léproserie à l'instar de celle de Cocorite. La réputation que nos Sœurs s'étaient dès lors acquise était telle, que les médecins exprimaient hautement le vœu de voir l'hôpital colonial leur être confié.

Tout ce que nous venons d'écrire sur cette léproserie de Cocorite, nous l'avons tiré, presque textuellement, des « mémoires » écrits par les Sœurs elles-mêmes. Notre récit revêt donc un caractère d'authenticité qui ne peut être contesté. Jusqu'à présent, c'est la plume seule des Dominicaines qui a parlé et elle l'a fait avec une réserve et une modestie telles que l'historien impartial ne peut s'arrêter là, obligé qu'il est de dire toute la vérité. A notre tour, nous allons faire parler notre plume et notre propre mémoire, pour ajouter au récit de nos Sœurs et le compléter. Nous le pouvons faire, sans crainte ; les longues années que nous avons déjà passées dans cette colonie nous y autorisent. Car nous ne parlons que de ce que nos mains ont touché.

Quarante-quatre ans se sont écoulés depuis ces faits qui ont ajouté une page si belle à l'histoire déjà glorieuse de l'Ordre de saint Dominique. Les bâtiments provisoires, habités par les religieuses, ont été réparés et agrandis. Deux chapelles, une pour les catholiques, l'autre pour les protestants, ont été construites, ainsi qu'une grande maison, aux frais des Sœurs, exclusivement réservée à l'aumônier ; huit salles ont été ajoutées aux quatre an-

ciennes ; le nombre des lépreux, de soixante-cinq qu'il était lors
de l'arrivée des premières Sœurs, est actuellement de deux cent
quatre-vingt-quinze. De nombreux départs se sont effectués, de
France à la Trinidad, pour ajouter au nombre insuffisant des religieuses et remplacer celles que le ciel ravissait à la terre à des
intervalles, selon nous, trop rapprochés.

Après la Révérende Mère Marie-Dominique Bonnardel, première prieure et première surintendante de l'asile de Cocorite,
trois ou quatre se sont succédées dans ce poste important, religieusement et civilement, jusqu'à la nomination de la Supérieure
actuelle, la Révérende Mère Thomas des Anges Nigay.

Arrivée à la Trinidad le 24 octobre 1871, elle était, en 1876,
nommée prieure de Belmont pour prendre la direction dé l'orphelinat qui venait d'y être fondé. En mars 1885, elle retournait
à Cocorite, et le 4 mai de la même année, la surintendance de
ce grand établissement lui était confiée avec le titre de prieure de
la communauté.

Voilà donc vingt-huit ans que la Révérende Mère Thomas des
Anges est à la tête de la léproserie, et sous son habile direction,
l'importance de cet asile de la souffrance, dans ce qu'elle a de plus
affreux, n'a fait que croître et grandir. Le zèle et le dévouement de
nos premières Sœurs se sont transmis, intacts, à celles qui leur
ont succédé, vraies et dignes filles de leurs mères, et celles-ci, du
haut du ciel, ne peuvent qu'applaudir à la constance de leur charité et à la générosité d'un dévouement inlassable. Si, parfois, le
travail est trop dur et la fatigue trop grande, la bonne et vaillante
Mère Thomas des Anges est là pour les encourager, les soutenir,
et il nous semble l'entendre, nouvelle mère des Machabées, dire
à ses filles, en leur montrant le ciel : *Peto, nate, ut aspicias ad
cœlum: Ma fille, tournez vos regards vers le ciel.* (Mach. VII. 28).

Nous, leurs Frères, nous sommes heureux et fiers de les avoir
pour émules dans nos travaux et nos sacrifices et, à leur digne
Mère et supérieure, comme à elles toutes, mieux encore qu'à Judith, l'héroïne de Béthulie, peuvent s'appliquer ces paroles : *Tu
gloria Jerusalem, tu lœtitia Israël, tu honorificentia populi nos-
tri* (Judith. XV. 10). Paroles que, librement, nous pourrions tra-

duire ainsi : *Vous êtes la gloire de l'Eglise, la joie du peuple chré-tien, l'honneur de notre Ordre.* — Veuillez, Révérende Mère Thomas des Anges, et vous, ses filles, accepter cet hommage de celui de vos Frères qui écrit ces lignes, hommage auquel souscriront, n'en doutez pas, tous ceux et celles qui les liront.

# CHAPITRE XVIII

### L'Ophelinat de Belmont

En l'année 1871, une œuvre considérable, et qui n'a pas sa pareille dans tout le diocèse de Port-d'Espagne, allait être fondée. Celui qu'on a si bien et si justement nommé le Vincent de Paul de la Trinidad, le R. P. Mariano Forestier, en conçut l'idée. Mais il en est de nos idées comme de nous-mêmes, un temps plus ou moins long doit s'écouler entre la conception et l'enfantement. Ce projet d'un orphelinat fut soumis à l'approbation des Pères, qui conseillèrent d'attendre. Religieux humble et obéissant, le P. Forestier laissait venir le moment choisi par Dieu ; mais le germe avait été déposé dans la terre fertile de son cœur d'apôtre de la charité. Le grain jeté, presque invisible dans sa petitesse, était appelé à devenir, un jour, un grand arbre qui devait abriter et protéger de son ombre une multitude de ces pauvres petits êtres. Vrais oiseaux du ciel, car s'ils sortaient de la terre, c'était bien le ciel qui les envoyait : *minimum quidem est omnibus seminibus, cum autem creverit..... fit arbor, ita ut volucres cœli veniant et habitent in ramis ejus.* (Matth. 13. 32).

Si partout, et en tout temps, l'éducation des enfants est une œuvre capitale, lorsqu'il s'agit d'arracher à l'hérésie ou aux ténèbres du paganisme les âmes de ces petits, on peut voir là une œuvre vraiment apostolique, et c'est celle de nos Sœurs à la Trinidad où elles tiennent un nombreux orphelinat. Voici l'origine de cet établissement.

Ces dernières lignes et ce qui va suivre sur la fondation de l'orphelinat, est tiré presque textuellement des « Mémoires » de nos Sœurs et celle qui les a écrits ne se doutait pas que son désir deviendrait, peu d'années après, une réalité ; car, au moment où nous écrivons ces lignes, il est sérieusement question d'établir à Belmont, c'est-à-dire à Port-d'Espagne même, un orphelinat pour les garçons seuls, confié à la direction *des Frères de la doctrine chrétienne* ; Congrégation admirable fondée en 1688 par saint Jean-Baptiste de La Salle, né à Reims (France) en 1651, et mort en 1719. Congrégation vouée exclusivement à l'éducation des enfants.

En 1871, la population de Port-d'Espagne était depuis longtemps attristée par la vue de pauvres enfants errant dans les rues, demi-nus, mendiants, hardis et voleurs. — Beaucoup de ces petits misérables étaient des orphelins délaissés et sans asile. Un jour on apprend qu'un petit garçon de deux ans est resté sans mère, la pauvre femme était morte à l'hôpital, et l'enfant, Augustin, était recueilli par une personne charitable. Une petite fille de quatre ans venait d'être trouvée dans une mansarde, auprès du corps de sa mère assassinée par son mari. Le P. Forestier, désolé de voir ces effroyables choses, cherchait dans son cœur compatissant le moyen de remédier à un tel mal. Fallait-il laisser ces enfants aux mains des protestants pour qu'ils les missent dans leur orphelinat de Tacarigua ? Son âme y répugnait. Il forma donc le projet un peu hardi, mais qui fut béni de Dieu, de fonder un orphelinat catholique.

Sur le versant des collines qui s'étendent du nord au sud, derrière l'Hôpital colonial, et qui n'en sont séparées que par une petite rivière, connue dans tout le pays sous le nom de *Rivière sèche*, et une assez étroite bande de terrain, une propriété de plusieurs hectares, avec un petit cottage, appartenant à un ministre protestant portugais, était à vendre. L'œil et la pensée du bon P. Forestier se portèrent sur cet endroit, c'était, d'après lui, tout ce qu'il fallait pour son établissement projeté ; mais, qui achèterait le terrain ? « Je n'ai pas le sou », disait-il piteusement à ceux à qui il s'en ouvrait. Mais, comme l'a dit un poète français, et jamais il n'a mieux dit :

> *Dieu prodigue ses biens*
> *A ceux qui font vœu d'être siens.*

Une pensée vint au Père. Sans perdre un instant, il suit l'inspiration d'en-Haut, elle ne pouvait venir que de là, et se dirige vers la maison d'un homme de bien, un français, M. Le Roy. Avec le projet en question, il lui expose son embarras. M. Le Roy promet les deux mille dollars, prix demandé pour la propriété, et il l'achète en son nom. Plus tard, ce bon monsieur fait don de cette somme à l'œuvre. Un devoir de justice et de reconnaissance nous fait une obligation de nous incliner ici devant la mémoire de cet homme de bien.

M. Louis-Alexandre Le Roy était né à Ajaccio (Corse), le 14 novembre 1820. Il vint s'établir à la Trinidad en 1839. Membre du Conseil législatif, c'était un des hommes les plus marquants et les plus honorés de cette ville de Port-d'Espagne. Excellent chrétien, Dieu le bénit en lui donnant une épouse modèle qui toujours rivalisa avec lui dans toutes les œuvres de charité et de dévouement qu'il entreprenait. Dans un voyage qu'il fit en France, il mourut à Marseille le 27 octobre 1873, ordonnant, dans son testament, que son corps fut transporté à la Trinidad et enseveli près de ses chers petits orphelins.

Il laissait une épouse et une sœur, héritières de sa fortune, mais surtout de ses vertus. L'une et l'autre ont laissé, après elles, le souvenir d'âmes profondément chrétiennes ; comme leur époux et frère, elles ont passé en faisant le bien. Les restes mortels du vénérable M. Le Roy reposent actuellement dans l'église du Rosaire, à côté de M^me et de M^lle Le Roy, sa sœur, qui lui a survécu de longues années. Nous dirons, plus tard, comment et pour quelles raisons se fit cette translation, quand le cours de cette histoire nous amènera à reparler de cette église du Rosaire dont M^lle Marie Le Roy a été une des plus insignes bienfaitrices. Une longue épitaphe peut se lire sur une pierre tombale, scellée dans le mur, près de l'autel de la sainte Face. Composée par le R. P. Bion, elle fait connaître et apprécier l'homme de bien qu'était M. Louis Le Roy.

Le terrain était donc acheté, mais cela ne suffisait pas ; il fallait maintenant construire. Que fait le Père ? Il annonce une neuvaine pour les morts, dans l'église du Rosaire, sa première œuvre à Port-d'Espagne. Tous les soirs, il donne un sermon et fait un chaleureux appel au public qui y répond avec empressement. Argent, bijoux, etc., tout se change en pierres pour le futur orphelinat. Il continue ses quêtes et commence bientôt la construction d'une case en bois pour y loger les petits garçons. Il installa les petites filles dans le cottage supérieur et fit disposer une chapelle provisoire.

Déjà, M^me Casimir Alcazar, pieuse veuve, avait recueilli dans sa propre maison les deux orphelins dont nous venons de parler. Elle les conduisait à l'orphelinat pour la journée, et le soir, retournait chez elle avec eux, tant que la maison ne fut pas habitable. Pendant qu'on bâtissait, elle préparait la nourriture des ouvriers. Les premiers travaux commencés au mois de mars 1871, furent terminés au mois de septembre, toujours par les soins du P. Forestier qui dépensait ses forces et son temps à sa chère œuvre.

Le 11 septembre, l'établissement fut bénit et ouvert par Mgr Gonin. On confia la direction de la maison à M^lle Stéphanie Blanc qui, vingt-cinq ans après, consacrait encore son temps et toutes ses forces à ces pauvres enfants. Au bout de deux mois, on y comptait dix-huit petits créoles. Plusieurs jeunes filles s'étaient offertes et se dévouaient à soigner les orphelins. Cette belle œuvre avait certainement toutes les sympathies du public, mais la confiance dans le succès n'était pas à la hauteur de l'intérêt qu'on lui portait, et l'on raconte qu'un prêtre, voyant passer les onze premiers enfants, disait : « Ce sont les premiers et les derniers ». Il se trompait et oubliait que Dieu se sert de ce qui est petit et faible aux yeux du monde pour confondre ce qui est fort : *Infirma mundi elegit Deus ut confundat fortia* (Cor. I. 27).

Comment vivait-on pendant ces premières années, à l'orphelinat ? C'est le secret de Dieu. Nous pouvons dire cependant qu'on y vivait d'aumônes et de sacrifices. M^me Casimir Alcazar descendait du morne, tous les jours, avec son panier au bras, allant quêter de porte en porte le pain de la journée. Que de fois aussi ne vit-on pas le P. Forestier, parcourant la ville dans une petite charette, tirée par un âne, et conduite par un orphelin, plaider lui-même, avec succès, la cause de ces pauvres enfants ? A voir l'empressement avec lequel il mettait dans sa poche les quelques *cents* qu'on lui donnait, on aurait dit qu'il serrait précieusement une poignée de pièces d'or. C'est de lui que le R. P. François

Balme, envoyé comme visiteur de la mission par le Révérendissime Maître Général, disait, un jour : « Il n'y a personne de plus actif, de plus quêteur et de plus entendu que le R. P. Forestier. »

Après avoir sauvé de la misère de pauvres petits nègres, le Père n'était pas encore satisfait. Il désirait aussi des orphelins hindous, pauvres païens auxquels il pourrait conférer le saint baptême. Il fallait pour cela que l'établissement Saint-Dominique, vocable sous lequel le Père avait placé sa nouvelle fondation, fut, comme l'orphelinat protestant de Tacarigua, reconnu d'utilité publique par le gouvernement. Il obtint cette faveur vers la fin de l'année 1871.

Le 15 décembre, le premier enfant hindou, un petit coolie comme on les appelle, fut admis, et le gouvernement promit de donner pour chacun de ceux qu'on recevrait quatre dollars par mois, jusqu'à l'âge de seize à dix-sept ans. Le nombre des orphelins s'accrut rapidement, et en janvier 1874, malgré les dettes, on commença un nouveau bâtiment pour les garçons, sur le côté droit de la case principale. Les enfants, au nombre de plus de cinquante, et les maîtresses, tous prirent à ces travaux une part active.

Il convient de nommer ici ces maîtresses, personnes admirablement dévouées, toutes Tertiaires Dominicaines : il s'agit de M^mes Alcazar et Bideau et de M^lles Stéphanie Blanc, Asparic Bernard et Nancy Winnet. Sous la conduite de leur chef, le P. Forestier, elles accomplirent des prodiges, pratiquant sous toutes les formes la charité chrétienne.

Le nombre des petits orphelins s'accroissait d'année en année ; d'ailleurs le P. Forestier n'attendait pas qu'on les lui amenât. Parfois il revenait de ses courses apostoliques à travers l'île en compagnie d'enfants qu'il avait rencontrés sur les chemins, dans les bois ou dans quelques masures abandonnées. On le vit même faire son entrée en ville en les portant sur lui. Quand il avait introduit un nouvel agneau au bercail, il ne se possédait pas de joie.

Mais les dons de la charité publique et du gouvernement ne suffisaient pas toujours pour rassasier la faim de ce petit monde de plus en plus nombreux. M^lle Blanc et ses compagnes avaient-elles distribué aux pauvres affamés le dernier morceau de pain provenant de la quête, elles jeûnaient jusqu'au lendemain.

Et cependant, malgré cette détresse, qui fut extrême, puisque la directrice en vint à se priver de chaussures, il fallut construire encore, le nombre des enfants s'accroissant de plus en plus.

Autre sollicitude pour le P. Forestier : il désirait dès l'origine de son œuvre la confier à une congrégation religieuse, et tout naturellement sa pensée s'était tournée vers les Dominicaines de Cocorite. Mais les difficultés de toute sorte surgirent. Le diable, et l'homme, même pris quelquefois parmi les meilleurs, se mettent trop souvent en travers des œuvres de Dieu. Et cet homme est souvent, à lui seul, cause de la non-réussite de ces œuvres. On trouve facilement des raisons pour ne pas donner suite à un excellent projet, ou même pour s'y opposer.

Quoiqu'il en soit, les désirs du bon Père, après mille et mille péripéties, parvinrent à se réaliser. En 1875, Mgr O'Carroll, dans le voyage qu'il fit en Europe, passa en France et se rendit auprès de la Prieure Générale des Sœurs à Bonnay, où se trouvait alors la Maison-Mère de la Congrégation de Sainte-Catherine de Sienne.

Persuasif comme il savait l'être, il obtint facilement l'envoi de quatre nouvelles religieuses pour la mission de Trinidad, et principalement pour l'orphelinat de Belmont. Arrivées dans les derniers jours d'octobre, avec les R. P. Laurent Hénocq et Hilaire Arnaud, elles prirent possession de l'établissement le 24 février 1876, fête de la translation des reliques de sainte Catherine de Sienne, patronne spéciale de la Congrégation.

Voici les noms de celles, qui, les premières, furent mises à la tête de l'orphelinat : Mère Thomas des Anges, supérieure, Mère Marie du Rosaire, et Sœur Jeanne du Rosaire. Les Dames patronnesses qui les attendaient leur firent un tel accueil, que les religieuses, suivant leurs propres expressions, « croyaient rentrer dans leur demeure, après une absence de quelques jours. »

De toutes les difficultés, la plus troublante était la question des dettes qui n'avaient été contractées que pour sauver les orphelins. Elle jetait un voile d'inquiétude sur les esprits. Qui donc allait se charger de leur liquidation ? Ce fut une des principales raisons, si ce ne fut pas la principale, qui retarda l'entrée des Sœurs à Belmont. L'avis général était que les Sœurs y devaient mourir de faim, ou du moins, y manger un pain « fameusement dur. »

Dès que les religieuses furent installées, les difficultés s'évanouirent comme par enchantement. Personne ne songea plus à rien. Elles vivaient sans miracles ; ou plutôt il y en avait un incessant ; c'était la charité publique qui le faisait; car les enfants avaient toujours le nécessaire.

Le premier soin des Sœurs fut de préparer une chambre pour la chapelle, et le 27 février, Notre-Seigneur en prenait possession. Le R. P. Hilaire y célébra la sainte messe, la première qui ait été dite à l'orphelinat, et adressa quelques paroles émues aux enfants et aux personnes qui les avaient dirigés.

Quelques jours après, le 1ᵉʳ mars, Mgr O'Carroll vint les visiter, et comme il traversait la ville, à pied, en sortant de l'orphelinat, il rencontra un policeman qui apportait un enfant, le premier que nos Sœurs reçurent après leur arrivée. Le bon évêque attendri à la vue de cette chétive créature, misérablement enveloppée d'un chiffon de laine, la bénit paternellement et, comme un autre saint Vincent de Paul, la prit dans ses bras et l'apporta lui-même à l'orphelinat. C'était une pauvre petite coolie qui reçut bientôt le baptême et s'envola au ciel à l'âge de 18 mois. Le R. P. Forestier n'était pas là pour assister à la réalisation de son rêve, voir l'orphelinat entre les mains de nos Sœurs dominicaines ! Ce fut le R. P. Violette qui le remplaça de 1874 à 1876. Appelé à d'autres fonctions, le R. P. Violette céda la place au R. P. Hilaire arrivé seulement depuis quelques mois.

Au mois de juin 1877, le R. P. Forestier revenait d'Europe, Port-d'Espagne lui fit une magnifique réception. Le bonheur de l'infatigable apôtre ne saurait se dire. Il retrouvait ses chers enfants grandis en nombre et en années. Il en pleurait de joie. La vue des Dominicaines à l'orphelinat s'ajoutait à toutes les consolations que le divin Maître lui ménagea pour son retour. Ce ne fut pas le seul changement important qu'il trouva dans sa chère mission. Le 24 juin 1876, le R. P. Hilaire Arnaud avait été nommé Prieur des Dominicains et curé de la cathédrale, succédant ainsi au T. R. P. Dominique Berthet, et le 2 juillet de la même année, le R. P. André Violette acceptait la cure importante de San Fernando vacante par la mort du titulaire, le R. P. Michel Griffin, prêtre du clergé séculier. Sous sa direction, de 1874 à 1876, l'orphelinat avait prospéré. Une grande partie de la dette avait été payée. En une seule année, les dons s'étaient élevés à plus de trois cents dollars. En décembre 1876, il y avait à Belmont soixante-dix-neuf enfants, créoles et hindous. L'orphelinat venait d'être reconnu par le gouvernement comme Ecole Industrielle, et en attendant que les petits garçons fussent en âge de travailler, une partie de l'immense terrain, devenu propriété de l'archidiocèse de Port-d'Espagne, avait été louée à des particuliers. Il en restait encore assez pour occuper la juvénile activité des aînés de onze et douze ans. Un seul d'entre eux avait atteint sa seizième année. Ils travaillaient sous la direction d'un homme de confiance.

Mais une question se pose ici naturellement. Quels étaient les moyens d'existence des Sœurs, des employés de la maison et de tout ce petit monde ? Le R. P. Violette nous les fait connaître dans un rapport très détaillé qu'il laissa à la Révérende Mère Thomas des Anges avant de quitter Port-d'Espagne pour San-Fernando :

« Les ressources, écrit-il, vous viendront de trois côtés : du gouvernement, de la charité publique et enfin du travail des enfants. Le Gouvernement donne quatre dollars par mois pour chaque orphelin qu'il envoie à l'orphelinat. Plus donc vous aurez d'enfants, plus vos ressources augmenteront de ce côté. La charité publique par des quêtes et des dons particuliers vous viendra en aide dans une large mesure. Quant à la troisième source de revenus, c'est-à-dire ce que vous pouvez réaliser à l'orphelinat même, je crois qu'on n'a pas su tirer de là toutes les ressources qu'on y pourrait trouver. Faute de surveillance et de soins intelligents on n'a pas tiré de la savane, des animaux, du poulailler, les revenus qu'ils pouvaient et devaient donner. J'en dirai autant du jardin qui, même au temps du P. Forestier, donnait déjà, par la vente de ses légumes et de ses fruits, soixante-dix dollars par mois. Le lavage, la couture doivent aussi être pour la maison une source de revenus ; je laisse à votre expérience plus autorisée que la mienne le soin de juger ce que vous en pouvez tirer.

Ayez donc, je vous prie, ma Révérende Mère, soit par vous-même soit par vos Sœurs, l'œil à tous les détails de l'administration ; visitez souvent le linge des enfants, pesez, mesurez exactement ce qu'il faut leur donner. Quand quelque chose est en souffrance, portez-y le remède promptement avant que le mal empire. Quant à la savane, aux animaux, aux volailles, aux fruits, aux légumes, etc., rappelez-vous que vous êtes presque en ville et que, par la vente, vous pouvez tirer de tout cela de beaux profits. Pour le travail des enfants, je crois qu'il est bon que tous, garçons et filles, travaillent au jardin, plantent des légumes créoles, tant pour s'habituer à ce genre de labeur (qu'on ne relèvera jamais trop aux yeux des créoles) que pour augmenter les ressources, ne fut-ce qu'en diminuant les dépenses.

Et le bon Père termine ainsi : Permettez-moi, ma Révérende Mère, de vous exprimer l'espérance que vous ne ferez jamais de vos petites filles des modistes, mais de bonnes petites ménagères, fortes, laborieuses, industrieuses, sachant tout faire, excepté des colifichets et « tutti quanti » ; c'est la peste du pays. »

Conseils admirables et qui nous montrent, dans le R. P. Violette, un homme éminemment pratique. Son souvenir demeure inséparablement lié à celui du P. Forestier, dans cet orphelinat de Belmont.

Le R. P. Forestier n'était pas encore de retour, quand le R. P. Violette prit charge de la paroisse de San-Fernando ; ce fut le R. P. Hilaire Arnaud qui le remplaça près des orphelins. Le P. Hilaire se montra, dès les premiers temps, l'ami dévoué de l'œuvre de Belmont, le soutien, l'appui de nos Sœurs, un vrai père pour les enfants. Avec le caractère bon, doux, affable qu'on lui a toujours connu, et ses réparties fines et pétillantes d'esprit, il faisait la joie de ces petits. Sa présence était une fête pour les *Mères* comme pour les enfants. Du reste, tous nos Pères, sans exception, mirent un grand empressement à concourir à l'établissement de cette œuvre qui leur paraissait, et avec raison, comme la plus importante de toutes celles établies jusqu'alors dans leur paroisse.

Sept ans s'étaient écoulés depuis la fondation (1871). Un réseau de sympathies, à la fois bienveillantes et actives, entourait cette œuvre si intéressante.

Le gouverneur de Trinidad, Sir Henry Turner Irving, visitant l'établissement fut touché de l'état de délabrement du pauvre *cottage* où les religieuses s'abritaient avec leurs petites orphelines. Ce n'était plus qu'une masure par trop exigüe et menaçant ruine. On décida la construction d'un bâtiment vaste et définitif. Le gouverneur promit son assistance et une souscription fut ouverte. Les plans furent préparés par le *Département des Travaux publics* qui en surveilla plus tard l'exécution. Tout alla si vite et si bien que la pose de la première pierre fut fixée au 8 décembre. Mais on devait préalablement applanir le sommet du morne, afin de donner à l'édifice projeté l'étendue qu'exigeraient les plans. Ce travail préparatoire demandait une grande dépense. Par raison d'économie, les plus forts parmi les orphelins en furent chargés. Ils s'y mirent avec courage, mais ils n'avançaient que lentement. La nécessité s'imposait de recourir à des bras plus vigoureux et plus expéditifs.

La Providence les fournit en inspirant à de généreux travailleurs de prêter leur aide. Un nombre incalculable de journées furent ainsi données gratuitement. Et avec quel cœur, quel entrain ! ceux-là seuls le savent qui en furent les témoins. Les habitants de Maraval, village à cinq milles de Belmont, se distinguèrent par leur joyeuse et cordiale activité. Ils vinrent, en bandes nombreuses, se mettre à la disposition de la supérieure. Le trajet, sous le ciel alourdissant des tropiques, était déjà une fatigue ; ils n'avaient pas l'air de le sentir. Leur nombre croissait d'un jour à l'autre. Ils étaient quatre-vingt-huit à la première expédition ; à la cinquième, qui fut la dernière, on en comptait deux cent cinquante, hommes, femmes et enfants.

Voici une de ces fécondes journées de travail. A cinq heures du matin, un petit canon donnait le signal et, peu après, les volontaires de la charité se réunissaient à l'église pour assister au saint Sacrifice. La messe achevée, les rangs se forment sur la place. Le curé de la paroisse, le P. Alvarez, un vénérable prêtre espagnol, ouvre la marche en tête de la première colonne. Les paroissiens, leurs outils sur le dos, continuent la procession. Il est sept heures quand le petit bataillon arrive à Belmont. Après quelques instants de repos, la voix du capitaine se fait entendre au milieu d'un religieux silence ; les têtes se découvrent et, dans l'attitude du recueillement et de la prière, tous s'unissent à lui pour faire à Dieu l'offrande de ce dur labeur qu'assume si volontiers leur courageuse charité. Avec quelle ardeur ils saisissent leurs outils !

Sur le sommet de la colline où la brise matinale caresse silencieusement le feuillage, on n'entend plus que les bruits mêlés et confus des pics heurtant la roche volcanique, des pioches s'enfonçant dans un sol moins rebelle, des pelles recueillant les déblais que femmes, jeunes filles et enfants charriaient dans des brouettes. De temps à autre un cor de chasse excite l'activité par sa bruyante fanfare. Mais l'heure du repas vient de sonner, tous se restaurent à la hâte, car la tâche est fixée et il faut la remplir. Si le pasteur n'a pas accompagné son troupeau dès le matin, il vient faire sa visite dans la journée. A son approche tous les visages s'épanouissent. Il a un mot, un sourire pour chacun. Ce prêtre est un père au milieu de ces enfants : « *Padre, la benedictione* » ! Ils s'agenouillent et le Père les bénit. Vers trois heures et demie, le travail cesse. Mais ces généreux chrétiens ne partiront pas sans avoir reçu le *merci* du Maître pour lequel ils ont supporté le poids du jour et de la chaleur. Ils assistent à la bénédiction du Très-Saint Sacrement que Mgr O'Carroll vient donner expressément pour eux de la part de l'archevêque.

Le P. Forestier est là lui aussi, et plus d'une fois, il a dû se mêler d'une manière ou d'une autre aux ouvriers. Puisque tous descendent le morne, il faut que ce soit solennellement; au chant des Litanies de la Sainte Vierge, les Maravalais, toujours les outils sur l'épaule et suivant les orphelins que le Père conduit lui-même, se mettent en marche pour gagner la grande route qui mène au village. La voici, c'est le moment de se séparer ; les villageois-terrassiers continuent leur route, tandis que les orphelins reviennent au bercail.

Maraval donna cinq journées semblables. La population des rues proches de l'orphelinat imita un si touchant exemple.

Le 8 décembre 1878, Monseigneur l'archevêque et son Excellence le gouverneur présidèrent la cérémonie de la pose de la première pierre.

Les jeunes gens ne s'étaient pas déclarés vaincus. Ils demandèrent à travailler à la maison des Mères et des petites filles. On put satisfaire leur désir et les employer avantageusement au charroi des matériaux. D'après leur âge et leurs forces ils furent répartis en plusieurs escouades qui devaient travailler chacune à des heures déterminées. C'est ainsi qu'ils montèrent bois, ciment, pierres, etc., et jusqu'à l'eau qu'il fallait aller chercher à dix minutes au moins du chantier. Ils s'acquittaient de leur tâche avec tant d'activité et d'adresse, que les passants s'arrêtaient au bas du morne pour les regarder manœuvrer. Ces exercices plusieurs fois répétés avaient l'immense avantage de donner de bonne heure à ces enfants l'habitude et l'amour du travail.

Un instant il fallut suspendre les travaux de la maison pour donner les ouvriers à la chapelle ; on ne pouvait plus laisser le Très-Saint Sacrement dans l'ancienne. Il y pleuvait, et pendant la sainte messe, le bois vermoulu tombait sur l'autel.

A la fin de mai, les charpentiers hissaient leur drapeau au faîte de la toiture. La joie du P. Forestier ne se peut décrire, son âme débordait et sa reconnaissance se traduisit par un de ces actes spontanés qui le dépeignent au vif : « Il faut, dit-il, réunir tous les enfants et immédiatement. » En quelques minutes ils sont là, agenouillés sur le point culminant du morne, en face du drapeau. Le Père commence d'une voix sonore les Litanies de la Sainte Vierge. Son enthousiasme se communique à tous ; enfants, maîtresses, charpentiers, maçons répondent d'une voix vibrante. Le chant s'achève par les acclamations : Vive Marie ! Vive Notre-Dame du Rosaire !

Le premier vendredi du mois du Sacré-Cœur, Notre-Seigneur venait habiter son nouveau sanctuaire. Ce n'était pas un monument d'architecture, mais sa modeste simplicité ne manquait pas de charme. Le 14 septembre 1879 toutes les constructions étaient terminées. De vives actions de grâce s'échappaient de toutes les âmes que des liens plus ou moins forts attachaient à cette œuvre si visiblement bénie du ciel.

L'œuvre grandissant d'année en année, on construisit, en
1884, un pavillon spécial pour les *bébés* ; ce pavillon, terminé en
1885, fut appelé *Bethléem*. Quelle grâce Dieu fait à ces petits
êtres en les y amenant ! Plusieurs ne font que passer. Ils viennent recevoir le baptême et *Bethléem* est pour eux le vestibule du
ciel. Ces malheureux enfants sont à peine nés qu'ils ont déjà une
bien triste histoire. Beaucoup sont des abandonnés. Quelques-
uns, parmi les indous, sont de petites fleurs aquatiques, venues
à l'existence au milieu de l'Océan, et leur pauvre mère est morte
pendant la traversée. D'autres débarquent un peu plus grands.
L'une de ces petites orphelines (elle pouvait avoir alors 4 ou
5 ans), n'a pas oublié que l'on a jeté sa mère au milieu des flots.
« C'est là-dedans, Nénène, (marraine) disait-elle, un jour, à une
de nos Sœurs, en lui montrant la mer, c'est là-dedans qu'ils ont
jeté ma maman qui avait fermé les yeux. »

Les travaux commencés le 6 janvier 1878 étaient terminés en
septembre. L'orphelinat comptait alors cent enfants, dont quatre-
vingt-six secourus par le gouvernement. Cela demande une explication. Il y a trois catégories d'enfants à Belmont. La première
comprend ceux qui y sont placés *d'office* par le gouvernement,
par ordre du magistrat. Le nombre en est illimité et, pour chacun d'eux, l'Etat donne 20 francs par mois (environ quatre
dollars). La seconde catégorie comprend les enfants qui y sont
placés par leurs parents ou amis, avec le consentement de la Mère
supérieure ; une rétribution mensuelle est exigée pour chacun
d'eux. La troisième catégorie se compose des enfants que la maison accepte par pure charité en prenant à sa charge tout leur entretien ; on comprend que le nombre de ces derniers est plus ou
moins grand suivant les ressources dont l'établissement peut disposer.

Les cent orphelins de l'an 1878 ont presque doublé en nombre
au moment où nous écrivons ces lignes (1913). Aussi la question
de la division de l'orphelinat agitée dès cette époque, et admise
en principe, est-elle maintenant un fait accompli. Grâce à un
don généreux d'une insigne bienfaitrice, une grande et belle propriété bâtie fut achetée pour y mettre un second orphelinat qui
devait être pour les filles seules, les petits garçons restant à celui

de Belmont. Cette seconde demeure, temple de la charité chrétienne, sera l'objet, plus loin, d'une mention spéciale.

Cet orphelinat a été une œuvre bénie. L'action divine y est visible à chaque pas. En même temps que les constructions se terminaient en 1878, les dettes anciennes contractées pour l'acquisition du terrain et les frais du premier établissement étaient payées. Les nouvelles constructions le furent avec les aumônes de la charité publique. La somme nécessaire (20.000 fr., quatre mille dollars) avait été trouvée en dix-huit mois.

Cette œuvre de l'orphelinat est une des plus importantes, sinon la plus importante de toutes celles dues au zèle évangélique de nos premiers missionnaires. Le R. P. Mariano Forestier s'est acquis un droit impérissable à la reconnaissance de tous.

Jusqu'ici, nous n'avons guère appelé l'attention du lecteur que sur le côté matériel de l'œuvre, mais on se tromperait étrangement et on n'aurait pas la notion de la vraie charité si on croyait que la sollicitude de nos Sœurs à l'égard de ces petits êtres n'allait pas plus loin.

A travers cette enveloppe corporelle que nous avons de commun avec tous les animaux, elles voyaient l'âme créée à l'image de Dieu, puisque c'est par elle, et par elle seulement, que nous lui ressemblons. Et alors, comme l'artiste qui met sa gloire à rendre le portrait aussi semblable que possible au modèle qu'il a devant lui, sans négliger en rien le corps, elles travaillaient avec soin à revêtir ces petites âmes des couleurs divines, c'est-à-dire de ces vertus chrétiennes qui sont le vêtement de l'âme ; et, comme à la livrée que l'on porte on reconnaît de suite à quelle noble maison on appartient, aux vertus qu'elles pratiquaient on voyait de suite que les âmes qui animaient ces petits corps étaient des âmes chrétiennes régénérées par le baptême. Quel bien immense cette institution d'un orphelinat n'a-t-elle pas fait à des centaines d'âmes ! surtout parmi ces pauvres petits indiens qui auraient vécu et seraient morts dans le paganisme ! Nous avons loué, moins encore qu'il le méritait, le R. P. Forestier, mais la Trinidad ne doit-elle pas adresser également l'hommage de sa plus profonde reconnaissance à M<sup>lle</sup> Blanc et à ses dignes collaboratrices, à la Révérende Mère Thomas des Anges et à ses pieuses filles qui l'ont aidée et lui ont succédé dans ce noble labeur ?

# DEUXIÈME PARTIE

## Dominicains de la Province de Lyon

# CHAPITRE I

## La Mission de la Trinidad confiée aux Dominicains de Lyon.

Importante par l'œuvre si grande de l'orphelinat de Belmont, l'année 1871 l'a été plus encore par le changement considérable qui se préparait pour la Mission Dominicaine et qui eut son effet quelques mois plus tard.

On pourrait diviser en trois parties distinctes l'histoire de cette mission qu'on nous a demandé d'écrire. Aucune aptitude spéciale ne nous signalait à ce choix ; le seul titre à faire valoir était notre ancienneté dans l'Ordre, et surtout dans la mission de Trinidad, à laquelle nous appartenons depuis trente-quatre ans. On nous a donc demandé, mais pas ordonné, d'écrire cette histoire. Nous inclinant devant ce désir qui, venu d'un supérieur, équivalait pour nous à un ordre, nous nous sommes mis à l'œuvre. Et nous voici arrivé presqu'à la fin de la première de ces trois parties qui, d'après nous, diviseraient logiquement ce travail, et qui pourrait s'intituler ainsi : La Trinidad et les Dominicains de la Province de France, 1864-1872. — Seconde partie : La Trinidad et les Dominicains de Lyon : 1873-1895. — Troisième partie : La Trinidad et les Dominicains d'Irlande, 1896-19...

Ce fut en cette année 1871 que le R<sup>me</sup> Maître Général, le P. Jandel, envoya son premier Visiteur. Que faut-il entendre par là ? Dans notre Ordre, un Père Visiteur est envoyé avec ce titre, soit par le supérieur d'une Province et il est alors le visiteur provincial avec toute l'autorité du chef de la Province, sauf les restrictions que celui-ci a le droit d'y mettre ; soit par le Général de l'Ordre dont il a, sauf restrictions, toute l'autorité. Cette autorité s'exerce seulement sur les maisons religieuses vers lesquelles le visiteur a été envoyé et sur le personnel de ces maisons.

Avec donc les pleins pouvoirs de notre Maître Général, le T. R. P. François Balme vint faire sa *visite* à la Trinidad. Il avait une triple charge à y remplir : 1° Visiter au nom du Maître Général ; 2° Examiner, au nom de la Province de Lyon, s'il fallait accepter la mission ; 3° Agir comme Visiteur de Cocorite et représentant de la Mère Prieure Générale de la Congrégation de Bonnay (actuellement d'Etrépagny) pour faire le contrat avec Monseigneur l'Archevêque.

Le 24 octobre 1871, le Très Révérend Père Visiteur débarquait à la Trinidad avec quatre compagnons de voyage, un Père, un Frère et deux Sœurs, puissant renfort pour notre Mission. Mettons ici une courte notice sur chacun d'eux.

Le T. R. P. François Balme avait appartenu à la Province de France et fait son noviciat à Flavigny avec le R. P. Bion. Puis, quand, en 1856, le T. R .P. Antonin Danzas fonda le couvent de Lyon, il demanda et obtint d'être au nombre des premiers Pères qui s'adjoignirent à lui. Il naquit le 10 septembre 1827, à Chevreuse, diocèse de Versailles. Ses études terminées, se sentant appelé à la vocation sacerdotale, il entra au Grand Séminaire de Versailles et fut ordonné prêtre le 21 décembre 1850. Sur les conseils du R. P. de Pontlevoy, de la Compagnie de Jésus, auquel il s'en ouvrit, il partait, peu de mois après, pour notre noviciat de Flavigny où il reçut l'habit de l'Ordre le 2 septembre 1851 et y faisait profession l'année suivante.

C'est là qu'il connut intimement notre grand et illustre P. Lacordaire aux conférences duquel, plus d'une fois, il avait assisté, et une filiale vénération pour ses grandes vertus se joignit à l'admiration que lui avait inspirée son incomparable éloquence. Pendant un carême où tous les religieux du couvent étaient partis en prédication, il resta presque seul à Flavigny avec le P. Lacordaire, et c'est alors surtout qu'il lui fut donné de pénétrer dans l'intimité de cette grande âme. Un jour, il le vit entrer dans sa cellule, se découvrir les épaules et, après lui avoir demandé de lui donner la discipline, le Père lui fit, en cette tenue de suppliant et de pénitent, l'humble aveu de ses fautes. Bien des années plus tard, le P. Balme, en racontant ce fait, disait que cela avait été une des grandes grâces de sa vie et ne pouvait retenir ses larmes en se rappelant l'émotion qu'il avait éprouvée tandis qu'il prononçait sur cet éminent religieux les paroles de l'absolution.

Fixé désormais au couvent du SS. Nom de Jésus, de Lyon, par son libre choix, en même temps que par la volonté de ses supérieurs, le Père y commença son apostolat. C'était en 1857. Mais déjà, bien avant la fondation de ce couvent de Lyon où la première messe fut dite le 25 décembre 1856, le P. François Balme avait été choisi par le P. Danzas, alors successeur du R. P. Lacordaire à la tête de la Province de France, pour prêcher, à sa place, une retraite aux Sœurs Dominicaines du couvent de Bonnay.

Cette retraite s'ouvrit le 6 janvier 1855 et elle a été le point de départ de cette affection paternelle et filiale, autant que surnaturelle, qui a toujours uni le bon P. Balme à ses chères filles de la Congrégation de Sainte-Catherine de Sienne, de Bonnay, nom qu'elle a porté jusqu'à ce que la Maison-Mère eut été transférée à Étrépagny. Pas un de leurs couvents à ouvrir ou à fermer, pas une décision importante à prendre ne l'a été sans que leur *bon* Père n'ait été consulté et sa décision scrupuleusement suivie. La confiance de nos Sœurs ne s'est jamais démentie pas plus que le dévouement absolu du Père; l'un et l'autre n'ont fait au contraire que croître et augmenter avec les années ; aussi quelle fut la joie de nos bonnes Sœurs de Cocorite quand elles apprirent que le P. Balme venait à la Trinidad ! Comment il fut reçu par elles, pas besoin de le dire.

Le P. Balme avait une triple mission à remplir, et elle se présentait à lui hérissée de difficultés. Il lui fallait entrer dans les vues du Révérendissime Maître Général supérieur de la Mission de Trinidad ; dans les vues de Mgr Gonin, l'archevêque ; dans celles de la Prieure Générale de la Congrégation de nos Sœurs de Bonnay, et puis enfin et surtout, ne pas blesser la légitime susceptibilité des Pères de la Province de France déjà en possession de l'Œuvre Trinidadienne. Il sut, par son tact et son habileté, arriver à son but et remplir sa tâche à la satisfaction de tous.

Ce *bon* Père, (et nul plus que lui n'a mérité cette épithète) avait une qualité qui, entre beaucoup d'autres, le désignait au choix de ses supérieurs pour remplir des missions difficiles, il était d'une grande douceur qui s'alliait parfaitement en lui à un caractère ferme, à un esprit pénétrant et à beaucoup de finesse ; il fallait tout cela pour traiter avec Mgr Gonin en qui l'on sentait toujours le vieil avocat doublé d'un Dauphinois. Il réussit donc à merveille dans la question du contrat à passer entre l'archevêque et la Congrégation d'Etrépagny. Il réussit de même à concilier, d'une part, les conditions du Provincial de Lyon pour prendre la mission de Trinidad, et d'autre part, celles de Mgr Gonin, pour confier à cette Province sa ville épiscopale.

Le recrutement du clergé a toujours été le plus grand souci des évêques à qui sont confiés des diocèses dépourvus de séminaires, c'est-à-dire de maisons d'éducation destinées à la formation et à l'instruction de jeunes gens se sentant appelés de Dieu à la vocation ecclésiastique. C'est la situation où se trouvent, sans exception, croyons-nous, les nombreux et vastes diocèses des Antilles, pour ne parler que de ceux-là. Plus d'un, parmi nos évêques missionnaires, ont essayé d'ouvrir un séminaire pour y réunir ceux qui se croiraient appelés à la sublime vocation du sacerdoce ; tous ont dû y renoncer après des essais absolument infructueux et des déboires sans fin.

Mais pourquoi, nous demandera-t-on, ce qui réussit ailleurs, ne peut-il pas réussir dans nos Antilles ? et qui empêche la création d'un séminaire à la Trinidad, à la Martinique, à la Guadeloupe et autres diocèses de nos pays tropicaux ? Le fait de la non-réussite est certain et les raisons de ce fait sont multiples. Nous en signalerons seulement deux.

La première est l'inconstance native du créole. Se fixer, prendre un parti irrévocable, et s'y tenir, lui est très difficile ; l'instabilité est le fond de son caractère. On n'est pas sûr qu'il voudra le soir ce qu'il a voulu le matin et, ce qu'un poète français, Boileau, dit de l'homme en général, nous parait devoir être dit plus spécialement du créole :

> *Il tourne au moindre vent, il tombe au moindre choc,*
> *Aujourd'hui dans un casque, et demain dans un froc.*

Cette appréciation, si peu aimable soit-elle, trouve sa justification en des faits nombreux et si connus, que dans certains Ordres religieux, la qualité de créole est un obstacle à l'admission du sujet, quelques soient, d'autre part, ses qualités réelles. Il ne persévérera pas, c'est d'ordinaire ce que se disent ceux qui sont appelés à recevoir ou à rejeter le postulant. Nous entendons déjà la réplique du créole, froissé de notre observation. — Je connais cependant, vous dira-t-il, bon nombre de créoles qui sont entrés dans le clergé, tant séculier que régulier, et qui ont été, jusqu'à la mort, fidèles à leur vocation.

Nous les contredirons d'autant moins que nous en sommes, quelque peu, une preuve visible et palpable : *quorum pars magna fui* ; et il est aisé de voir que notre observation ne touche pas l'individualité, mais la généralité. De ce qu'il y a des Italiens qui n'aiment pas le macaroni, il n'en reste pas moins vrai que le mets le plus recherché et le meilleur pour l'Italien est le macaroni.

A cette première raison j'ajouterai, comme corollaire ou conséquence, que le nombre des vocations ecclésiastiques n'est nullement proportionné au chiffre de la population. Il y a, en cette année 1913, à la Trinidad (pour ne parler que de cette île) environ 110.000 catholiques, et sur ce nombre, combien de vocations au sacerdoce, ou à la vie religieuse, parmi les hommes, vocation à laquelle les appelés ont toujours été fidèles ? Nous en comptons..... *huit* ; trois pour le clergé séculier ; trois pour la Compagnie de Jésus ; un pour l'Ordre de saint Dominique et un pour la Congrégation des Pères du Saint-Esprit. C'est tout ce que la catholique Trinidad a pu consacrer au service de Dieu, de 1864 à 1914 : huit hommes restés fidèles à leurs engagements sacrés, et cela, pendant un demi-siècle ! Sur ces huit, trois sont morts, d'où il suit que nos 110.000 catholiques Trinidadiens ont, actuellement, cinq seulement de leurs compatriotes attachés au service des autels ; qu'on nous permette de les nommer, c'est un tableau d'honneur sur lequel nous sommes heureux de graver leurs noms :

Mgr De Martini, du clergé séculier.

Mgr Maingot,          id.   id.

Le Rév. P. O'Connor, de la C^ie de Jésus.

Le Rév. P. Sellier,          id.   id.

Le F. Ange Monségue, de l'Ordre de Saint-Dominique.

C'est tout et c'est peu......

Quel évêque, si confiant fût-il, aurait osé fonder un séminaire, engager des professeurs appelés d'Europe et entretenus à grands frais, pour enseigner la philosophie, le droit canon, la théologie dogmatique et morale à quatre ou cinq jeunes gens d'une fidélité plus que douteuse à une vocation plus qu'incertaine ?

Cette première raison, appuyée de toutes ces considérations, suffisait à elle seule à détourner tout évêque de la pensée d'établir un séminaire dans le diocèse des Antilles dont il avait la charge.

Une seconde raison venait s'ajouter à la première en la fortifiant pour rendre absolument impossible la création d'un séminaire ; cette raison n'est autre que la diversité de races et de couleurs si commune aux Antilles. Cette variété a toujours été, à tort ou à raison, une cause de difficultés sans nombre et de divisions entre les familles créoles. Ceci se voit dans toutes les îles des Antilles, sans exception, mais plus particulièrement dans les Antilles françaises. Ce fut bien, croyons-nous, ce qui obligea Mgr Le Herpeur, premier évêque de la Martinique, à fermer le séminaire qu'il avait ouvert dans sa ville épiscopale, Saint-Pierre ; et, depuis lors, il n'est jamais venu à la pensée d'un évêque, ni là, ni ailleurs, d'en avoir un.

Cette digression paraitra peut-être un hors d'œuvre, sans rapport avec le sujet que nous traitons ; le lecteur attentif trouvera au contraire qu'elle vient à son heure pour donner l'intelligence de tout ce que déjà nous avons écrit et de tout ce qui va être dit concernant le clergé de la Trinidad, j'entends le clergé régulier, puisque c'est de lui et de lui seul qu'il faut nous occuper.

L'expérience avait été probante, il fallait, au diocèse, à la paroisse de Port-d'Espagne surtout, un clergé homogène et non un clergé composé de membres épars pris, nous pourrions dire ramassés, un peu partout et appartenant à toutes les races, à toutes les nationalités, à toutes les couleurs. Le schisme de l'abbé Derider dont nous avons parlé plus haut et qui fit tant de mal à la paroisse, n'avait eu, pour cause principale, que cette réunion, sous le même toit, d'éléments plus ou moins hétérogènes et ne pouvant se mêler de manière à ne former qu'un seul et même groupe. Désaccord, désunion, discussions aigres et même quelque chose de plus, séparation donnant naissance au scandale, c'est ce qui, trop souvent, vint attrister le regard des pieux fidèles et les ébranler dans leur foi.

Plus que n'importe qui, nos vénérables évêques souffraient de cet état de choses et en cherchaient le remède ; ils le connaissaient, mais ne trouvant pas le moyen de l'appliquer, ils s'étaient résignés à supporter un état de choses auquel ils ne pouvaient rien changer.

A Mgr Vincent Spaccapietra était réservée la gloire de couronner son trop court épiscopat par un changement radical qu'il n'opéra pas lui-même, il est vrai, mais qu'il suggéra à celui qui, seul, avait pleine autorité pour l'entreprendre et le faire aboutir, au Pontife Romain.

Nous avons dit tout ce qu'il eut à souffrir, précisément à cause de sa nationalité, nous n'y reviendrons pas. Lorsque le vénérable Prélat quitta la Trinidad, en 1859, après un épiscopat de six années, il se rendit à Rome, exposa au Chef suprême de l'Eglise l'état où il avait laissé son cher diocèse et en même temps ses idées sur le clergé de l'avenir pour ce diocèse. Pie IX entra complètement dans les vues du Prélat, et après avoir conféré avec le Cardinal Préfet de la Propagande, de qui relève directement le diocèse de Port-d'Espagne, il fut arrêté que le gouvernement de la paroisse de cette ville serait confié à un corps religieux qui prendrait l'engagement d'envoyer de ses membres un nombre suffisant pour le service de la paroisse. Rome procède toujours lentement dans les affaires graves et difficiles, ce ne fut que cinq ans après le départ de Mgr Spaccapietra qu'un évêque pris dans un Ordre religieux et conduisant cinq de ses Frères en religion débarqua à la Trinidad. La paroisse de Port-d'Espagne était donnée, avec le Siège épiscopal, aux fils de saint Dominique.

Le vénérable Mgr Gonin était rassuré ; la paix et l'union règnant parmi les pasteurs, régnaient aussi parmi le troupeau ; personne ne disait : moi, je suis pour celui-ci ; moi, pour celui-là, moi, je ne connais que tel prêtre ; moi, je n'obéis qu'à cet autre : *Ego quidem sum Pauli ; Ego autem Apollo ; Ego vero Cephæ* (1 Cor. I. 12).

Le curé de la paroisse était aussi le supérieur des religieux, un double lien unissait ceux-ci à celui-là. Une autorité plus forte trouvait une obéissance plus entière. Les vœux de pauvreté et d'obéissance prononcés par leurs chefs spirituels étaient, pour les fidèles, une garantie de plus ; ils les en estimaient et les vénéraient davantage, comprenant que ceux qui ont tout quitté pour Dieu, patrie, famille, fortune peut-être, pour se consacrer entièrement au salut de leurs âmes méritaient d'être, par eux, aimés, respectés et obéis.

Mais voici qu'une nouvelle épreuve allait fondre sur la Mission de Trinidad et, en touchant aux pasteurs, atteindre le troupeau. La direction de la paroisse allait changer d'orientation. Le choix du R. P. Balme comme visiteur, annonçait ce changement ; sans doute il était envoyé par le Maître Général de l'Ordre, chef suprême de la mission, mais il avait été choisi parmi les Pères de la Province de Lyon, au lieu d'être pris parmi ceux de la Province de France, ce qui eut semblé plus naturel, presque tous les Pères, déjà missionnaires à la Trinidad, appartenant à cette dernière Province.

De plus, le R. P. Balme amenait avec lui un religieux de la Province de Lyon, et non un des moindres, en raison des hautes fonctions qu'il avait déjà remplies. C'était significatif.

Du reste, la Mission trinidadienne n'appartenait à aucune Province de l'Ordre ; seul, le Rme Maître Général avait le droit d'y envoyer et d'en faire revenir qui lui semblait. Mais accablé déjà sous le pesant fardeau de la direction et du gouvernement de l'Ordre entier, il ne pouvait se charger, par surcroît, de celui d'une Mission. Il dut l'offrir, sans doute, à nos Pères de Paris (nous avons déjà dit que Province de France, ou Province de Paris, c'est tout un). Ceux-ci ne crurent pas pouvoir l'accepter. Notons ici un souvenir, vieux de quarante-trois ans. C'était en 1871, et nous parlions entre nous de la Trinidad, pendant l'heure de récréation qui suit le repas de midi, en notre couvent de Carpentras (Vaucluse), et le motif de la non-acceptation de cette mission par nos Pères de Paris, nous fut donné par le vénéré P. M. Ambroise Potton ; le voici :

La Province de Paris, ayant déjà accepté, depuis plusieurs an-

R. P. M. Dominique BERTHET

nées, la Mission de Mossoul et du Kurdistan, était obligée d'y envoyer des religieux en nombre suffisant ; ce vicariat apostolique était fort important et d'une étendue considérable. Nos Pères déclarèrent au Maître Général que, vu cette lourde charge et leur petit nombre, ils ne pouvaient fournir assez de religieux pour cette nouvelle Mission de Trinidad et qu'il était préférable de la céder à une autre Province. Elle fut alors offerte à la Province de Lyon.

S'il est d'autres raisons de ce changement, nous les ignorons, mais nous ne le croyons pas. On comprend alors le choix du R. P. François Balme comme Visiteur. Mais un Visiteur ne reste que quelques semaines dans la maison ou le lieu qu'il a charge de visiter.

Si attentif, clairvoyant ou scrupuleux qu'il soit, il ne peut se livrer qu'à une étude forcément incomplète des choses et des personnes qui font l'objet de sa visite ; pour ce motif, un religieux de Lyon, et celui-ci destiné à rester à la Trinidad, était envoyé avec lui ; de la sorte, les supérieurs de la Province de Lyon renseignés et par l'un et par l'autre, auraient des éléments d'appréciation suffisants pour se former une opinion et prendre une décision dans une affaire si importante. Ce religieux, si nous le jugeons d'après ses actes, pendant le quart de siècle qu'il a passé à la Trinidad, et d'après les souvenirs qu'il y a laissés après son départ, a été un magnifique présent de la bonté de Dieu à la paroisse de Port-d'Espagne et au diocèse tout entier. Nous voulons parler du R. P. Marie-Dominique Berthet. C'est lui qui fut donné pour compagnon au R. P. Balme et, avec eux, deux religieuses Dominicaines, la Révérende Mère Thomas des Anges, que nos lecteurs connaissent déjà, et la Sœur Marie-Henri des Anges (nos Sœurs sont toutes *des Anges*). Cette dernière devait vivre bien peu de temps à la Trinidad, puisqu'elle y mourut en novembre 1873.

Nommons également le bon P. Jacques Falquet, convers, lui aussi de la Province de Lyon, qui rendit tant de services à nos Pères et fut, pour tous, un si grand sujet d'édification pendant les douze années qu'il vécut parmi nous.

Le T. R. P. Marie-Dominique Berthet était né à Chazey-sur-

Ain, du diocèse de Belley, le 2 août 1828. Il avait fait ses études au petit séminaire de Meximieux où il précéda de quelques années le futur archevêque de Saint-Paul de Minnesota, Mgr Ireland. Ordonné prêtre le 2 juin 1855, il professa avec beaucoup de talent, au séminaire de Belley, le cours de physique. Entré au noviciat des Dominicains du Couvent de Lyon, en 1861, il fit sa profession religieuse le 8 septembre 1862. Bientôt après, appliqué au ministère apostolique, le P. Marie-Dominique s'y donna tout entier. Nommé Prieur du Couvent de Poitiers, en 1869, il y accorda l'hospitalité, l'année suivante, à M. Rohault de Fleury et à M. Legentil qui devaient arrêter les premières bases de l'œuvre du Vœu national du Sacré-Cœur de Montmartre, et il leur servit d'intermédiaire auprès du R<sup>me</sup> P. Jandel pour obtenir l'approbation de Pie IX en faveur de leur projet.

Mais bientôt la confiance des supérieurs appelait le bon Père à une œuvre plus ardue. En 1871, le 24 octobre, le Père débarquait à la Trinidad, avec le Fr. Jacques. Reçu à bras ouverts par le vénérable Mgr Gonin et le T. R. P. O'Carroll, prieur du couvent et curé de la cathédrale, il fut aussi accueilli avec le respect dû à l'envoyé du Maître Général, respect qui laissait une place entière à l'affection la plus fraternelle.

Le choix du visiteur et de ses deux compagnons avait un sens qui n'échappa point aux Pères français déjà affectés à la Mission. Celle-ci allait passer des Pères de Paris aux Pères de Lyon. La raison en étant connue, il ne pouvait y avoir ni froissement, ni mécontentement ; il y en eut cependant et au dedans et au dehors du presbytère, et si les nouveaux venus ne furent pas vus d'un mauvais œil, ils reçurent un accueil assez froid, surtout des fidèles déjà très attachés à leurs premiers Pères et qui n'apercevaient dans le R. P. Marie-Dominique qu'un homme envoyé pour se rendre compte de la situation, et préparer l'arrivée de nouveaux Pères, inconnus des anciens et animés peut-être d'un esprit différent.

Pour nos paroissiens peu éclairés, et surtout pour nos vieilles dévotes, c'était un adversaire, presque un ennemi, qui arrivait et auquel il fallait déclarer la guerre. Le bon Père Marie-Dominique, innocente victime, ne fut pas long à s'en apercevoir ; il accepta

la persécution, et, par son humilité, sa charité, ses vertus profondément religieuses, il sut vaincre l'hostilité avec laquelle il
avait été accueilli tout d'abord.

On ne tarda pas à s'apercevoir qu'il avait été envoyé, non pour
supplanter, mais pour succéder aux anciens Pères, ce qui n'est
pas la même chose. Et encore, des premiers Pères, la Mission con-
serverait tous ceux qui voudraient bien y demeurer ; on n'en renvoyait aucun. L'origine religieuse était la même, comme aussi
la nationalité. La direction de la paroisse non modifiée, dépendait, du reste, comme auparavant, de l'archevêque, chef suprême
et intangible. N'importe, on appela coup d'Etat le changement
des chefs que l'on prévoyait et ce fut un bouleversement dans la
paroisse parce qu'on le supposait dans le presbytère, ce qui n'é-
tait pas. On est homme après tout, et il est des sentiments peu
parfaits, il est vrai, que la vie sacerdotale et religieuse ne parvient pas à faire disparaître complètement. Il est aisé de concevoir que les Pères de la Province de France auraient préféré conserver pour leur Province, et pour les vieux Frères et amis qu'ils
y avaient laissés, cette Mission qui leur était devenue si chère et
avait coûté la vie à deux des leurs.

Ce sentiment se comprend très bien et, humainement parlant,
paraît très légitime. Aussi leur cœur était-il froissé, il souffrait,
et cette souffrance ne put échapper au regard vigilant de leurs
fidèles qui crurent de leur devoir de prendre fait et cause pour
eux, et pensèrent leur être agréables en accueillant de mauvaise
grâce les avances du R. P. Marie-Dominique.

Les uns et les autres oubliaient ou ignoraient que les Pères de
Lyon ne prenaient pas la Mission, ils l'acceptaient, et, du moment que la Province de France ne pouvait pas garder l'œuvre
de Trinidad, nous en avons donné la raison, il était tout naturel
et entièrement conforme aux vues et au désir de l'archevêque
qu'une autre Province Dominicaine fut substituée à la première.
Le clergé restait toujours le même et son recrutement assuré. Ce
dernier point était le plus important. On ne tarda pas du reste, à
revenir sur les préventions premières ; le tact et la prudence du
R. P. Balme qui, avant d'être de la Province de Lyon, avait été

de celle de Paris, y contribuèrent pour beaucoup en ménageant la transition.

Quand le R. P. Dominique arriva à la Trinidad, les Pères du presbytère étaient au nombre de huit, dont l'un résidait toujours à Cocorite. Sur les sept Pères restant, trois étaient d'origine anglaise ou irlandaise et quatre d'origine française, tous les quatre de la Province de France ; c'étaient les PP. Bion, Esteva, Violette et Forestier ; ce dernier dépendait plus directement du Maître Général.

Ainsi se termina cette année 1871, dans un certain malaise qui régna parmi les pasteurs et se communiqua au troupeau, mais cela n'alla pas plus loin ; les âmes n'eurent pas à en souffrir, la charité domina toujours dans celle des pasteurs, et Dieu sut tirer sa gloire de tout.

Le 7 février 1872, le T. R. P. François Balme laissait la Trinidad pour retourner en France, sa triple mission remplie. Il en devait compte au Maître Général, au Provincial de Lyon, et à la Prieure générale de notre Congrégation Dominicaine d'Etrépagny. Il laissa après lui le souvenir d'un religieux accompli, et nous qui l'avons beaucoup connu, qui l'avons même eu comme supérieur pendant plusieurs années, nous pouvons affirmer que nous ne connaissons pas une seule vertu religieuse que ce saint homme n'ait possédée à un degré éminent. Aussi n'était-elle pas exagérée la douleur, et bien légitimes aussi les larmes que versèrent nos bonnes Sœurs de Cocorite en disant un adieu qu'elles croyaient bien le dernier, et qui heureusement ne le fut pas, à leur bon et vénéré Père. Il emportait avec lui les éléments d'un contrat à passer entre l'archevêque de Port-d'Espagne et la Province de Lyon, avec la sanction obligatoire du Maître Général.

Ce contrat, dont nous possédons le texte latin, ne renferme pas moins de vingt-cinq articles, sa longueur seule nous empêche de le donner en entier. Article par article il fut débattu avec Monseigneur l'archevêque et, avec l'avocat dauphinois qu'était Mgr Gonin, ce dut être une rude tâche pour le P. François Balme. La lecture de ce contrat nous a appris une chose très importante et que nous ignorions (entre beaucoup d'autres) ; c'est que, si l'archevêque vient à mourir, son vicaire général devient *ipso facto* vicaire capitulaire avec pleins pouvoirs pour gouverner le diocèse, et si ce vicaire capitulaire venait à mourir avant la nomination d'un nouvel archevêque, alors, de plein droit, ce titre et cette charge reviendraient au Supérieur des Dominicains, curé de la cathédrale.

Ce contrat, signé par Monseigneur l'archevêque le 5 septembre 1872, fut accepté au nom de la Province de Lyon, par le T. R. P. Damien Signerin, prieur provincial, le 8 octobre de la même année, et confirmé par l'autorité du Maître Général de l'Ordre, le 10 octobre.

Pour que ce contrat eut force de loi, il lui fallait nécessairement la sanction apostolique ; elle fut demandée et obtenue, mais avec certaines modifications, suppression même de quelques articles ; n'ayant pas donné le texte du contrat, nous ne croyons pas utile de faire connaître les modifications qu'il eut à subir.

La vérité historique à laquelle nous nous efforçons d'être toujours fidèle nous oblige de dire que l'article cité par nous, touchant le gouvernement du diocèse, *sede vacante*, fut ainsi modifié : *Quantum ad regimen Archidiœcesis, sede vacante, standum erit Constitutioni s. m. Benedicti XIV « Quam ex sublimi ». 8 aug. 1755*. Ce qui veut dire que, sur ce point, on devra s'en tenir à ce qui a été prescrit par Benoît XIV dans sa bulle du 8 août 1755.

Ce contrat, on le pense bien, fut connu de tous les Pères présents alors dans la Mission, au moins quant à sa disposition capitale qui était le transfert de cette Mission aux religieux de la Province de Lyon. La transaction était bien simple et n'emportait avec elle aucune complication. Des mains du Maître Général, l'œuvre trinidadienne passait dans celles du Provincial des Dominicains de Lyon, offerte et par l'autorité religieuse et par l'autorité diocésaine.

Mais la créature humaine, si élevée soit-elle, touche toujours à la terre par un point, et la perfection acquise ne l'empêche pas de voisiner un peu trop avec bien des imperfections. Nos bons et saints Pères ne devaient pas échapper à cette loi. Et si la fleur de la charité restait toujours attachée à l'arbre monastique qui avait si bien pris racine au presbytère de Port-d'Espagne, elle avait quelque peu perdu de son éclat et de son parfum. Il semblait à nos Pères, les premiers arrivés dans le pays, qu'ils n'étaient plus chez eux et que par ce contrat donnant la Mission aux Pères de Lyon, on les priait poliment de laisser la place aux nouveaux venus et à ceux qui ne devaient pas tarder à les suivre, comme on le prévoyait. C'était bien à tort, nous l'avons dit.

Mais l'homme est ainsi fait et nous ne le changerons pas. Nos Pères de la Province de France pouvaient bien rester et mourir de la plus belle mort sur cette terre de Trinidad, au sein de cette paroisse qu'ils avaient arrosée et fécondée de leurs sueurs apostoliques. Ils ne le voulurent pas. Ils préférèrent se retirer. Toutefois en bons et obéissants religieux qu'ils étaient, ils se soumirent entièrement à la décision du supérieur de la Mission, le Révérendissime Maître Général, qui accepta leurs motifs de départ, mais en leur demandant de demeurer encore quelque temps, ce qu'ils firent sans hésiter.

De tous ceux qui étaient arrivés avec Mgr Gonin, en mars 1864, les PP. Bion, Esteva, Le Barbier, Thomas Greenough, Léon Adams et O'Sullivan, trois avaient quitté la Trinidad. Les seuls Pères français qui restaient de cette première phalange étaient les PP. Bion et Esteva, ce furent eux qui demandèrent leur retour en France. Les autres Pères français, venus après eux, restaient attachés à la Mission.

Pendant deux années encore, les PP. Bion et Esteva travaillèrent au bien des âmes avec le même zèle et le même dévouement, plus encore peut-être, comme le foyer jette une flamme d'autant plus vive qu'il est prêt de s'éteindre. Ils ne voulurent pas que leur souffrance privée eut une répercussion dans l'âme de leurs enfants spirituels pour lesquels ils avaient tant fait et qui leur étaient si affectionnés. Ils ne cessèrent, pendant ces deux dernières années, de leur recommander d'avoir pour leurs successeurs le même respect, la même soumission filiale qu'ils avaient toujours eus pour leurs premiers Pères. Ils leur donnaient eux-mêmes un magnifique exemple de ce respect et de cette soumission à l'autorité. Quels mérites n'ont-ils pas dû acquérir durant ces deux années, les dernières qu'ils devaient passer à la Trinidad, avant de dire un adieu, qui allait être éternel, à ce pays qu'ils avaient tant aimé ! !

Le mot, *héroïsme*, n'est pas hors de place, si nous l'appliquons à nos Pères et à la vie religieuse et apostolique dont ils vécurent, en cette dernière période de leur séjour à la Trinidad. Comme ils l'avaient fait pendant les huit années précédentes, ils firent de même en ces deux années 1872 et 1873, ils les passèrent en faisant le bien, comme leur divin Maître dont il est dit : *transiit benefaciendo*. Le 5 février 1874 ils dirent adieu à leur paroisse tant aimée, et ce jour fut un jour de deuil pour le clergé et pour les fidèles. Ils nous quittent, mais nous, leurs Frères et successeurs, nous ne les laisserons pas aller sans saluer une dernière fois leurs belles figures et leur noble caractère. Pour leur donner les louanges qu'ils méritent nous ne dirons pas de grandes paroles, nous n'écrirons pas de nombreuses lignes, nous dirons simplement ceci : Dieu nous fasse la grâce, à nous leurs successeurs, de marcher sur leurs traces, de pratiquer leurs vertus, de suivre leurs exemples ; c'est alors et alors seulement que nous pourrons être reconnus de dignes fils de notre glorieux Père saint Dominique, si nous avons, comme eux, son esprit religieux et apostolique.

Nous qui écrivons ces lignes nous avons vu le R. P. Albert Bion en France, en 1890, alors prieur du Couvent de Bordeaux. C'était la première et la dernière fois. Il mourut peu d'années après et voici ce qu'un de nos Pères écrivait, de France, à une de nos Sœurs, à la date du 14 janvier 1898 :

« Vous avez dû apprendre la mort du bon Fr. Bion tant attaché à votre Congrégation ! Peut-être vous avait-il écrit, qu'au commencement d'octobre, il avait eu une phlébite à Bordeaux, qu'un moment on avait craint ; mais il fut vite mieux, et, au commencement de novembre, il vint ici pour achever sa convalescence ! (Cette lettre est datée d'Arcachon, près Bordeaux). Hélas ! elle ne fut pas longue. » Tandis qu'à Bordeaux, le médecin exigeait beaucoup de ménagements, ici, il n'en prit pas du tout ; il voulut sortir, monter et descendre.

Quatre jours après, il dut s'aliter pour ne plus se relever. La rechute fut plus forte ; il souffrait beaucoup, ne mangeant rien,

vomissant le peu qu'il prenait, mais gardant toute son intelligence, lisant jour et nuit et causant admirablement, comme il savait le faire ! Le dimanche matin, 12 décembre, un commencement d'embolie se déclara, une partie du cerveau fut pris et, tout
en conservant son intelligence, il ne pouvait plus exprimer toute
sa pensée. Il était perdu ! Il y avait à craindre un ramollissement
complet du cerveau ; heureusement, Dieu lui épargna cette
épreuve : le mardi, il recevait les derniers sacrements ; il fut édifiant au possible et regretta presque de n'être pas mort dans la
journée : Dieu voulait augmenter ses mérites ! Nous ne pouvions
plus beaucoup causer avec lui, à cause des efforts qu'il lui fallait faire pour trouver ses expressions.

Enfin, deux jours avant Noël, une nouvelle phlébite plus forte
se déclara à l'autre jambe, elle devait l'emporter. Le jour de Noël,
il étouffait. — Nous récitâmes les prières des agonisants à neuf
heures trente du matin, et, le soir, à cinq heures, il nous fit tous
appeler pour solliciter notre pardon et nous demander de l'aider
à prier. Il souffrait horriblement. Il ne savait plus comment se
tenir ! Enfin, à six heures, ce même jour de Noël, il s'éteignit
très doucement ! Puissions-nous mériter la même grâce ! — Le
lundi 27, nous l'avons conduit à sa dernière demeure, dans notre
cimetière. Il était dans sa 68° année, et il y avait quarante-quatre
ans qu'il appartenait à l'Ordre de Saint-Dominique. »

# CHAPITRE II

## T. R. P. Marie-Dominique Berthet
### Curé de la Cathédrale et Supérieur des Pères.

### (1873-1876)

En 1873, on vit s'accomplir deux événements de grande importance, la nomination du T. R. P. Marie-Dominique Berthet à la charge de Prieur de la communauté des Pères et de curé de la cathédrale, et celle du T. R. P. Williams O'Carroll à la dignité de vicaire général.

Dans l'Ordre de saint Dominique, le Prieur d'un couvent est nommé pour trois ans, ce qui doit être strictement observé dans nos couvents réguliers. Mais à la Trinidad, notre maison était aussi un presbytère, ce qui la rendait au point de vue dominicain quelque peu irrégulière. Le T. R. P. O'Carroll était resté plus de trois ans à la tête de la communauté, ayant été institué en 1869 par le Rme Maître Général.

Le 5 septembre 1873, le contrat entre l'Ordre et le diocèse avait été signé par les autorités légitimes, contrat qui chargeait les Dominicains de Lyon de la Mission de Trinidad. Le 24, le T. R. P. Marie-Dominique prenait la direction de la communauté et de la paroisse.

C'est à cette époque que Mgr Gonin s'accorda une demeure différente de celle des Pères. En arrivant à la Trinidad, il était descendu au presbytère de la cathédrale dont il avait fait son palais épiscopal. Pour quiconque a connu cette maison de la rue Georges où étaient logés prêtres et évêque, ce mot de palais est bien un peu solennel, c'est le terme consacré, nous l'employons. Cette co-habitation n'était pas sans inconvénient, mais les liens de la

vie religieuse qui unissaient le vénérable archevêque à ses Frères
en saint Dominique rendaient très supportables ces quelques inconvénients ; d'autant plus que, pendant un assez long temps, le
chef du diocèse, de par la volonté du chef de l'Ordre, était aussi
celui des religieux.

Est-ce à dessein, ou par pure coïncidence, nous l'ignorons. A
peu près à l'époque de la nomination du Tr. R. P. Marie-Dominique, comme Prieur et Curé, Monseigneur l'archevêque fit connaître sa volonté d'avoir un logement à part pour lui et son vicaire général. Il choisit pour demeure épiscopale l'ancien collège Saint-Georges qu'il disait être propriété de l'évêque, ce qui
était contestable comme cela fut en effet contesté, bien des années après, sous son successeur immédiat.

Cette maison, désormais l'archevêché, donnait sur les deux
rues Kent et Abercrombie, l'entrée principale était dans la rue
Kent, maintenant rue Pembroke. Ce nouveau local était vaste
mais inachevé et il fallait refaire presque complètement l'aménagement des pièces. M. l'abbé Dupoux, curé de Montserrat, qui
avait fait ses preuves comme architecte en construisant l'église
de Montserrat, telle qu'elle existe encore, dressa le plan de la
maison et en surveilla l'exécution. Pendant cette reconstruction,
Monseigneur l'archevêque et son Vicaire général allèrent habiter une maison dans le voisinage.

La mission de la Trinidad avait donc été acceptée par la Province de Lyon et le contrat qui la lui confiait portait la signature
du Provincial, le T. R. P. Damien Signerin, avec la date du 8 octobre 1872. Le Très-Révérend Père, on le conçoit, était pressé de
connaître le nouveau territoire confié à ses soins et à sa vigilance ; et voulant étudier par lui-même le champ de bataille sur lequel allaient combattre ses meilleures troupes, il écrivit au R. P.
François Balme qu'il l'emmenait avec lui ; et, le 25 décembre de
cette année 1873, tous deux débarquaient à Port-d'Espagne.

Le séjour du Tr. R. Père Provincial fut court, quelques semaines au plus et, en février ou au commencement de mars 1874,
il retournait en France, avec le R. P. Balme. Celui-ci, dans sa visite de 1871, n'était venu que pour traiter avec l'archevêque sur
la cession de la mission à la Province de Lyon et s'occuper de ce

qui concernait l'installation matérielle de nos Sœurs à Cocorite, et leur *modus vivendi* avec le chef du diocèse ; en un mot, il avait à rédiger un contrat comme représentant de la Tr. Révérende Mère Prieure générale de la Congrégation Dominicaine qui, à certaines conditions, avait accepté la rude tâche de desservir l'asile de Cocorite.

Le Tr. R. P. Damien Signerin venait comme Prieur Provincial et Supérieur des religieux qui, désormais, resteraient affectés à la Mission ; il devait donc tout voir, tout examiner, tout étudier avec pleine autorité pour faire des lois, ordonner, défendre, veiller à ce que ses religieux, tout en étant des missionnaires zélés, restassent toujours fidèles à leur Règle et aux Constitutions de leur Ordre, autant que le pouvait permettre le ministère absorbant auquel ils étaient appliqués. Il laissa, avant de partir, des *Ordinations* écrites qui furent lues publiquement devant tous les Pères et Frères réunis.

Nous aurions bien le désir de les faire connaître à nos lecteurs, mais peut-être ne comprendraient-ils pas tout ce qu'il y a de beau, d'élevé, de sublime dans cet acte d'un supérieur qui peut parler ainsi et traiter de la sorte, avec assurance d'être écouté et obéi, des hommes comme lui-même et qui, bien souvent, l'emportent sur lui quelquefois par leurs talents, leurs qualités et leur mérite personnel. Cependant, pour l'édification de nos lecteurs, nous allons mettre sous leurs yeux deux ou trois points de ces *Ordinations*. Nous lisons aux nᵒˢ 6 et 7 :

« Les religieux n'entreprendront aucune œuvre quelle qu'elle soit sans l'autorisation du Supérieur, et s'il leur est accordé de s'occuper de quelqu'une, ils auront un grand soin de tenir le Supérieur au courant de tout ce qu'ils feront, de manière à ne pas embarrasser leur conscience et à sauvegarder, avant tout, leurs voeux de pauvreté et d'obéissance. Le Supérieur local lui-même ne fera rien d'important sans l'autorisation de son Provincial.

«..... Je recommande instamment à tous nos religieux d'être très avares de leur temps parce qu'il ne leur appartient pas et parce que, étant surchargés d'occupations, ils n'ont pas une minute à perdre. Je les prie donc d'éviter les visites inutiles, de les abréger le plus possible quand ils ne peuvent s'en dispenser, et d'être surtout d'une discrétion irréprochable et d'une tenue vraiment religieuse dans toutes les maisons où ils sont obligés d'aller par convenance ou par affaires. »

Pour tout esprit sain et droit, capable par conséquent de juger en toute équité, cela n'est-il pas digne d'admiration ! Et qu'un troupeau doit s'estimer heureux d'être conduit par des pasteurs, fidèles eux-mêmes à cette ligne de conduite qui lui est tracée !

Le R. P. Balme devait, environ dix années plus tard, revenir à la Trinidad, avec le titre de Visiteur Provincial. Quant au T. R. P. Damien Signerin, il partait, cinq ans après, envoyé par le Très Révérend Père Provincial de la Province de Toulouse, à Rio-Janeiro, capitale du Brésil, pour lui faire un rapport sur une fondation projetée et demandée à cette Province par l'autorité ecclésiastique d'un diocèse brésilien. Le bon P. Damien n'en devait pas revenir ; deux ou trois semaines après son arrivée, il était atteint par la terrible fièvre jaune, à juste titre la terreur des Européens. « Vers quatre heures du matin, le 16 mars 1878, écrivait le religieux Dominicain qui accompagnait le Père, il a rendu son âme à Dieu et nous a quittés pour aller, le premier, recevoir la palme que Dieu réserve aux futurs missionnaires du Brésil. Ni les douleurs aigües, ni les souffrances de son agonie, qui s'est prolongée pendant deux heures, n'ont altéré ses traits. On aurait dit, en voyant son visage calme et serein, qu'il dormait d'un doux et profond sommeil. Après l'avoir recueilli dans leur maison, les bons Pères Lazaristes lui ont donné une place dans la partie qui leur est réservée au cimetière. »

L'année 1874 qui venait de s'ouvrir fut féconde en événements. Les PP. Bion et Esteva retournèrent en France après avoir dit adieu à cette Mission de Trinidad qu'ils avaient aimée et où on les avait aimés. Une atmosphère de tristesse accompagna et suivit leur départ. C'était le 5 février.

Peu de temps après, mais pas en même temps croyons-nous, le R. P. Mariano Forestier demanda lui aussi à rentrer en France ; son intention était-elle de ne plus revenir ? nous ne le savons, mais eût-elle été ainsi, il ne pouvait y tenir. Ce qui nous fait croire à cette intention, c'est qu'il resta en France jusqu'en

1877. Quand nos Pères retournent dans leur pays pour se reposer, pour un *changement d'air*, comme disent les créoles, c'est
toujours pour quelques mois seulement. Le Révérend Père avait
son cœur à la Trinidad, dans son cher orphelinat de Belmont, là
donc était son trésor ; aussi, quatre ans après, il revenait vivre
au milieu de ses chers petits orphelins.

La fin de cette année 1874 fut marquée par un événement heureux pour la mission de Trinidad, l'arrivée de deux nouveaux
Pères. Mgr Gonin, dont nous avons dit le départ pour l'Europe,
s'embarquait à Saint-Nazaire, vers le milieu d'octobre, pour retourner dans son diocèse. Ce fut son dernier voyage ; il ne quitta
plus les Antilles jusqu'à sa mort qui arriva en 1889. Sa Grandeur
emmenait avec elle deux Pères de la Province de Lyon, les PP.
Hyacinthe Bariou et Mannès Gouchon. Ils débarquaient, fin octobre, à Port-d'Espagne.

Le R. P. Hyacinthe Bariou était né à Savigny, dans le diocèse
de Lyon, le 6 août 1841. A 19 ans, le 31 octobre 1860, il recevait
la robe du dominicain dans notre Couvent de Lyon, des mains
du T. R. P. Antonin Danzas, et le 31 octobre de l'année suivante
il y prononçait ses vœux. Il annonçait déjà ce qu'il devait être
un jour et ce qu'il fut en réalité, d'abord un saint religieux, puis
un zélé et ardent missionnaire. Nous ne pouvons moins faire
que de lui rendre ce double-hommage.

Dès le premier jour, il révéla sa vocation apostolique et il put
dire à ses supérieurs : c'est pour les petits et les pauvres que Dieu
m'a envoyé ici ; *Evangelizare pauperibus misit me Dominus.*
(Is. 61. 1). Et tel il fut aux débuts de sa carrière apostolique, tel il
est resté tout le temps qu'il exerça à la Trinidad le saint ministère.

Avec le R. P. Hyacinthe Bariou, vint le R. P. Mannès Gouchon.
Né à Montluel, diocèse de Belley (France) le 18 mars 1839, il embrassa la carrière ecclésiastique, et après son ordination sacerdotale, il fut nommé vicaire d'une paroisse de ce vaste diocèse. Il
eut pour condisciple, au grand séminaire, Mgr Ireland, qui devint archevêque de Saint-Paul de Minnesota, dans les Etats-Unis.

Mais ce n'était là pour le P. Bariou qu'un degré le préparant à monter plus haut. Attiré à une vie plus parfaite, il dépouilla la robe noire du prêtre séculier pour revêtir la blanche robe des fils de saint Dominique dans le Couvent de Lyon, le 7 septembre 1865 ; un an après il prononçait ses vœux. Déjà prêtre quand il entra au noviciat, il fut, aussitôt sa sortie, appliqué à la prédication. Il s'acquittait de cet office avec un zèle tout apostolique quand il obtint enfin la faveur demandée depuis plusieurs années de se consacrer à la Mission de Trinidad. Son dévouement accepté, avec le P. Hyacinthe il arrivait à Port-d'Espagne. D'une santé frêle et délicate, il ne pouvait courir après la brebis égarée et la chercher partout où elle se cachait, comme le faisait le P. Hyacinthe ; mais quand on lui en amenait une, il en prenait un soin tout paternel, pansait les blessures que le péché avait faites à son âme, c'était son enfant : *eratque illi sicut filia* (2 Reg. 12. 3). Le R. P. Marinès fut, pendant les trente années qu'il passa dans cette paroisse, un *confesseur* dans la plus stricte et la plus noble signification du mot.

Une œuvre dont le P. Marie-Dominique eut à s'occuper est celle de l'orphelinat de Belmont, la plus importante peut-être de toutes les œuvres fondées à la Trinidad par les fils de saint Dominique. Elle était l'objet des constantes préoccupations du vénérable archevêque, de nos Pères et de nos Sœurs. Les uns ne pouvaient rien faire sans les autres, les trois autorités devaient concourir simultanément et marcher de front pour le succès de l'œuvre.

Malgré le zèle et le dévouement des pieuses Tertiaires placées à la tête de l'orphelinat, ces pauvres enfants avaient besoin de mères selon la grâce, formées, par une vocation, à cet apostolat. Dans un voyage que Mgr O'Carroll fit en France en 1875, il avait eu une entrevue avec la Prieure Générale des Dominicaines d'Etrépagny et obtenu quatre religieuses pour cette œuvre. Le bon coadjuteur mettait en cette affaire tout son cœur et toute son âme. Les Sœurs acceptaient. Les Pères étaient aussi favorables que possible. Cependant rien ne se faisait. La question restait stationnaire. Une difficulté très grave mettait obstacle à l'organisation de l'œuvre. Il s'agissait de savoir qui serait responsable des dettes. Quoique peu élevées, elles suscitèrent bien des débats.

L'archevêque ne voulait pas en assumer la responsabilité. Les Pères avaient déjà trop d'affaires sur les bras pour accepter encore une œuvre nouvelle avec des dettes, et ce qui compliquait les embarras, c'est qu'il était grandement question d'une fondation proposée à San-Fernando, seconde ville de l'île, à plusieurs milles, au sud de Port-d'Espagne, et au centre d'habitations peuplées de coolies.

Pour être agréables à l'archevêque, les Sœurs consentaient à y ouvrir un pensionnat ; la Révérende Mère Thomas des Anges et une autre Sœur allèrent à San-Fernando pour se rendre compte de la possibilité d'une fondation. Elles y trouvèrent une maison déjà louée par le R. P. Violette et où l'on avait déjà réuni quelques enfants. Toutefois plusieurs raisons s'opposaient à l'exécution de ce projet. L'une d'elles, c'est qu'il semblait difficile d'assurer à San-Fernando les secours religieux nécessaires et la possibilité pour les Sœurs de garder leur vie d'observance. Il est vraiment touchant, aussi bien qu'édifiant, de voir le souci de nos bonnes religieuses pour la pratique aussi exacte que possible de leur Règle.

Déjà, pour nos Sœurs espagnoles de Caracas, il est arrivé qu'elles eurent toutes sortes de difficultés avec leur archevêque qui les autorisait volontiers à s'établir dans sa ville archiépiscopale, mais à la condition qu'elles s'adonneraient à l'éducation de la jeunesse, ce qui n'était nullement dans l'esprit, ni dans la lettre des Constitutions de notre second Ordre, exclusivement consacré à la vie contemplative .On mit en avant une ordonnance royale, même un bref du Pape obtenu par le roi d'Espagne, bref que, du reste, on ne put jamais produire. Nos Sœurs résistèrent respectueusement mais courageusement. Qu'aurait dit et fait l'archevêque de Caracas devant cette résistance si, sur ces entrefaites, il n'avait pas été obligé de partir pour l'Europe ? Nous n'en savons rien ; mais, par la grâce de Dieu et celle du vicaire général administrateur du diocèse, elles eurent gain de cause et purent ouvrir leur Couvent de Caracas avec l'assurance que leur clôture serait inviolée et qu'elles pourraient observer leur sainte règle dans toute son intégrité.

Chassées ensuite de leur sainte demeure par un gouvernement impie, elles se réfugient à la Trinidad, où elles trouvent un asile. Ici encore, l'archevêque étant absent, par la grâce de Dieu et celle de l'évêque coadjuteur, administrateur du diocèse, elles sont reçues avec autant d'empressement que de bienveillance ; mais cette fois, nous savons ce qu'aurait dit et fait l'archevêque de Port-d'Espagne si, lui aussi, n'avait pas été obligé de partir pour l'Europe : Il leur aurait refusé net l'autorisation de venir dans son diocèse, il le fit assez comprendre, peut-être même trop, au bon Mgr O'Carroll. L'archevêque, à son retour d'Europe, trouva donc nos bonnes Sœurs installées à l'orphelinat de Belmont. Il consentit à les y laisser, mais à la condition qu'elles se chargeraient de cette œuvre. Vouées à la vie contemplative, par vocation et par vœu, elles refusèrent de se consacrer à un genre de vie pour lequel elles n'étaient pas faites.

Elles durent alors quitter l'orphelinat et allèrent habiter une petite maison qu'elles firent construire sur le morne du Calvaire, et attenant à la chapelle. Tout y était petit, étroit, pauvre, on y manquait d'eau ; mais, pour elles, peu importait. Ce qu'il leur fallait, c'était l'observance de leurs saintes Règles. Or, elles n'avaient le bonheur d'entendre la messe que trois fois par semaine et, de plus, la chapelle demeurait strictement fermée aux fidèles, à ce point que le prêtre qui allait y célébrer le saint sacrifice, devait y entrer en passant par l'intérieur même du couvent accompagné de son servant. Dans ces conditions que devenait la clôture ? De lieux réguliers, il n'y en avait guère, la place manquait à cet effet. Enfin, pour compléter cet ensemble, il leur avait été fait défense absolue de recevoir des novices. C'était les vouer à la mort par extinction. Dieu ne devait pas abandonner ces fidèles épouses du Christ, qui lui avaient donné trop de preuves de leur fidélité. Il les en récompensa. Si déjà Il leur eut demandé quelle était, pour elles, la récompense désirée, elles eussent toutes répondu, avec saint Thomas d'Aquin, leur frère : « Pas d'autre que vous, Seigneur. »

Nos Sœurs de Cocorite appartenaient à notre troisième Ordre régulier. Leur règle diffère de celle du second. Cette règle, elles avaient juré d'y être fidèles, au jour de leur profession religieuse. Outre cette fidélité personnelle, les supérieurs ont le devoir rigoureux de veiller à sa parfaite observation dans la maison conventuelle dont ils ont la direction.

Pour elles aussi, c'était le point essentiel. Faisons tout le bien possible aux corps et aux âmes ; acceptons toutes les situations qui, nous sont offertes si notre petit nombre ne s'y oppose pas, mais, avant tout, observons la règle en vigueur dans l'état où nous avons juré de rester jusqu'à la mort. A cette condition, nous accepterons tout, nous ferons toutes les concessions demandées. C'est ce que nos Sœurs de la Congrégation de Sainte-Catherine de Sienne établies déjà à Cocorite surent dire à Mgr Gonin. C'est pour garder dans son intégrité leurs saintes règles, non seulement celles dites générales, mais encore celles propres à leur Congrégation, qu'elles ne voulurent conserver l'école hindoue de Saint-James (Mucuparo), et encore pour la même raison qu'elles refusèrent l'établissement qui leur était offert à San-Fernando, comme elles avaient résolu d'abandonner, dès la première année de leur arrivée dans le pays, le service de l'hospice de Shine.

Etant données les conditions, elles ne crurent pas pouvoir accepter l'œuvre de San-Fernando. Tous les motifs de non-acceptation subsistaient encore lorsque beaucoup plus tard on revint à la charge pour San-Fernando ; le même refus fut opposé. Alors, Monseigneur l'archevêque en fit l'offre aux Sœurs de Saint-Joseph de Cluny qui acceptèrent.

En 1875, la mission trinidadienne vit s'accroître le nombre de ses missionnaires par l'arrivée du R. P. Gracia, religieux français ayant appartenu à la Province de Toulouse. Ce saint religieux a droit à une mention et à une place spéciale dans l'histoire que nous écrivons, quoique son séjour à la Trinidad, de courte durée, ait passé presque inaperçu. Nous croyons même que son nom est inconnu de tous ; il mérite cependant, à tous égards, que son nom pas plus que son souvenir ne soient effacés de l'histoire d'une mission Dominicaine.

Avant d'entrer dans l'Ordre de saint Dominique, le P. Gracia appartenait à la Congrégation des Pères du Sacré-Cœur, plus connus sous le nom de Picputiens ; ils devaient ce nom, quelque peu étrange, à ce fait que leur Maison-Mère se trouvait située à

Paris, dans la rue dite rue de Picpus, d'où le nom qui leur est resté de : Pères Picputiens. Les supérieurs de cette Congrégation avaient envoyé le P. Gracia, en 1839, comme supérieur de leur Mission des îles Marquises, en Océanie. Il y accomplit d'héroïques travaux au milieu de ces populations anthropophages. Pris par ces sauvages, il allait être mangé par eux quand il fut inopinément délivré par des marins anglais qui débarquèrent dans l'île, coupèrent ses liens et lui rendirent la liberté avec la vie. Il retourna en Europe et, docile aux inspirations de la Providence, il entra dans l'Ordre de saint Dominique qui le reçut avec autant de joie que d'empressement. Le P. Gracia doit être compté parmi les ouvriers de la première heure dans le travail de la restauration de l'Ordre, en France, par le R. P. Lacordaire.

Le R<sup>me</sup> P. Jandel, Maître Général de l'Ordre, voulant mettre à profit la connaissance profonde qu'avait le P. Gracia des pays d'outre-mer, en particulier de l'Amérique méridionale, l'envoya à Lima et lui confia la garde du sanctuaire de la vierge dominicaine, sainte Rose, patronne du Pérou. Il ne quitta ce lieu béni que pour se rendre à Quito, appelé par le nonce du Pape Pie IX, Mgr Vanutelli. La République de l'Equateur avait à sa tête Garcia Moreno, cet illustre homme d'Etat que le poignard de la franc-maçonnerie a frappé pour en faire un martyr. Le Président entendait chaque matin la sainte messe à l'autel du Rosaire, priant Dieu d'éclairer son âme d'un rayon de l'éternelle justice et de le mettre au-dessus de la crainte des périls humains. C'est le P. Gracia qui eut l'honneur d'offrir le divin sacrifice en présence de Garcia Moreno, le jour où le sang de ce juste coula sous le fer homicide. Après l'horrible forfait du 6 août 1875, le P. Gracia, fatigué des vicissitudes qui enlèvent toute sécurité au lendemain, cherchait le repos. Il demanda et obtint de venir à la Trinidad pour s'y préparer à la mort. On l'accueillit comme un frère qu'il était en réalité. Sa carrière apostolique avait pris fin ; mais il paya à l'hospitalité, jusqu'au terme de son existence, ce riche tribut que tout pauvre religieux, fidèle à l'amour de ses règles, peut tirer de son cœur : une conversation sainte et une salutaire édification.

C'est à Arima que l'heure dernière vint à sonner pour le bon

P. Gracia. Il s'éteignit doucement, le 26 mai 1876, après avoir
reçu dans les sentiments d'une vive piété les derniers sacrements. « Ce que je regrette, disait-il avant de mourir, c'est de
ne pas pouvoir entendre de la bouche de mes Frères, le chant du
*Salve Regina* ; mais je ne mérite pas cette consolation, je ne suis
qu'un pécheur. » Le P. Garcia était dans la soixante-quinzième
année de son âge, la trente-troisième de sa profession religieuse.

—

# CHAPITRE III

## Les R. P. Marie-François Ribon et Noël Lartaud

L'année 1872 nous amena un puissant renfort, deux Pères et un Frère. Nous ne laissons pas arriver un seul Père à la Trinidad sans mentionner avec joie cette venue comme un fait précieux à noter. Un prêtre de plus dans une paroisse, c'est un ouvrier de plus dans les champs du père de famille, et s'il est laborieux, Dieu seul peut connaître et apprécier l'importance du travail qu'à lui seul il accomplit. Un prêtre de plus, c'est un bienfait de la bonté divine que de bons paroissiens ne sauraient jamais trop reconnaître. Son arrivée doit donc être saluée avec autant de respect pour sa personne que de reconnaissance pour Celui qui l'envoie.

Le 7 novembre, les RR. PP. Marie-François Ribon et Noël Lartaud accompagnés du Fr. Simon Lysias quittaient leur doux pays de France et, le 21 du même mois, jour où nous fêtions la Présentation de la Bienheureuse Vierge Marie, ils débarquaient à Port-d'Espagne.

Le premier d'entre eux, le R. P. Marie-François Ribon, était né le 6 décembre 1830, dans la petite ville de Saint-Maixent, du diocèse de Poitiers. Nous possédons, sur ce bon Père, une notice très étendue écrite par le R. P. Hilaire Arnaud, et c'est là que nous trouvons tous les renseignements qui vont suivre. Mais, avant d'aller plus loin, qu'on nous permette de dire qu'il ne faudrait pas juger de la valeur et du mérite de nos religieux d'après la longueur ou la brièveté de la notice biographique que nous leur consacrons dans ce travail historique ; tout dépend, pour nous, de ce que nous avons lu, ou entendu dire sur ce religieux. Si nous savons beaucoup, nous disons beaucoup, si nous savons peu, nous sommes nécessairement très bref. Nous pouvons, grâce au travail du R. P. Hilaire Arnaud, faire connaître le P. Marie-François, ce sera matière à grande édification.

Il avait deux ans quand il perdit son père, et neuf ans quand sa pauvre mère le mit à l'école des *Frères des Ecoles chrétiennes*, à Poitiers (France). Sa douleur fut extrême, il en parlait ainsi dans une lettre écrite en 1869 : « Lorsque, vers l'âge de 9 ans, il m'a fallu quitter pour la première fois cette mère bien-aimée qui, après Dieu, était toute ma vie, toute ma joie, tout mon secours, toute mon espérance, j'étais si triste que, pendant trois jours, j'ai pleuré sans discontinuer, tellement que je faisais pitié à tout le monde. »

Il commença ses études de latin sous la direction d'un bon curé, qui était, paraît-il, apte à tout, musicien, poète, peintre, maçon, charpentier, sculpteur, et qui fit le jeune Ribon sur « son moule ». Ces premières études terminées, il entra au grand séminaire de Poitiers, et en 1854, ordonné prêtre, il était nommé curé dans une petite paroisse du diocèse. Mettant à profit les connaissances variées acquises chez le brave curé en question, il bâtit une église et un presbytère ; entre temps il se livrait à son attrait irrésistible pour la poésie où il chantait tour à tour les beautés du ciel et celles de la terre.

Dans le courant de l'année 1859, l'abbé Ribon se séparait de sa mère qui entrait au couvent des Augustines de Poitiers où elle a vécu comme une sainte religieuse et a précédé d'un an, environ, son cher fils dans la tombe. Parlant de cette nouvelle séparation, le Père écrivait :

« ... J'ai pu quitter ma pauvre mère, non sans chagrin et sans tristesse, mais j'ai senti une main qui savait essuyer mes larmes et raffermir mon cœur : cette main, c'était celle de Notre-Seigneur Jésus lui-même, me montrant le ciel, où il n'y a plus ni larmes, ni tristesse, ni désolation, parce que l'on possède Dieu, et avec Dieu, tous ceux que l'on a connus et aimés saintement ici-bas. »

L'abbé Ribon pensait depuis longtemps à la vie religieuse, sa sainte mère l'avait devancé dans cette voie. Mais alors, rien plus ne le retenant, fortifié par la bénédiction de son évêque et muni de son autorisation, il partit pour la ville éternelle.

Un Ordre religieux avait séduit son cœur, l'Ordre des Minimes fondé par saint François de Paule. Toutefois, avant de prendre une décision définitive il alla demander à Pie IX sa sainte bénédiction. A peine le jeune prêtre eut-il fait connaître au Souverain Pontife le but de son voyage à Rome, qu'aussitôt il lui dit : « Non, mon fils, vous n'êtes point fait pour les Minimes, allez plutôt chez les Dominicains. »

L'abbé Ribon n'hésita pas, il obéit immédiatement et, le 4 décembre 1859, il recevait l'habit des Frères Prêcheurs dans notre Couvent de Sainte-Sabine. Musicien, poète et architecte, le P. Marie-François avait un goût prononcé pour la peinture. On l'avait chargé de décorer une des grandes salles du couvent. Un jour, l'illustre Overbeck surprit le novice dans cette occupation et le considéra longtemps sans que celui-ci fut distrait de son travail. Sortant de là, le célèbre artiste dit au Père Maître des novices : — « Vous avez ici un jeune religieux qui promet beaucoup, mais si vous voulez qu'il conserve sa vocation, enlevez-lui ses pinceaux. » Le novice obéissant renonça alors à sa passion favorite et ne reprit plus ses pinceaux que longtemps après et à de longs intervalles.

Le Couvent de Lyon venait de se fonder, le Père Général trouva à propos de diriger sur Lyon le pieux novice de Sainte-Sabine et c'est là qu'il fit sa profession, le 8 décembre 1860. Deux ans après il succédait au R. P. Marie-Augustin Chardon dans la charge de Directeur de la confrérie du Rosaire et de l'association du Rosaire perpétuel.

A peine en possession de sa nouvelle charge, le P. Marie-François se souvient qu'il est poète et prend sa lyre pour chanter Notre-Dame du Rosaire et il compose *la Lyre mystique*. Ce recueil comprend quatre-vingt-cinq cantiques, presque tous sur le saint Rosaire et forme un volume de deux cent quarante-huit pages. *L'Heure de garde*, autre production de la plume féconde du Père, parut en 1866. Outre ce livre devenu le manuel des Associés du Rosaire perpétuel, il composa encore le *Petit Directoire du Ro-*

*saire*, opuscule qui s'adresse spécialement à MM. les Ecclésiastiques.

Ce n'est point toutefois en tant qu'écrivain que le P. Marie-François a rendu le plus de services à son Ordre et à l'Eglise. Il était par-dessus tout et avant tout un *Frère Prêcheur*, dans toute l'acception du mot, non pas un orateur, mais un vrai missionnaire, un véritable apôtre de Jésus-Christ.

Dans une de nos grandes villes de France, habituée aux prédicateurs en vogue, il se présenta en chaire avec sa simplicité et son onction ordinaires. On fut presque scandalisé ; on attendait un orateur et on n'avait qu'un missionnaire. Le bon curé qui connaissait le goût de sa population, s'en effraya et crut que tout était perdu. N'osant adresser en face des observations au prédicateur, il déposa sur sa table une lettre où perçait la déception, presque le désespoir. Le Père accepta les observations avec son humilité ordinaire, mais il ne pouvait changer son genre. La station fut très suivie, le confessional encombré, les communions pascales très nombreuses, et le digne pasteur déclara que jamais il n'avait vu un si beau résultat.

Mais si le P. Marie-François était poète, peintre, écrivain, prédicateur même, architecte (on le verra à l'œuvre à ce titre ici même à la Trinidad) il était, surtout un vrai religieux. Nous serions incomplet si nous ne disions au moins quelques mots de sa vie intime et surnaturelle. La grande vertu dans les familles religieuses, celle qui donne à toutes les autres leur consécration, la vertu d'obéissance fut toujours chère au P. Marie-François. Parmi les résolutions qu'il avait prises à ce sujet, nous trouvons celle-ci : « Il faut obéir de telle sorte que nous donnions *courage* à nos supérieurs pour nous commander, par pitié pour eux et par intérêt pour nous ; car il n'y a qu'une voie assurée, celle de l'obéissance. »

Et ailleurs : « Il faut être la personnification vivante de sa Règle, de sorte que, si elle se perdait, on pût la retrouver en nous. » Fidèle à ces principes, il avait complètement renoncé à tout droit sur ses actions et sur sa personne, ne refusant jamais aucun ministère, aucun emploi, aucun sacrifice quelque pénible qu'il fût à la nature. Cet homme qui exerçait une si grande influence sur les masses dans les missions, se faisait le plus petit possible au fond de son cloître.

Vers la fin d'octobre 1872, il se rendit au Couvent de Poitiers et, à la date du 3 novembre, il écrivait à un religieux qui devait le suivre plus tard à la Trinidad : « Je pars demain pour Saint-Nazaire. J'ai vu ma bonne mère tous les jours et j'ai compris plus que jamais combien la parenté spirituelle l'emporte sur la parenté naturelle. Quitter mon cher Couvent de Lyon et mes chers Frères bien-aimés m'a fait verser des larmes, tandis qu'il m'a été encore assez facile de refouler celles qui me venaient aux yeux en embrassant pour la dernière fois la meilleure des mères. »

Cette mère qu'il embrassait en effet pour la dernière fois, lui remettait en souvenir une image portant une croix et, sur cette image, elle avait écrit les lignes suivantes : « Mon petit ami et cher fils, une des plus grandes croix pour le cœur d'une mère, c'est l'absence de son enfant, car l'absence serait presque aussi dure que la mort, s'il n'y avait pas l'espérance de se revoir. Pour moi, trop cher enfant, cette espérance de te revoir n'est plus, et c'est pourquoi je te donne en partant, pour dernier souvenir, une *Croix*, comme symbole de ma peine, mais une croix *d'or*, c'est-à-dire, très précieuse, avec l'olivier de la paix, parce que dans l'accomplissement du sacrifice se trouve le plus grand de tous les bonheurs, celui de gagner le ciel, où nous pourrons toujours nous voir, nous parler et nous aimer, cachés ensemble dans le cœur de Jésus. »

Voici un suprême adieu que le P. Marie-François, un vrai moine poète, écrivit, à bord de la « *Guadeloupe* » qui l'emportait à la Trinidad. Il est trop beau pour que nous en privions nos lecteurs :

Adieu, pays de France,
Adieu donc sans retour
Je laisse l'espérance
De te revoir un jour :
Je fais ce sacrifice
Pour l'amour de mon Dieu,
Ah ! quel amer calice !...
Adieu, ma France, adieu !

Adieu, saint monastère
Mon bonheur, mon trésor !
Vers l'autel du Rosaire
Mon cœur s'envole encor,
Pour dire à la Madone
D'écarter les dangers,
Et que la mer soit bonne
A tous les passagers.

Adieu, ma bonne mère,
Je comprends ta douleur,
A la douleur amère
Qui déchire mon cœur ;
Offrons à Dieu nos larmes,
Afin qu'un jour, au ciel,
Nous savourions les charmes
D'un bonheur éternel.

Adieu, compagnons d'armes
De mes premiers combats,
Souvenirs pleins de charme
Pour le cœur du soldat !
Aux rives étrangères
Nous penserons à vous ;
Adieu, bien-aimés frères,
Priez, priez pour nous !

Quel est l'homme du monde, le plus prévenu, qui, après avoir lu cette poésie, oserait soutenir que la vie religieuse atrophie le cœur et en tue les sentiments ?

Nous avons en quelque sorte mis le P. Marie-François devant nos lecteurs, mais son nom reviendra souvent sous notre plume au fur et à mesure des faits que nous aurons à raconter et on verra que de nombreuses, grandes et belles choses ont été faites par ce digne religieux pendant les dix années qu'il est resté parmi nous, c'est-à-dire jusqu'à sa mort.

Avec le P. Marie-François, Dieu nous envoyait le R. P. Noël Lartaud. Le P. Noël est né à Genouilly, petit village du diocèse d'Autun (France). Il demanda et obtint son admission au Couvent des Pères Dominicains de Lyon où il fit sa profession religieuse le 6 janvier 1860, à l'âge de 22 ans.

Nous qui l'avons connu depuis cette même année 1860 et qui vivons encore avec lui en cette année 1913 où nous écrivons toute cette histoire, nous l'avons vu toujours le même ; modèle du novice, modèle du religieux prêtre, modèle du missionnaire. A nul, mieux qu'au P. Noël, ne peut s'appliquer cette parole de nos saintes lettres : *Homo simplex et rectus ac timens Deum* : Homme simple, droit et craignant Dieu. (Job. 1. 8). Ce texte pourrait être mis sous le portrait du bon Père, s'il existe quelque part, ce que nous ne croyons pas, car le Père n'a jamais cherché qu'à être connu de Dieu seul. Il avait un vif désir de se consacrer aux missions parmi les infidèles ; verser son sang pour la foi chrétienne était toute son ambition. Ses désirs ne furent exaucés qu'en partie ; au lieu du Tonkin ou de l'Annam, où il aurait voulu aller, on le dirigea vers la Trinidad. A la place du martyre qu'il cherchait, il y trouva des infidèles à évangéliser et il y dépensa tout son zèle apostolique.

Ne rien demander, ne rien refuser, a été la devise de toute sa vie religieuse. Comme il doit être heureux le supérieur qui peut dire de son subordonné ce que le centurion de l'Evangile pouvait dire de ses soldats et de son serviteur : *Je dis à l'un : allez, et il va ; à un autre : venez, et il vient ; à mon serviteur : faites ceci, et il le fait.* (Matth. 8. 9).

Tel a été le R. P. Noël ; aussi Dieu l'en a-t-il récompensé déjà sur cette terre. Sans parler des grâces intérieures dont il a le secret avec celui qui les reçoit, nous pouvons apercevoir quelque chose de cette récompense dans la longue vie, les nombreuses années passées par le R. P. Noël dans cette mission de Trinidad. Il y a, en effet, quarante et un ans que le saint missionnaire est attaché à cette mission qu'il n'a quittée que deux, trois fois peut-être, durant cette longue suite d'années.

Il est resté dans la colonie près de cinquante ans, et malgré une très grave infirmité supportée avec une douceur et une patience angéliques, le bon Père a continué jusqu'à la mort d'être un aide puissant pour ses Frères et un sujet de grande édification pour les paroissiens de Port-d'Espagne. Il est parti pour l'autre monde le 23 mars 1918.

Avec les PP. Marie François et Noël, le Frère convers Simon Lysias était débarqué à la Trinidad. Sur ce bon Frère nous n'avons rien à dire, car il ne resta que quelques mois dans la mission.

L'année 1872 s'écoula paisiblement, sans aucun événement saillant sur lequel nous ayons à nous arrêter. Les trois Pères de la Province de Lyon, les derniers arrivés, travaillaient avec zèle et activité au bien des âmes, conjointement avec les autres Pères venus avant eux ; la charité fraternelle et religieuse était toujours le lien commun qui les unissait ; les œuvres existantes étaient florissantes, aucune œuvre nouvelle ne fut créée pendant cette année.

A l'encontre de sa devancière, l'année 1873 fut féconde en œuvres et en événements appelés à introduire d'heureux changements dans la paroisse. Le dernier venu, homme d'une activité qui n'avait d'égale que son dévouement pour le bien des âmes, le P. Marie François, non content de travailler au développement des œuvres de charité qui existaient, en fonda d'autres pour répondre à des besoins que les œuvres existantes ne satisfaisaient point suffisamment. Six mois à peine après son arrivée, et avec le complet assentiment de ses Supérieurs, il créait les Sociétés de bienfaisance auxquelles il donnait le Rosaire pour étendard et signe de ralliement. C'étaient : *le secours mutuel du Rosaire ; la société des Dames de charité* ; celle des *Mères chrétiennes, et la société des jeunes protectrices des écoles.* Greffées sur le Rosier mystique de Marie, ces associations ont, comme des rameaux bénis, porté les fruits les plus abondants, et mis en quelque sorte la ville entière de Port-d'Espagne entre les mains de cet ami de tous.

*La société du secours mutuel du Rosaire,* fondée le 2 juillet 1873, a remplacé plusieurs corporations établies, il est vrai, sur l'élément religieux, mais qui avaient fini par dégénérer et ouvrir la porte à un grand nombre d'abus et de scandales. Le but principal de ces corporations était de soutenir leurs membres en cas d'infortune ou de maladie. Quelques-unes même avaient des rentes, principalement pour payer les loyers des cases et les frais de sépulture ; mais l'argent était gaspillé le plus souvent dans les dépenses folles de la fête patronale ; on l'employait surtout à acheter du rhum en grande quantité, à payer les batteurs de tambours et tams-tams pour la danse, et à élever une sorte de tente de verdure pour mieux danser, sans craindre les rayons du soleil. Un grand nombre se livraient, dans ces fêtes, à des réjouissances toutes païennes. Le P. Marie François lui-même, un an avant sa mort, avait surpris, un jour, les nègres Radats de Belmont (Radat est le nom d'une tribu du Congo, il y a aussi le *Manding*) dansant devant une idole obscène appelée *Chango*, après lui avoir offert des sacrifices sanglants ; il brisa l'idole et en emporta les débris au presbytère de Port-d'Espagne, ce qui excita la rage de ces tristes chrétiens.

*La société du secours mutuel*, la plus ancienne de toutes celles de ce genre qui existent actuellement, s'adressant au peuple qui s'enrôlait dans les autres associations, fut bientôt à peu près la seule société de ce genre dans la paroisse. Le règlement élaboré par le Directeur était, du reste, simple et pratique. Il a été depuis lors légèrement modifié. La cotisation est fixée à un demi-schilling par mois, pour chaque membre qui acquiert ainsi le droit d'avoir, en cas de maladie, les soins gratuits du médecin, les remèdes et, à sa mort, un enterrement de huit dollars. Après quinze années, l'associé reste en jouissance de tous ses droits sans avoir rien à payer (1).

Avec la société du secours mutuel, et presque en même temps, le zélé P. Marie François fondait la *société des Dames de charité*, dans le but de secourir les pauvres honteux, c'est-à-dire « les familles autrefois dans l'aisance, et maintenant déchues de leur ancienne position. »

A la Trinidad, les fortunes s'élèvent souvent par enchantement, et plus souvent encore croulent avec une effrayante rapidité — de là un grand nombre de familles ruinées.

---

(1) Le compte-rendu d'octobre de cette même année 1873, porte à 880 le nombre des membres du *Secours mutuel* et à 639 dollars le chiffre des sommes recueillies.

Au commencement, les Dames seules de la ville s'enrôlèrent pour venir en aide à ces souffrances qui, pour être ignorées et dissimulées, n'en sont que plus cuisantes. A l'époque dont nous parlons, elles étaient cent trente-quatre ; mais en 1875, une vingtaine de Messieurs de Port-d'Espagne et de la campagne s'engagèrent à fournir à l'oeuvre annuellement chacun cinq dollars. La même année, une famille, bien connue à Trinidad par ses libéralités, fit à l'œuvre un don de 1.000 dollars. La cotisation des Dames de charité n'était que d'un schilling par mois, et une quarantaine de familles connues de quelques personnes chargées de distribuer les aumônes, étaient ainsi secourues.

Une autre plaie que le P. Marie François chercha à guérir, c'est le concubinage pratiqué sur une vaste échelle, surtout chez la partie du peuple qui reste en dehors des observances religieuses, soit par ignorance, soit à cause de son éloignement de toute église. — Le mariage est pour beaucoup une lettre morte, et il règne parmi eux une grande immoralité, qui tient moins peut-être à un fond de perversité qu'au régime abrutissant de l'esclavage dans lequel ils ont si longtemps vécu.

Dans les desseins du Père, le remède à ce mal devait être apporté en partie par la création de la *Société des Mères chrétiennes*, qui non seulement s'engageaient à fournir une aumône mensuelle pour payer les frais occasionnés par les mariages, mais encore à visiter auparavant et de temps en temps ces pauvres gens, pour leur applanir les difficultés de leur retour à Dieu et à la pratique de la morale publique. — Nous avons pu constater, écrit celui à qui nous empruntons ces détails, une augmentation notable dans les mariages religieux. En 1873, ils ne s'élevaient pas au-dessus de soixante-dix à quatre vingt ; trois ans après, la moyenne était de cent trente. Il serait injuste de donner au P. Marie François et à la Société des Mères chrétiennes toute la gloire de cette augmentation ; outre que la population s'est notablement accrue depuis lors, les autres missionnaires ont beaucoup travaillé, sous ce rapport comme sous tous les autres, à l'amélioration de la paroisse ; mais il n'en est pas moins vrai de dire que l'œuvre dont nous parlons a largement contribué à ce consolant résultat.

Encore une autre œuvre du R. P. Marie François : *Les jeunes protectrices des écoles*. Il s'agissait de jeunes personnes appartenant aux principales familles de la ville. Leur but était d'aider par des souscriptions les enfants des pauvres et des hindous à recevoir dans les écoles une portion de l'instruction qu'elles ont reçue elles-mêmes — Le nombre des associées s'est élevé à cent quatre-vingt dix, et a fourni, la première année, jusqu'à deux cent-cinquante dollars.

Toutes ces créations du zèle apostolique du R. P. Marie François ont reçu nécessairement de sa mort, arrivée dix ans après, un choc terrible. Sauf la société du secours mutuel, les autres ont à peu près disparu, il n'en reste pas moins qu'elles ont fait un bien considérable. Ceci nous rappelle un mot d'un bon vieux Frère convers, entendu en France : « Il y a, disait-il, beaucoup d'œuvres qui se fondent et qui *fondent*. » Parole exacte comme nulle part ailleurs, dans les pays éclairés, chauffés surtout par le soleil des tropiques.

## CHAPITRE IV

### L'Ecole du Sacré-Cœur

Depuis plusieurs années, une grave question vers 1877 était agitée au presbytère parmi les Pères. Il s'agissait d'établir une nouvelle école : mais en quel lieu ? Et de quelle manière ?

On le sait déjà, il n'existait dans la ville, outre l'école du collège des Pères du Saint-Esprit pour les garçons, et celle des filles tenue par les Sœurs de Saint-Joseph, qu'une autre école publique et catholique, celle de la rue Nelson pour les petits garçons, ouverte le 16 août 1864 sous le titre de Saint-Dominique, transportée plus tard près de l'église du Rosaire et confiée à la direction de M. Joseph de Suze, dès l'année 1868. Il la dirige encore en cette année 1913.

Cela ne suffisait pas aux besoins religieux et intellectuels d'une population toujours croissante, très prolifique, et menacée dans sa foi catholique par des sectes protestantes aussi nombreuses que fanatiques et qui se sentent chez elles partout où elles peuvent se mettre à l'ombre du drapeau anglais. Elles s'attaquaient à l'enfance pour tenir ainsi la famille tout entière, et pour arriver à leur fin, elles comprenaient avec raison que l'école était le meilleur de tous les moyens.

L'école doit être neutre, ni catholique ni protestante, c'est ce qu'on appelle l'enseignement *officiel*, celui qui est donné dans les écoles du gouvernement. Par suite, on ne verra pas, étalées sur ses murailles, de saintes images, pas même celle du divin Crucifié. Le nom adorable de Dieu ne devra plus être prononcé dans son enceinte. On n'y enseignera ni le catéchisme, ni l'Evangile. On n'y fera pas de prières. En réalité, ce que veulent les défenseurs et propagateurs de l'école *officielle*, c'est moins la diffusion de la science que l'extinction du catholicisme. Le catholicisme, voilà l'ennemi qu'il s'agit d'abattre, et pour le tuer dans son germe, il faut le prendre chez l'enfant ; par l'enfant vous avez l'homme, et par l'homme la famille.

Nous, catholiques, nous disons : l'école ne doit pas être neutre. Neutre veut dire : ni l'un, ni l'autre : *neuter*. L'un, c'est Dieu ; l'autre, c'est le démon. Ni Dieu, ni diable. Alors qui ?..... Il n'y a pas de législateur au monde qui ait le droit de chasser Dieu de n'importe où, pas même de l'école. Dieu a fait dire de lui, par un organe inspiré, qu'il était le Dieu des sciences : *Deus scientiarum, Dominus est* (1 Reg. 2. 3.) et par conséquent le Dieu des écoles. Il n'y a pas non plus de législateur au monde qui ait le droit d'exclure d'où que ce soit Jésus-Christ et son Eglise. Le Seigneur n'a-t-il pas dit en effet à son Christ : « Demande, et je te donnerai les nations ? » Et que dit Jésus-Christ à son Eglise ? « Allez, et enseignez tous les peuples : *Docete omnes gentes* » (Matth. 28. 19.).

Toutes nos paroles à propos d'école sont dites, bien entendu, en tout esprit de tolérance et de charité pour ceux qui ne partagent pas notre foi catholique. Chose remarquable, cette neutralité est repoussée par tous les partis religieux sans exception. Les Protestants ne veulent pas que l'école, ou l'enseignement, soit catholique ; les Catholiques ne veulent pas qu'il soit protestant. Les Juifs repoussent l'un et l'autre enseignement, ils le veulent Juif ; les Boudhistes, les Mahométans veulent y voir dominer leur doctrine. Cette neutralité est repoussée par ceux-là même qu'on a prétendu servir, donc on la leur impose. On a voulu, en réalité, ne ménager personne et l'œuvre des législateurs qui veulent l'école neutre n'est, en définitive, qu'une œuvre absolument anti-religieuse.

L'école sera neutre ! Et croyez-vous que cette neutralité sera possible ? Nous affirmons le contraire. De deux choses l'une, en effet, ou l'instituteur sera athée, ou il aura une religion. Quoiqu'il soit, athée ou homme religieux, il laissera inévitablement percer ce qu'il est devant ses élèves. Fatalement, il exercera une influence dans un sens ou dans l'autre, soit par ses paroles, soit par ses actes. Par exemple, il va à la messe, il se découvre

Aumônerie de Cocorite
(Année 1924)

devant une croix ou devant le Très-Saint Sacrement, vous avez beau faire, c'est une leçon qu'il donne à ses élèves. Il ne fait rien de tout cela, c'est encore une leçon, dans le sens inverse, il est vrai, mais c'est une leçon.

Et pour se maintenir dans la neutralité, comment s'y prendra le législateur lui-même, par rapport aux livres dont on devra se servir dans les écoles ? Il n'y faut pas que l'alphabet ! Or, un livre est bon ou mauvais, moral ou immoral, religieux ou impie.

Quels livres choisira-t-on ? Il y a des livres indispensables dans les écoles, des livres d'où les choses religieuses ne peuvent être exclues, sous peine de fausser l'enseignement scolaire et de le tronquer. Par exemple, comment enseigner l'histoire sans y mêler la religion ? Et la morale ? Quelle morale l'instituteur enseignera-t-il ? La morale chrétienne ? Et pourquoi celle-là plutôt que la morale indépendante ou épicurienne ? Et si vous enseignez l'une plutôt que l'autre, que devient la neutralité scolaire. Pour la garder vous êtes donc obligés de n'en enseigner aucune. Avec ces principes on forme de bien belles générations !

Nous avons cru devoir faire précéder de ces graves réflexions et considérations l'ouverture d'une école qui devait, quelques années plus tard, devenir une des plus importantes de la paroisse. Déjà, dès 1870, nous voyons qu'en avril de cette année, une proposition fut faite, au Conseil du presbytère, relativement à l'achat de la maison Campbell pour une chapelle-école. Le Conseil approuva et donna au supérieur, le T. R. P. O'Carroll, l'autorisation nécessaire pour l'achat du terrain et de la maison.

Nous ignorons pour quel motif aucune suite ne fut donnée à cette démarche. Quatre années plus tard, en février 1874, sur la demande du T. R. P. O'Carroll, alors vicaire général, le T. R. P. Marie-Dominique étant prieur de la Communauté, et curé de la cathédrale, la proposition suivante fut faite aux Pères : Les Pères veulent-ils avancer la somme de 2.500 dollars pour acheter la maison de M. Tomasi, rue Richmond, à l'effet *d'y construire une chapelle anglaise* ? La motion fut approuvée, la maison achetée et, le dimanche 10 mai, on annonçait aux fidèles, du haut de la chaire de la cathédrale, que le lendemain, 11 mai, une nouvelle école s'ouvrirait à Corbeau-Town, à neuf heures du matin, pour les garçons et les filles. A cette école devait être annexée une chapelle, et il était bien convenu que l'une et l'autre seraient tout spécialement destinées à la population de langue anglaise.

Le quartier ne fut pas choisi au hasard ; de tous ceux de la ville, c'est en celui de Corbeau-Town incontestablement que l'anglais dominait. Le R. P. Thomas Greenough était tout désigné pour s'occuper de cette grave affaire, comme seul Père anglais du presbytère, tous les autres étant français, sauf le vicaire général, le T. R. P. O'Carrol, qui était irlandais.

La joie du R. P. Thomas se conçoit aisément ; lui, anglais de naissance, de langage et de caractère, il devait se trouver quelque peu dépaysé dans ce presbytère, entouré de Frères en religion, dont pas un n'était de sa race et ne parlait sa langue (le P. O'Carroll avait quitté le presbytère pour suivre Mgr Gonin), regardé presque comme un étranger dans un pays qui appartenait à la couronne britannique.

Sans aucun doute la charité religieuse la plus entière régnait parmi nos Pères, tous fils du même saint et glorieux Père ; on s'aimait et on s'assistait fraternellement ; mais il est aisé de comprendre, et l'expérience de chaque jour, dans tous les pays, le prouve surabondamment, que si, au lien surnaturel qui unit les âmes chrétiennes et religieuses vient s'ajouter cet autre lien naturel, provenant de ce qu'on appartient à la même race, qu'on est du même pays, qu'on parle la même langue, l'union est encore plus étroite, la fraternité plus grande. Une nation est une grande famille, et si rien n'est plus naturel, plus légitime, que l'affection toute spéciale que l'on éprouve pour les membres de sa famille, on devra bien admettre la légitimité de cette affection toute spéciale aussi, accordée à ceux qui appartiennent à notre propre nation.

Nous n'avons pas à faire ici l'histoire de la Trinidad, ni à dire comment d'espagnole elle devint possession anglaise, nous en avons touché un mot, en passant, dans le cours de cet écrit. Mais quand les Anglais en furent les maîtres, il leur fallut reconnaître que l'espagnol et le français étaient les deux seules langues parlées dans l'île. Le français s'y était introduit par suite de l'émigration des îles voisines, de la Grenade surtout qui avait été toute française. L'Anglais est tenace et patient, il ne se presse jamais ; le flegme britannique est passé en proverbe ; avec cela et peut-être à cause de cela il arrive toujours à ses fins. Plus que tout autre peuple il démontre par ses actes la vérité de l'axiome bien connu : qui va lentement va sûrement.

Avec les lois et usages de ses nouveaux conquérants, l'île vit insensiblement leur langue se glisser, s'infiltrer pour ainsi dire entre l'espagnol et le français, les écarter, les diminuer et finalement prendre leur place. Nul ne peut s'en étonner et surtout nul n'a le droit de s'en plaindre. Toute nation, même française ou espagnole, agirait de même dans un pays étranger qu'elle aurait soumis à ses lois. Cher lecteur, celui qui écrit ces lignes, et que vous ne connaissez pas, a bien du mérite à parler ainsi, mais il a pris pour sa devise dans ce laborieux travail la devise même de son Ordre : *Veritas*, et il tient à y rester fidèle.

Le R. P. Thomas Greenough se mit immédiatement à l'œuvre, toujours calme, froid et jamais pressé, en véritable anglais qu'il était, il demanda silencieusement, sans bruit, et il obtint très aisément tout ce qu'il voulut pour l'aménagement complet d'une école, et d'une chapelle provisoire, dans le même local ; l'école était au rez-de-chaussée, la chapelle à l'étage supérieur. Le bon Père eut la haute direction sur l'une et l'autre, avec l'assentiment et l'approbation entière de son supérieur le T. R. P. Marie-Dominique, et il fut réglé, d'un commun accord, que tous les sermons prêchés dans cette chapelle seraient en anglais ; aussi fut-elle promptement baptisée par la population du nom de « chapelle anglaise », nom sous lequel elle a été connue pendant de nombreuses années.

C'est le dimanche 13 novembre que cette chapelle fut ouverte au public, et bénite par Monseigneur l'archevêque. A huit heures, une messe solennelle fut chantée par Mgr O'Carroll, le nouveau coadjuteur de Mgr Gonin qui, lui-même, prêcha à cette messe, la première dite dans cette chapelle. Le soir, à quatre heures, il y eut encore sermon au salut solennel du Très-Saint Sacrement et ce fut Mgr O'Carroll qui présida cette seconde cérémonie.

Mais tout cela était du provisoire, aussi bien l'école que la chapelle. Ce quartier, éloigné de la cathédrale, tout à l'ouest de la ville, ne possédait aucun édifice religieux pour y réunir les fidèles catholiques, et il était à craindre qu'il ne devint la proie des protestants qui déjà y dominaient par le nombre. L'église la plus rapprochée était la cathédrale protestante, grande attraction pour ceux qui ne parlaient que l'anglais. Il fallait donc, dans l'intérêt même de la religion, abstraction faite de toute langue et de toute nationalité, doter ce quartier de Corbeau-Town, non d'une modeste chapelle ou mieux d'une salle, plus ou moins vaste, décorée de ce nom, mais d'une véritable église, d'un monument religieux dont nos pieux fidèles n'eussent pas à rougir devant les protestants. Ceux-ci, enchantés de voir ce qu'ils appelaient notre infériorité, se croyaient et se disaient bien supérieurs à nous, ayant l'appui et toutes les faveurs d'un gouvernement dont le protestantisme était la religion officielle, quoiqu'il parut vouloir tenir la balance à peu près égale entre catholiques et protestants.

Il n'y a, dit-on, que le premier pas qui coûte. Ce premier pas, le R. P. Thomas l'avait fait, soutenu, encouragé et aidé, non seulement par les catholiques de langue anglaise, mais aussi par tous les membres du clergé dominicain de la cathédrale ; nous tenons à le dire, et à le répéter si l'occasion s'en présente. Car il a été trop longtemps de mode, et il l'est même encore un peu, de raconter quantité de choses sur « l'hostilité » des Pères français pour l'œuvre *anglaise* du R. P. Thomas.

Cette prétendue hostilité, la guerre même faite et continuée pendant des années, guerre qui aurait même motivé le départ volontaire du Père de la Trinidad, n'a jamais existé que dans l'imagination de certains amis se disant bien renseignés et apportant à l'appui de leur dire des faits, par eux, inventés de toutes pièces. Ils croyaient, en parlant ainsi, être très agréables au Révérend Père, ce qui n'était pas, nous avons assez vécu avec le P. Thomas pour le savoir.

Il faut toujours se méfier quelque peu de ses amis ; à force de vouloir vous rendre service, ils deviennent encombrants, dangereux même. Cela nous remet en mémoire le mot d'un homme d'Etat éminent, français, croyons-nous : « Mon Dieu ! s'écria-t-il un jour, délivrez-moi de mes amis, quant à mes ennemis, je m'en charge ! »

Le petit oratoire de la rue Richmond fut dédié au Sacré-Cœur et c'est sous ce vocable qu'est universellement connue la belle et définitive église qui, peu d'années après, vint prendre la place de la chapelle provisoire.

La nouvelle école de Corbeau-Town, l'école du P. Thomas, comme on l'appelait, marchait très bien (c'est le terme consacré pour dire qu'une affaire réussit, c'est pourquoi nous l'employons). La chapelle du Sacré-Cœur était très fréquentée ; mais, chapelle et école, tout était trop petit. Il fallait faire plus grand, c'était le désir de tous. Le R. P. Thomas avait trouvé sa voie. Dieu nous laisse dans l'indécision, dans un certain vague avant de nous faire connaître le but à atteindre qui, souvent, est la seule, tout au moins, la principale raison pour laquelle il nous a placés dans telle position, envoyés en tel lieu. Avec l'autorisation du T. R. P. Dominique, curé de la paroisse et son supérieur religieux, le Révérend Père fit imprimer et répandre la circulaire suivante, précédée d'une lettre du T. R. P. curé, et suivie d'une autre de Mgr O'Carroll, coadjuteur et administrateur du diocèse pendant l'absence de Mgr Gonin.

Voici les trois documents en question :

Presbytère, 26 juillet 1874.

Mon Révérend Père Thomas. En ma qualité de curé de la paroisse de Port-d'Espagne, je vous donne la commission d'ériger à Corbeau-Town une chapelle catholique pour cette partie de la population, qui n'entend que la langue anglaise.

Votre zèle bien connu me fait espérer que vous conduirez à bonne fin cette entreprise si nécessaire pour le salut d'un très grand nombre d'âmes.

Votre très affectionné en N.-S.

Fr. M.-Dominique, S. O. P.

## Circulaire du R. P. Thomas Greenough.

Quelques moments de réflexion suffiront pour convaincre ceux qui doutent de la nécessité de procurer une église aux Anglais et aux catholiques de Port-d'Espagne parlant anglais. Ceci en effet est un besoin qui s'impose, on le sent depuis longtemps, et cela devient de jour en jour plus évident.

Dans les grands centres de la chrétienté, il existe des églises et des collèges de différentes nationalités. Or, ici, n'y a-t-il pas des raisons spéciales pour que les besoins religieux des résidents britanniques et irlandais dans notre cité et dans notre île ne soient pas négligés ? Les noms de l'un et de l'autre, il est vrai, désignent une origine espagnole. Mais l'île n'est plus espagnole, et elle n'est plus exclusivement française.

D'après les souvenirs de beaucoup de personnes vivantes, toutes les annonces publiques étaient en ces langues. Les lois de la colonie étaient plus espagnoles qu'anglaises, et les décisions des tribunaux portaient vivement l'empreinte des règles espagnoles. Mais depuis bien des années, tout ceci est changé. Les documents publics et les journaux sont presque exclusivement anglais. Les lois et la pratique anglaise ne sont plus l'exception, mais la règle.

L'éducation de notre jeunesse est devenue également anglaise, et les chefs de collège ou supérieurs de couvents, fussent-ils même des français, sont plus que jamais convaincus de la nécessité de cultiver l'élément britannique dans ces utiles établissements. Que les enfants soient destinés au commerce, à l'enseignement, à servir dans les postes d'Etat ou dans les églises, il faut que leur éducation soit aussi complète que possible.

Cette nécessité provient pour une grande part du fait de nos relations intimes avec la mère-patrie, qui est considérée comme le pays du monde le plus commercial, et dont nous sommes très dépendants pour l'écoulement des productions de cette île.

C'est une Reine anglaise qui nous gouverne avec des lois anglaises, et il nous plaît de rappeler que le caractère et l'exemple de sa Majesté pendant un demi-siècle a placé devant nos yeux un tableau remarquable des vertus domestiques anglaises, l'honneur, l'amabilité, l'attention à observer tout ce qui distingue habituellement les foyers britanniques bien conduits. Tandis que dans beaucoup d'autres pays, l'Eglise est persécutée et opprimée, tandis que les gouvernements de Russie, de Suisse et même d'Italie adoptent une façon d'agir dont les membres du gouvernement britannique rougiraient, et que les principaux journalistes anglais condamnent absolument, l'Eglise catholique jouit d'une entière tolérance et d'une liberté d'action complète et en Angleterre et dans tout l'empire colonial.

Dans notre île, le clergé et les écoles publiques sont encouragés et assistés par le gouvernement, et pendant que nos prélats reçoivent le... (Ici une demi-page détruite).

La vaste maison et les terrains au coin des rues Richmond et Prince ont été achetés, et jusqu'à ce que la nouvelle église soit construite, les principales pièces de cette maison ont été arrangées en une seule, de manière à former une chapelle provisoire. Pour l'ameublement et les choses nécessaires de cette chapelle, on sollicite instamment les aumônes des fidèles, afin qu'elle puisse s'ouvrir le plus tôt possible.

Les noms des bienfaiteurs, y compris les souscripteurs mensuels, qui aident ainsi l'Œuvre d'une manière facile, seront inscrits dans un registre gardé à l'église, et chaque semaine une messe sera célébrée à leur intention.

Thomas Greenough, O. P.

La lettre suivante a été envoyée par Mgr O'Carroll, administrateur du diocèse :

Archevêché, 28 juillet 1874.

Cher Père Thomas, nous approuvons pleinement votre projet d'une église anglaise à Port-d'Espagne. Elle satisfera à un besoin que nous sentions vivement depuis longtemps. Entre autres avantages, elle aura celui de détruire le reproche basé sur cette idée fausse, que l'Eglise catholique, c'est l'Eglise française. Malgré notre pauvreté, nous souscrivons volontiers en vous offrant 100 dollars.

Bien à vous.

W. D' O'Carroll, V. G. évêque d'Alabanka.

---

# CHAPITRE V

## Les Dominicaines de Caracas

Des rives mêmes de la Trinidad, on distingue aisément, à l'œil nu, une étendue de côtes considérable, à l'ouest de l'île ; c'est « la côte ferme » comme on l'appelle ici, le Vénézuela, séparé de notre île par le golfe de Paria, appelé aussi par les navigateurs, je ne sais pourquoi, le golfe triste. Ce pays immense fait partie de l'Amérique du Sud.

Après avoir appartenu à l'Espagne qui n'a su, ou n'a pu rien garder de ses colonies, elle est devenue une République après la guerre de l'indépendance, soutenue, dirigée et terminée avec plein succès, en 1813, par le général Bolivar, le héros de l'indépendance, le « Libertador ». Caracas est la capitale du Vénézuela et le siège d'un archevêché. A cent lieues à la ronde, nous dit le R. P. Bertrand Cothonay qui a écrit dans une très intéressante brochure une histoire abrégée de nos Sœurs Dominicaines du second Ordre, venues de Caracas pour s'établir à la Trinidad, il n'existait aucun couvent de religieuses Dominicaines. Une pieuse demoiselle, Maria-Josefa Rodriguez del Toro, offrit généreusement toute sa fortune, qui était considérable, pour la fondation d'un couvent de Dominicaines à Caracas, elle se heurta à mille difficultés venues de tous les côtés, même du côté de l'autorité ecclésiastique.

A la fin, et après bien des pourparlers, trois religieuses du Couvent des Dominicaines de Trujillo, diocèse de Merida, désignées par leur supérieure, partirent pour la fondation de Caracas, au commencement de 1810. Leur couvent, récemment terminé, fut détruit par le grand tremblement de terre qui, en 1812, fit écrouler presque toutes les maisons de la ville. Reconstruit, il redevint habitable en 1816. Elles n'étaient pas au bout de leurs peines. Après les éléments, ce furent les hommes, les hommes d'église surtout, l'archevêque de Caracas à la tête qui, avec d'excellentes intentions, se liguèrent pour les molester, *arbitrentur obsequium se prœstare Deo.* (Joan. 16. 2).

Nous avons dit que l'Ordre de Saint-Dominique se composait de trois parties bien distinctes, le premier, le second et le troisième Ordre, parties distinctes, mais non séparées, et formant un *tout* parfaitement homogène. Le second Ordre ne comprend que des femmes, vivant dans une clôture stricte et menant une vie exclusivement contemplative ; la vie active comprenant, entre autres, l'éducation et l'instruction de l'enfance, le soin des malades, etc., leur est absolument interdite.

L'excellent archevêque de Caracas voulut obliger les Sœurs à ouvrir une maison d'éducation pour les jeunes filles, il leur fit même un précepte formel en son nom et au nom du roi, affirmant que celui-ci avait obtenu du Pape un bref autorisant les religieuses, à quelque Ordre qu'elles appartinssent, à s'occuper de l'éducation de la jeunesse, dans toute l'étendue du royaume et des colonies espagnoles. Le roi qui avait obtenu ce bref était Charles III et le Pape qui l'aurait donné était Pie VII.

Les religieuses résistèrent respectueusement mais avec fermeté, déclarant qu'elles ne pouvaient accepter des obligations contraires à leur Règle et tout à fait étrangères à l'esprit de leur vocation qui était la vie contemplative. Dans le cas où l'archevêque renouvellerait ses instances, elles demanderaient toutes à retourner dans leur couvent de Trujillo. Des affaires politiques ayant nécessité le départ de l'archevêque pour l'Espagne, l'administrateur du diocèse profita de cette absence pour mettre fin à ces difficultés et conclure en faveur de nos Sœurs qui obtinrent ainsi gain de cause. Ceci se passait en 1817.

Il est curieux de rapprocher ce fait arrivé à Caracas, en 1817, d'un autre fait analogue qui s'est passé à Port-d'Espagne en 1874. Dans les deux cas, nous voyons des difficultés s'élever entre l'archevêque diocésain et nos Soeurs dominicaines. Dans les deux cas, nous voyons ces archevêques obligés de s'absenter de leur diocèse respectif pour quelques mois, et tous les deux confier le soin de leur diocèse à un administrateur intelligent et éclairé. Celui de Caracas, comme cinquante-sept ans plus tard celui de Port-d'Espagne, dans une grave question, décide en un sens tout opposé à celui qu'aurait consenti leur Illustrissime et Révérendissime Supérieur s'il avait été présent ; d'où on pourrait peut-être conclure qu'il est bon qu'un supérieur s'absente de temps à autre, dans l'intérêt même et pour le plus grand bien de ses inférieurs.

Pendant plus d'un demi-siècle, nos Sœurs de Caracas vécurent en paix, dans le calme de la vie conventuelle et la pratique exacte des observances de leur Ordre. Cela ne pouvait durer. La proclamation de l'indépendance avait été, pour le Vénézuela comme pour bien d'autres pays, une conséquence des principes répandus dans le monde entier par la révolution française de 1789.

Celle de 1870 devait avoir, elle aussi, sa répercussion dans les deux mondes, mais principalement dans l'Amérique du Sud. L'esprit de la révolution, ou celui de la franc-maçonnerie (c'est le même) s'était incarné en Guzman Blanco, Président de la République vénézuelienne et qui, comme il le déclara dans un banquet qu'il présida à Paris, voulait faire de son pays, «la France de l'Amérique du Sud. »

Fait digne de remarque, tous les Etats en formation ou en mal d'indépendance se tournent presque toujours du côté de la France pour lui demander ses principes et copier ses lois politico-religieuses ; seulement ce qui, en elle, les attire et les séduit le plus, c'est aussi presque toujours les principes les plus détestables en politique comme en religion que la révolution y a implantés.

Imbu de ces idées, qu'il trouvait admirables, Guzman Blanco s'empressa de les importer dans son pays et de les faire passer en lois. La religion surtout devait en souffrir, car une révolution ne se fait jamais, dans un pays, en faveur des idées religieuses.

La question financière est une question capitale pour ceux qui sont à la tête d'un gouvernement, surtout quand ils impriment à la politique de leur pays une orientation toute différente de celle suivie jusque là. Plus ce changement est radical, plus considérable est le désordre financier qui en est presque toujours la conséquence. Le grand souci des nouveaux hommes d'Etat est de se procurer des ressources financières. L'argent n'est pas seulement le nerf de la guerre, suivant le dicton bien connu, il est le nerf de tout. Mais celui qui cherche une proie, dont il a besoin pour vivre, bêtes ou gens, se gardera bien d'aller saisir celle qu'il apercevra protégée par la griffe redoutable du lion, il se précipitera bravement sur celle qu'il aura découverte cachée sous l'aile de la douce et timide colombe.

Cette bravoure était celle du Président de la République vénézuélienne, de Guzman Blanco appelé, surtout par lui-même, l'*Illustre Américain ! !* Il voulait que le Vénézuela fut la France de l'Amérique du Sud, et Caracas, sa capitale, devait en être le Paris. Pour cela que fallait-il ? De l'argent, beaucoup d'argent. Or il lui en manquait pour les grandes choses qu'il désirait entreprendre. Suivant la figure que nous venons d'employer, ce ne fut pas dans l'antre du lion qu'il en alla chercher, mais dans le nid de la colombe, c'était moins dangereux.

Nos Sœurs Dominicaines, comme celles des autres Ordres religieux établis à Caraças et sur tout le territoire de la République, sans être riches, vivaient bien, et contentes de peu, trouvaient le moyen de distribuer de larges aumônes ; de plus, leurs biens immeubles étaient assez considérables pour exciter l'envie des hommes sans religion et sans conscience placés à la tête du gouvernement.

Ce que l'on prévoyait ne tarda pas à arriver. En 1874, le gouvernement fédéral, présidé par Antoine Guzman Blanco, d'accord avec le Congrès, qui est la chambre des députés au Vénézuela, décréta la fermeture de tous les couvents, d'hommes ou de femmes, existant sur tout le territoire de la République ; ce décret fut exécuté le 8 mai de la même année.

La fermeture des couvents entraînait la confiscation de leurs biens. Un mois auparavant la mesure prise avait été notifiée à la Révérende Mère Prieure des Dominicaines avec défense formelle de vendre, de prêter et de donner quoi que ce soit des biens meubles et immeubles appartenant au couvent, ces biens étant déclarés propriété nationale. Et pour empêcher toute contravention à cet ordre tyrannique autant que sacrilège, ils placèrent des gardes qui, pendant un mois entier, veillèrent nuit et jour à la porte de la maison.

Trois jours avant l'expulsion des Sœurs, le gouverneur, suivi de trois sbires, vint au couvent et demanda qu'on lui ouvrit la porte de la clôture pour pouvoir notifier, disait-il, les ordres supérieurs du gouvernement. Il lui fut répondu que s'il avait quelque communication à faire, il n'avait qu'à entrer au parloir. La Mère Prieure et toute la communauté s'y réunirent et le gouverneur déclara qu'il leur donnait trois jours pour quitter le couvent. La digne Supérieure lui répondit qu'elle et ses religieuses étaient chez elles, dans leur propriété, et qu'elles ne céderaient qu'à la force. L'officier ministériel, visiblement ému, s'excusa, disant qu'il n'y pouvait rien et qu'il ne faisait qu'exécuter les ordres qu'il avait reçus du gouvernement. Trois jours après, le même personnage revint avec trois hommes portant avec eux des instruments pour forcer les portes ; ils n'eurent pas beaucoup de peine à le faire et, quand ils furent entrés, le gouverneur s'adressant à toutes les religieuses qui étaient présentes leur dit : *Vous pouvez sortir ; à partir de ce moment vous êtes libres.*

La douleur de ces saintes filles était navrante. L'une d'elles en mourut de chagrin, deux mois après, dans la maison de sa sœur qui l'avait recueillie. Les autres s'étaient retirées, le soir même du jour de leur expulsion, dans des familles amies qui les avaient reçues avec autant d'empressement que de respect. Le gouvernement publia un décret ordonnant à toutes les personnes qui auraient en dépôt chez elles des objets précieux, meubles, etc., appartenant au couvent, d'avoir à les remettre immédiatement à l'autorité civile, sous peine d'être poursuivies et mises en prison. La « nouvelle France » croyait se grandir devant le monde entier en copiant ce qu'avait fait « la vieille France » dans des cas analogues. Elle n'y gagna que le mépris des honnêtes gens.

Les faits que nous venons de rapporter se sont passés en mai 1874.

L'archidiocèse de Caracas avait à sa tête, depuis quelques an-

nées, un prélat remarquable, **un des hommes d'église des plus
éminents** qu'ait jamais eu le Vénézuéla, Mgr Sylvestre Guevara y
Lira. Son élection au siège archiépiscopal de Caracas rappelle un
peu celle de saint Ambroise au siège de Milan, à cela près qu'au
lieu de se passer dans l'église, la scène se passa dans la salle du
Congrès et qu'au lieu d'un enfant, ce fut le président Iosé Gre-
gorio Monagas qui, guidé par une inspiration d'en-Haut, prononça le nom de Silvestre Guevara y Lira. Ce nom réunit immédiatement tous les suffrages et le jeune chanoine de Guyana
fut nommé archevêque de Caracas.

De sa naissance, nous savons seulement qu'il naquit à Cha-
mariapa (aujourd'hui Cantaura) dans l'Etat de Anzvategui. Depuis plusieurs années déjà, il gouvernait le diocèse de Caracas
quand, en 1867, un certain docteur, nommé Diego Bautista Ur-
banéja, après avoir épousé une femme veuve qui avait une fille
de quatorze ans, sa femme étant morte, voulut épouser cette fille,
sa belle-fille par conséquent, qui avait alors trente-cinq ans. Il
en demanda l'autorisation à son archevêque, Mgr Guevara, qui
la lui refusa, ne pouvant la lui accorder, les lois de l'Eglise s'op-
posant absolument à ces sortes de mariages. Alors le docteur Urbaneja se rendit à Curaçao où le mariage se fit, devant le ministre
protestant évidemment, car il n'aurait jamais trouvé, là ou ailleurs, un prêtre catholique pour bénir une union radicalement
nulle. En cet homme, Mgr Guevara avait désormais un ennemi
irréductible qui le lui fit bien voir.

En 1870, Guzman Blanco, président de la République et chef
suprême de l'armée, était parti pour combattre, à l'autre extrémité du Vénézuela, un général révolté. Une grande bataille fut
livrée à San-Fernando de Apure et le général ennemi, Adolfo
Olivo, fut complètement battu. Le docteur B. Urbaneja qui était
alors, à Caracas, ministre de l'intérieur et chef du pouvoir exé-
cutif, en fut informé immédiatement par Guzman Blanco lui-
même. Le ministre Urbaneja donna l'ordre à l'archevêque de
faire chanter dans toutes les églises du diocèse un *Te Deum* solennel pour célébrer cette victoire et le triomphe qui assurait la
paix de la République. Monseigneur répondit qu'il ne pouvait
le faire, le sang répandu dans cette bataille entre frères étant en-

core fumant et une cause de deuil pour tant de familles. Le ministre insista et déclara à l'archevêque qu'il chanterait le *Te Deum* ou quitterait le Vénézuela dans les vingt-quatre heures. Mgr Guevara déclara à son tour qu'il laisserait le pays plutôt que de se soumettre à un ordre que sa conscience, d'accord avec ses sentiments, réprouvait, et le jour même, il s'embarquait pour la Trinidad. Le concubinaire Urbaneja s'était vengé ; sa rancune qui veillait avait saisi avec empressement la première occasion qui s'était présentée pour faire payer à l'archevêque son refus de 1867.

Quand Guzman Blanco revint à Caracas, il manifesta un vif regret de ce qui s'était passé entre les deux autorités civiles et ecclésiastiques, mais il crut devoir maintenir la décision prise par le gouvernement au sujet de Mgr Guevara. Cependant, il envoya à la Trinidad deux personnages respectables pour supplier l'illustre exilé de retourner dans sa patrie. Il refusa carrément.

Le prélat vénézuélien avait été reçu à Port-d'Espagne avec le respect et la vénération dûs à un Confesseur de la foi par l'archevêque Mgr Gonin et les Pères Dominicains. Entouré de quelques-uns de ses prêtres qui auraient voulu le suivre dans son exil, il vivait paisiblement, et ses compagnons savaient se rendre très utiles au clergé local en lui venant en aide dans les travaux du ministère paroissial.

Quatre ans après, en 1874, religieux et religieuses sont brutalement expulsés de leurs couvents et tous leurs biens confisqués. Nos Sœurs de Caracas écrivirent à Mgr Guevara pour lui exposer leur triste situation et lui demander ses conseils. Mgr Gonin étant en Europe, Mgr O'Carroll, son coadjuteur, gouvernait le diocèse avec le titre d'administrateur, quand ces tristes nouvelles arrivèrent. Il convint, avec nos Pères, d'offrir un asile, à Port-d'Espagne, aux Sœurs expulsées de chez elles et il en fit proposition à Mgr Guevara qui accepta avec une grande reconnaissance et écrivit immédiatement à la Mère Prieure qu'elle pouvait venir, avec sa communauté, se réfugier à la Trinidad où elles seraient parfaitement reçues et traitées. La lettre de leur archevêque les trouva prises dans des difficultés de toutes sortes qui recurent ainsi une solution inespérée, et toutes leurs pensées se tournèrent vers la Trinidad.

Mais il fallait vaincre l'opposition que toutes les classes de la société mirent à leur départ. Dieu aidant, nos bonnes Sœurs surmontèrent tous les obstacles et, le 25 octobre 1874, la Révérende Mère Prieure, Sœur Marie de Jésus du Rosaire Almenar, avec la Sœur Josefa de la Incarnation, deux Sœurs converses et une postulante, débarquèrent à la Trinidad. Deux Sœurs les avaient précédées quelques jours auparavant ; trois mois plus tard, trois autres vinrent rejoindre les premières.

Nos Sœurs exilées, dans leurs écrits de cette époque, ne tarissent pas d'éloges sur la manière dont elles furent reçues par Mgr O'Carroll et tous les Pères. C'était le jour de la première communion pour la paroisse ; les cloches sonnaient à toutes volées quand elles mirent pied sur l'île, on aurait pu croire que c'était pour fêter leur arrivée. Mgr O'Carroll les combla de prévenances et, quand elle parlait de lui dans ses lettres, la bonne Mère Prieure l'appelait toujours : « Amabilisimo è illustrisimo Senor Obispo O'Carroll. »

Mais il leur fallait un logement convenable et approprié à leur grande vie ; l'orphelinat de Belmont, qui était alors sous la direction de M<sup>lle</sup> Blanc et de quelques autres pieuses Tertiaires, fut mis à leur disposition et, le soir même de leur arrivée, les Sœurs y furent conduites.

Pour l'édification de ceux qui nous liront, nous croyons utile de leur faire connaître les sentiments qui animaient ces bonnes et dignes filles de saint Dominique dans ces premiers jours de leur exil. Sans doute, elles étaient tristes de ne plus vivre dans leur cher pays, dans leur bien-aimé couvent de Caracas ; elles dépendaient pour leurs besoins de chaque jour, de la charité publique ; elles n'avaient rien pu emporter avec elles ; leur saint archevêque, pauvre lui-même, ne pouvait presque rien pour elles. Nos Pères les aidaient de leur mieux ; il n'y avait pas jusqu'à la langue de leur pays, leur langue maternelle, qu'elles ne pouvaient parler qu'entre elles, M<sup>lle</sup> Blanc était la seule personne de l'orphelinat qui connût un peu l'espagnol.

Mais ce qui les attristait plus que tout le reste, c'était de ne pouvoir pratiquer exactement les observances prescrites par leurs saintes Règles. La clôture rigoureuse propre aux Dominicaines du second Ordre ; le silence dans l'intérieur de la maison ; la récitation en commun de l'Office divin ; les abstinences, les jeûnes prescrits par les Constitutions, tout cet ensemble de la vie conventuelle leur était d'une pratique à peu près impossible. L'orphelinat n'avait pas été construit pour être un couvent. Néanmoins elles y vécurent plus d'une année, pleines de reconnaissance envers Dieu qui leur avait procuré cet asile.

Sur ces entrefaites, Mgr Gonin, les affaires qui avaient motivé son voyage en Europe étant terminées, rentra aux Antilles, quelques jours seulement après l'installation, à Belmont, de nos Sœurs espagnoles. La vérité, qui a toujours été notre guide dans toute cette relation, nous oblige à dire qu'il ne fut pas satisfait et même se montra fort mécontent de ce que, pendant sa courte absence, une communauté religieuse était venue s'établir dans son diocèse, qui plus est, dans sa ville épiscopale, qui plus est encore, dans une maison dont, comme évêque, il était le propriétaire.

Et si le bon Mgr O'Carroll eut à se féliciter devant Dieu de la bonne action qu'il avait accomplie en recevant nos Sœurs exilées, il n'eut pas à s'en féliciter devant Mgr Gonin qui lui reprocha vivement d'avoir grevé son diocèse d'une lourde charge en y laissant s'établir une communauté religieuse dénuée de toute ressource.

Nos Sœurs espagnoles comprirent immédiatement qu'elles n'étaient pas près de l'archevêque *personœ gratœ* ; elles se tinrent sur la plus prudente réserve, évitant toute demande directe adressée à Monseigneur l'archevêque. Grâce à certaines influences qu'elles surent se ménager, elles obtinrent la concession gratuite d'un terrain appartenant au diocèse et situé à côté de la chapelle du Calvaire, mais ce fut tout. Pour le reste elles durent se tirer d'affaire comme elles purent et, grâce à Dieu et à la générosité des Pères Dominicains et des pieux fidèles, elles arrivèrent à pouvoir y construire, à leurs frais, un très modeste couvent en bois, qui devait leur servir de demeure provisoire jusqu'à ce qu'elles pussent retourner au Vénézuela. Et, en un contrat que

R. P. Marie-François RIBON

Mgr Gonin fit avec Mgr Guevara, il était déclaré que les Sœurs seraient conservées à titre d'hospitalité et de charité, mais qu'elles ne pourraient pas recevoir de novices et que leur chapelle serait fermée au public. Dans l'impossibilité d'obtenir mieux, les Sœurs se virent obligées d'accepter ces conditions et d'autres plus dures encore, dans l'espoir qu'elles arriveraient à une solution plus favorable. Cette situation était encore préférable à celle que Monseigneur l'archevêque avait voulu leur faire accepter en les chargeant de l'orphelinat.

Le couvent, construit sous la direction du R. P. Violette, était tout en planches et ressemblait plus à une prison qu'à un couvent ; tout ce que nos Sœurs avaient pu soustraire à la confiscation, argent, bijoux, pierres précieuses, avait été vendu pour en couvrir les frais et ainsi avec l'aide d'un ami généreux de Mgr Guevara, elles y parvinrent. Elles en prirent enfin possession le 15 février 1876, après un séjour de quinze mois à l'orphelinat de Belmont. Ce n'était qu'une seconde étape. Leur constance fut récompensée. Elles trouvèrent plus et mieux, nous le dirons en son temps.

Le saint archevêque de Caracas ne voulut jamais se soumettre aux lois antireligieuses édictées dans son pays à l'instigation de son Président, franc-maçon et persécuteur de l'Eglise, Guzman Blanco. Sur un simple désir du Saint-Siège et pour le bien de la paix, il donna sa démission et put alors rentrer au Vénézuela, comme simple particulier, en 1877. *Potius mori quam fœdari :* Plutôt mourir que me souiller ; telle avait été la devise de toute sa vie.

Avant de laisser la Trinidad, il avait été reçu, sur sa demande, dans le Tiers-Ordre de Saint-Dominique, sous le nom de « Fr. Louis-Dominique », le 5 août 1877. — Cinq ans après, en 1882, dans une modeste petite maison qu'il devait à la piété filiale de ses anciens diocésains, Mgr Silvestre Guevara y Lira y rendait à Dieu sa belle âme, laissant sa mémoire en bénédiction. Son successeur Mgr José Antonio Ponté gouvernait alors le diocèse, le général Francisco Linares Alcantara étant président de la République.

Nous avons assez longuement parlé de nos Sœurs Dominicaines

de Caracas, chassées par un gouvernement persécuteur de l'Eglise et personnifié dans son président Guzman Blanco. Exilées de leur pays, elles trouvèrent un asile dans cette ville de Port-d'Espagne confiée au zèle apostolique de leurs Frères en saint Dominique. Elles y arrivèrent le 25 octobre 1874, sous la protection de Mgr William O'Carroll, du même Ordre et coadjuteur de l'archevêque, Mgr Gonin, alors en Europe. Elles furent logées provisoirement à l'orphelinat de Belmont alors confié à la direction de M^lle Blanc, aidée de plusieurs de nos bonnes tertiaires. C'est là que Mgr Gonin les trouva quand, peu après, il revenait de son voyage d'Europe. Il ne voulut les y laisser. Après un séjour de quinze mois, à l'orphelinat, elles allèrent s'établir au lieu dit « le Calvaire » ; elles y construisirent, grâce aux aumônes des pieux fidèles, une pauvre petite maison en bois sur un terrain appartenant au diocèse et qui leur fut cédé à titre provisoire ; c'était la première et ce fut la dernière faveur qu'elles reçurent de l'archevêque.

Elles en prenaient possession le 15 février 1876, mais défense leur avait été faite de recevoir des novices. Nos Sœurs vécurent ainsi plus de dix années. Ayant reçu des dons, et, grâce à la vente d'objets de prix qu'elles avaient pu soustraire à la rapacité sacrilège du gouvernement vénézuélien, elles avaient réuni une somme d'argent relativement forte ; elles décidèrent alors la construction d'un vrai couvent dans l'intérieur de la ville et non situé, comme leur maison du Calvaire, deux fois bien nommé, en dehors de la ville, sur une hauteur où l'eau faisait presque totalement défaut. Il fallait l'autorisation épiscopale, elle leur fut refusée. Elles s'y attendaient.

Alors, sur le conseil de nos Pères, elles écrivirent au Maître Général de l'Ordre le priant de plaider leur cause auprès de l'archevêque. Il le fit, priant Mgr Gonin de vouloir bien lui faire connaître les raisons qui s'opposaient à la translation des Sœurs dans un nouveau couvent et à la réception des novices. Il ne doutait pas qu'elles fussent excellentes. Mgr Gonin répondit au Révérendissime Maître Général qu'il fallait s'adresser à la Propagande qui règlerait cette question. Les Sœurs écrivirent elles-mêmes et la Sacrée Congrégation remit toute l'affaire entre les mains du

R^me Procureur Général. Mgr Flood qui, dès les premiers jours de son arrivée, s'était toujours montré plein de bienveillance pour nos Sœurs et les aidait en toutes manières, leur promit de plaider leur cause lors dè son passage à Rome où il devait aller sous peu ; en effet, il s'y rendit cette année-là même, 1888, vit le Préfet de la Propagande et le Maître Général, et revint à la Trinidad avec l'autorisation pour les religieuses de bâtir un couvent dans la ville et de recevoir des novices.

La cause était gagnée, la joie de ces bonnes et saintes Dominicaines ne se peut décrire. Mgr Gonin qui, nous n'en doutons pas, avait d'excellentes raisons pour refuser son consentement, se soumit entièrement à la décision souveraine de Rome et, s'il n'en favorisa pas l'accomplissement, il en laissa le soin à son coadjuteur qui put agir complètement à sa guise. Jamais nous n'avons entendu tomber des lèvres du vénérable archevêque une seule parole de plainte ou de désapprobation. Il était l'humilité personnifiée.

La grosse question pour nos Sœurs du Calvaire, comme on les appelait à Port-d'Espagne, était de rencontrer un emplacement convenable pour leur nouveau couvent. Chose difficile ! Après bien des démarches et des pourparlers et surtout avec l'aide de Dieu, elles trouvèrent plus et mieux qu'elles n'auraient jamais osé espérer. Elles étaient trop pauvres pour payer un aumônier et les Pères, desservant la paroisse, étaient trop peu nombreux pour leur en donner un. Elles eurent la bonne fortune de trouver une maison grande, au milieu d'un terrain assez vaste, situé au milieu de la ville et attenant à l'église du Rosaire. Cette propriété, s'ouvrant à l'est sur la rue Charlotte, et à l'ouest, sur la rue Henry n'était séparée de la terre et de l'église du Rosaire que par un mur. Même dans leurs rêves, nos bonnes Sœurs n'auraient pensé être si bien servies par les circonstances. Malheureusement, c'était un bien appartenant à une mineure orpheline. Cependant, toutes les difficultés légales étant surmontées, la propriété fut mise en vente, *en publica subasta*, comme on dit en espagnol, pour la somme de 30.000 francs, somme énorme pour nos pauvres religieuses. Leur homme d'affaires était autorisé cependant à monter jusqu'à 35.000 francs, mais pas plus haut. Au jour et à l'heure dite, devant un nombreux public, la propriété fut mise aux enchères pour 30.000 francs ; l'agent des Sœurs offrit 30.120 francs. Ce chiffre fut répété à haute voix deux autres fois, silence absolu dans la salle. Alors pour la somme 30.120 francs la maison et le terrain furent adjugés à l'agent des religieuses. L'action de la divine Providence apparut visiblement, car l'adjudication n'était pas faite depuis plus de trois minutes, quand quelqu'un se présenta pour en offrir 42.500 francs.

La maison fut réparée, agrandie convenablement et, plus tard, transformée en un véritable couvent, sous la direction du R. P. Victor Bisquey. Les Sœurs abandonnèrent leur pauvre maison de bois du Calvaire et prirent possession de leur « Couvent du Rosaire » le 4 août 1888, jour même de la fête de notre glorieux Père saint Dominique. Elles furent installées par le coadjuteur de Mgr Gonin qui avait reçu de Rome tout pouvoir à cet effet. Détail touchant, le vénérable archevêque accepta de prononcer le discours d'installation.

Nous croyons devoir donner ici le nom des vénérables religieuses, toutes chassées de leur Couvent de Caracas, et qui furent, on peut le dire, les fondatrices du Couvent du Rosaire. Y entrèrent le 4 août 1888 : La Révérende Mère Maria del Rosario Almenar ; en religion, Sœur Marie de Jésus du Rosaire. Elle était Prieure du Couvent lorsqu'elles en furent expulsées en 1874 et elle fut continuée dans sa charge jusqu'au 22 avril 1892, jour de sa mort. C'était une parfaite religieuse, admirable en douceur, humilité, charité, d'un haut esprit d'oraison, d'une fidélité qui ne s'est jamais démentie, dans le plus scrupuleux accomplissement de sa règle. La Révérende Mère Encarnacion Perez, en religion, Sœur Encarnacion. La Révérende Mère Maria del Rosario Fernandez, en religion, Sœur Belen. La Révérende Mère Stanisla Toledo, en religion Sœur Thérèse. — En tout, quatre Sœurs de chœur. — Les Sœurs converses : Petra Pulida, en religion, Sœur Dominga. Caterina Léon, en religion, Sœur Candaleria. Lucia Gonzalez, en religion, Sœur Dolores. En tout, trois Sœurs converses. Total : sept religieuses. Sur ce nombre, six sont mortes ; il ne reste plus au moment où nous écrivons ces lignes (Février 1914) que la Révérende Mère Thérèse qui, toute paralysée, attend que Dieu veuille bien la retirer de cette terre d'exil pour lui ouvrir les portes du ciel, la véritable patrie.

Et maintenant, nos pieuses Sœurs vivent en paix dans leur beau couvent du Saint-Rosaire, dont le terrain est mitoyen avec celui de l'église du Rosaire. On n'a eu qu'à faire une ouverture dans la muraille, la fermer par une grille, et les Sœurs, de leurs places, en leur chœur, assistent à la sainte messe, reçoivent la sainte communion et entendent tous les sermons ; c'est à croire que l'église du Rosaire a été construite pour leur servir de chapelle conventuelle. Elles sont, actuellement, vingt religieuses, dont le plus grand nombre leur est venu du Vénézuela. Elles vivent très péniblement du fruit de leur travail manuel, dont le principal et le plus rémunérateur est la confection des hosties pour les églises. Elles recevaient du gouvernement vénézuélien quinze dollars par mois et par tête pour chacune des religieuses expulsées, ridicule compensation pour tous les biens qu'on leur avait volés et encore, pendant des années elles n'en ont pas reçu un *centavo*. A chaque décès, c'était quinze dollars de moins, chaque mois. L'unique et vieille religieuse survivante leur procure, mensuellement, cette modique somme qui disparaîtra avec elle, mais le gouvernement gardera toujours pour lui le couvent volé. Ce couvent est transformé en un grand hôpital desservi par les *Sœurs de Saint-Joseph* de Tarbes (France).

# CHAPITRE VI

## Le P. Marie-François Ribon et les Coolies

Cette histoire de la Mission Dominicaine de Trinidad serait
par trop incomplète (elle l'est déjà assez) si nous n'attirions l'attention de nos lecteurs, plus que nous ne l'avons déjà fait, sur
une très importante partie de la population de l'île. Ce sont des
étrangers, d'une race toute différente de la race native, mais qui,
par leur nombre, égalent le tiers de la population. On l'a compris, nous voulons parler des Hindous, plus fréquemment appelés ici du nom de *coolies*, à peu près synonyme de : homme de
peine, laboureur. Sauf un infime petit nombre, ils sont, à peu
près tous, musulmans ou boudhistes. Nos Pères étaient venus à
la Trinidad pour évangéliser toutes les classes et toutes les races,
sans distinction d'origine, de religion, de race ou de couleur. Les
âmes, voilà ce qu'ils cherchaient et ce qu'il leur fallait par-dessus tout. Les plus déshérités des dons de la grâce et de la nature
devaient donc avoir leur préférence.

Malheureusement, cette construction orgueilleuse de la tour de
Babel a causé cette prodigieuse diversité de langues qui n'a fait
que s'accroître avec les idiomes, les dialectes, les patois, que le
temps a greffés sur les langues originelles pour en augmenter le
nombre et les rendre encore plus difficiles à apprendre. De là
une source de grandes difficultés pour nos premiers Pères. Ils
pouvaient encore se faire comprendre des Anglais et des Espagnols, mais parler l'hindoustani, qui se subdivise en une quantité de dialectes particuliers à telle ou telle contrée de l'Inde, cela
leur était impossible. Il leur fallait non seulement le temps, mais
une certaine aptitude, que, pour certaines langues, très peu possèdent.

Cette question fut sérieusement envisagée et, chose curieuse, c'est le plus âgé des missionnaires, le R. P. Etienne Brosse qui, le premier, et le seul de nos anciens Pères, eut le courage et la patience de se mettre sérieusement à l'étude de l'hindoustani ; or, chacun sait que plus l'âge s'élève, plus les facultés baissent et, entre toutes, la mémoire.

Néanmoins le bon Père Etienne s'était mis à l'œuvre, à l'œuvre de Dieu. Il réussit. Il parlait couramment cette langue, ce qui lui donna de se rendre fort utile dans ses fonctions d'aumônier de la léproserie de Cocorite.

Il ouvrit une école pour les petits Hindous, dans le village de Saint-James, à peu de distance de l'asile de Cocorite. Il allait partout à la recherche de ces pauvres enfants et les amenait lui-même à son école confiée à nos Sœurs de Cocorite. Mais il fallait des maîtres spéciaux pris parmi les plus instruits de la race, chose difficile, car, d'instruits, il n'y en avait guère ; ce sont presque toujours de pauvres hères, les *parias* de la race indienne qui acceptent de quitter leur pays et de venir à la Trinidad pour y vivre dans un esclavage temporaire plus ou moins déguisé et gagner environ cinq sous par jour. De plus, ces maîtres, il fallait les payer, et ces enfants, il fallait les vêtir, au moins d'une chemise, ce que bien souvent ils n'avaient même pas. De nos jours, cinquante ans après l'époque dont nous parlons, cinquante ans de soi-disant civilisation, nous rencontrons aux abords même de la ville de petits indiens, de petits créoles aussi, qui ont, pour tout vêtement, un vieux chapeau qui a perdu son fond (et sa forme, bien entendu) ; ou bien une simple ficelle autour des reins. C'était un peu trop sommaire pour être admis dans une école publique. Où trouver l'argent nécessaire pour la maison à entretenir, les maîtres à payer, les livres à acheter et les élèves à habiller ?

Dès 1868, nous voyons le R. P. Etienne, grandement préoccupé de cette question, en saisir le « Conseil » du presbytère. Il voulait une chapelle-école pour ses petits coolies. Ecole, les jours sur semaine, chapelle le dimanche. Maintes et maintes fois, des demandes d'argent sont faites au Conseil conventuel par le Révérend Père ; nous trouvons inscrits dans le livre de ses délibéra-

tions un don de cinquante dollars, puis une allocation mensuelle
de quinze dollars pris sur le traitement du Père comme aumônier de la léproserie. Pour surcroît d'embarras, la terrible fièvre
jaune vient enlever neuf de nos Sœurs et leur rendre impossibles
les soins matériels et spirituels à donner à ces pauvres enfants.
La conclusion était inévitable. L'œuvre des coolies fut à peu près
abandonnée. Grâce à Dieu, cet abandon n'était que temporaire.

La suite des faits nous conduit jusqu'à cette année 1877 ; et ce
sont les événements aussi curieux qu'intéressants, concernant les
Hindous, à cette époque, qui ont motivé le retard que nous
avons mis à attirer l'attention de nos lecteurs sur un peuple occupant une place si importante dans l'histoire de la Trinidad,
tant au point de vue civil qu'au point de vue religieux. Ce qui va
suivre est extrait presque textuellement d'une *notice* sur le R. P.
Marie-François, écrite, en 1882, par le T. R. P. Hilaire Arnaud.

Le nom et le souvenir du P. Marie-François, plus encore peut-
être que celui du R. P. Etienne Brosse, est inséparable de l'histoire des coolies de la Trinidad. Il est bien, en effet, celui de tous
nos Pères qui s'en est le plus occupé. En dehors de ceux de cette
race admis comme lépreux à Cocorite, nous ne voyons pas que
le R. P. Etienne ait fait beaucoup de prosélytisme parmi les
Hindous.

En parlant de l'œuvre des « Jeunes protectrices des écoles »,
fondée par le R. P. Marie-François, nous avons dit que cette œuvre avait pour but d'aider, par des souscriptions, les enfants des
pauvres et des Hindous à recevoir, dans les écoles, une instruction proportionnée à leur âge et à leur situation. Les fonds ainsi
recueillis furent affectés principalement à la fondation et à l'entretien, durant plusieurs années, de l'école coolie de Dry-River,
grand faubourg à cette époque, faisant maintenant partie de la
ville. Ce quartier de Dry-River (rivière sèche) est très morneux et
est situé, nous l'avons peut-être déjà dit, à l'est de la ville, on y
accède par plusieurs points.

Sur un terrain acheté et payé par cette société au prix de
cent quarante dollars, le P. Marie-François avait construit une
chapelle dédiée à Notre-Dame de Siparia et une école pour les

enfants des coolies, très nombreux dans ce quartier, c'était en 1873. Or, cette année 1877, le 15 avril, deuxième dimanche après Pâques, il y avait grande fête à Dry-River. Ce jour-là, l'Eglise catholique célébrait le bon Pasteur qui donne sa vie pour ses brebis. Sur la colline de Dry-River on fêtait en même temps la divine Bergère, la *Divina Pastora*, si populaire parmi les Espagnols, depuis que les capucins catalans en avaient introduit la dévotion dans l'île à la fin du dix-septième siècle. La population était presque toute entière païenne, composée des parias des Indes, venus de Madras surtout et employés dans la ville, soit à balayer les rues, soit à faire le commerce des herbes qu'ils vont couper dans les campagnes pour nourrir les bestiaux.

Le but du Père missionnaire, en fondant le sanctuaire, était de frapper le paganisme au cœur. Une école fut bâtie et bientôt remplie d'enfants. La chapelle et l'école furent dédiées à la *Divina Pastora*. La cérémonie commença par une procession d'amende honorable.

En voici le motif. Sur une colline voisine appelée le Gros-Morne, située à un demi-mille de la ville, les païens avaient, l'année précédente, immolé des chevreaux en l'honneur de leurs divinités. Averti de cette manifestation, le R. P. Marie-François résolut de s'y opposer. Suivi des petites filles, ou plutôt des petits apôtres de son école, il se rend au Gros-Morne, et, dans un langage où le français, le créole, l'anglais et le coolie madras se succèdent et se confondent, parvient à arrêter ces abominations sacrilèges. Le brahmane, le couteau sacré à la ceinture, s'arrête à la vue de l'ardent missionnaire. L'assemblée se disperse, et le Père emporte les dieux, qui consistaient en trois pierres brutes, représentant la trimoutrie hindoue : Brahma, Vichnou et Siva. Depuis lors aucun sacrifice païen n'a eu lieu ostensiblement dans le village. Eclatant succès dont l'honneur revient à la *Divina Pastora*. Arrivés sur les lieux où le sang des animaux avait coulé devant les dieux de pierre, les enfants chantent un cantique en langue madras et le missionnaire rappelle en quelques mots ce qui s'est passé l'année précédente et le but du pèlerinage.

Peu de temps après, une grande partie des coolies chrétiens de Dry-River partaient pour retourner dans l'Inde, leur patrie ;

d'autres allaient s'établir à Saint-James, foyer plus puissant encore du paganisme ; ils résistaient difficilement à la fascination exercée sur eux par leurs anciens coréligionnaires. Plusieurs fois, le P. Marie-François, passant par là, avait eu la douleur de voir ses néophytes mangeant le riz offert aux faux dieux, dansant autour de leurs idoles, participant aux sacrifices et s'aspergeant du sang des victimes. L'un d'eux surtout, fourbe et hypocrite, se faisait tour à tour catholique, protestant, païen : chez les protestants il se faisait appeler Sharbery, son vrai nom était Veras-Samy ; quelques familles nouvellement baptisées avaient suivi l'apostat. — Dans son zèle, le Père, affligé de la défection de six de ces pauvres prodigues, après avoir épuisé auprès d'eux tous les autres moyens de persuasion, leur écrivit en anglais une lettre qu'on nous saura gré de citer :

« A Païni, Poona Samy, William, Ramroo, etc.,

Moi, ministre du vrai Dieu, je vous avertis charitablement que j'ai écrit à Veras-Samy, votre chef, pour lui dire que la malédiction de Dieu descend terrible sur les adorateurs des idoles. Il m'est impossible de croire que Veras-Samy et ses adeptes soient convaincus qu'une pierre contient la divinité et que Kali est une vraie déesse. Donc, si vous ne faites pas pénitence de vos abominables sacrifices devant les idoles, la malédiction de Dieu, Père, Fils et Saint-Esprit, descendra sur vous et y demeurera toujours ; car nous lisons dans les saintes Écritures que ces châtiments sont réservés aux adorateurs des idoles et principalement à ceux qui offrent des sacrifices devant les idoles ou en l'honneur des idoles. — Et vous, vous avez fait des sacrifices en l'honneur de la déesse Kali ; vous avez placé trois pierres, comme contenant la divinité de Brahma, Vichnou et Siva, et une quatrième pierre, comme quatrième dieu, gardien des trois autres dieux. — Prenez garde que les vrais châtiments du vrai Dieu ne commencent bientôt ; qui sait si déjà le démon, représenté par l'idole Kali ne se prépare pas à posséder vos corps comme il possède vos âmes ; faites pénitence, je prie pour votre conversion. »

Cette lettre n'eut point tout le succès qu'on pouvait en attendre. Comme les anciens juifs, le peuple hindou est inconstant, frivole, toujours enclin à l'idolâtrie. Le diable se vengeait à Saint-James de ses défaites à Dry-River.

Aussitôt, le P. Marie-François se résout à transporter son camp sur ce nouveau champ de bataille, sans abandonner toutefois sa chère Siparia. Il parvient, après bien des difficultés, à obtenir d'un riche protestant le loyer d'un petit terrain, sur lequel il élève une modeste chapelle, sous le titre de Bethléem. C'était, en effet, la pauvreté même ; il en fut l'entrepreneur et l'architecte, et, le 25 octobre 1876, il la bénissait, au nom de l'archevêque, et au milieu d'un grand concours de monde. — L'apôtre des coolies, à Saint-James comme à Dry-River, manquait de temps pour s'occuper de son peuple ; il n'y avait guère que le dimanche qu'il pouvait quitter la ville pour se rendre à ce village hindou, à près de trois milles de la cathédrale. C'était son délassement. Ordinairement, monté sur un âne, il traversait la ville, attirant les regards et les sourires du public qui trouvait en général que la monture n'était pas suffisamment digne ; le Père répondait avec sa bonhomie ordinaire, que Notre-Seigneur s'en étant servi, il ne voyait aucun inconvénient à s'en servir lui-même.

D'autre part, et en même temps, un cabrouet amenait de l'école de Dry--River les petites filles de l'école, afin de chanter des cantiques en anglais, en français, en calcutta ou en madras, à la volonté, ou plutôt selon les besoins de ceux qu'on venait évangéliser. Le P. Marie François avait un autre auxiliaire qui lui fut toujours d'une très grande utilité. C'était un coolie madras, du nom de Santiago, tout dévoué au Père et au salut de ses compatriotes. On pouvait voir et on peut voir encore (1882), à quatre heures du matin, à peu près tous les jours, sur la route de Saint-James à Port-d'Espagne, un homme noir, marchant pieds nus et pauvrement vêtu, de longs cheveux flottent sur ses épaules ; ses yeux sont baissés et la prière est continuellement sur ses lèvres ; il va assister à la messe de cinq heures à la cathédrale. Un mouchoir noué sur son bras contient toutes ses richesses, à savoir : un livre de prières en caractères madras, et un diplôme du P. Marie-François qui lui sert de lettres patentes pour exercer son apostolat parmi ses frères. Tout le monde le connait. C'est Santiago, le saint, le Benoît Labre de la Trinidad. Il est toujours au poste où le Père l'a placé, en attendant que la divine Providence permette à un autre ouvrier de continuer l'œuvre de Bethléem.

Nous avons sous les yeux un règlement en quatorze articles, composé par le R. P. Marie-François, pour les païens qui se préparaient au baptême, ou pour les néophytes. Nous en donnons quelques extraits.

Défense de sacrifier aux idoles — de manger des mets qui leur ont été offerts ; de donner des fleurs pour former des guirlandes en l'honneur de la déesse Kali et des autres divinités ; — d'adorer le feu et les cendres des sacrifices ; de porter des idoles sur la tête ou les épaules ; — de passer par le feu comme cela se pratique chaque année ; — de se brûler la langue et de se percer les joues en l'honneur de la déesse Kali, etc. etc.

Ces derniers articles nous amènent naturellement à parler de la plus grande fête des Coolies païens de Madras, le *Timiditel*, ou le passage par le feu, fête contre laquelle le zélé missionnaire ne cessa de lutter par tous les moyens en son pouvoir ; voici ce que nous trouvons dans des documents fournis par le P. Marie-François lui-même et publiés par les *Missions catholiques*, dans leur n° du 22 mars 1878.

« Depuis près d'un mois, les coolies se préparaient à cette fête du Timiditel. De toutes parts ils avaient apporté d'énormes branches d'arbre en face de la pagode ; on avait aussi dressé devant cette pagode ce qu'ils appellent le *Tavasson-maran* ou arbre de la prière, sorte d'échelle composée de quinze échelons couronnés par un vase garni de fleurs cueillies au pied des idoles.

« Le jour de la fête arrivé, la cérémonie commence de grand matin. Dès quatre heures on met le feu aux branches d'arbre amoncelées devant la pagode. A six heures, un jeune garçon monte les quinze échelons du *Tavasson-maran*, prend quelques-unes des fleurs déposées dans le vase et les jette à la foule, ainsi que la cendre sacrée qui est tout simplement de la bouse de vache cuite au feu. Les païens ramassent les fleurs avec empressement et les emportent dans leur case comme des reliques. Pendant l'office qui se fait dans la chapelle protestante située près de là, les tambours se taisent. Les Hindous profitent de ce relâche

forcé pour orner leur pagode de fleurs et de guirlandes de feuillage. »

« Vers dix heures, un homme se présente pour se faire percer les flancs avec deux broches de fer ; il a des fleurs à son tur-
ban et une guirlande à son cou. Le prêtre prend son canif, reçoit d'abord son paiement, perce les côtes et passe les broches
dans les trous. Et voilà notre héros qui danse, saute, grimace et
fait trois fois le tour de la pagode ; après quoi, on lui met de la
cendre sacrée sur les plaies, on le bande avec un mouchoir, et
dès lors c'est un saint. Trois hommes ont subi joyeusement, devant moi, ce supplice.

« A onze heures, arrive la première députation des présents offerts aux idoles. Les présents doivent servir à fournir un bon dîner, non pas aux idoles, mais aux serviteurs de la pagode et aux
héros de la fête. Il y a eu au moins dix processions semblables.

« A midi, une députation de coolies, venant d'une plantation
voisine, apporte des drapeaux rouges, blancs, bleus, verts, avec
lesquels on orne les barricades de bambous placées autour du feu
pour la dernière cérémonie. De midi à trois heures, ce ne sont
que prostrations, processions des présents accompagnées d'un tapage de tambours, de clochettes, de cris à étourdir un sourd.

« A trois héures, ils vont se baigner à la mer, afin de se purifier avant de passer par le feu, car le *Timeditel* ne va pas tarder. Je regrette de ne les avoir pas suivis, mais j'étais trop fatigué.

« A quatre heures, un bruit affreux se fait entendre, c'est la procession des Karagons ramenant les passeurs par le feu. Depuis
le matin, comme nous l'avons dit, on avait mis le feu à de gros
arbres, et ce tas de bois avait brûlé toute la journée ; ruse toute
païenne pour attirer l'attention et provoquer des présents ; car,
avant de s'engager sur ce feu, ils ont soin que le bois soit presque consumé. Les passeurs par le feu se précipitent donc comme
des fous vers la pagode. On sort les idoles pour les exciter ; ils
font trois fois le tour du feu pour se baigner les pieds dans l'eau
qui le circonscrit ; enfin, ils passent rapidement sur un espace
de six à dix pieds de charbons à demi-éteints, à la grande admi-

ration de la foule ; puis ils se prosternent devant les idoles. Le
tour est joué. »

L'effet de ces pratiques est tel que les Hindous catholiques en
restaient ébranlés. Pour les fortifier dans leur foi et confondre
l'astuce des idolâtres, le P. Marie-François imagina un procédé
qui montre tout ce que le zèle sait inspirer à un missionnaire.

Depuis quelque temps, le Père avait fait placer, dans la petite
savane qui confine la chapelle catholique, une affiche portant,
en anglais et en coolie de Madras et de Calcutta, un embarrassant
défi à tous les païens de Saint-James, si orgueilleux de leur fête
annuelle du *Timeditel*. Outre ce défi général, le jour même de la
fête, il avait construit un léger brancard. Sur ce brancard était
fortement fixée une grille en fer capable de porter un homme,
et, sous cette grille, une panne en fer-blanc remplie de charbons
et arrosée de pétrole. Cela fait, le Père organise une procession.
En tête, marche un coolie portant, en guise de bannière, une toile
sur laquelle le Père avait fait écrire, en anglais, en madras et
en calcutta : « *Avis au public*. Courir à travers le feu est une
grande mystification, parce qu'il est difficile de se brûler en courant. Mais cinq dollars seront donnés à tout coolie qui restera
cinq minutes dans un feu brûlant ; s'il ne peut y rester, il per-
dra la somme. »

De temps en temps, le cortège faisait un petit arrêt devant les
pagodes et les groupes de coolies, on mettait le feu au pétrole, et
la grande affiche était lue en anglais et en madras ; mais personne ne se présentait. Deux coolies cependant finirent par tenter l'aventure. Le premier était Ragavin. Le Père l'appelle par
son nom, l'invitant à venir se mettre sur le feu. En qualité de
sacrificateur il ne put venir aussitôt, car il s'apprêtait à sacrifier
un petit chevreau devant les idoles. Le sacrifice terminé, le voilà
qui trempe son doigt dans le sang de la victime, marque son
front et, se croyant invulnérable, arrive près du Père comme un
fanatique. La flamme du pétrole était magnifique et les charbons
ardents. Le Père l'engage en souriant à monter sur la grille et à
y rester cinq minutes pour prouver à tous que, grâce à la protection de ses idoles, sa peau était incombustible. Ragavin comprit ce qui l'attendait, et, dans son dépit, il fut saisi d'une con-

vulsion tellement extraordinaire qu'un coolie catéchumène, habitué à voir de pareilles choses, se mit à dire : « *Devil is coming*, le diable va s'emparer de lui. » Et de fait, sans tenter l'aventure, Ragavin s'éloigna en grimaçant comme un forcené.

Le second Hindou qui se présenta fut plus exigeant, il demanda cinquante dollars (250 frs.) pour faire l'expérience. Le Père n'en pouvait donner que cinq, (25 fr.) mais un portugais, entendant sa demande, prend sur lui de promettre cinquante dollars, et le pari est conclu.

Le pauvre païen commence à faire ses ablutions et s'apprête sérieusement à se placer sur la grille. Il met cependant une condition, c'est qu'il allumera lui-même le feu avec une mèche trempée dans une certaine huile qui devait opérer des merveilles. Tout ce qu'il demande lui est accordé. Voici donc la mèche qui s'allume, et il va procéder à l'opération ; mais, par accident, cette mèche entière vient à tomber et à brûler les mains de l'expérimentateur. Lorsque celui-ci voit que la mèche seule brûle si fort, il se rend facilement compte que la flamme du pétrole doit brûler encore plus. Il renonce sans hésitation à son projet et va se cacher, rougissant de honte et emportant, non pas cinquante dollars, mais les huées de tous les assistants.

C'était ce que désirait le missionnaire ; détromper les coolies qui croyaient que les païens recevaient de leurs idoles la puissance de passer par le feu. Il leur montra que si les coureurs par le feu ne se brûlaient pas, ce n'était point par miracle, mais simplement par l'effet d'une loi naturelle qui exige que l'on s'arrête sur le feu au moins un certain temps, pour que la flamme ou les charbons puissent attaquer l'objet qu'on leur présente.

Tous les coolies catholiques, témoins du spectacle, après avoir beaucoup ri de la lâcheté et de la mésaventure de leurs compatriotes, entrèrent dans la chapelle afin de prier Dieu pour la conversion de leurs frères idolâtres. Ainsi finit le *Timedilel*, au village de Saint-James, en cette année 1877.

Malgré tout le respect et la vénération que nous avons pour le P. Marie-François, nous ne craignons pas de dire que, dans cette circonstance, il avait dépassé le but qu'il voulait atteindre ; au lieu de convertir ces énergumènes, il les avait exaspérés, et, plus d'une fois, ils le menacèrent de le faire mourir. Un jour où une bande vociférait contre lui des cris de mort, il étendit les bras en croix, en leur disant d'un ton qui les fit trembler : « Misérables et lâches, frappez, si vous en avez le courage. » Le pauvre Santiago, effrayé à son tour des dangers que courait son Père bien-aimé, lui écrivit une lettre touchante pour lui demander la ligne de conduite qu'il avait à tenir lui-même, et l'engager à la mansuétude envers ce peuple aveugle et endurci.

« Mon cher et affectionné Père saint, lui disait-il, je vous demande au nom du Père, du Fils et du Saint-Esprit, de me donner quelques instructions concernant la chapelle de Bethléem à Saint-James, construite par la miséricorde de Dieu, pour la conversion des païens et l'augmentation de la foi chez les chrétiens qui vivent dans ce lieu. Père, ayez compassion de mon âme pécheresse et ne méprisez pas mon humble avis. J'ai la conviction qu'il nous est impossible de convertir ces gens en grand nombre à la fois, mais je crois fermement qu'avec l'aide de la Bienheureuse Vierge Marie qui enverra dans leurs cœurs une flamme ardente, ils rentreront facilement dans la sainte Eglise un par un ; ayons donc patience avec eux, donnons-leur des conseils en toute humilité et douceur, et prions Dieu pour leurs âmes misérables. Cher Père, ne vous découragez pas de la dureté des cœurs des païens, mais ayez compassion d'eux par amour pour le Christ..... J'ai moi-même beaucoup à souffrir des idolâtres, mais je donnerais ma vie pour eux, comme le Christ l'a donnée pour nous. Père, soyez bon pour leurs âmes et ne les provoquez pas facilement, mais usez d'admonitions calmes et suaves pour les convertir. »

N'est-elle pas admirable cette lettre émanant d'un pauvre Hindou presque sans instruction ? Quelles merveilles la grâce de Dieu peut opérer dans une âme ! Nous avons tenu à donner cette lettre presque dans son entier, persuadé qu'elle serait une occasion de bien grande édification pour nos lecteurs.

Le P. Marie-François comprit ce langage et souvent depuis, il a exprimé le regret d'avoir eu un zèle trop amer pour implanter le christianisme parmi ce peuple barbare.

A peu près seul pour lutter contre ce flot chaque année gros-

Cocorite. — Entrée de l'infirmerie
(Année 1924)

sissant du paganisme, accablé de travail et d'infirmités, le *Père des coolies*, comme on l'appelait vulgairement, ne faisait plus, les deux dernières années de sa vie, que de rares apparitions à Saint-James.

Quant au bon Santiago, que nous, qui écrivons ces lignes, avons beaucoup connu, il mourut comme un vrai saint plus de dix ans après son bon Père Marie-François.

—————

# CHAPITRE VII

### La léproserie de Cocorite et le P. Brosse.

Nous avons parlé d'un grand « meeting » qui eut lieu à l'Orphelinat de Belmont, en 1882 ; la Rde Mère Thomas des Anges en était alors supérieure. En mars 1884 elle fut envoyée à Cocorite et mise à la tête de cette importante maison le 14 mai 1885. Il nous semble juste de l'y suivre et d'attirer encore l'attention de nos lecteurs sur ce pieux asile de Cocorite, plus et mieux appelé l'asile de la vertu que celui de la souffrance.

Quand la Mère Thomas des Anges commença son Priorat, la Communauté se composait de huit religieuses de chœur, une converse et deux agrégées. Le nombre des lépreux était de cent cinquante. Parmi eux, il y avait environ quinze baptêmes d'adultes par an, trois ou quatre abjurations de protestants, quinze ou vingt premières communions et, tous les deux ans, vingt-cinq à trente confirmations. « C'est au lit de mort de nos pauvres lépreux, écrivait une des Sœurs, que nous recueillons dans la joie, ce que nous avons semé dans le silence et la souffrance. Il nous faudrait écrire bien des pages si nous voulions raconter les faits plus qu'édifiants dont nous avons été souvent les heureux témoins. » Qu'on nous permette d'en faire connaître un, un seul :

« Notre petit Ernest a été plus particulièrement victime de l'hérésie protestante. Comme il était catholique à son entrée dans l'asile, le ministre protestant réclama et obtint **de sa mère** qui s'était faite elle-même protestante par un motif d'intérêt, qu'il apostasiât. Ils avaient affaire à un enfant, ils croyaient pouvoir le traiter en enfant. Le pauvre petit, pour se défendre, n'avait que ses larmes ; mais il était si fier de sa foi ! elle ne put être entamée. Il ne céda ni aux caresses ni aux menaces de sa mère, ni

même aux violences du ministre protestant qui était obligé de le
faire porter au lieu de la réunion pour qu'il y assistât. Cela dura
deux longues années et cette indigne persécution consuma peu
à peu sa vie. Son unique joie était de prier avec la Sœur qui le
servait. On voyait alors sa petite mine, toujours si triste, s'illuminer de bonheur. Sa maladie fut longue, il la supporta avec
une patience bien au-dessus du courage d'un enfant de neuf ans.
Le cher petit n'eut pas la consolation d'être assisté par un prêtre
à son lit de mort. Ses souffrances ont été son passeport pour le
ciel où il reçoit la récompense qu'elles lui ont méritée.

La sœur d'Ernest avait été vivement touchée du courage de
son pauvre petit frère. Sans crainte d'avoir à subir la même persécution que lui, elle demanda à sa mère l'autorisation de se faire
catholique, elle lui fut refusée bien entendu. Alors, profitant des
quelques années qu'elle avait de plus que son frère, années qui
lui donnaient la liberté de ses actes (elle avait douze ans), elle
s'adressa au docteur qui en référa au gouverneur, et obtint enfin
ce qu'elle désirait. Elle avait hâte, la chère enfant, de rejoindre
son frère, car, à peine entrée dans la même voie, elle s'envola
pour aller partager sa couronne dans le ciel. »

« Nos lépreux sont l'objet d'une bienveillante sollicitude de la
part de l'administrateur civil qui pourvoit largement à tous leurs
besoins. Le médecin en chef de la colonie fait de temps à autre
la visite de l'asile, s'assurant ainsi par lui-même que les malades ne manquent de rien.

« Le gouverneur aussi témoigne l'intérêt qu'il porte à notre
œuvre en prenant souvent Cocorite pour but de ses promenades.
Quelquefois ses visites sont officielles. Il adresse toujours de
bonnes paroles aux Sœurs et des encouragements aux lépreux
pour leur faire supporter avec résignation leur si pénible infirmité. Une de ses visites faillit, par la malveillance de quelques
mauvaises têtes, devenir pour nous le sujet de grands embarras.
Le gouverneur, en nous quittant, avait l'assurance que tout le
personnel était satisfait ; les malades, interrogés, avaient répondu qu'ils étaient contents. Il fut bien surpris, quelques jours plus
tard, de voir arriver collectivement, clopin-clopant, au palais du
gouvernement, trente malades environ qui venaient se plaindre

et du médecin et des Sœurs. Son Excellence renvoya les plaignants en leur promettant d'examiner la question. Huit jours après, le gouverneur, accompagné du secrétaire colonial, revint pour procéder lui-même à l'enquête. Pendant cette longue semaine nous avons été témoins d'une véritable petite révolution. Après avoir tout examiné minutieusement, le gouverneur reconnut que deux protestants avaient organisé cette insurrection, et, pour s'en faire accroire, ils avaient enrôlé le plus de catholiques possible. Le gouverneur, très mécontent, leur reprocha leur ingratitude envers les personnes qui les soignent, et déclara que non seulement il approuvait les ordres du médecin, mais qu'il voulait que le travail commandé et qui était le sujet de la difficulté, fut exécuté. Ceux qui s'y refuseraient seraient renvoyés. Ainsi se termina cette révolte qui, dans le fond, était une chicane de sectaires. Les protestants, jaloux de voir les bons procédés du gouverneur à notre égard, pensaient qu'un peu de calomnie sur notre compte les éléverait et nous rabaisserait. Ils ont vu, mais trop pour eux, qu'ils s'étaient trompés. Pour nous, nous savons que notre cause est celle de Dieu et qu'il a pris notre défense parce que nous sommes siennes.

« Que Dieu prenne soin de nous, impossible d'en douter. Un exemple entre mille pour le prouver. Nos Sœurs, après la retraite du docteur Espinet, redoutaient un remplaçant protestant. Elles priaient pour éloigner cette épreuve. Or, il arriva que le nouveau médecin se montra animé des meilleures intentions et, qu'ayant à modifier le règlement des malades, il le fit dans un sens tout à fait favorable à la vie régulière. Ce règlement eut été rédigé par nous qu'il n'eut pas été plus en rapport avec la Règle et nos usages. » (Tout ce qui précède, sur Cocorite, est tiré d'un manuscrit intitulé : *Mémoires sur Trinidad*, et écrit par nos Sœurs).

Pendant près de trente ans, la Révérende Mère Thomas des Anges a toujours été à la tête de la Communauté de nos Sœurs de Cocorite comme prieure, et à la tête de tout l'établissement de la léproserie, responsable devant le gouvernement, comme surintendante de l'hospice. Elle est, de plus, déléguée de la Prieure Générale de la Congrégation avec pleins pouvoirs sur toutes les maisons de cette Congrégation à la Trinidad. Elle dirige tout, gens et choses, d'une main virile ; ce n'est pas une femme, c'est un homme ! Elle vit entourée de l'estime, du respect et de l'affection de tous, des catholiques aussi bien que des protestants qui sont obligés de s'incliner très bas devant elle qui, pour tous, est la personnification de la vertu religieuse et de la charité chrétienne. Elle a fait école, et elle a su former ses filles à son image et à sa ressemblance. L'estime et la vénération dont elle est entourée rejaillit sur la Congrégation toute entière. Elle a eu énormément à souffrir, et les peines les plus cuisantes et les plus vives lui sont venues d'où l'on ne pouvait les attendre : *Inimici facti sunt domestici ejus.* Mais comme l'or sort du creuset purifié et plus brillant, nos Sœurs Dominicaines de Trinidad sont sorties de cette rude épreuve, plus grandes, plus respectées, plus estimées qu'elles ne l'avaient encore jamais été, si c'est possible.

Nous sommes heureux de transcrire ici le témoignage très favorable à nos Sœurs que nos lecteurs liront avec grande édification. Page d'histoire glorieuse pour les Dominicaines, glorieuse aussi pour nous, leurs Frères, car elle honore la famille de saint Dominique toute entière.

La voici :

Port-d'Espagne. — Ile de la Trinidad. Antilles anglaises, 10 janvier 1889.

Nous, soussignés, Missionnaires dans l'île de la Trinidad, déclarons que les religieuses de la Congrégation de Sainte-Catherine de Sienne, établies dans cette île, depuis plus de vingt ans, ont rendu d'immenses services à la religion et ont été une cause d'édification et d'admiration pour tous. Elles ont charge d'une léproserie qui compte près de deux cents malades. Elles soignent un orphelinat qui a cent cinquante enfants et, là aussi, elles ont obtenu des éloges mérités, soit de l'autorité ecclésiastique, soit de l'autorité civile.

Pendant ces vingt ans d'un travail héroïque, dans un climat terrible, quinze d'entre elles ont succombé, victimes des épidémies, ou usées avant le temps par leur dur labeur.

Les survivantes ont poursuivi leur mission sans crainte, ni relâche, pratiquant leur vie religieuse avec une exactitude vraiment admirable, et se livrant aux œuvres de miséricorde dont elles sont chargées, avec un zèle et une persévérance infatigables.

Signé : Fr. M. Bertrand Cothonay, supérieur de la Mission de Trinidad.

Fr. Marie-Hilaire, sous-prieur, des Fr. Prêch.

Fr. Marie-Eusèbe Poulet, missionnaire à Tabago.

Fr. Nicolas Bugnon, des Fr. Prêch.

Fr. Marie-Joseph Guillet, missionnaire, des Fr. Prêch.

Fr. Victor Bisquey, des Fr. Prêch.

Ce témoignage, joint à celui d'un certain nombre d'évêques, fut d'un grand poids, à Rome, pour l'approbation des Constitutions de la Congrégation, approbation accordée en 1890.

Après cet hommage peu ordinaire rendu à leurs Sœurs par les Pères Dominicains, il ne sera pas sans utilité de faire connaître combien est apprécié le dévouement héroïque de nos Dominicaines par des personnes absolument étrangères à notre Ordre. Ce témoignage, pris en dehors de notre famille religieuse, n'en aura que plus de poids ; et après l'avoir lu, on avouera que, loin d'avoir été exagéré dans nos louanges, nous sommes encore resté bien au-dessous de la vérité.

Voici donc ce qu'écrivait en septembre 1911 le docteur Fernand L. de Verteuil à un journal anglais.

### Une noble femme

Monsieur, je désire porter les faits suivants à votre connaissance dans l'espoir qu'il sera tenu compte des services rendus par une noble et sainte dame, dont la vie de piété et d'abnégation en faveur de l'humanité souffrante égale certainement, si elle ne la surpasse pas, celle d'un Père Damien.

Dans l'île de Trinidad, en un lieu tranquille et retiré appelé Cocorite, à environ cinq milles de la ville de Port-d'Espagne, s'élève un vaste asile pour lépreux, où sont hospitalisées et assistées plus de trois cents victimes de cette horrible et épouvantable maladie. Cet établissement lamentable, mais utile et nécessaire, est soutenu par les ressources du gouvernement, et demeure sous le contrôle direct et à la charge des Dominicaines françaises.

La vie volontaire d'exil, d'oubli de soi-même fait à plein cœur, de complet effacement et d'entier sacrifice de ces dames, qui consacrent la meilleure et la plus grande partie de leur existence à alléger les souffrances et à subvenir aux besoins de pauvres malheureux affligés de la plus pitoyable misère dont l'humanité ait hérité, doit certainement forcer l'admiration même des plus insensibles. Voilà une œuvre pour laquelle aucune louange ne sera trop haute, et que ma pauvre plume désespère de pouvoir décrire.

Je puis citer ici quelques mots du rapport d'un ancien inspecteur médical, le D\ Bevon Rake. « Leur œuvre, disait-il en parlant des Sœurs, est de celles qui s'élèvent au-dessus des distinctions de croyances : voilà une œuvre humanitaire au sens le plus authentique et le plus large du mot. »

A la tête de cette troupe noble et dévouée d'une vingtaine de Sœurs qui sont au lazaret de Cocorite à la Trinidad, on voit Mère Thomas des Anges, ou pour l'appeler de son nom de famille, M^{lle} Nigay. Elle a quitté son foyer de bien loin, la France, il y a environ quarante ans. A peine âgée de vingt ans, en toute la fleur et la pleine jouissance de la jeunesse, elle a laissé foyer, patrie, parents, relations, amis, tout pour l'île tropicale, afin d'y consacrer toutes ses énergies et son existence au soin et au traitement des pauvres caricatures infortunées de l'espèce humaine.

Là, pendant quarante ans, dont quinze passées à la tête de l'établissement, elle travailla et peina pour les secourir. Au cours de toute cette période, elle ne s'accorda qu'un court congé, lorsqu'elle retourna en France, son pays natal, pour quelques mois. Elle continue encore avec l'aide loyale de ses Sœurs fidèles ce labeur de glorieuse abnégation avec un zèle et un enthousiasme qui ne diminuent jamais.

Si je parle ainsi, ce n'est pas par ouï-dire, mais après observation personnelle. Pendant six mois, j'ai eu à travailler au lazaret avec mon père, le D\ F.-A. de Verteuil, inspecteur médical. J'ai vu ces dames au jour le jour, sans un mot de murmure, l'air affable et souriant, pansant les ulcères sales et fétides, les moignons de chair, les restes de ce qui fut jadis des mains et des pieds, pour arriver enfin à perdre toute ressemblance avec des membres humains : tâche devant laquelle reculeraient d'horreur même les cœurs les plus solides.

Fallait-il faire quelque expérience, essayer un nouveau remède ou traitement, noter quelques observations, elles étaient toujours prêtes et empressées à s'y livrer en dehors des moments du travail, alors que de leurs journées presque chaque heure était déjà prise. Quelquefois il venait une petite espérance de guérir par quelque chose de nouveau ou du moins d'alléger les souffrances de ces pauvres misérables, mais trop souvent, hélas ! on était déçu.

A remarquer encore que ces religieuses ne se dévouaient pas ainsi corps et âme pour des gens de leur propre nationalité, ni même pour des hommes de leur race ou de leur classe. Ceci eut contribué à leur rendre plus léger le fardeau d'abnégation qu'elles portaient, à trouver moins pénible et si possible moins dégoûtant le devoir qu'elles s'étaient imposé. Non, leur travail d'amour et de dévouement était pour des hommes d'une race étrangère, d'une autre classe, et de religion différente.

Pour la plupart, les clients de cet hospice sont Hindous originaires de l'Inde ou des nègres de l'Inde occidentale, qui, souvent, poussés au désespoir par leur mal horrible et incurable, paient en retour leurs anges gardiens de cette terre par des imprécations et des malédictions en guise de remerciements et de reconnaissance.

J'ai essayé de décrire brièvement la grande tâche de ces nobles dames, mais ma plume, j'en suis peiné, ne donne qu'une pauvre indication de tout ce qu'elle voudrait faire connaître.

Les Sœurs s'appliquent à leur œuvre à la fois tranquillement et sans ostentation. En dehors de ce qu'on trouve dans les rapports annuels des inspecteurs médicaux, à peine est-il question de ce qu'elles font, dans l'île même où elles se dévouent. Elles évitent toute publicité, et redoutent extrêmement que quelque chose soit dit ou promulgué en faveur de leur glorieuse, je pourrais dire, de leur divine mission.

Modestes et cachées, elles semblent à peine avoir conscience de la noble et magnifique entreprise qu'elles ont assumée en faveur de notre humanité souffrante. Je puis me les représenter mentalement, me tançant et me reprochant doucement d'avoir chanté leurs louanges de la manière que je le fais en ce moment.

Quelques-unes ont reçu honneurs et décorations à l'occasion d'un événement mémorable, le couronnement de Sa Majesté le roi Georges V. Je me risque à penser que par le monde dans tous les vastes *Dominions* de sa Majesté, on ne pouvait trouver personne plus digne de recevoir quelque distinction que la Supérieure du lazaret de Cocorite, à la Trinidad, Mère Thomas des Anges.

Aucune récompense de ce monde mortel ne saurait certainement payer cette sainte Dame ou ses fidèles Sœurs pour une vie si complètement dévouée au soin et au soulagement de l'humanité souffrante et malade, et cela dans une de ses plus effroyables formes. Ce n'est pas, il est vrai, une telle récompense qu'elles recherchent. Il est cependant en notre pouvoir d'appeler l'attention sur elles et de leur prouver sous une forme tangible que nous les honorons en les fixant devant nos yeux. Tel un étendard de simple, mais sublime héroïsme, d'un héroïsme devant lequel celui-là même des soldats pâlit jusqu'à devenir insignifiant.

Fernand L. de Verteuil.

A propos de la léproserie de Cocorite, il est juste de rappeler le souvenir du R. P. Etienne Brosse. C'est le nom d'un religieux qui a occupé une place importante dans notre mission, et qui est revenu plusieurs fois déjà sous notre plume. Nous avons raconté comment il fut pris (le mot est très juste) par Mgr Gonin, à son passage à Lyon en 1867, et avec quelle bonne grâce il accepta l'erreur qui fit de lui le compagnon de route de notre archevêque quand celui-ci revint à la Trinidad. Le P. Etienne n'avait jamais demandé à venir à la Trinidad, il n'en avait même jamais eu le désir, ni la pensée. Il dut être absolument ébahi de se voir, un jour, dans cette île, à deux mille lieues de son pays, lui le chef de club, l'orateur des comités plus ou moins révolutionnaires d'autrefois, le philosophe, vivant plus dans le domaine de la spéculation que de la pratique, tant est vrai cet axiome bien connu et chrétien, « l'homme s'agite, et Dieu le mène. » Il était bien inconsciemment venu se mettre à la place où Dieu le voulait et il y resta, sans un regret, sans plainte ni murmure, sans jeter un regard en arrière sur cette France, son pays, qu'il avait quitté et auquel il envoya un éternel adieu ; il y resta pendant les trente-trois dernières années de sa vie, sans demander une seule fois de revoir sa chère patrie.

Désigné par Mgr Gonin pour remplacer, à la léproserie de Cocorite, le R. P. Raphaël Pierrez qui retournait en France, il prenait possession de son poste le 10 novembre 1868. Si nous disons, à cette date, que le départ du Révérend Père fut, pour le presbytère, l'événement le plus important de l'année, nous avons plus de raison encore de déclarer que son retour au presbytère, ou mieux, que son départ de Cocorite fut le fait le plus important de cette année 1894.

Le R. P. Etienne a été, en réalité, le premier aumônier de l'hospice de Cocorite, il y était déjà en 1869, époque de la terrible épidémie de fièvre jaune qui enleva neuf de nos religieuses Dominicaines chargées du soin des lépreux. On le logeait à l'hospice même, dans les appartements destinés tout d'abord à la surintendante et situés au-dessus de la porte d'entrée. Messieurs les ministres protestants virent toujours de mauvais œil cette prise de possession, ils protestèrent même plusieurs fois, mais le Père y était, il y resta. Ce fut, du reste, le premier et le dernier. Il venait en ville une fois par semaine, à cheval, passer quelques heures avec nos Pères et se retremper dans une atmosphère religieuse. Il n'y avait pas de tramway à cette époque déjà reculée et le bon Père avait un véritable culte pour la pauvreté, jamais il n'aurait osé prendre un cab. Le temps qu'il ne passait pas à ces études sérieuses dont nous parlerons plus loin était entièrement consacré à visiter et à catéchiser les pauvres lépreux de l'asile. C'est en accomplissant ces devoirs de sa charge auprès des lépreux que le P. Etienne Brosse écrivit et publia en 1879 l'ouvrage intitulé : *la lèpre est-elle contagieuse ?* qui causa un grand émoi dans les cercles scientifiques. Nous en extrayons une seule page, parce qu'elle montrera l'héroïsme qu'il fallut au bon Père pour rester si longtemps à son poste.

« Tout lépreux n'exhale pas une mauvaise odeur, mais beaucoup la répandent. Lorsqu'il y a des plaies et surtout certaines plaies purulentes, lorsque les narines et toutes les voies respiratoires sont ulcérées et même détruites, lorsque les tubercules crèvent, lorsque des sueurs exagérées inondent le corps, il s'échappe une fétidité insupportable. Dans les léproseries, les salles, les réunions des malades, les cours mêmes sont quelquefois nauséabondes au suprême degré. Il ne faut point uniquement parler du danger de rester dans une chambre ; au dehors, à trente et quarante pas, on est infecté. Un homme passe, et il laisse derrière lui une longue trainée irrespirable. Jusque dans notre chambre, qui est au premier étage, monte l'odeur. Ainsi, il est tel malade qui pourrait parfaitement infecter des voisins logeant à quelque distance. Faut-il panser de mauvais ulcères ? cette odeur s'attache aux habits, aux mains, au corps entier qui la porte avec soi tout le jour. On change de vêtements, l'odeur reste ; on se lave au vinaigre et plusieurs fois, elle persiste toujours ; on entre dans un appartement, et toutes les personnes présentes se reculent, croyant sentir un lépreux. L'impression séjourne dans les fosses nasales ; on respire constamment cette putréfaction, elle s'attache à la bouche, elle pénètre plus avant et descend à l'intérieur ; la nourriture répugne, on mange et l'on pense mâcher la lèpre. »

Cette page, fortement écrite et vraiment littéraire, permettra de se faire quelque idée de la vie de dévouement menée par le P. Etienne à la léproserie de Cocorite.

Il écrivit encore, à Trinidad, les ouvrages suivants : le *Site d'Eden*, où il cherche à fixer l'emplacement du paradis terrestre ; *l'Aurore indienne ; l'Inde inconnue* et *les Chamites*, qui lui ont valu, entre autres, les éloges du célèbre orientaliste anglais, Sir W. Monier Williams. Il trouvait, autour de lui, parmi ces Coolies amenés dans l'île par les Anglais, des représentants de tous les pays du monde, et par conséquent de toutes les langues. Au milieu de cette confusion de Babel, il put étudier à loisir, outre l'hindou qui lui était familier, les éléments des principaux dialectes parlés sur les points les plus distants du globe et les confronter. Ses ouvrages sont surtout des travaux de linguistique comparée, mais autrement sérieux, on le comprendra facilement, que ceux d'un érudit qui ne connait les langues que par les livres et qui accomplit toute sa tâche dans une chambre bien close. Le Père Etienne a fait parler des êtres vivants, entendu et enregistré les mots sortis de leur bouche, c'est donc un ouvrage, non de seconde main, mais composé, si l'on nous permet cette expression, sur des documents originaux. On comprend dès lors la parole d'un savant linguiste de notre temps, disant, à l'apparition des *Chamites*, que l'auteur était en avance de vingt ans sur la science actuelle. Ce livre est un énorme volume in-4° de 786 pages. Le travail du P. Etienne, divisé en quatre parties, traite de l'origine indo-chamitique des Polynésiens, des origines des Chamites, des colonies Chamites et de la civilisation des Chamites primitifs ; il est indispensable à tout linguiste qui tient à se renseigner sur l'origine et l'unité primordiale des langues parlées dans la grande famille humaine. Bien des années après la mort du Révérend Père, en 1914, un magistrat et savant distingué, quoique appartenant à la religion protestante, donna une conférence, ce que les Anglais appellent une lecture sur le R. P. Etienne et ses ouvrages, il en fit ressortir le mérite scientifique et littéraire et lui décerna des louanges magnifiques ; son Excellence le Gouverneur et l'élite de la société de Port-d'Espagne assistaient à cette conférence.

Cependant, le Révérend Père avait rencontré des difficultés nombreuses dans l'exercice de ses fonctions d'aumônier de la léproserie. Il avait à se soumettre aux volontés, parfois aux exigences de ceux, et surtout de celles, avec qui il était en contact, en rapport presque journalier, c'est-à-dire avec l'archevêque, le supérieur des Dominicains, les religieuses ayant charge de l'hospice, les lépreux. Et le Père était un homme doué de caractère et de volonté ; quand il croyait devoir dire oui, il disait oui ; quand il croyait devoir dire non, il disait non ; et parfois, il se trompait dans l'un et l'autre cas. Il n'y a pas d'homme complet, même parmi ceux qui sont saints. Saint Paul ne paraissait pas s'entendre très bien avec saint Barnabé ; l'Esprit-Saint fut même obligé d'intervenir, si nous en croyons saint Luc, dans les Actes des Apôtres, au verset 2ème du chapitre XIII.

Mgr Flood vint à succéder à Mgr Gonin sur le siège archiépiscopal de Port-d'Espagne. Mis au courant, dès son arrivée, de la situation, il crut pour le bien de tous, devoir changer l'aumônier. Chose difficile ! Il fallait tenir compte de l'âge, de l'ancienneté dans l'emploi, des services rendus, de l'attachement des lépreux pour leur vieil aumônier et aussi des éminentes vertus du digne religieux. Enfin, dans une lettre, en date du 22 janvier 1894, Sa Grandeur Mgr Flood écrivit au Père qu'il le relevait de ses fonctions d'aumônier de la léproserie. Le Père, en bon religieux qu'il était, et il le prouva en cette circonstance plus qu'en aucune autre, accepta cette décision épiscopale et, sans une plainte, sans un murmure, le jour même, 23 janvier, il partait pour le presbytère de Port-d'Espagne où il s'installa, au milieu de ses Frères, avec un calme, une tranquillité parfaites. Il avait 74 ans et il était aumônier de Cocorite depuis vingt-cinq ans.

Le Révérend Père passa au presbytère les dernières années de sa vie si bien remplie ; il n'y fut pas oisif et, malgré ses 80 ans, il se tenait encore à la disposition des fidèles au confessionnal et était assidu aux exercices de la communauté. « Le public, dit un journal de la Trinidad racontant ses derniers moments, aimait à voir sa figure vénérable et bien connue paraître au saint autel où il célébrait la messe de cinq heures, et au sanctuaire où il assistait aux cérémonies. Ceux qui l'ont fréquenté savent que sa réserve toujours digne et sa conduite toujours sacerdotale étaient accompagnées de ces manières courtoises et de ce tact qui rappellent la vieille génération. »

Dans les premiers jours de novembre, il commença à se sentir plus faible ; le 15, pour la première fois, il mangea dans sa cellule ; le 16, il put encore descendre au parloir, porter ses aumônes. La charité faite à des malheureux, tel fut le dernier acte de son long et fructueux ministère dans cette île de Trinidad, qu'il n'avait pas quittée une seule fois depuis trente-trois ans pour venir revoir la France. Le lendemain, il demanda l'Extrême-Onction qu'on différa parce qu'on ne le croyait pas si près de sa fin. Le 18, se sentant très mal, il sortit de sa chambre et vint s'asseoir sous une galerie voisine où le T. R. P. Donegan, prieur du couvent, lui apporta sans retard le saint Viatique et lui donna l'Extrême-Onction. Il regagna sa couchette ; les religieux, appelés en toute hâte auprès de lui, chantèrent le *Salve Regina*, et pendant la suave antienne, sans le moindre combat, la moindre angoisse, l'âme du vénérable religieux s'envola doucement vers le ciel. C'était le dimanche 18 novembre 1900. Le Père avait commencé sa quatre-vingt-unième année, et la quarante-huitième de sa profession religieuse.

Ses funérailles, qui eurent lieu le lendemain, furent splendides, presque triomphales.

Une belle et féconde existence, toute consacrée à la gloire de Dieu et au salut des âmes, venait de prendre fin.

---

## Couvent du saint Nom de Jesus

L'année 1889 vit s'accomplir un événement assez important pour la mission de Trinidad et pour la famille dominicaine, la fondation d'un couvent de nos Sœurs du Tiers-Ordre régulier. En voici l'origine.

Une pieuse dame de notre ville, M^me James Campbell, habitant Port-d'Espagne, voyait avec douleur son mari sur le point de mourir, et obstinément attaché à la religion protestante dans laquelle il était né. Elle priait beaucoup et avec confiance, lorsque le 25 avril 1884, elle eut la joie immense de le voir revenir de ses erreurs et se faire baptiser catholique à ses derniers moments.

Cette grâce remplit son âme de reconnaissance, et devenue veuve, elle porta ses aspirations vers Dieu d'abord avec plus d'élan que jamais et vers les œuvres de charité. Etant venue faire une retraite à l'orphelinat de Belmont, dont la Mère Thomas des Anges était alors prieure, elle sentit ses résolutions s'affermir.

La Communauté, touchée de l'édification que lui donnait cette pieuse dame, se mit de son côté en prière. On commença le 21 mars 1886 une neuvaine de mois. Le 25 de chaque mois, neuf communions étaient offertes pour prier Dieu de faire connaître sa volonté. Cette neuvaine se termina par une neuvaine de messes avant Noël. Sur ces entrefaites, M^me Campbell faisant un voyage en France, alla à Etrépagny, et en voyant ce qu'avait réalisé en mémoire de son mari la noble fondatrice du couvent de nos Sœurs dans cette petite ville, elle fut fort touchée et prise du désir de l'imiter.

Revenue à la Trinidad, elle continua à prier, et l'on chercha à son instigation un immeuble pour y établir un asile qu'il était question de confier à la Congrégation, et où l'on recevrait des jeunes filles à réformer. Mais la Prieure Générale n'ayant pas accepté cette œuvre, M^{me} Campbell n'en persista pas moins à chercher une maison pour la donner aux Sœurs. Car elle les avait prises en très grande affection et se proposait de leur faire don de l'immeuble qu'elle acquerrait, les laissant libres de choisir l'œuvre qui leur conviendrait mieux, tout en témoignant son attrait pour un hôpital.

Les recherches furent longues ; enfin le P. Bertrand Cothonay proposa la maison appelée le collège Bolivar, ainsi nommée parce qu'elle servait de maison d'éducation à des enfants presque tous d'origine vénézuélienne. Elle appartenait au docteur de Montbrun qui l'avait achetée et qui offrait à nos Sœurs de la leur vendre au prix coûtant, c'est-à-dire, 15.300 dollars (soixante-seize mille cinq cents francs). On ne pensait pas que M^{me} Campbell paierait tout, et on se mit en mesure d'emprunter le reste ; mais à la veille de signer le contrat d'achat, M^{me} Campbell offrit la somme entière. L'acte fut signé le 24 avril 1889, veille de l'anniversaire de la mort de M. Campbell, coïncidence remarquable et tout à fait imprévue. Mgr Flood, archevêque de Port-d'Espagne, ayant demandé à la veuve ses intentions sur cet immeuble s'il arrivait que les Sœurs Dominicaines quittassent la Trinidad : « Mon intention, répondit-elle, dans sa lettre datée du 18 avril 1889, est que « le Collège Bolivar » devienne la propriété des Sœurs. Je le leur donne à la condition que durant leur séjour à Trinidad elles l'emploieront à une œuvre de charité. Si les Sœurs sont rappelées en France, elles pourront vendre la propriété et en emporter le prix avec elles. » L'intention de la donatrice était que le Couvent fut dédié au Sacré-Cœur de Jésus.

La chapelle était prête à être bénite le 28 juin 1889, fête du Sacré-Cœur de Jésus. Le T. R. P. Marie-Dominique Berthet, vicaire général de Mgr Flood, alors absent, en fit la bénédiction solennelle. Une messe, la première, y fut célébrée, mais on n'y laissa pas le Saint Sacrement.

Un grand nombre d'amis de la famille dominicaine et de personnes notables de la ville assistaient à cette fête.

Entrant dans les intentions de la pieuse et généreuse donatrice, les Sœurs établirent dans leur nouvelle maison une œuvre de charité, et elles s'arrêtèrent à cette idée d'en faire une succursale de l'orphelinat de Belmont. Il fut donc décidé, avec la pleine approbation de l'autorité diocèsaine, qu'on y mettrait les plus grandes des orphelines de Belmont. Mais la maison, déjà vieille, avait besoin de nombreuses et coûteuses réparations ; la bonne M^me Campbell se trouva encore là pour venir en aide aux Sœurs ; non contente de les loger, elle voulait encore qu'elles fussent bien logées ; à cet effet, elle leur donna 250 dollars. Les réparations commencèrent dans les derniers mois de 1889.

Cependant, la Très Révérende Mère Supérieure Générale de la Congrégation de Sainte-Catherine de Sienne d'Etrépagny, à laquelle appartenaient toutes nos religieuses du Tiers-Ordre, songeait sérieusement à envoyer une Sœur pour faire la visite officielle de tous les couvents de sa Congrégation établis à la Trinidad ; ses filles le désiraient également, mais ce qui l'arrêtait c'était le choix de la Mère Visiteuse. Elle prit subitement la résolution d'y aller elle-même. Au mois d'août, ce fut chose décidée, et le 26 septembre 1889, elle s'embarquait pour la Trinidad avec la Sœur Marie-Patrice André, une des premières Dominicaines, peut-être même la première, que l'île ait donnée à l'Ordre de saint Dominique. Elles y arrivaient le 11 Octobre.

La bonne et Révérende Mère ne voulait pas mourir sans voir, sur la terre étrangère, ses chères filles dont quelques-unes l'avaient quittée depuis plus de vingt ans, et les sollicitations les plus pressantes, pas plus que ses soixante-dix ans, ne purent l'empêcher d'accomplir son dessein. Si la joie des filles fut grande, on le comprend aisément, celle de la Mère le fut davantage encore ; car c'est un fait, nous n'aimerons jamais nos mères, nous, enfants, comme celles-ci nous ont aimés. L'amour descend naturellement, plus facilement qu'il ne monte.

Elle ne pensait sans doute pas, la digne et bonne Mère, demeurer longtemps à la Trinidad. Elle y resta six mois. Ce fut pendant son séjour à Port-d'Espagne, qu'elle eut à célébrer, le 21 mars 1890, un anniversaire, le plus solennel de tous pour l'âme qui s'est consacrée à Dieu dans la vie religieuse, le cinquantième de sa profession religieuse. La fête eut lieu dans son nouveau couvent, placé sous le vocable, non du Sacré-Cœur, comme le désirait M^me Campbell, mais sous celui du SS. Nom de Jésus, sur la demande qu'en fit Mgr Flood. — Les réparations étaient terminées, le couvent à peu près habitable, les noces d'or de la supérieure purent s'y célébrer. Les noces d'or, se peut-il meilleure expression pour exprimer l'union mystique d'une âme avec son Dieu ?

Ce qui en fait une date mémorable pour l'histoire de ce couvent, c'est que ce jour-là même il fut canoniquement érigé. Mgr Flood en remit l'acte d'érection entre les mains de la Très Révérende Mère Prieure Générale, et on en donna lecture devant toute la Communauté réunie. C'est donc le 21 mars 1890, que commença le Couvent du Très-Saint Nom de Jésus et à partir de ce jour le Très-Saint Sacrement résida dans le tabernacle de la chapelle.

Nous ne croyons pouvoir mieux faire que de transcrire ici ce qu'écrivit alors un journal de l'époque, le « *Public Opinion* », à la date du 27 mars 1890.

« Le vendredi, 21 mars, les religieuses Dominicaines de la Congrégation de Sainte-Catherine de Sienne étaient en fête ; elles célébraient les *noces d'or* de leur Mère Fondatrice et Supérieure Générale. Il y avait, en effet, cinquante ans, à pareil jour, que la Révérende Mère Saint-Dominique de la Croix avait fait sa profession religieuse au Couvent des Dominicaines de Châlon-sur-Saône (France). En 1854, elle quitta cette maison pour aller prendre à Bonnay, dans le même diocèse, la direction d'une communauté en formation qui devint le berceau de la Congrégation de Sainte-Catherine de Sienne. La Révérende Mère n'a cessé, depuis lors, c'est-à-dire depuis trente-six ans, d'être la supérieure de cette famille religieuse qui compte en ce moment plus de cent membres répartis en six couvents. Près de soixante Sœurs ont, durant ce laps de temps, payé leur tribut à la mort et la Trinidad a fourni sa large part.

« La Révérende Mère Saint-Dominique ne voulait pas mourir sans voir, sur la terre étrangère, ses chères filles. Elle s'embarquait à Bordeaux le 26 septembre. Elle s'était fait accompagner par une enfant du pays, Sœur Marie-Patrice André. La bonne

Mère se trouve fort bien de notre climat, elle aime ce caractère créole, ferme, ouvert, sympathique, qu'elle a eu si souvent l'occasion de constater dans les visites qu'elle a reçues depuis bientôt six mois qu'elle est parmi nous, et nous savons d'autre part, combien ont été appréciées par tous les manières si religieuses et si distinguées de la vénérée Supérieure. Aussi les témoignages de sympathie n'ont point manqué à la fête jubilaire.

« C'est dans le nouveau couvent dédié au SS. Nom de Jésus, sur la route de Sainte-Anne, qu'a eu lieu cette fête de famille. Ce jour avait été également choisi pour l'installation des premières Sœurs dans cette maison qui leur avait été donnée par une généreuse bienfaitrice, M^me Campbell. Une société d'élite, représentant nos principales familles catholiques, assistait à la cérémonie. Dans le chœur des religieuses avait pris place la Révérende Mère Olympe, supérieure des Sœurs de Saint-Joseph de Cluny, accompagnée de deux de ses religieuses, et dans le sanctuaire, le T. R. P. Brown, supérieur du collège des Pères du Saint-Esprit, avec les RR. PP. Power et Kuhrmann. C'est à ce dernier qu'est due en grande partie la décoration si artistique de la gracieuse chapelle. Les exercices de la mission qui se prêche en ce moment dans la paroisse de Port-d'Espagne n'avaient permis qu'à deux Pères Dominicains, les RR. PP. Hilaire Arnaud et Siméon Guillet, d'assister à la cérémonie. Tout l'orphelinat de Belmont et la plupart des Sœurs de Belmont et de Cocorite étaient là.

« A sept heures un quart, Monseigneur l'archévêque, assisté du T. R. P. Brown, commence la messe, pendant laquelle les religieuses exécutent divers chants liturgiques. Immédiatement après la messe a lieu la cérémonie du renouvellement des vœux de la Très Révérende Mère. Le chœur ayant chanté l'antienne « *Veni sponsa Christi* », Venez, épouse du Christ, le T. R. P. Hilaire Arnaud prononce un discours de la plus haute éloquence. Puis, le Prélat, entouré de son clergé, se rend à la grille des religieuses où arrive de son côté la Révérende Mère Saint-Dominique, tenant un cierge d'une main, et de l'autre, la formule de ses vœux qu'elle prononce d'une voix claire et distincte, que l'émotion fait cependant de temps en temps trembler. Sa Grandeur, revenue au pied de l'autel, entonne alors le *Te Deum* d'actions de grâces que les religieuses continuent pendant que la vénérée jubilaire leur donne le baiser de paix. La cérémonie se termine par la bénédiction du Très-Saint Sacrement. »

Nous ne pouvons donner tout le remarquable discours que le T. R. P. Hilaire Arnaud prononça à cette occasion, mais nous croyons devoir en donner la péroraison qui fait autant d'honneur à celui qui l'a prononcée, qu'à celle à qui elle était adressée.

..... « Pour vous, ma Très Révérende Mère, au moment où vous allez rendre vos vœux au Seigneur, en présence de tout son peuple (Ps. 115.) laissez-moi vous dire au nom de vos filles de Trinidad, auprès desquelles vous m'avez fait bien des fois le représentant de votre autorité, laissez-moi vous dire que ces chères filles nous donnent en abondance cette nourriture de la confiance et de l'affection qui est un lait divin pour les vieillards. » *Et habeas qui consoletur animam tuam et enutriat senectutem* (Ruth.) Vous pouvez vous écrier avec le prophète : « Seigneur, merci, mes vieux jours sont comme baignés dans l'huile de votre miséricorde : *Senectus mea in misericordia uberi.* » (Ps. 91).

« Vivez encore de longues années, non point pour votre consolation, car nous vous dirons volontiers ce que les disciples de saint Martin disaient à leur Maître, partant pour le ciel : « Nous savons que vous désirez le Christ, mais votre récompense est certaine, ayez pitié de nous que vous quittez. » Que Dieu daigne, dans sa bonté, vous conserver cette vigueur de l'esprit et du corps qu'il vous a accordée jusqu'à ce jour, et vous donne, ainsi qu'à toutes vos filles, ces années éternelles, *annos æternos*, vers lesquelles se sont dirigées toutes vos pensées. Ainsi soit-il. »

La Très Révérende Mère Supérieure Générale avait touché le but qu'elle voulait atteindre en venant à la Trinidad, elle s'était parfaitement rendu compte de l'état de ses trois couvents : Cocorite, Belmont et le Saint Nom de Jésus, au double point de vue du matériel et du personnel. Entièrement satisfaite elle s'en retourna, fière, à juste titre, de l'œuvre de ses filles à la Trinidad et s'embarqua le lundi de Pâques, 7 avril, avec sa fidèle compagne, la Sœur Marie-Patrice André. Nous eûmes l'honneur et le plaisir d'être son compagnon de route jusqu'en France où l'obéissance nous envoyait, pour la première fois, depuis que nous l'avions quittée, en octobre 1879.

Si la Très Révérende Mère Saint-Dominique de la Croix nous a quittés, nous ne pouvons pas la laisser aller ainsi, sans lui rendre un dernier hommage et lui adresser un affectueux souvenir. Elle nous a donné des Sœurs, n'est-il pas juste que nous la considérions un peu comme notre mère et qu'à ce titre, nous l'accompagnions par la pensée comme par le cœur ? Ce voyage qu'elle fit à la Trinidad devait être le premier et le dernier. Dix-sept années après, le 11 février 1907, un télégramme, venu de France, annonçait aux Dominicaines de Port-d'Espagne la mort de leur Fondatrice et Supérieure Générale. Elle s'était toujours souvenue de l'accueil qu'elle avait reçu à la Trinidad, et savait qu'elle laissait des amis et des protecteurs qui resteraient dévoués aux œuvres établies. Les années s'écoulaient donc fructueuses pour la vénérée Mère et elle avait eu le bonheur de voir les Souverains Pontifes Pie IX et Léon XIII approuver sa Congrégation et les Constitutions qui la régissent.

C'est à Etrépagny, dans la Maison-Mère de la Congrégation, que la mort est venue trouver la vénérable Mère. Le 26 janvier 1907, une faiblesse soudaine alarma les religieuses qui l'entouraient. Elle reçut les sacrements de la sainte Eglise avec pleine connaissance et dans toute la ferveur de son âme et le 11 février, elle s'en allait doucement dans l'autre monde, âgée de 88 ans. Elle portait le poids de la supériorité depuis l'année 1854.

La Révérende Mère a donc gouverné sa Congrégation pendant cinquante-trois ans, sans que les fatigues et les défaillances de la vieillesse aient jamais porté atteinte à la vigueur de ses facultés.

Née en Lorraine, le 16 juillet 1819, d'une très chrétienne famille, Mlle Joséphine Gand quittait le monde, le 3 août 1838, pour entrer au Couvent des Dominicaines de Châlon-sur-Saône, au diocèse d'Autun. Elle avait donc soixante-neuf années de vie religieuse.

---

# CHAPITRE IX

## Nouveau Presbytère

Il nous faut parler d'une affaire importante dont le Conseil du presbytère eut à s'occuper dans le cours de l'année 1869. Il s'agit de la maison servant à la fois de couvent, de presbytère et d'évêché ; cette maison, située dans la rue Georges, à soixante mètres environ au nord de la cathédrale, était de toute façon insuffisante.

Le troupeau augmentant d'année en année il fallait augmenter aussi le nombre des pasteurs ; de plus, nous ne pouvions refuser l'hospitalité aux prêtres des paroisses rurales qui venaient nous la demander. La cour était très petite ; de jardin, il n'y en avait pas. Les Pères, dont les chambres donnaient sur la rue, n'étaient pas isolés chez eux ; car, des maisons situées en face, on pouvait voir tout ce qui se passait dans ces chambres, pour peu que les fenêtres en fussent entrouvertes. La chapelle intérieure, le réfectoire, tout était minuscule, et d'un bout à l'autre de la maison, rien ne rappelait en quoi que ce soit, les lieux réguliers d'une maison religieuse. Autre inconvénient, on était trop loin de l'église.

La question d'un nouveau presbytère, et couvent tout à la fois. fut vivement agitée, dans la seconde moitié de 1869. On pensa tout d'abord à avoir deux maisons en ville ; un presbytère, près de la cathédrale, pour les Pères plus immédiatement affectés au service de la paroisse ; et un couvent, pépinière de futurs missionnaires, pour la Trinidad et les autres îles du diocèse, sorte de réservoir, où l'on pourrait venir puiser suivant les besoins du diocèse.

La place de ce couvent avait été choisie ; il devait être cons-

truit dans la petite savane, savane à cette époque, mais maintenant élégant square, entre les rues Pembroke et Abercrombie, affligé, en guise d'ornement, d'une statue plus ou moins décente
de Lord Harris.

Le Révérendissime Père Maître Général avait déjà plusieurs
fois demandé que l'on construisit un vrai couvent dans le haut
de la ville ; il n'admettait pas que le ministère paroissial put jamais être considéré comme incompatible avec la vie religieuse,
et que les vœux de pauvreté et d'obéissance à un supérieur régulier fussent un obstacle à l'action d'un missionnaire sur les âmes
qui lui sont confiées.

Le missionnaire Dominicain, qui sait rester Dominicain tout
en étant missionnaire, jouit d'une influence double sur ses paroissiens ; à la couronne sacerdotale ajoutant la couronne monastique, il se montre à son peuple le front ceint d'une double
auréole qui augmente son prestige et accroît le respect qu'on a
pour lui.

Nos premiers Pères entrèrent complètement dans les vues du
chef de l'Ordre, mais des difficultés de toute nature surgirent
qui ne permirent, ni alors, ni plus tard, de donner suite à ce projet. Restait la question d'un changement de presbytère ; comme
on va le voir, on s'en occupa sérieusement.

D'après les documents de l'époque, le presbytère de la rue
Georges appartenait en partie à l'évêque, en partie au clergé paroissial, ou si on préfère, au diocèse et à la paroisse. Si ces deux
puissances toujours unies travaillaient de concert au bien des
âmes, on comprenait depuis longtemps qu'il serait préférable
que ceux qui en étaient les dépositaires fussent séparés, du moins
quant à l'habitation.

Voyant donc que les Pères désiraient se construire un nouveau
presbytère, Mgr Gonin leur demanda, comme clergé paroissial,
la cession de leurs droits sur la partie du presbytère dont ils
avaient la propriété conjointement avec lui. Dans la pensée de
l'archevêque, cette cession n'était qu'un échange, car il leur
donnait, à titre de compensation ou d'indemnité, la propriété du
terrain de l'ancienne cathédrale qui, toujours d'après Mgr Gonin,
appartenait au diocèse. Si cette transaction était acceptée, Mon-

seigneur céderait ce terrain à la ville contre un morceau de terre, dit terrain aux herbes, et séparé de la cathédrale, au sud, par la rue Marine Square et appartenant à la ville ; puis, par un autre contrat, il obtiendrait du gouvernement un terrain neuf attenant à celui de la ville et allant jusqu'à la rue dite South Quay. Avec une telle combinaison, le clergé paroissial aurait une place très convenable pour bâtir un vaste presbytère.

Mgr Gonin avait trois titres à la confiance de ses prêtres : il était évêque, religieux de l'Ordre et, ce qui est préférable à tout, un homme de haute vertu. C'est le *recto* de la personne ; mais il avait, au *verso*, trois titres qui ne laissaient pas sans inquiétude ceux qui avaient à traiter affaires avec lui. Il avait été avocat, puis solliciteur de la Couronne avant d'être prêtre et religieux, puis surtout il était Dauphinois, c'est-à-dire, né dans cette partie de la France appelée le Dauphiné. Or, les Dauphinois sont les cousins germains des Normands, gens habiles dans les procès, habiles même à les embrouiller. On ne se dépouille jamais entièrement du vieil homme, et sous la robe du Dominicain comme sous la mitre de l'Evêque, on sentait toujours l'avocat et le Dauphinois.

Les Pères qui connaissaient Mgr Gonin devaient se faire, *in petto*, ces réflexions ; aussi trouvèrent-ils un peu *mouvants* tous ces terrains à céder et qui appartenaient au diocèse, à la paroisse, au gouvernement et à la ville. Ils considéraient, notamment, comme très douteux, que le terrain sur lequel avait été bâtie l'ancienne église, au lieu d'être la propriété de la paroisse fût la propriété du diocèse, d'autant que, quand cette église fut construite, il n'y avait pas encore d'évêque à la Trinidad. Il leur était impossible de faire la balance exacte des avantages et des inconvénients de ces cessions de droits, en échange de terrains qui avaient tant de propriétaires.

Prévoyant surtout, vu le manque de ressources, qu'on ne pourrait bâtir avant dix ou quinze ans, et encore sur un emplacement dont la propriété nous serait contestée, ils pensèrent devoir s'abstenir de prendre une décision qui risquerait de compromettre les intérêts du clergé paroissial et, tout au moins, lierait les mains, très inutilement, de ceux qui seraient appelés à les remplacer. Ils acceptèrent la proposition de Monseigneur, celle de déférer la décision de cette affaire au Révérendissime Maître Général ou à la Propagande, auxquels serait envoyé un double rapport bien détaillé, celui de l'archevêque, plaidant les intérêts de l'évêché et du diocèse, et celui du supérieur des Dominicains plaidant nos intérêts, soit comme religieux, soit comme clergé paroissial.

Hâtons-nous de le dire, cette question, envisagée à un point de vue élevé par les parties intéressées, eut une solution satisfaisante et acceptée par tous. Mais, indépendamment de la question du presbytère, restait toujours celle du couvent, on en reparlait encore en 1871, et des démarches furent faites, en février de cette année, près du maire de la ville, pour l'acquisition de la petite savane. Le prix en fut même fixé et elle nous était cédée pour la somme de quatre mille cinq cents dollars. Cession toutefois jamais faite, et somme jamais payée.

Deux autres graves questions furent agitées à la même époque : celle d'une chapelle-école dans le quartier de la ville connu sous le nom de Corbeau-Town et celle d'un orphelinat dans le quartier de Belmont.

Pour ce qui est de la chapelle-école, le supérieur, le T. R. P. O'Carrol, était autorisé à faire des démarches pour acheter la maison de M. Campbell, située dans la rue Richmond. Ces démarches allaient aboutir quand, pour des motifs qui nous sont inconnus, tout fut arrêté, on n'acheta pas la maison ; mais ce n'était que partie remise.

Quant à l'orphelinat projeté, la proposition en fut faite par le R. P. Forestier, et le Conseil l'agréa, en demandant au Révérend Père de présenter un plan détaillé des constructions à faire.

Il ne se fit donc alors aucun changement dans la paroisse, les œuvres existantes furent maintenues et continuées avec le même zèle. Les grandes choses qui devaient se faire plus tard étaient alors à l'état d'*incubation*, si nous pouvons parler ainsi. On ne se reposait pas, on se préparait, sous la forte et habile direction imprimée à tous, pasteurs et troupeau, par le nouveau prieur et curé, le T. R. P. Dominique O'Carroll appelé, peu d'années après, à de nouvelles et bien hautes fonctions. En attendant, il

suivait religieusement la voie tracée par son éminent prédécesseur dans sa double charge, le R. P. Albert Bion, dont il s'effor-
çait de suivre les conseils et d'imiter les exemples. Au point de
vue sanitaire tout allait bien, la terrible année 1869, avec son lugubre cortège, avait entièrement disparu ; elle n'était plus qu'un
souvenir.

Quelques années plus tard, la question d'un nouveau presbytère, plus vaste, mieux situé et plus grand, revint s'imposer aux
Dominicains. En 1877, les Pères réunis en conseil furent invités
à réfléchir, et on leur posa les trois demandes suivantes :

1° Les Pères veulent-ils échanger le terrain situé à l'est de la
cathédrale pour celui qui est au sud ?

2° Les Pères du conseil veulent-ils construire un presbytère
neuf dans le susdit terrain situé au sud de la cathédrale ?

3° Les Pères du conseil consentent-ils à vendre le presbytere
actuel et à employer l'argent à bâtir le futur presbytère ?

A une très forte majorité le vote fut favorable aux questions
posées, et quelques jours après, la Communauté toute entière
ayant été convoquée, ratifia de son approbation le vote de son
conseil. Quels étaient les Pères présents à cette époque ? En voici
les noms : Le T. R. P. Hilaire Arnaud, prieur de la Communauté ; les RR. PP. Etienne Brosse, Thomas Greenough, Laurent
Henocq, Noël Lartaud, Marie-François Ribon, Hyacinthe Bariou,
André Violette, Marie-Dominique Berthet et Mannès Gouchon.
Total, dix Pères. Le R. P. Forestier était alors en France, il ne revint que plusieurs mois après.

Le consentement du Provincial de Lyon, chef suprême de la
mission, était déjà donné. Celui de l'archevêque fut plus difficile
à obtenir, car il y avait des maisons et des terrains à vendre, à
échanger et à acheter, et si le saint Prélat avait toujours un regard de bienveillance pour tous nos Pères, il en avait un autre
très perçant pour tout ce qui touchait aux intérêts de son diocèse
qu'il n'aurait jamais sacrifiés. En effet, il fallait vendre tout d'a-
bord le vieux presbytère de la rue Georges et une maison, atte-
nante au presbytère, dont elle était séparée par une cour et s'ouvrant sur la rue Nelson.

Tout cela appartenait, partie au diocèse, partie à la paroisse.

Quelle était la part du diocèse ? quelle était celle de la paroisse ?

L'évêque comme le curé eussent été quelque peu embarrassés de le définir ; mais enfin, comme le produit de la vente devait être entièrement consacré à la construction d'un nouveau presbytère, on finit par tomber d'accord. La maison et toute la propriété seraient mises en vente.

Par un second acte, l'archevêque donnait le terrain de l'ancienne cathédrale situé à l'est de l'église actuelle et dont on a fait le square Christophe-Colomb. Cet emplacement fut cédé à la ville contre un morceau de terre, au sud de la cathédrale, dont il n'est séparé que par une rue. Attenant à ce terrain on voyait un véritable marais presque toujours rempli par l'eau de mer et appartenant au gouvernement. Sur la demande de l'archevêque, le gouvernement donna ce marais. Il y avait encore, à l'angle des rues Marine Square et Nelson, une maison appartenant à la famille Rochard ; elle fut achetée, et le clergé paroissial de Port-d'Espagne se trouva propriétaire d'un vaste quadrilatère, c'est-à-dire d'un terrain formant un rectangle et des quatre côtés borné par la rue. Toutes ces transactions ne s'étaient pas faites sans de nombreux embarras, mais enfin, par la grâce de Dieu, toutes les difficultés avaient été vaincues, à cela près, que les Pères Dominicains voyaient dans ces nouvelles acquisitions leur propriété, tandis qu'au dire de l'archevêque, cela lui appartenait. En réalité le diocèse et la paroisse étaient co-propriétaires.

Le Maître Général de l'Ordre et le Provincial de Lyon devaient être tenus au courant de toute cette affaire, ce qui nécessita de nombreux échanges de lettres et, par suite, un temps relativement considérable s'écoula avant qu'on put s'occuper du plan à faire tracer pour le nouveau presbytère. Ce n'est qu'en décembre 1878 que le plan de M. Labastide fut présenté au Conseil des Pères et accepté par toute la Communauté. Pour le prix de 4.000 dollars, M. Richard Roberts, entrepreneur, s'offrait à faire toutes les fondations des nouvelles constructions ; on accepta ce prix.

C'est le 4 janvier 1879 que le premier coup de pioche fut donné pour les fondations du nouveau presbytère. Le plan ne comportait qu'un rez-de-chaussée, tel qu'il avait été tracé par

M. Louis Labastide et accepté par les Pères ; mais sur les conseils qu'ils reçurent ,on décida de l'élever d'un étage. Le tout pour le prix de 16.000 dollars, approximativement.

L'architecte fut M. Labastide ; l'entrepreneur, M. Richard Roberts, et le surveillant directeur des travaux, le R. P. Marie-François. Devant la Communauté, c'est ce dernier qui avait la responsabilité des travaux. Doué d'une réelle capacité pour ce genre de travail, en cela comme en beaucoup d'autres choses, il rendit à ses Frères et à la paroisse de signalés services.

La construction, quoique légère, était fixée sur une base solide, toute en pierres, formant une série d'arches ogivales sur lesquelles reposait le plancher de la maison ainsi élevé de terre d'environ sept à huit pieds. On pouvait aisément se promener sous le presbytère, et l'air y circulait sans obstacles.

Le plan correspondait à un véritable besoin, car tout ce terrain était en contre-bas de la grande et large rue qui le sépare de l'église, et de trois pieds environ au-dessous du niveau de la mer. C'était un marais, et souvent les grooms du presbytère, quand ils venaient y couper les herbes pour nos chevaux, avaient de l'eau bien au-dessus du genoux. Nous demandâmes et obtînmes facilement de la ville que les ordures des rues, les *rubbishs*, emportées chaque jour par les cabrouets destinés à cet usage fussent déversées dans notre nouveau terrain, au lieu d'être portées jusqu'à Shine, comme on le faisait depuis plusieurs années.

Tout ce vaste terrain fut ainsi surélevé de trois pieds, et muni d'un excellent fumier pour les arbres fruitiers, plantes potagères et autres qu'on y cultiva dans la suite. Mais au point de vue sanitaire, l'emplacement arrangé de la sorte laissait à désirer. On recouvrit le tout d'un bon pied de terre et on y planta des arbres, etc. Bref, l'art se mit d'accord avec la nature pour faire de l'endroit une place à peu près habitable.

Les constructions du nouveau presbytère étaient terminées au commencement de 1880. Les travaux, commencés le 4 janvier 1879, avaient duré exactement une année. La bénédiction de cette nouvelle maison fut fixée au 16 février. Grand' jour pour la paroisse entière. Laissons parler un journal de l'époque, le *«Palladium.* »

« Le lundi matin, 16 février, écrit-il, a eu lieu la bénédiction du nouveau presbytère des Dominicains, situé Marine-Square, au sud de la cathédrale, dont il n'est séparé que par la rue. A huit heures précises, Sa Grandeur Mgr l'archevêque faisait son entrée dans la cathédrale, accompagné de Mgr Orsini, curé de Saint-Joseph, de plusieurs Pères de la Congrégation du Saint-Esprit et des curés des paroisses voisines. Le curé de New-Town, M. l'abbé Montague, et celui de Tunpuna M. l'abbé Perdomo remplissaient les fonctions de diacre et de sous-diacre. La cérémonie commence par le chant des Litanies des Saints et immédiatement la procession se met en marche, pour se rendre au nouveau presbytère, en faisant le tour de la cathédrale..... D'après le cérémonial dominicain, lorsque les religieux prennent possession d'un nouveau couvent, ils chantent, avant d'en franchir les portes, le *Salve Regina*, qu'on pourrait appeler leur hymne national, puis, en l'honneur de leur père saint Dominique, l'antienne *O Lumen*, qui a résonné tant de fois, depuis seize ans, sous les voûtes de la cathédrale. Le rite est observé et, les deux antiennes terminées, Monseigneur et son cortège franchissent la clôture qui sépare les parloirs du couvent proprement dit, et entrent dans la chapelle. Les religieux chantent alors le magnifique répons dont les paroles sont empruntées à la prière de Salomon faisant son entrée dans le temple qu'il avait bâti au Très-Haut : « *Seigneur*, y est-il dit, *bénissez cette maison que j'ai élevée à la gloire de votre nom, et écoutez les prières de tous ceux qui viendront dans ce lieu. Si votre peuple se convertit et prie dans ce sanctuaire, daignez, du haut de votre trône, entendre sa prière.* »

Sa Grandeur bénit alors la chapelle et le saint Sacrifice commence, c'est Mgr Orsini qui le célèbre. Pendant la sainte messe, *la Bande* du collège fait entendre les plus beaux morceaux de son riche répertoire, et les enfants de Marie chantent de suaves cantiques. Le silence et le recueillement règnent dans cette nombreuse et religieuse assemblée, surtout au moment où le Dieu eucharistique descend sur cet autel pour la première fois. La chapelle n'avait pu contenir que le clergé et un petit nombre d'invités laïques, la foule qu'on évalue à plus de deux mille personnes s'était répandue sur les galeries, dans les salles et les cellules encore

vides, et il était permis de se demander si cette construction que
certains disaient si fragile, résisterait à cette première épreuve ;
en dépit de tous les pronostics, le couvent est resté debout.

A la sainte messe succède la bénédiction du couvent qui contient plus de soixante pièces différentes. Le couvent a cent qua-
rante-sept pieds de long, de l'est à l'ouest, et environ cent pieds,
du nord au sud. L'enclos tout entier dont la portion la plus considérable est un don du gouvernement, mesure quatre cent cinquante pieds sur deux cent soixante. Dans l'aile qui avoisine la
cathédrale, se trouvent les parloirs, seul lieu où les femmes soient
admises, puis des appartements réservés à Mgr l'archevêque et
à son digne coadjuteur, dont l'absence, motivée par la maladie,
est si vivement sentie. Au-dessus des parloirs et des chambres des
évêques, se trouvent l'hôtellerie pour les étrangers et les cellules
des Frères convers. L'aile sud, ayant vue sur la mer, comprend
deux grandes salles, la bibliothèque et la salle de communauté.
Dans le corps de bâtiment qui relie les deux grandes ailes se trouvent la chapelle et le réfectoire. Les cellules des religieux qui se
ressemblent toutes, se trouvent dans la partie *Est*, au premier et
au second étage.

Restait encore une cérémonie à accomplir, c'était la bénédiction d'une belle et grande statue de la Vierge immaculée, déjà
placée sur son piédestal, au milieu de la grande savane du couvent. Cette bénédiction ayant été donnée solennellement par
Monseigneur, la foule défile en bon ordre et se rend à la cathédrale.

Mgr Orsini monte en chaire et explique aux fidèles la cérémonie à laquelle ils viennent d'assister. Il fait l'éloge des Ordres
religieux en général et montre leur importance dans l'Eglise ;
puis, avec des accents qu'on sentait venir d'un cœur dévoué à la
famille dominicaine, il énumère les travaux des Frères Prêcheurs dans les Antilles, depuis la découverte de l'Amérique jusqu'au commencement du xixᵉ siècle. Faisant ensuite allusion
à des événements auxquels il avait pris lui-même une large part,
il rappelle la réapparition dans nos contrées de la robe blanche
du Frère Prêcheur. »

La cérémonie, qui a duré deux heures et demie, s'est terminée par la bénédiction du Très-Saint Sacrement donnée par Mgr Orsini.

Quelques jours après nous faisions nos adieux à l'ancien presbytère de la rue Georges que nos Pères avaient habité pendant seize ans. Les frais de constructions de notre nouvelle maison se montaient exactement à 19.703 dollars ; sur cette somme, 8.850 dollars provenaient de la vente de l'ancien presbytère et le reste, 10.853, avait été réalisé par nos économies et des dons que nous avaient fait de généreux paroissiens. Dans ce total n'entre pas le prix d'achat de la maison, dite maison Rochard, située sur notre terrain, à l'angle des rues Nelson et Marine-Square. Cette maison, avec son terrain, nous a coûté 3.500 dollars. Elle a longtemps servi de salle de réunion aux enfants de la Nativité. Elle existe toujours et sert actuellement de magasin de livres et objets de piété. Le fonds et le produit sont la propriété du presbytère.

Plus tard, environ un an après notre prise de possession, on fut d'avis de construire une galerie tout autour du presbytère, à l'extérieur ; de la sorte, les cellules des Pères étaient mieux protégées contre le soleil et la pluie, agrandies notablement et plus à l'abri des regards indiscrets du dehors. Ces nouveaux travaux nous coutèrent environ 4.000 dollars ; puis vint le mur de clôture de toute notre propriété; coût, près de 2.000 dollars. Nous pouvons donc affirmer, sans crainte de nous tromper, que notre presbytère actuel, avec la terre, nous a coûté 30.000 dollars.

# CHAPITRE X

---

## Très R. P. Hilaire Arnaud
## Supérieur de la Mission
### (1876-1879)

' Le R. P. Hilaire Arnaud arrivait aux Antilles en octobre 1875 avec le P. Laurent Hénocq et le Fr. Benoit Martinet. Il devait être un de nos religieux les plus remarquables que Dieu ait donnés à cette mission de Trinidad pendant ce demi-siècle écoulé de notre histoire. Il n'est plus, mais il a laissé après lui des œuvres impérissables. Comme son divin Maître, il a passé en faisant le bien, *transiit benefaciendo*. Aussi l'on a conservé de lui un souvenir toujours béni par les gens de bien qui l'ont connu et ont su apprécier la valeur de ses talents et de ses mérites : *Cujus memoria in benedictione est.*

Le P. Arnaud naquit à la Faye Monjault, modeste village du diocèse de Poitiers (France), le 11 juin 1840. Se sentant appelé à l'état ecclésiastique, il entra au grand séminaire de Poitiers, où il commença ses études théologiques. Il y reçut le Sous-Diaconat. Mais Dieu le destinant à une vie plus parfaite, il répondit docilement à l'appel divin, et le 5 novembre 1862, il se faisait admettre au noviciat des Dominicains de Lyon. Un an après, il faisait sa profession religieuse.

Nous l'avons connu depuis cette époque, nous pouvons donc en parler. Tel il a été à la Trinidad, tel il était alors, bon, doux, serviable, d'une piété qui n'avait rien de trop austère, exigeant la vertu, mais sachant la rendre d'une pratique facile. Il se montrait pétillant d'esprit, et le mot pour rire lui venait naturellement sur les lèvres. Le calembour lui était familier, et avec ces

R. P. Hilaire ARNAUD

qualités naturelles qui touchent parfois de si près au défaut par
l'abus qu'il est facile d'en faire, il ne blessait personne, et a toujours su au contraire se rendre aimable à tous.

Telle est la photographie morale du P. Hilaire Arnaud et qui
n'a eu besoin d'aucune retouche, que nous le considérions jeune
profès en 1863 ou missionnaire à la Trinidad et revêtu de charges importantes.

Ses qualités appelèrent l'attention sur lui, et huit mois seulement après son arrivée à Port-d'Espagne, le 24 juin 1876, on le
faisait succéder au R. P. M.-Dominique Berthet à la tête de la
mission, et on lui confiait le poste de curé de la cathédrale. Il
s'en acquitta avec beaucoup de zèle et une bonté qui lui attira
l'estime et l'affection générale.

Le P. Hilaire ne tarda pas à se rendre compté que le nombre
des missionnaires était insuffisant. Aussi voyant que ces religieux ne parvenaient pas à répondre aux besoins de la paroisse,
plusieurs mois avant l'expiration de sa charge, il fit des démarches auprès du Provincial de Lyon pour obtenir du renfort. Il
demandait deux ou trois religieux de plus.

Rien de plus juste en effet. Plusieurs des Pères présents ayant
été affectés à des œuvres particulières et même étrangères au
service de la paroisse, les ouvriers ne suffisaient plus au travail
qui s'imposait. Ainsi les PP. Violette et Noël Lartaud avaient
quitté le Port pour desservir San-Fernando ; le P. Etienne Brosse remplissait exclusivement le rôle de chapelain à l'asile des lépreux de Cocorite et il y restait. Le P. Forestier s'occupait de
l'orphelinat de Belmont où il demeurait également. Donc quatre
religieux de moins pour le service de la cathédrale. En tout sept
seulement présents au presbytère. Cette insuffisance manifeste
motiva la demande de secours du R. P. Hilaire.

Il lui fut répondu que le Chapitre Provincial précédent avait
statué que, jusqu'à nouvel ordre, on n'enverrait plus aucun religieux à la Trinidad. Au reçu de cette réponse, le R. P. Hilaire
écrivit immédiatement au Rme Vicaire Général de l'Ordre, le P.
Sanvito, en lui exposant les besoins de la mission. Celui-ci, plus
et mieux éclairé donna l'ordre au Provincial de Lyon d'envoyer
*quam primum* deux nouveaux religieux à la Trinidad. Il fut obéi

immédiatement par le bon et saint P. Ambroise Potton qui, après avoir consulté son Conseil Provincial, (ce à quoi il n'était pas tenu) désigna deux de ses religieux pour la mission de Trinidad. Il connaissait déjà leurs secrets désirs et, quoiqu'il en eut le droit, il savait ne pas leur imposer un sacrifice trop pénible en leur intimant l'ordre de laisser leur patrie et d'aller par delà les Océans, travailler au salut des âmes dans cette lointaine mission. Ces deux nouveaux missionnaires étaient les PP. Bonaventure Boizot et Marie-Joseph Guillet. Ils furent placés sous la conduite du R. P. Noël Lartaud qui retournait à la Trinidad après avoir passé six mois en France pour y refaire ses forces épuisées et essayer la guérison d'une grave infirmité.

Ils s'embarquaient, tous les trois, à Saint-Nazaire, le 8 septembre 1879, et arrivaient à la Trinidad le 23 du même mois, sauf le P. Marie-Joseph qui demeura huit jours à la Martinique, pour voir quelques proches parents.

Le P. Bonaventure était né à Longjumeau dans le diocèse de Versailles, en 1844. Entré au noviciat des Dominicains de Lyon, il y avait prononcé ses voeux en 1867. D'une santé délicate, il souffrait de grands maux de tête et, sur l'avis des médecins, ayant d'autre part toutes les qualités requises, il fut envoyé, comme il l'avait demandé, aux Antilles, dans l'espoir que les climats chauds rétabliraient sa santé. Il n'en fut malheureusement pas ainsi. Au lieu de se fortifier, il s'affaiblissait tous les jours davantage, devenant une proie toute préparée pour la terrible fièvre jaune qui éclata dans l'île un an après son arrivée.

Le 21 décembre 1880, il sentit un violent mal de tête accompagné de vomissements. Le mal fit de rapides progrès. Le 25, il put recevoir la sainte communion, pour la dernière fois. Le 26, il entrait en agonie et âgé seulement de trente-six ans, il expirait le 27, à une heure du matin. Après quinze mois de luttes et de sacrifices, Dieu s'est montré satisfait de son serviteur et lui a donné la couronne que d'autres n'obtiennent qu'après de longues années d'un labeur apostolique. Vu le peu de temps qu'il vécut dans la colonie et le ministère très-restreint que sa faible santé lui permit de remplir, son séjour a passé pour ainsi dire inaperçu. Bien peu se souviennent de lui.

Le R. P. Marie-Joseph Guillet compagnon du P. Bonaventure Boizot, paraissait en effet tout désigné au choix de ses supérieurs, pour être envoyé à la Trinidad, non qu'il eut des aptitudes spéciales pour la vie de missionnaire, mais en raison du sang créole qui coulait dans ses veines, sa mère étant née à la Martinique. Il naquit à Rochefort, port de mer près de la Rochelle, (France) le 23 mai 1845. Il eut le bonheur d'avoir pour parrain un saint prêtre, son propre oncle qui, comprenant les obligations que ce titre lui imposait, voulut garder son filleul près de lui pour surveiller son éducation, tandis que son père, officier dans l'armée française, partait pour le Sénégal où il devait mourir sur le champ de bataille, quelques années après, sans revoir la France et son fils. Nous disons cela pour servir d'exemple et être en même temps une leçon à nos créoles trinidadiens qui acceptent très volontiers d'être parrains ou marraines d'un enfant sans avoir la plus légère notion des obligations que ce titre leur impose. Les pères et mères oublient (si jamais ils l'ont su) que le parrain est le père *spirituel* de l'enfant qu'il tient sur les fonts baptismaux, (et ce que nous disons du parrain doit se dire également de la marraine). Ils doivent même, l'un et l'autre, subvenir, dans la mesure de leurs moyens, aux besoins matériels de l'enfant, leur filleul, si cet enfant vient à perdre son père et sa mère et être destitué de tout moyen d'existence. Cette parenté spirituelle est tellement étroite qu'elle est une cause dirimante, *causa dirimens*, c'est-à-dire rendant nul un mariage entre le parrain et sa filleule, ou entre la marraine et son filleul. Nous avons le regret de constater, presque chaque jour, que ce qui fixe le choix d'un parrain et d'une marraine, même dans les familles les plus chrétiennes de cette paroisse de Port-d'Espagne, c'est l'amitié ou l'intérêt. Soyez un homme taré, perdu de mœurs, n'ayant de catholique que le nom, ne mettant jamais les pieds dans une église, soyez même protestant, juif ou mahométan, cela importe peu à la famille très chrétienne (!) qui vous demande de lui faire la faveur et l'honneur d'accepter d'être le père spirituel de son enfant. Vous êtes un ami, un parent, vous avez une belle position, une fortune peut-être ; vous mettrez au cou de l'enfant une jolie petite chaîne d'or et voilà des parents heureux et satisfaits, ne se doutant pas qu'ils ont gravement manqué à leurs devoirs et vis-à-vis de leur enfant et vis-à-vis de l'Eglise dont ils ont méconnu les lois en cette grave circonstance. Que dit, en effet, la loi de l'Eglise sur cette matière ? Elle dit qu'on ne doit pas admettre comme parrains les pécheurs publics, et sont considérés comme tels, entre autres, ceux qui, notoirement et habituellement méprisent et transgressent les lois de l'Eglise quant aux jeûnes, à l'abstinence et à l'obligation d'entendre la messe le dimanche :. *Publici peccatores censendi sunt..... etiam qui notorie et habitualiter contemnunt vel transgrediuntur Ecclesiae prœcepta de jejuniis, de abstinentia, et de Missa audienda.* (Ex Decretis et Prœscriptis in usum Cleri Portus Hispaniœ, ann. 1911).

Cette très utile digression nous a éloigné de notre sujet, nous y revenons. — Le P. Marie-Joseph était donc dans la trente-cinquième année de son âge quand il vint à la Trinidad ; son arrivée, comme celle du P. Bonaventure, fut saluée avec joie par tous les Pères et Frères déjà présents dans la mission. D'un caractère ardent, vif et gai, il eut vite conquis l'affection de tous, tant au dedans qu'au dehors du presbytère ; il avait la répartie prompte, la plaisanterie facile, pas toujours dépourvue de malice, toutefois sans aucune méchanceté. De caractère et de physionomie il était, et il a toujours été, un peu plus jeune que son âge.

Entré au noviciat du Couvent de Lyon, le 23 novembre 1860, il avait exactement, ce jour-là, quinze ans et six mois, et nous savons que, tous les jours de sa vie, il bénit Dieu d'avoir été choisi, si jeune, presque un enfant, pour faire partie de l'Ordre illustre de saint Dominique. Il prononça ses vœux le 2 février 1862, il n'avait que dix-sept ans. Nul, plus que lui, n'a vu se vérifier en sa personne, la vérité de cet axiome de nos saintes Lettres : C'est un grand bonheur pour l'homme d'avoir porté le joug du Seigneur dès sa plus tendre enfance : *Bonum est viro cum portaverit jugum ab adolescentia sua.* (Thren. 3. 27).

# CHAPITRE XI

## T. R. P. M. Dominique Berthet
### Deuxième fois Supérieur de la Mission
### (1879-1882)

Au cours de sa deuxième administration de la paroisse, le R. P. Marie-Dominique eut à enregistrer plusieurs faits qui ne manquent pas d'importance.

Le 16 mai 1880, jour de la Pentecôte, fut posée la première pierre de l'église du Sacré-Cœur, à l'angle des rues Prince et Richemond. Si l'on veut bien se reporter au chapitre IV, on y relira 1° une lettre du T. R. P. Marie-Dominique Berthet au R. P. Thomas Greenough, autorisant la construction d'une église, dite anglaise, car cette langue seule devait y être employée ; 2° une circulaire du R. P. Thomas, adressée aux catholiques de la ville, leur montrant la nécessité d'une église dans ce quartier envahi par le protestantisme et les priant instamment de lui procurer les moyens pécuniaires qui lui manquaient ; 3° une lettre du coadjuteur Mgr O'Carroll, approuvant et encourageant le Révérend Père à poursuivre son œuvre. Ces divers écrits sont de 1874. Six années s'étaient écoulées et le quartier, dit de Corbeau-Town, n'avait pas encore son église, mais son vigilant gardien ne dormait pas ; plus que tout autre, le P. Thomas savait que le bien ne fait pas de bruit ; avec son flegme apparent et sa ténacité anglaise, il avançait toujours vers son but. Par sa douceur et sa serviabilité il s'était fait aimer de tous, on pouvait difficilement lui refuser.

Enfin, toutes les dispositions étant prises et les arrangements faits, quelques milliers de dollars ayant été recueillis et soigneusement placés, le grand jour arriva pour la pose de la première pierre. Cette belle et longue cérémonie de l'église s'accomplit en 1880, sous la présidence de Monseigneur l'archevêque, et le sermon fut prêché par le R. P. Donelly, prêtre séculier, curé de Couva.

Les travaux furent poussés avec activité, sous l'habile direction de M. John Gonzalves, plus connu sous le nom de John portugais, et finalement, vers la fin de 1882, l'édifice était terminé et, le 3 décembre de cette année, Mgr Gonin bénissait solennellement l'église du Sacré-Cœur. Le nouveau coadjuteur, Mgr Hyland, donna le sermon.

Le cœur du R. P. Thomas nageait dans la joie, et ce jour du 3 décembre 1882 a été, il nous l'a dit, un des plus beaux de sa vie. Mais cette joie n'était pas complète ; il attendait un magnifique chemin de croix, pour lequel il avait recueilli 200 pounds ; il arriva trop tard, il ne put être mis en place que le 9 février 1883. C'est, dit-on, le plus beau de la Trinidad.

Il reçut également, en don, de splendides vitraux qui, avec les stations du chemin de croix, sont les plus magnifiques ornements de son église. Le vitrail qui représente saint Thomas d'Aquin, patron du Révérend Père, lui fut donné à l'occasion du vingt-cinquième anniversaire de son arrivée à la Trinidad, en mars 1889. Le sermon fut prêché, à la grand'messe, par le R. P. William Power, des Pères du Saint-Esprit.

Quelques années après, le Révérend Père faisait élever, à côté de son église, une énorme tour, le monument, croyons-nous, le plus élevé de la ville. Cette tour sert de clocher où, trois cloches, parfaitement harmonisées, font entendre leur son, bien au delà des limites de la ville. Les dépenses pour la construction de l'église proprement dite se sont élevées à 22.500 dollars. Si nous ajoutons les dépenses pour le mobilier de l'église, le chemin de croix, les vitraux et les frais de construction de la tour, nous arriverons facilement à la somme de 40.000 dollars.

En 1880, une question assez grave vint préoccuper le R. P. Curé de la paroisse. Il était question de rappeler les Pères du Saint-Esprit, dont le collège rendait des services très appréciables. Ils avaient reçu, ou allaient recevoir, l'ordre de leur supérieur général de quitter la Trinidad ; grand émoi pour tous les catholiques de Port-d'Espagne. L'initiative d'une pétition à adresser, au nom du clergé, au cardinal Préfet de la Propagande, fut prise au presbytère. Le T. R. P. Hilaire Arnaud la rédigea et tous les Pères Dominicains la signèrent. Nous regrettons de n'avoir pu nous procurer le texte de cette pétition. Ce départ eut été une calamité, pour le clergé aussi bien que pour la population, le premier ayant toujours trouvé en ces bons Pères un puissant secours dans tous les travaux de leur ministère, et la population de parfaits éducateurs pour leurs enfants. Grâce à Dieu, ce rappel ne fut suivi d'aucun effet, les chers Révérends Pères nous sont restés, et tous les jours, nous en avons béni Dieu.

L'année suivante, le T. R. P. Marie-Dominique eut la douleur de perdre deux missionnaires remarquables, le P. Martin Lambert et le P. Marie-François Ribon.

Le premier était arrivé à Port-d'Espagne le 6 janvier 1881, en compagnie d'un bon Frère convers, le Fr. Emmanuel Armand. Né à Thoissey, dans le diocèse de Belley, en 1850, le P. Lambert embrassa d'abord l'état militaire et s'engageant dans le régiment français des Chasseurs d'Afrique, il passa plusieurs années en Algérie.

Ce que fut sa conduite pendant le temps de son service militaire et combien il était estimé de ses chefs, le grade auquel il parvînt en peu de temps et les instances que fit personnellement son colonel pour le retenir à l'armée, le disent assez. Toutefois le désir de la vie religieuse le sollicitait sans cesse et le cœur du religieux battait sous l'uniforme du soldat. Quand le chasseur d'Afrique revint en France, il n'hésita plus et demanda à être admis dans la milice des Frères Prêcheurs. En souvenir des années passées sous les drapeaux, il reçut le nom de Fr. Martin. Il prononça ses vœux au Couvent de Poitiers en 1873.

Le soldat, devenu religieux, conserva toujours quelque chose des allures militaires ; on admirait sa belle prestance quand il passait à cheval dans les rues de la ville pour aller desservir quelque chapelle de la paroisse, dans les mornes de Laventille. C'était un beau et habile cavalier ; mais ni la vivacité de sa démarche, ni l'accent métallique de sa diction ne parvenaient à dissimuler la bonté et le dévouement de son cœur ; il suffisait de quelques instants d'entretien, pour découvrir sous cette écorce un peu rude, l'exquise douceur d'une âme forte, prête à tous les sacrifices.

Déjà en France il avait montré beaucoup de générosité et un grand besoin d'immolation. Il lui fallait quitter le couvent de Lyon près duquel habitait sa famille, pour prendre part aux travaux de la fondation du Couvent d'Angers. A quelqu'un qui lui manifestait sa surprise au sujet de ce changement, « mais, répondit-il, je veux être toujours un fils d'obéissance. » Il le fut, en effet, et, quand le Très Révérend Père Provincial, se souvenant des désirs que lui avait manifestés autrefois l'intrépide religieux, lui parla de notre mission de Trinidad, le Père était prêt. Il partit..... Mais ce que lui coûta cette nouvelle et plus complète séparation, le journal de son voyage pourrait le dire au besoin. « Nous avons lu, écrit le R. P. Hilaire Arnaud, dont nous reproduisons les propres expressions, nous avons lu, sans pouvoir retenir nos larmes, les pages où son cœur exhalait sa souffrance, en des termes d'une tendresse qui nous surprenait nous-même, nous, pourtant confident de ses plus intimes pensées : sa famille bien-aimée, dont tous les membres lui étaient si chers, ses Frères en religion, ses supérieurs, il les nommait tous, à genoux, aux pieds de son crucifix et ne trouvait sa force que dans cette pensée : c'est pour Dieu et pour les âmes que je souffre et que je me fais missionnaire. Ma vie appartient plus que jamais aux âmes et à Dieu ! » Il partait le 6 janvier de cette année 1851, dont il ne devait pas voir la fin sur la terre.

« Dès le premier jour de son arrivée, le P. Martin Lambert se montra apôtre infatigable, toujours à la disposition de son supérieur pour les labeurs les plus pénibles. C'est à un excès de zèle et à un oubli de lui-même qu'il faut attribuer la cruelle maladie qui l'a ravi si prématurément à la mission et à l'affection de tous. »

Il était allé, un dimanche soir, réciter le chapelet et prêcher à la chapelle dite : « Làventille Saint-Martin », à trente minutes de la ville, sur le chemin qui conduit à Saint-Juan. Le Père était à cheval, il faisait une nuit sombre ; en mettant pied à terre, il tomba dans un fossé et fut tout mouillé ; il fit néanmoins sa prédication et revint au presbytère, il était resté plus d'une heure avec ses vêtements mouillés ; il ne les changea pas en arrivant. Le lendemain, 8 septembre, il sentit les premiers frissons de la fièvre ; on ne se fit aucune illusion, c'était la terrible fièvre jaune qui, dix mois auparavant, nous avait enlevé le P. Bonaventure Boizot. Il ne se releva plus et, cinq jours après, son âme s'envolait au ciel, à trente-huit ans, laissant après elle ce parfum des vertus religieuses qui console et fortifie les survivants.

Avant la mort du Père, on appelait : « Laventille Saint-Joseph », tout ce quartier où nos premiers Pères ont fait élever une chapelle et ouvert une école et qui se trouve, en effet, sur le grand chemin qui mène à la petite ville de Saint-Joseph, en passant par Saint-Juan ; et si maintenant, ce quartier et sa chapelle portent le nom de « Laventille Saint-Martin » c'est, croyons-nous, en souvenir du bon P. Martin et de la mort héroïque qu'il y a trouvée en accomplissant dans toute sa perfection son devoir d'apôtre et de missionnaire.

Cette tombe à peine fermée, une autre allait s'ouvrir, hélas ! pour recevoir les restes mortels d'un autre vaillant apôtre, d'un de nos plus anciens et meilleurs ouvriers que Notre-Seigneur eut envoyés travailler à sa vigne, le R. P. Marie-François Ribon que nos lecteurs connaissent déjà. Il avait été le directeur des travaux de construction de notre nouveau presbytère ; nommé depuis deux ou trois ans à peine sacristain majeur de la cathédrale, il avait employé à son service tous ses talents, et ils étaient nombreux ; il s'occupa, entre autres choses, d'installer dans les tours de cette magnifique église cinq nouvelles cloches, et une horloge, d'un mécanisme très compliqué. Tous ces travaux intellectuels et matériels avaient usé la forte santé du Père. — Il avait cru pouvoir, durant ses premières années à la Trinidad, concilier les observances dominicaines de jeûne et d'abstinence avec les travaux du missionnaire, sous un climat qui exerce sur l'économie l'influence la plus débilitante. Il est certain que cette influence s'étend à l'esprit aussi bien qu'au corps ; le travail de l'intelligence est moins facile et plus fatigant, et le corps a besoin de plus de repos ; l'appétit est généralement diminué et l'estomac se ressent de la faiblesse générale.

Chez le P. Marie-François, la fatigue s'était portée, dans les derniers temps, sur les organes digestifs et bientôt l'on vit tous les symptômes de la dyspepsie qui l'emporta. On lui conseillait souvent un retour en France pour refaire sa santé délabrée ; il répondait : « Je suis venu à la Trinidad pour y mourir ; j'y suis, j'y reste. » Sa maladie ne l'empêchait point de vaquer à ses fonctions ordinaires ; il prêchait, confessait et accomplissait tous les exercices du saint ministère, il présidait, jusqu'au dernier moment, les réunions des sociétés qui lui étaient confiées ; mais le physique influait sur le moral. Lui, toujours si gai et ordinairement si doux, était devenu triste, mélancolique et facile à surexciter. Il n'était pas rare de surprendre sur ces lèvres le cri de saint Paul « *Je désire mourir pour être avec le Christ.* » — Le pauvre malade demanda comme une faveur de prêcher le *triduum* préparatoire à la fête du Rosaire. Il avait encore tant de choses à dire à ses chers associés ! On accéda à ses désirs, mais l'auditoire n'eut pas de peine à se convaincre que cette voix si connue et si aimée ne résonnerait plus longtemps sous les voûtes sacrées.

Le 10 octobre, le P. Marie-François quitta Port-d'Espagne pour aller essayer d'un changement d'air à San-Fernando, au milieu de ses Frères en religion chargés de cette paroisse. Sa conviction, qu'il manifesta à plusieurs, était qu'il ne reviendrait plus. Aucune voie ferrée ne reliait à cette époque Port-d'Espagne à San-Fernando, le voyage se faisait en steamer, en deux heures et demie.

Quelques jours après son arrivée, le cher malade envoyait une lettre à son supérieur, le R. P. Marie-Dominique Berthet, avec une charmante poésie qui lui fut inspirée par le chant de quelques tourterelles qui vivaient prisonnières près de sa fenêtre. — C'était son dernier poème, son dernier chant ! Nous avons donné la première qu'il composa à bord du vaisseau qui l'emportait loin de son pays, loin de sa chère France, en 1872. Nous allons donner la dernière ; poésie inspirée par le chant des tourterelles, et qu'on pouvait appeler le dernier chant du cygne. « Il l'envoie,

dit-il, pour montrer que la maladie n'a pas attaqué sa pauvre
tête et son mauvais cœur, et que, par la grâce de Dieu, il n'est
pas encore comme une lyre qui a perdu toutes ses cordes. »

O tourterelles
Toujours si belles !
Loin des vautours,
Sous la fenêtre
De votre maître,
Coulez vos jours.
Et que, sans cesse,
Avec ivresse,
Vos chants émus
Fassent entendre
Le nom si tendre
De mon Jésus !

Mes tourterelles,
Soyez fidèles
A ma leçon.
Point de colère,
Vivez sans guerre,
A l'unisson !
Sans jalousie,
Sans nulle envie,
Sans aucun fiel...
Toujours mignonnes,...
Et toujours bonnes,
Comme le miel.

Dans cette cage,
Votre ramage
Est bien plus doux...
Oiseaux bibliques,
Les vrais mystiques
Sont comme vous !
Pauvre chambrette
Rude couchette,
Du pain... de l'eau...
Mais l'âme heureuse,
Toujours joyeuse,
Ah ! que c'est beau !

> Comme un bon père,
> Sur cette terre
> Je vous nourris...
> Soyez de même,
> D'amour extrême,
> Pour vos petits !
> Prêchons d'exemple !...
> *Moi*, dans le *Temple*
> *Vous*, dans ces lieux,
> A vous, la *Terre !...*
> Pour moi, j'espère,
> Un jour les Cieux !

Le 18, le Père recevait le sacrement des mourants. Le R. P. Violette, curé de San-Fernando, le R. P. Noël, son vicaire, et le F. Benoit, entouraient le cher malade de tous les soins imaginables. Le Très Révérend Père Prieur de la Communauté de Port-d'Espagne était accouru près de lui. De toutes parts on demandait de ses nouvelles ; une neuvaine solennelle avait été commencée à Notre-Dame de Laventille où trois Rosaires étaient récités chaque jour ; mais malgré les soins et les prières, le malade s'affaiblissait rapidement. Le 29, le Père était si mal que les religieux présents se réunirent autour de sa couche pour réciter les prières des agonisants, puis le Rosaire entier. La nuit qui précéda la Toussaint fut une longue et douloureuse agonie. Le jour de la fête se passa dans le même état. Il avait encore des lueurs de connaissance qui duraient quelques secondes. Cette lampe, après avoir brillé d'une si pure lumière à l'ombre du sanctuaire, et avoir jeté un si vif éclat au milieu des fidèles, se ranima un instant avant de se rallumer à ces foyers d'amour éternel où s'embrasent les Séraphins, puis s'éteignit doucement et silencieusement à six heures trois quarts, le mercredi, 2 novembre, fête des Fidèles trépassés.

Le Père, profès depuis vingt et un ans, n'avait pas encore achevé sa cinquante et unième année.

Un télégramme annonça son décès, et quand les cloches de la cathédrale tintèrent le glas funèbre, la population de Port-d'Espagne leur répondit par les pleurs et les gémissements. On exposa le corps du défunt jusqu'à deux heures de l'après-midi dans l'église de San-Fernando, puis l'Office des morts ayant été chanté et l'absoute faite, on le dirigea sur Port-d'Espagne, où il arriva le soir même à six heures. On peut évaluer à quatre ou cinq mille le nombre des personnes présentes à l'arrivée du convoi. On apercevait là Monseigneur l'archevêque, Mgr Orsini, curé de Saint-Joseph, les membres du clergé qui avaient pu accourir, les Pères de la Congrégation du Saint-Esprit, les Sœurs de Saint-Joseph de Cluny, les élèves de tous nos collèges et pensionnats, les membres des diverses sociétés et congrégations pieuses de la paroisse.

Quand cet immense cortège voulut pénétrer dans la cathédrale, il la trouva déjà remplie, et on eut toutes les peines du monde à se frayer un passage à travers la grande nef. Il faisait nuit quand on arriva au cimetière qui est à plus d'un mille de distance. Dans ce coin de terre qui allait posséder la dépouille mortelle du P. Marie-François, se trouvent plusieurs tombes de ses Frères et de ses Sœurs dans l'Ordre de Saint-Dominique ; là reposent les corps des PP. Trouche et Mentel, morts de la fièvre jaune en l'année 1869 ; la même année, et à quelques semaines de distance, neuf religieuses dominicaines, employées à la léproserie de Cocorite, tombèrent, victimes du même fléau. — Le 27 décembre de 1880, nous perdions le P. Bonaventure et en cette même année 1881, quelques semaines avant le P. Marie-François, le P. Martin succombait, victime de cette terrible fièvre jaune. Trois morts en onze mois ! — Les désirs du cher défunt étaient accomplis ; il reposait près des deux religieux qui, dans le courant de l'année, l'avaient précédé dans la tombe. Monseigneur l'archevêque prononça, lui-même, sur la fosse, les dernières prières, terminées par le souhait que l'Eglise de la terre fait pour tous ses enfants qui partent pour l'éternité : *Requiescat in pace*, qu'il repose en paix !

Nous avons raconté longuement la dernière maladie, et nous nous sommes étendu sur les derniers moments, la mort et les funérailles de ce saint religieux qui a laissé, dans notre mission, un souvenir que nous voulons rendre impérissable en écrivant tout ce qui précède. A ses qualités surnaturelles il joignait les dons naturels les plus précieux et qu'on trouve rarement réunis en une seule personne. Il était prêtre, musicien, architecte, la mécanique ne lui était pas étrangère ; peintre, photographe, écrivain, (il a écrit plusieurs livres) excellent prédicateur, que sais-je encore ?

Mais par dessus tout, et ce qui vaut mieux que tout le reste, il était un excellent religieux ; humble, obéissant toujours au moindre désir de ses supérieurs, charitable à l'excès envers ses Frères. Homme d'oraison, tendrement dévot, comme un vrai fils de saint Dominique, envers la Très Sainte Vierge Marie. D'une austérité monacale ; aucun genre de mortification ne lui était étranger. Un adieu sans retour à son pays est une forme de la mortification dont beaucoup, même parmi les religieux, ne voient pas la beauté, ou qu'ils ont rarement le courage de pratiquer, tout en lui rendant hommage. Avec l'assentiment de ses supérieurs, le P. Marie-François avait fait le vœu de ne plus jamais revoir son pays, de ne plus retourner dans sa chère France.

En disant adieu au P. Marie-François, qu'il nous soit permis de publier ici une jolie poésie dont il est l'auteur et qui montre bien son excellent cœur.

> Que je suis malheureux ! Jamais en mon enfance
> Dans le même berceau, tout auprès de mon cœur,
> Je n'ai vu s'endormir d'un sommeil d'innocence
> Une petite sœur.
>
> Jamais sur les genoux de la plus tendre mère
> Où tant de fois assis j'ai goûté le bonheur,
> Je n'ai vu m'embrasser comme on embrasse un frère
> Une petite sœur.
>
> Jamais dans mes ébats sur l'herbette ou la mousse,
> Pour suivre un papillon ou cueillir une fleur,
> Je n'ai pu dans ma main presser la main si douce
> D'une petite sœur.
>
> Jamais à l'heure sainte où je fais ma prière
> Pour saluer Marie et bénir le Seigneur
> Je n'ai vu répondant aux *Ave* du Rosaire
> Une petite sœur.

Jamais quand j'ai connu mes premières alarmes
Vivant loin de ma mère en des jours de malheur,
Je n'ai vu près de moi pour essuyer mes larmes
Une petite sœur.

Jamais quand le chagrin qui parfois me déchire
S'enfuit pour faire place au rapide bonheur,
Je n'ai vu près de moi pleurer et puis sourire
Une petite sœur.

Mais que Dieu soit loué ! La Reine du Rosaire
Celle qui fut toujours le repos de mon cœur,
Veut être aussi ma sœur.

Comme consolation à la suite de ce double deuil que nous venons de raconter, le T. R. P. Berthet reçut en janvier 1882 un autre bon missionnaire, le R. P. Nicolas Bugnon.

Suisse d'origine, né près de Fribourg, le 30 juillet 1845, le P. Nicolas suivit la voix de Dieu qui l'appelait à la vie religieuse, et obtint d'être reçu au noviciat de la Province des Dominicains de Lyon, installé alors au Couvent de Poitiers. Il y prononçait ses vœux le 2 octobre 1872. Envoyé de là au Couvent de Carpentras pour y faire ses études théologiques, il se mit ensuite à la disposition de ses supérieurs pour être employé, si tel était leur bon plaisir, dans notre mission de Trinidad. Ses vœux furent exaucés, et parvenu aux Antilles, il fut affecté exclusivement au service de la paroisse de Port-d'Espagne jusqu'en juillet 1889 où on le nomma, par intérim, curé de l'île de Saint-Vincent ; il y resta environ un an, puis il revint à la Trinidad où il partagea les travaux des autres Pères jusqu'en janvier 1896, époque à laquelle il obtint l'autorisation de rentrer en France.

Mais il y fut assiégé par le mal du pays, c'est-à-dire le désir très vif de revenir à la Trinidad. Car pour le vrai missionnaire qui a dans son cœur l'amour de Dieu et de ses frères, le pays, le vrai, celui qu'il affectionne le plus pendant sa vie terrestre, est celui où il peut faire le plus de bien, où il y a le plus d'âmes abandonnées à sauver. Aussi le bon P. Nicolas demanda-t-il avec instance de retourner à la Trinidad, faveur qu'on lui accorda en janvier 1902, six années après l'avoir laissée. Depuis son retour, il a été attaché comme aumônier à la léproserie de Cocorite, avec la charge du quartier de Saint-James, appelé aussi Mucurapo et dont, plusieurs fois déjà, nous avons entretenu nos lecteurs, surtout à l'occasion des démêlés du bon P. Marie-François avec les païens hindous.

Depuis cette époque (janvier 1902) le P. Nicolas est toujours resté à la léproserie de Cocorite, dans un presbytère que nos Sœurs ont fait construire à leurs frais à très peu de distance, presque sous les murs de l'asile. Avec l'aumônerie de la léproserie, le Révérend Père cumula celle de nos Sœurs attachées au service de l'établissement, ainsi que la charge quasi-paroissiale de l'église et du quartier de Saint-James. C'est dans ce poste d'abnégation et de dévouement que le bon P. Nicolas a vu venir le terme de son existence le 13 avril 1918.

---

# CHAPITRE XII

## Deuxième Priorat du T. R. P. Hilaire Arnaud
### 1882-1886

Le R. P. Hilaire Arnaud, après un premier triennat, avait eu pour successeur, en 1879, le T. R. P. Marie-Dominique Berthet, institué par le T. R. P. Potton, supérieur de la mission pour trois ans.

Mais en 1882, le 23 septembre, le P. Hilaire reprenait possession de la charge une seconde fois, et devenait Prieur de la communauté et curé de la cathédrale.

La direction demeurait la même, car l'esprit était semblable chez le R. P. Marie-Dominique et chez le R. P. Hilaire, avec cette seule différence que le dernier possédait plus que le premier le *suaviter in modo*, c'est-à-dire plein de douceur, de suavité dans la forme. Mais sous sa rudesse apparente, le R. Père Marie-Dominique avait un cœur d'une bonté excessive dont il a donné des traits nombreux que ceux qui l'ont connu aiment encore à se rappeler et à raconter. Nous qui écrivons le récit, nous sommes de ces derniers, *quorum pars magna fui.*

Le mois qui suivit sa deuxième installation au poste de supérieur, le R. P. Hilaire vit arriver de France les PP. Elzéar Britton et Bertrand Cothonay, le 22 octobre 1882.

Nous savons très peu de choses du P. Elzéar. Il était prêtre dans l'archidiocèse d'Avignon quand il sollicita son admission dans l'Ordre de Saint-Dominique. C'est au couvent de Poitiers qu'il échangea la robe noire du prêtre séculier contre la robe blanche du Dominicain, et il y prononça ses vœux en 1873, âgé de 35 ans. Depuis près de dix ans, il appartenait à la famille des Frères Prêcheurs, quand, sur sa demande, il fut envoyé dans notre mission.

Mais il n'y resta qu'un petit nombre d'années. Toujours appliqué avec zèle et dévouement à toutes les fonctions qu'on lui imposa, il paraissait vivre dans un recueillement continuel, parlant peu, levant rarement les yeux. Son union avec Notre-Seigneur se manifestait jusque sur le visage, qui, on le sait, est le miroir de l'âme. Un de ses Frères en religion qui l'a connu intimement, nous a rendu de lui ce témoignage qu'il a rarement vu une nature plus candide et plus innocente. Il était vraiment arrivé à ce point de perfection que Notre-Seigneur demandait à ses apôtres, lorsqu'il leur enjoignait de devenir semblables à de petits enfants.

On s'est souvenu longtemps de ses prédications si pratiques, si pieuses, si nourries de la doctrine des divines Ecritures, et dont la forme était toujours irréprochable, même souvent élégante. Il annonçait fréquemment la parole de Dieu dans les diverses églises de Port-d'Espagne. La première année de son séjour ici, il prêcha le carême ; l'année suivante, il donna le mois de Marie avec beaucoup d'onction et de piété.

Ce cher Père fut bientôt atteint d'une affection du cœur, au commencement de 1886, ses jambes enflèrent, et son état inspira des craintes sérieuses. Les quinze derniers jours surtout, se sentant très oppressé, il ne pouvait trouver aucune position qui lui permit de reposer, et il souffrait d'une manière affreuse. Néanmoins on ne put saisir une plainte sur ses lèvres. Il restait toujours affable, avenant, non seulement résigné, mais presque gai d'aller, comme il disait, dans la maison de son Père.

Quoique ne pouvant plus parler, il garda jusqu'à la fin un esprit lucide ; il comprenait tout ce qu'on lui disait et répondait par un signe. Il s'éteignit si doucement, assis sur un fauteuil, au milieu de ses Frères qui priaient, qu'aucun d'eux ne remarqua le moment où il expira.

Il mourut le 13 avril 1886.

En 1883, un fait qui eut son importance pour notre presbytère et pour notre mission, ce fut la venue à Port-d'Espagne du R. P. Siméon Guillet.

Ce religieux était né à Saint-Pierre de la Martinique, le 23 jan-

vier 1851 ; l'année même de sa naissance, il quittait le pays qui
l'avait vu naître pour suivre la fortune de son père que les exigences de la loi militaire obligeaient à séjourner tantôt dans ce
pays, tantôt dans un autre, le corps de troupe auquel il appartenait ayant été spécialement créé pour les colonies françaises.
Deux ans après son arrivée en France, il était emmené au Sénégal où il perdit son père, tombé sur le champ de bataille. Il avait
sept ans quand il revint en France, suivant sa pauvre mère, jeune
veuve de trente-quatre ans, et accompagnant ses deux petites
sœurs. Quoique cela nous soit un peu trop personnel, qu'on nous
permette de raconter comment, envoyé à leur rencontre, à la station du chemin de fer de la ville de Poitiers, nous étions anxieux
de savoir si nous pourrions reconnaître les chers voyageurs, notre mère, notre frère et nos sœurs. Nous n'avions pas encore quatorze ans et il y avait plus de sept ans que nous les avions quittés !
Le train entre en gare, un flot de voyageurs en descend. Nous les
dévisageons tous, notre cœur battait bien fort ! De toutes ces dames, laquelle est ma mère ? de tous ces enfants, quels sont mes
sœurs et mon petit frère ? J'aperçus enfin une jeune dame, petite,
toute habillée de noir, ayant à ses côtés deux petites filles et un
petit garçon, tous en grand deuil. Je regardais fixement la dame,
elle aussi me regardait attentivement. C'est peut-être ma mère,
cette dame, pensais-je en moi-même ? J'avisais alors le pied du
petit garçon, me souvenant que mon petit frère était né estropié,
un de ses pieds étant complètement tourné en dedans. Un des
pieds était en effet tourné ! Je m'avançais alors vers ce groupe,
lentement et timidement, quand j'entendis la jeune dame pen-
chée vers l'aînée de ses filles et prononçant mon nom de baptême. C'était elle ! c'était ma mère ! c'était mon petit frère, le futur P. Siméon. Chers lecteurs, vous devinez le reste, et vous me
pardonnerez cet entrefilet qui n'a guère de rapport avec l'histoire
que nous écrivons, mais le cœur, pour écrire ces lignes, m'a pris
la plume des mains.

Le P. Siméon se sentit de bonne heure de l'attrait pour l'état
ecclésiastique et il serait bien probablement entré dans le clergé
séculier, s'il n'avait eu devant lui l'exemple de son frère aîné
qui, quelques années auparavant, avait embrassé l'état religieux

dans l'Ordre de saint Dominique ; *excmpla trahunt*. Il en subit l'heureuse influence et, la grâce de Dieu aidant, il demanda et obtint d'être admis au noviciat de la Province de Lyon qui se trouvait alors au Couvent de Poitiers, à quelques minutes de la maison familiale où s'était écoulée sa petite enfance depuis son retour du Sénégal. Il y prononça ses vœux, le 2 octobre 1872. Si notre bon et doux frère avait suivi notre exemple en entrant dans l'ordre de saint Dominique, il voulùt nous imiter encore jusqu'au bout en demandant à être envoyé dans notre mission de Trinidad, où nous nous trouvions déjà depuis quatre ans. Ses vœux furent exaucés et, le 23 octobre 1883, il était au milieu de nous.

Avant d'aller plus loin, une remarque s'impose à nous et une explication est nécessaire ici. Nous avons dit que notre frère était né estropié, un de ses pieds étant complètement tourné en dedans, ce qui le faisait boiter notablement. Or, cette infirmité, par trop visible, constituait ce que les lois de l'Eglise appellent une *irrégularité*, et rendait impossible, ou du moins très difficile, son admission dans les Ordres sacrés. Aussi nous devons nous empresser de dire que Dieu, dans son ineffable bonté, sachant ce que serait un jour ce pauvre petit qui n'avait alors que sept ans, inspira à sa mère de consentir à ce qu'une bien douloureuse opération lui fut faite ; on lui coupa, sous la plante du pied infirme, ce que les chirurgiens appellent, dans leur langage baroque, le tendon d'Achille (Achille fut, dit la fable, blessé, à ce tendon, pendant le siège de Troie ; de là cette dénomination) ; le pied se trouva redressé et, pendant plus d'une année, il fut maintenu en bonne position par un sabot en fer. Le sabot enlevé après ce laps de temps, le pied était et resta dans sa position naturelle.

Du jour de son arrivée jusqu'en janvier 1889, le P. Siméon fut attaché au service de la cathédrale, puis nommé aumônier de l'orphelinat de Belmont, et chargé en même temps du service de la chapelle, de l'école et de tout le quartier de Belmont, il desservait, en outre, l'hôpital colonial. L'excellent et zélé religieux s'acquitta de sa lourde tâche à la satisfaction de tous ; sans être de première force dans l'étude des langues, il parvint à connaître les langues anglaise et espagnole, suffisamment pour pouvoir les parler assez correctement.

En 1895, au mois de décembre, il fut mis à la tête de la paroisse de Caura, paroisse toute entière dans les montagnes, à quelques milles de Tunapuna et faisant autrefois partie de la paroisse Saint-Joseph. Il y avait succédé au R. P. Régis Gerest qui fut le premier Dominicain mis à la tête de cette paroisse. — Pendant cinq années, le P. Siméon remplit à Caura tous les devoirs d'un fidèle et zélé pasteur. Il venait pour affaires, en ville, de loin en loin ; mais nous fîmes cette remarque que nous livrons à la méditation des prêtres qui ont charge d'âmes, c'est que jamais il ne voulut passer la nuit en dehors de son presbytère de Caura ; le matin, sa messe dite, il partait pour la ville et, le soir du même jour, il couchait au presbytère. Un de ses principaux et meilleurs paroissiens nous disait, il y a quelques jours : nous n'aurons jamais un curé comme le P. Siméon ; plusieurs déjà lui ont succédé, aucun ne l'a remplacé. Vous pensez, ami lecteur, si nous étions fiers d'entendre parler ainsi de notre frère que, par suite d'une vieille habitude, nous appellions toujours notre *petit* frère. — Mais, il était mûr pour le ciel, Dieu le voulait encore plus à lui. Dans les derniers mois de l'année 1900, il ressentit des douleurs sourdes dans l'estomac qui ne tardèrent pas à se communiquer aux jambes. Le médecin, consulté, lui intima l'ordre de retourner sans tarder au presbytère de la ville où il lui serait plus facile de suivre sa maladie et de lui donner des soins. Il y vint en effet, non sans un immense regret de laisser sa chère paroisse à laquelle, sans le savoir probablement, il disait un éternel adieu. En effet, il ne devait plus la revoir. Il était attaqué de ce terrible mal, appelé le béri-béri, mot cingalais qui signifie *faiblesse.* C'est une maladie particulière au Malabar et à l'île de Ceylan, caractérisée par un abattement général, l'engourdissement des membres et par un trouble général de la sensibilité. Notre cher et bon frère passa les quatre dernières semaines qui lui restaient à vivre dans le calme et la douceur qui avaient toujours été le fond de son caractère. Arrivé au presbytère le 6 décembre, il rendait sa belle âme à Dieu le 6 janvier 1901, un mois après, à l'âge de cinquante ans. Le Père, qui le veillait, croyait qu'il dor-

mait ; il reposait en effet, mais du repos éternel ; il était mort
comme il avait vécu, sans bruit, sans causer de dérangement à
personne. Ses funérailles eurent lieu le jour même de sa mort, le
6 janvier, fête de l'Epiphanie de Notre-Seigneur. En suivant le
convoi funèbre, en accompagnant le corps de notre « petit frère ».
à sa dernière demeure, nous avions sur les lèvres, mais surtout
dans le cœur ces paroles du saint roi David : *Doleo super te, fra-
ter mi Jonatha, decore nimis; ..... sicut mater unicum amat fi-
lium suum ita ego te diligebam* (2 Reg. 1. 26). Je pleure sur toi,
Jonathas, mon frère, qui était si beau ! Je te chérissais, comme
une mère chérit un fils unique.

Le P. Siméon était dans la trentième année de sa profession
religieuse.

Un point d'histoire qui relève de l'administration du T. R. P.
Hilaire Arnaud se rapporte à l'île de Chacachacare. Le travail qui
s'est fait dans cette île appelle une mention spéciale en raison de
son importance, du temps que nous lui avons consacré, et des
œuvres auxquelles les Pères s'y sont appliqués.

Chacachacare est une petite île, et cependant la plus grande
des quatre qui forment comme un trait-d'union entre la Trinidad et le Vénézuela, autrement dit la côte ferme. La population
presque abandonnée était dans un triste état au point de vue spirituel. C'est, croyons-nous, sur la demande du bon abbé Ponja-
de, curé de Carénage dont dépendent toutes ces îles, et grand
ami des Dominicains, que le R. P. Hyacinthe Bariou fut envoyé
pour la première fois dans cette île le 15 mars 1884.

Il n'y trouva ni presbytère ni chapelle. Grâce à son zèle et à sa
sollicitude, il parvint à construire l'un et l'autre. Mais nous voyons qu'en juillet 1885, le conseil du presbytère décida qu'on ne
prenait aucun engagement au sujet de Chacachacare.

Toutefois, deux ans plus tard, en juillet 1887, on acceptait
cette île comme une dépendance de la paroisse de Port-d'Espagne, à la condition qu'un Père s'y rendrait seulement trois ou
quatre fois par an, et que nous ne serions pas tenus d'y aller
pour y faire les enterrements.

Nous fûmes invités par le gouvernement à y ouvrir une école, et il s'engageait à nous donner environ cent-cinquante dollars par an pour la soutenir. Cette île fut donc annexée à la paroisse du Port et nous la conservâmes jusqu'en 1901. A cette date, il fallut nous en dessaisir entre les mains de l'archevêque qui la remit au curé du Carénage.

C'est donc à nos Pères et grâce à leur zèle et à leur dévouement que les trois cents habitants de cette petite île doivent de posséder une église, un presbytère et une école. C'est une sorte de paroisse dont le vrai fondateur a été le bon P. Hyacinthe Bariou. Les braves gens de ce lieu n'auront jamais trop de reconnaissance pour lui.

Pendant près de vingt années, Chacachacare a été aussi pour les Pères de Port-d'Espagne un lieu de changement d'air, et ils y passaient volontiers chaque année plusieurs semaines de repos. Un service régulier de steamer, fonctionnant trois ou quatre fois par semaine, permet d'y aller et d'en revenir en trois ou quatre heures.

C'est aussi sous le priorat du T. R. P. Hilaire que se réalisa une œuvre qu'il convient de mentionner.

Le 14 octobre, le T. R. P. Marie-Dominique était nommé Vicaire général du diocèse, c'est lui qui, en cette même année, fonda la Fraternité du Tiers-Ordre dans la paroisse de Port-d'Espagne. La cérémonie de fondation eut lieu dans la chapelle de l'hospice de Shine.

Nous avons déjà assez longuement parlé du Tiers-Ordre de saint Dominique tant régulier que séculier. Mais si nous avions, vivant dans le monde, des Frères et des Sœurs, membres de notre Tiers-Ordre, et fidèles à pratiquer la Règle, ces personnes ne formaient pas un corps et s'ignoraient les unes les autres : c'était le Tiers-Ordre individuel, non pas une Fraternité.

Ce Tiers-Ordre individuel, le R. P. Bion l'avait déjà établi dans la paroisse. Nous connaissons même la première personne qui fut reçue, bonne et excellente demoiselle, qui vit encore au moment où nous écrivons ces lignes.

C'est donc le T. R. Père M. Dominique que Dieu choisit pour perfectionner l'œuvre commencée vingt ans auparavant par le P. Bion. Nos lecteurs ont pu voir plus haut ce qu'est une Fraternité du Tiers-Ordre, la vie religieuse sans les vœux pratiqués par les personnes du monde. Il n'y manque pour être l'image conventuelle qu'une vie de communauté et le port extérieur de l'habit religieux.

En 1886, un missionnaire de grande valeur nous vint de France, le P. Victor Bisquey. Il était né à Mauléon-Soule (Basses-Pyrénécs) le 1ᵉʳ avril 1853, d'une très chrétienne famille qui lui inspira une profonde piété. A la fin de ses études littéraires, il reçut au couvent de Poitiers le saint habit de l'Ordre des Frères Prêcheurs. Plus tard, devenu prêtre, il fut envoyé à la Mission de Trinidad, où il demeura cinq ans attaché à la cathédrale de Port-d'Espagne. Il desservait en même temps l'église du Rosaire

Ses talents intellectuels, sa connaissance de l'espagnol, ses aptitudes comme architecte et un zèle plein de tact lui valurent l'attention et la confiance des catholiques. En 1890, il fut nommé curé de Sainte-Anne, tout en conservant la direction de la paroisse du Rosaire. Comme architecte, on lui doit beaucoup d'améliorations dans la cathédrale, dans le couvent des Dominicaines cloîtrées attenant à l'église du Rosaire et dans d'autres bâtiments.

Le Père était effectivement l'architecte de l'archevêque qui ne laissait aucun de ses prêtres bâtir quoi que ce fut, si le P. Victor n'avait pas été au préalable consulté, et sous ce rapport, il a rendu à Mgr Flood de très grands services.

Il était l'homme serviable par excellence, et je ne sache pas qu'il ait jamais refusé un service à qui que ce fut, quand il pouvait le rendre. Le Père paraissait doué d'une santé robuste, car jamais nous ne l'avions connu malade, même indisposé. Cependant il se sentait souffrant et fut obligé d'en parler au médecin, le Docteur Antoine Lota, qui, à une science profonde, joignait une pratique parfaite de ses devoirs religieux et une amitié très grande pour les Pères.

Après un sérieux examen, le Docteur exigea son départ immédiat pour la France et un séjour de quelques mois dans sa famille. L'illusion n'était plus possible, le Père était gravement atteint. Néanmoins, après plusieurs mois, il fit ses adieux à sa famille, et revint à la Trinidad où il voulait mourir. Le Docteur Lota diagnostica un kyste cancéreux. Le Père ne voulut pas cependant abandonner sa chère paroisse de Sainte-Anne, c'est là qu'il passa les trois dernières années de sa vie après son retour de France.

Il dut subir de fréquentes et bien douloureuses opérations, sans qu'on l'ait jamais entendu laisser échapper une plainte, ou formuler un regret de quitter la vie. Il mourut un dimanche soir, le 17 février 1901, âgé de quarante-huit ans. Un bon prêtre vénézuélien, curé dans notre île et qui doit au Père la place de sa nouvelle église, disait en pleurant : « J'ai perdu mon meilleur ami. » Quant à nos Sœurs Dominicaines du Couvent du Rosaire, elles furent inconsolables, car le Père était tout pour elles, leur confident, leur aumônier, leur architecte, leur homme d'affaires. « Rien d'important ne se faisait sans qu'il fût consulté. Si leur couvent a été refait à neuf, c'est au Père qu'elles le devaient. »

Ses funérailles furent célébrées dans l'église de Sainte-Anne, et on transporta son corps au cimetière de Port-d'Espagne, où il repose à côté de celui du P. Siméon Guillet.

Nous avons trouvé dans les papiers du regretté Père un écrit où il nous fait connaître ses peines, son état d'âme dans les derniers jours de sa vie. C'est en quelque sorte un testament. Ces lignes sont si belles et si touchantes que nous croyons devoir les porter à la connaissance de nos lecteurs.

« Au nom du Père, du Fils et du Saint-Esprit. Ainsi soit-il. J'ai fait plusieurs fois un papier semblable, mais jamais je n'ai été si près de ma fin ; par suite je pense que ces lignes seront les dernières que j'aurai à tracer dans cette vie, je les écris sur ma pauvre couche, après avoir reçu dans la joie de mon âme tous les sacrements de la sainte Église.

Depuis longtemps j'ai accepté la mort comme un bon acte de l'adorable volonté de Dieu et comme une juste expiation de mes innombrables fautes à l'égard de Dieu et de mes Frères. Dieu m'a fait de grandes grâces, je n'en pas assez tiré profit pour moi et ceux qui m'étaient confiés. Malgré tout, j'ai en Dieu, en Jésus-Christ Notre-Seigneur, en la Vierge Marie, dans mes Saints

Patrons une confiance sans borne. Le Sauveur est mort pour les pécheurs, quelle consolation !

A cette heure, combien je bénis Dieu de ses bontés pour moi ! Il m'a donné une bonne mère bien chrétienne ; éducation, vocation sainte, envoi comme missionnaire à la Trinidad. J'ai tout aimé, et j'ai trouvé que Notre-Seigneur m'avait donné la meilleure part. En tout cela, je dois inclure tous les bons supérieurs, tous les bons Frères auxquels j'ai sans doute souvent manqué (je le déplore de toute mon âme), mais qui ont été toujours pour moi des amis bien affectueux. J'ajoute, que d'amis dévoués, que d'âmes saintes j'ai rencontrés le long de la vie, et qui ont contribué à rendre mes jours doux et heureux.

Je remercie Dieu surtout de cette longue maladie, qui m'a fait le plus grand bien. Deux amis sans pareils, les deux Docteurs Lota, m'ont traité et soigné avec un dévouement incomparable. Ma reconnaissance pour eux sera toujours la plus profonde.

Combien je remercie encore les pieuses personnes qui m'ont si généreusement assisté dans toutes mes œuvres de Sainte-Anne ! Dieu voudra inscrire leur nom dans le livre de vie. Si j'ai pu mettre la paroisse en état, ce n'est pas moi qui mérite la moindre louange, mais Dieu et ces bonnes âmes.

Durant de longues années de séjour dans une paroisse, on manque nécessairement à tel ou tel membre de la communauté. A tous ceux que j'aurais offensés, je demande pardon de tout cœur, et de mon côté, je pardonne à tous ceux qui m'auraient manqué en quelque chose. Que de pardons à solliciter, et que d'actions de grâces j'ai à rendre à cette heure !

Mon désir est d'être enterré comme les pauvres : dernière classe en tout. Pauvre corbillard, point de fleurs, mais beaucoup de prières. *In manus tuas, Domine, commendo spiritum meum.* »

Au cours de son priorat, vers la fin, le R. P. Hilaire eut la douleur de perdre le R. P. Violette. C'est en 1876 que le P. André Violette avait été nommé à la cure de San-Fernando, la ville la plus importante du district de Naparima, dans le sud de l'île. San-Fernando peut être considéré comme la seconde ville de la Trinidad ; elle est à 35 milles de Port-d'Espagne et sa population est de 6.000 âmes dont la moitié environ appartient à la religion catholique. Le R. P. Violette succédait à l'abbé Michel Griffin qui lui-même avait remplacé le vénérable abbé Christophe. Ce digne prêtre avait gouverné pendant trente-quatre ans la paroisse de San-Fernando et il y avait laissé un excellent souvenir. L'abbé Griffin mourut quelques mois après l'abbé Christophe.

La population catholique qui, en plusieurs occasions, avait connu et apprécié le mérite du R. P. Violette fit une pétition pour avoir le Révérend Père ; le consentement de l'archevêque n'était pas douteux, mais ce n'était pas suffisant, il fallait celui des Supérieurs religieux ; on dut écrire au Tr. R. Père Provincial de Lyon qui autorisa l'acceptation de la paroisse de San-Fernando, mais pour le R. P. Violette seulement, la communauté de Port-d'Espagne ne prenant aucun engagement pour l'avenir.

L'arrivée du R. P. Violette eut lieu en 1865. Pendant près de onze années il avait pris sa part de presque toutes les œuvres fondées par nos premiers Pères dans la paroisse de Port-d'Espagne. Il avait élevé, conjointement avec le R. P. Bion, la chapelle de Saint-Dominique du morne Léotaud, c'est encore à lui que notre paroisse doit la première chapelle et la première école ouvertes à Belmont. Il aida encore grandement à l'établissement et à la fondation du couvent de nos Soeurs de Caracas sur le morne du Calvaire. Si son départ fut une perte pour la première ville de l'île, elle marqua un gain pour la seconde. Le 2 juillet 1876, il prenait possession de sa paroisse en présence de Mgr O'Carrol qui tint à venir lui-même installer dans sa nouvelle cure son vieux Frère et ami.

Le zèle du vicaire de la cathédrale ne fit que croître et grandir dans le cœur du curé de San-Fernando. Pendant les dix dernières années de sa vie, de 1876 à 1886, le P. Violette témoigna d'une énergie, d'une intelligence, d'une persévérance incroyables pour le bien physique, moral et religieux de ses paroissiens ; les protestants eux-mêmes l'avaient en vénération. Sans parler des réparations fréquentes et coûteuses qu'il eut à faire à son église paroissiale de San-Fernando, il construisit une chapelle à Sainte-Madeleine, une autre à Monkey-Town ; des écoles dans

chacun de ces deux villages, et à Bourg Rambert, à Victoria, à
Saint-John, à Marbilla, à Piparo, à Mount Stewart, à Trois-Amis ;
une école pour les garçons, une autre pour les filles à San-Fernando, un *Infant school* et un refuge pour les pauvres dans la
même ville. Et ce prêtre qui faisait si grandement les choses
quand il s'agissait de la gloire de Dieu et du bien des âmes était
dans toute sa personne et dans sa maison curiale d'une simplicité toute monastique, on voyait dans le prêtre de paroisse le vrai
religieux, fils de saint Dominique.

Le fardeau était trop lourd pour un seul homme, et par compassion, on résolut de lui donner un vicaire ; avec la pleine et
entière approbation de ses supérieurs religieux, le R. P. Noël
Lartaud fut désigné et, en 1878, le bon Père Noël laissait le presbytère de Port-d'Espagne pour aller habiter avec le R. P. Violette à San-Fernando et lui prêter aide et assistance.

Parmi les œuvres dues au zèle du curé de San-Fernando, nous
devons une mention toute particulière à la fondation d'un couvent des Sœurs de Saint-Joseph pour l'éducation des jeunes filles ; institution fort nécessaire et aujourd'hui la plus prospère
après le couvent qu'elles ont à Port-d'Espagne. Il eut, à cette occasion, de grandes difficultés à surmonter dont les principales
vinrent du côté de l'autorité ecclésiastique. Il en vint à bout
grâce à son indomptable énergie et à cette persévérance qu'il mettait à terminer tout ce qu'il avait résolu d'entreprendre pour le
bien de la paroisse.

Cependant la santé du R. P. Violette déclinait visiblement, ses
forces s'épuisaient, et quoiqu'il eut dans son doux et pieux vicaire, un aide jamais récalcitrant au travail et, en tout, parfaitement soumis, il sentait le besoin absolu d'un repos de quelques
mois. C'était le conseil des médecins, ce fut l'ordre de ses supérieurs. Il laissa donc, et bien à contre-cœur, sa chère paroisse et,
en 1884, il partait pour la France, son cher pays, qu'il n'avait
pas revu depuis sa venue à la Trinidad, dans les premiers mois
de 1865. Il n'y demeura que quelques mois, pas assez pour rétablir sa santé fortement ébranlée ; et puis il se sentait dépaysé
(dépaysé dans son pays, sa bien-aimée patrie !)

Comme l'homme du monde, de ce monde dont Dieu n'est pas,

*non sum de hoc mundo* (Joan. 8. 23) sourira avec pitié et dédain
en lisant cela ! Il en est ainsi cependant ; le bon prêtre est une
mère, il voit des enfants dans ses paroissiens, là où ils sont il est
chez lui, c'est son *home*, comme disent les Anglais ; si vous l'é-
loignez d'eux, il est dépaysé, il est en exil, même dans son pays
d'origine. Quel est le bon prêtre, le vrai pasteur des âmes, qui re-
fuserait de souscrire à cette pensée ?

Le R. P. Violette retourna donc avec autant de joie que d'empressement à la Trinidad, dans sa chère paroisse de San-Fernando. A son retour il ne ménagea pas ses forces et dépérit rapidement, miné par plusieurs maladies. Il refusa d'user de l'autorisation qui lui avait été donnée de venir mourir, au milieu de ses
Frères, à Port-d'Espagne, car il était visible, pour lui-même
comme pour tous, qu'il n'y avait pas de guérison possible. Il aimait bien ses frères, mais il aimait mieux ses enfants. Il voulut
mourir à San-Fernando.

Le 17 juin 1886, dans la matinée, les cloches de la cathédrale
de Port-d'Espagne annonçaient que le vaillant serviteur de Dieu
venait de s'endormir en paix. Le même jour, à deux heures, les
funérailles eurent lieu à San-Fernando ; ce furent les plus solennelles qu'on eût encore vues dans cette ville ; tous les magasins
étaient fermés en signe de deuil. Monseigneur l'Archevêque célébra le service funèbre, entouré des TT. RR. PP. Marie-Dominique, vicaire général, Brown, supérieur des Pères du Saint-Esprit,
Hilaire, supérieur des Dominicains et curé de la cathédrale, de
nombreux membres du clergé séculier, avec lesquels le bon Père
entretenait les rapports de la plus fraternelle amitié. L'église était
comble. Les protestants avaient voulu mêler leurs larmes à celles
des catholiques : on remarquait dans l'assistance trois révérends
*clergymen*, un recteur anglican, un missionnaire presbytérien
et un ministre méthodiste avec leurs familles. Durant la sainte
messe, la veuve d'un clergyman anglican entra dans l'église et,
s'avançant jusqu'au cercueil, y déposa un magnifique bouquet
de fleurs.

Un immense cortège, précédé par les enfants des écoles et par
les membres des diverses Sociétés établies par le défunt, se rendit
au cimetière. « Là, dit le chroniqueur du « *Port of Spain Ga-*

*zette* », nous avons assisté à une scène de profonde émotion, telle que nous n'en avons jamais vue ; car tandis que femmes et enfants sanglotaient tout haut, les larmes humectaient bien des yeux peu habitués à pleurer, et plus d'une poitrine virile se sentait oppressée par la douleur. C'est ainsi qu'a été déposé dans le champ du repos, au milieu des regrets de tout son peuple, cet homme de bien et ce fidèle missionnaire. Il travailla sans relâche, *opportune, importune,* il combattit le bon combat, il avait achevé sa course et gardé sa foi. Comment douter qu'il ne possède la couronne qui lui a été réservée par le juste Juge ? »

Le R. P. André Violette n'avait que 42 ans, et il était dans la vingt-sixième année de sa profession religieuse. Nous n'avons pu et nous ne pourrons consacrer à chacun de nos Pères une notice biographique aussi étendue, mais le nombre et l'importance des services rendus à la mission par le R. P. André Violette pendant plus de vingt ans nous a paru mériter une exception.

En 1886, le P. Hilaire étant encore supérieur, on construisit une chapelle en l'honneur de Notre-Dame à Laventille.

A l'est de Port-d'Espagne, s'élève une chaîne de collines et de montagnes nommées *mornes de Laventille.* C'est au sommet d'une de ces collines dont la base touche la ville, qu'est située la chapelle de Notre-Dame de Lorette, plus connue sous le nom de Notre-Dame de Laventille. Pour gravir le morne et arriver au sanctuaire, il faut près de trois quarts d'heure.

Le sanctuaire est de date récente. En 1874, une pauvre femme donna aux Pères, chargés de la Mission, un morceau de terre pour bâtir une chapelle sur le morne. Le Père Violette en commença la modeste construction ; elle fut faite en *tapia* (mélange de terre et de feuilles), couverte de feuilles et dédiée à saint Thomas d'Aquin. C'est là que, pendant deux ans, le zélé missionnaire venait évangéliser la population environnante ; quelques maîtresses d'instruction montaient de la ville pour y enseigner le catéchisme ; le soir, on récitait le chapelet et, pendant le carême, on faisait le chemin de la Croix. De nombreux enfants et adultes y firent leur première communion. Le chiffre de la population ne tarda pas à augmenter considérablement. Le bon

F. Jacques Falquet venu à la Trinidad avec le Tr. R. P. Dominique, en 1871, fut chargé de continuer l'œuvre du R. P. Violette ; sous la direction de ses supérieurs, il s'occupait du matériel, recueillait quelques aumônes, enseignait le catéchisme
et sa parole simple et naïve, mais toute de feu, avait une grande
efficacité sur les âmes.

En 1878, Mgr Gonin reçut de France une statue en bois de la
Bienheureuse Vierge Marie et l'offrit au jeune sanctuaire de Laventille ; l'image n'avait rien d'artistique, mais n'était pas cependant sans grâce et sans beauté. La Vierge-Mère est debout et
tient appuyé sur son bras l'enfant Jésus qui porte dans la main
droite le globe terrestre et bénit de la main gauche.

On se demanda où l'on placerait cette statue ; la chapelle de
saint Thomas était vraiment trop petite et trop misérable, de
plus elle était cachée dans un pli de terrain. A cent pieds de là
environ se trouve une esplanade d'où la vue embrasse un immense horizon ; ce lieu avait, au temps de la domination espagnole, le nom de *Monte-Christo ;* il est probable qu'on avait jadis en ce lieu érigé un Calvaire d'où le Christ en croix bénissait
la ville. Le terrain appartenait à une vieille femme, elle y vivait
seule, dans une case délabrée. Elle consentit à vendre sa petite
propriété pour le prix de quatre-vingts dollars ; c'était en décembre 1878 ; déjà elle avait accepté qu'on plantât sur le point culminant du morne une grande croix bénite, le 17 juin 1877, par
un prêtre délégué de Mgr l'archevêque.

Le 18 mai 1879, le Fr. Jacques, aidé du Fr. Benoit et des habitants de Laventille, commença, en planches brutes, la construction d'une chapelle en l'honneur de la Sainte-Vierge. Elle fut
dédiée à Notre-Dame de Lorette et la bénédiction eut lieu le 23
juin 1879. Cette chapelle ne tarda pas à devenir un lieu de pèlerinage où se réunirent des milliers de fidèles. En 1881, Mgr Gonin tint à venir lui-même présider une de ces nombreuses réunions, il constata que la chapelle était beaucoup trop petite, il
fut convenu qu'on en bâtirait une autre plus grande avec une
nouvelle statue élevée sur un immense piédestal qui servirait en
même temps de clocher. Ce qui fut fait. La nouvelle statue et la
chapelle furent solennellement bénites par Mgr l'archevêque

sous le nom de : Notre-Dame de Laventille. Malheureusement le monument n'avait point la solidité voulue, et si le Fr. Jacques et le Fr. Benoît étaient d'excellents religieux, ils étaient de bien mauvais architectes et constructeurs. L'hivernage de 1882 fut marqué par des pluies torrentielles. Les eaux s'accumulèrent autour de la chapelle et, dans la nuit du 27 juin, tout s'écroula à la hauteur de 30 pieds. Le Frère chargé de la chapelle, encouragé par la population et surtout par le digne pasteur du diocèse, reprit immédiatement les constructions sur des bases plus profondes, plus larges et plus stables, et, à la fin de l'année 1882, la tour était terminée et couronnée de la statue dont la tête s'élevait à cinquante-quatre pieds au-dessus du sol. Mais tout cela était encore du provisoire. La chapelle était en bois ; on en voulait une en pierre. Mgr l'archevêque ne crut pas expédient de faire des dettes pour cette construction et il pensait que la chapelle actuelle pouvait durer longtemps encore. La colonie était alors en souffrance au point de vue financier et d'autres œuvres réclamaient les aumônes des fidèles.

Enfin quatre ans plus tard, en 1886, le rêve caressé par tant de pieux Trinidadiens devint une réalité, par la pose de la première pierre de la chapelle définitive de Notre-Dame de Laventille. Voici en quelles circonstances :

Au commencement de mars arriva, dans le golfe de Paria, un yacht portant le pavillon autrichien et ayant à son bord deux illustres rejetons des familles royales d'Europe, son Altesse Royale le Prince Henri de Bourbon, Comte de Bardi, fils du duc de Parme et arrière petit-fils de Charles X, roi de France, et son Altesse Royale la princesse Aldegonde, comtesse de Bardi, fille de feu Don Miguel, roi détrôné de Portugal. Une des premières visites de leurs Altesses fut pour Mgr l'archevêque. Les sentiments religieux des visiteurs étaient du reste déjà connus dans l'île avant leur arrivée, et nous étions persuadés d'avance, qu'imitant le divin Maître, ils passeraient parmi nous en faisant le bien. Notre attente n'a pas été trompée, toutes les œuvres charitables ont bénéficié de leur présence ; mais il en est une surtout à laquelle s'attachera perpétuellement leur souvenir, c'est l'œuvre de Laventille, c'est la nouvelle chapelle dont ils ont bien

Groupe de Missionnaires en 1887

R. P. Noël LARTAUD
R. P. Bertrand COTHONAY  R. P. Hilaire ARNAUD
R. P. Nicolas BUGNON
Mgr le Coadjuteur

R. P. Victor BISQUEY

voulu devenir les patrons et les protecteurs. C'est à une voix
étrangère que nous demanderons de nous raconter la fête du
21 mars et les circonstances qui l'ont précédée. C'est dans un
journal de la localité que nous prenons cette correspondance.


« Leurs Altesses Royales ont donné dimanche dernier une preuve manifeste qu'elles appréciaient hautement la réception qui
leur a été faite à la Trinidad, en prenant part à l'auguste cérémonie de la fête de Laventille et en devenant les bienfaitrices de
l'église qu'on se propose d'élever en l'honneur de Notre-Dame
de Laventille.

« Le R. P. Hilaire Arnaud avait profité de la présence de leurs
Altesses à la Trinidad pour s'assurer leur coopération dans cette
bonne œuvre de Laventille. Accompagné du docteur Lota, il se
rendit près du comte et de la comtesse, à bord de leur yacht,
l'*Aldegonda*, où il fut gracieusement reçu. Cette visite avait pour
objet d'inviter son Altesse Royale à assister Monseigneur l'archevêque de Port-d'Espagne dans la cérémonie où Sa Grandeur devait poser la première pierre de la nouvelle église de Laventille.
Cette requête a été accueillie favorablement et la promesse a été
accomplie dimanche. Leurs Altesses Royales ont été reçues à leur
arrivée par le Prieur des Dominicains, le T. R. P. Hilaire, curé
de la cathédrale et accompagnées à l'église par tout le clergé.
L'édifice était comble. Des sièges avaient été préparés pour le
comte et la comtesse et les personnes de leur suite. Monseigneur
l'archevêque prêcha après l'Évangile. L'assistance était profondément émue par la magnifique et consolante doctrine si bien ex-
posée par le vénérable prélat.

« Après la messe eut lieu la cérémonie principale du jour, la
pose de la première pierre de l'église. Avec une petite truelle en
argent, offerte par une pieuse catholique, le Pontife, puis leurs
Altesses Royales mirent le mortier sur lequel fut déposée la pierre,
après quoi le clergé et les fidèles retournèrent à l'église pour la
bénédiction du Saint Sacrement.

« La cérémonie terminée, on se rendit de nouveau dans l'endroit où l'on avait béni la première pierre ; là, une adresse en
vers portugais fut lue par M. Romeo à la comtesse de Bardi, qui

est une princesse de la maison de Bragance. — Rien de plus
touchant que d'entendre son Altesse Royale répondre dans cette
douce langue portugaise, qu'elle a eu si rarement, hélas ! l'occasion de parler sur sa terre natale. »

Voici le texte de l'inscription sur parchemin placée, selon l'u-
sage, dans le creux de la première pierre ; nous la traduisons du
latin :

« En l'an de grâce 1886, le 21 du mois de mars, le Souverain
Pontife régnant étant Léon XIII, la reine Victoria régnant sur la
Grande-Bretagne, Mgr Louis-Joachim Gonin, des Frères Prêcheurs, étant archevêque de Port-d'Espagne, Sir William Robinson, gouverneur de l'île de la Trinidad et le T. R. P. M.-Hilaire
Arnaud, des Frères-Prêcheurs, curé de Port-d'Espagne, cette première pierre a été posée par Mgr Louis-Joachim Gonin, archevêque de Port-d'Espagne, avec l'assistance de leurs Altesses Royales, le prince Henri de Bourbon, comte de Bardi, et la princesse
Aldegonde de Bragance, son épouse. »

La quête se monta à 340 dollars, dont 250 furent donnés par
les illustres visiteurs. La libéralité de Mgr le comte de Bardi ne
se borna pas à ce premier don : il voulut offrir à la chapelle, devenue sa filleule, selon sa gracieuse expression, le cadeau de baptême ; c'était une élégante chaloupe à vapeur, qui servait au
prince soit pour aider la marche de son yacht, en mer, quand le
vent n'enflait pas ses voiles, soit pour faire ses promenades dans
les ports où il s'arrêtait : elle fut achetée par le gouvernement au
prix de 400 dollars ; l'année suivante, le généreux parrain envoya, de Froshdorf, à sa filleule, pour ses étrennes, 1.000 fr. Nous
nous faisons comme un devoir de publier ces actes de bienfaisance.

Malgré tous ces dons, et d'autres qui furent encore faits, les
constructions avançaient lentement, on fut même obligé de les
arrêter en 1887, tandis que les murailles n'étaient encore qu'à dix
pieds du sol. Le devis de la chapelle terminé était de 6.000 dollars, on n'en avait trouvé guère plus de 2.400. L'édifice devait

avoir 68 pieds de long sur 32 de large et les murs devaient s'élever à la hauteur de 20 pieds. Néanmoins, à force de prières et de
persévérance et grâce à la générosité des âmes dévouées au culte
de la mère de Dieu, grâce aussi au zèle infatigable du bon Père
Hilaire dont l'influence était grande sur sa paroisse de Port-d'Espagne, les ressources vinrent peu à peu et, vers 1892, la sainte
chapelle était terminée.

Comment ici ne pas mentionner le nom d'un homme de
cœur et de sentiments élevés qui prêta généreusement son concours au T. R. P. Hilaire, M. Saurman, d'origine allemande, architecte de talent ? Il était né et avait vécu dans le protestantisme
jusque-là. Il avait épousé une fervente catholique apparentée aux
meilleures familles de l'île ; grâce à ses exemples et à ses prières,
fortifiés des conseils paternels du R. P. Hilaire, grâce surtout à
la bonne Vierge qui ne voulut pas voir mourir dans l'erreur celui qui lui avait construit ce beau sanctuaire, il abjura l'hérésie
protestante et embrassa avec autant de joie que de conviction la
vérité catholique. Ce fut dans la chapelle même de Laventille et
des mains du T. R. P. Hilaire qu'il reçut le baptême. Exemple
touchant, mais qui ne nous surprend nullement, de ce que la
sainte et incomparable Mère de Dieu peut obtenir de son Fils pour
ceux qui l'ont servie et honorée. M. Saurman avait mis au service
de l'auguste Vierge son temps, ses peines et son talent d'architecte. Marie ne voulut pas se laisser vaincre en générosité, et l'en
récompensa par le don inappréciable de la vraie foi.

# CHAPITRE XIII

Le T. R. P. François Balme, Visiteur de la Trinitad

En 1884, et pour la troisième fois, le T. R. P. François Balme. était envoyé à la Trinidad, avec le titre de Visiteur, par le T. R. P. Provincial de Lyon, le P. Marie-Ambroise Potton. Déjà, une première fois, en 1871, il y était venu, envoyé par le R<sup>me</sup> Maître Général, le P. Jandel, pour se rendre compte de l'état de la mission, régler, avec l'archevêque, les conditions relatives à l'établissement définitif de nos Sœurs Dominicaines à Cocorite, et le transfert de cette mission, des Pères de la Province de France, à ceux de la Province de Lyon.

Une seconde fois, en 1873, le R. P. Balme était revenu à la Trinidad, accompagnant le T. R. P. Damien Signerin, à cette date Provincial de Lyon et qui voulait, par lui-même, visiter ses Pères de la colonie et connaître leurs œuvres. Il y vint encore, en 1884, mais comme Visiteur, avec tous les pouvoirs inhérents à cette importante fonction. On le reçut, comme on sait recevoir, en religion, un Frère doublé d'un supérieur. Mais ceux, ou du moins, celles qui s'applaudirent de son arrivée, ce furent nos Sœurs de Cocorite et de Belmont ; leur joie fut immense.

La visite canonique s'ouvrit le 13 novembre 1884. Le Père Visiteur inspecta minutieusement tout le presbytère, interrogea en particulier tous les religieux, s'enquit de leurs besoins temporels et spirituels, de l'état de leur santé. « Le travail qui vous est confié n'est-il pas au-dessus de vos forces ? avez-vous les vêtements suffisants et appropriés au climat ? la nourriture est-elle saine et abondante ? N'auriez-vous pas besoin d'un peu de repos ? d'un séjour de quelques mois en Europe, peut-être ? Et encore, et surtout, la vie spirituelle est-elle suffisamment développée en vous ?

Et les exercices qui la conservent et l'augmentent sont-ils bien
suivis par chacun et par tous en général dans la Communauté ?
Avez-vous des demandes à m'adresser ? des plaintes peut-être à
me faire ? »

Et tout est écouté avec une patience, une douceur toute paternelle. Ce n'est que dans la vie religieuse qu'on sait aimer en père
et en frère et, nulle part ailleurs, ne peut aussi parfaitement se vérifier la vérité de cette parole de nos saintes lettres : *Ecce quam bonum et quam jucundum habitare fratres in unum* : Qu'il est bon,
qu'il est doux pour des frères d'être ensemble ! (Psalm. 132. 1).
Ouverte le 13 novembre 1884, la visite fut clôturée le 2 février
1885. — Le Révérend Père régla très sagement un certain nombre de points concernant la vie intérieure du religieux et sa vie
extérieure touchant le ministère paroissial. Nous appelons cela,
dans l'ordre de saint Dominique, les « *Ordinations* » du Visiteur,
elles ont force de loi jusqu'à une « Visite » subséquente. Si ce n'é-
tait la crainte de fatiguer le lecteur vu leur nombre, nous les don-
nerions en entier, mais nous nous contenterons d'en reproduire
les quelques lignes suivantes qui seront pour ceux qui nous li-
sent une cause de grande édification. Voici donc le paragraphe
cinquième de ces « Ordinations » :

« Ce doit être assurément pour les Pères employés dans cette
mission l'objet de la sollicitude la plus vive, de faire croître et
d'entretenir les âmes dans la piété par le moyen de la confession
et de la communion fréquentes ; ce n'est pourtant pas leur premier et unique devoir. Avant tout, les Pères sont appelés à annoncer fréquemment et dans des langues diverses la parole de
Dieu ; à faire de nombreux catéchismes, etc..... et pour qu'une
prédication et des catéchismes produisent des fruits salutaires, il
faut que le prédicateur et le catéchiste s'y préparent par l'étude
et la prière.

« Ils ont, en outre, à visiter les malades et les mourants, à leur
administrer les sacrements, à remplir d'autres fonctions ecclésiastiques, absorbantes, multipliées et pénibles. Mais, pour eux,
le devoir qui prime tous les autres est, sans contredit, de se sanctifier, de se retremper souvent dans le recueillement, la prière et

l'étude ; de chercher à vivre selon le vœu de leur profession et, par conséquent, de pratiquer dans la mesure la plus complète qu'il leur sera possible, la vie régulière et intérieure, de peur de s'exposer au malheur que saint Paul redoutait, quand il disait : « *ne forte quum aliis prœdicaverim ipse reprobus efficiar* » de peur que, tandis que je prêche aux autres, je ne sois moi-même réprouvé (1 Cor. 9. 27). »

Tandis que le Révérend Père remplissait près de la Communauté ses devoirs de Visiteur, il faisait sentir à nos Sœurs, ses chères filles, le bienfait de sa présence. Il les encouragea et donna à leur zèle un nouvel élan. — Un jour, dans une de ses visites à Belmont, il leur dit : « Les prêtres ont leurs églises auxquelles ils sont très unis ; ils en sont les époux. De même, le bon Dieu m'a uni d'une manière très particulière à votre Congrégation. Depuis trente ans, j'ai contracté cette union, par conséquent la Congrégation est mon épouse. » Ensuite il les exhorta à se renouveler dans l'amour de leur Règle et de leurs saintes Constitutions pour lesquelles, a-t-il dit, il a tant travaillé avec la Révérende Mère Prieure Générale.

La visite fut clôturée le 2 février ; quelques jours après, le R. P. François Balme laissait la Trinidad qu'il ne devait plus revoir, c'était son dernier voyage.

Mais ce bon et vénéré Père a trop aimé et trop servi cette mission, qui lui était particulièrement chère, pour que nous ne l'accompagnions pas jusqu'en France afin de faire assister nos lecteurs à ses derniers moments ; il a droit à ce témoignage de notre reconnaissance et de notre affection, au même titre que ceux des nôtres qui sont tombés à la Trinidad victimes de leur zèle et dévouement apostolique.

Le P. François Balme aimait son Ordre passionnément. Aussi, avec l'autorisation de ses supérieurs, faisait-il de nombreux voyages, toujours dans le but de découvrir des documents qui pussent jeter une nouvelle lumière sur les origines et les gloires de l'Ordre. En 1882, il était allé, pour la seconde fois, en Espagne et, après s'être arrêté à Alba de Tormès, pour y vénérer le cœur de sainte Thérèse, il se dirigea vers Ségovie où il eut le bonheur d'entrer dans la grotte toute embaumée encore du souvenir de notre Bienheureux Père saint Dominique ; il écrivait de là à ses chères filles d'Etrépagny, Maison-Mère de nos Sœurs Dominicaines de la Trinidad. « J'ai eu la consolation de célébrer la sainte messe dans la grotte sanctifiée par notre Bienheureux Père, et, pendant mon action de grâces, j'ai écrit à votre intention, ce que vous trouverez ci-joint.....

« De la grotte de Ségovie, ce 29 décembre 1882. — A la Très Révérende Mère Saint-Dominique de la Croix, Prieure générale de la Congrégation de Sainte-Catherine de Sienne, et à toutes les filles de cette Congrégation, prieures, religieuses, novices, etc. — Moi, Fr. François Balme, en leur nom et au mien, j'ai renouvelé ma profession et mes promesses de vie surnaturelle et dominicaine, et j'ai demandé à notre Bienheureux Père, pour chacune et pour moi, les grâces dont nous avons besoin, selon que Notre-Seigneur les connait, et une bénédiction particulière pour ceux et celles qui portent son nom. Amen ! Amen ! — Esprit d'oraison, union permanente à Notre-Seigneur Jésus. — Fidélité parfaite aux Règles, Constitutions, Coutumier. — Union aux Supérieurs et à leur pauvre Père et serviteur. Enfin, abandon absolu à tout ce que voudra de nous Notre-Seigneur et Maître, notre Epoux et notre Roi. Amen !

« Telles sont les grâces que j'ai souhaitées pour toute la Congrégation et que j'ai sollicitées de notre Bienheureux Père, dans la sainte Grotte de Ségovie. Amen ! »

Afin de suivre partout où il le pouvait les traces de saint Dominique, le Père fit aussi, dans ce but, le pèlerinage de Roc-Amadour, splendide et merveilleux sanctuaire, près de la petite ville de ce nom, dans le diocèse de Cahors (France), visité, il y a sept siècles, en 1219, par notre Bienheureux Fondateur, et où une tradition affirme qu'il a eu la révélation du Rosaire. La tradition veut encore que ce sanctuaire, vieux de dix-huit siècles, ait été élevé par Zachée, le disciple de Notre-Seigneur, et que la statue miraculeuse de la Vierge ait été travaillée de ses mains.

Cependant, avec les années et par suite d'un travail incessant, la santé du Père s'altérait de plus en plus. Dieu permettait aussi qu'il fût douloureusement éprouvé par la crainte de la mort et du jugement. C'est seulement lorsque vint l'heure du dernier passage que Dieu dissipa ce sombre nuage et lui permit d'envisager sa fin dans une paix profonde et une sérénité absolue. La caractéristique de sa vertu était la bonté, dans tout ce qu'elle a de plus surnaturel. Le R. P. Didon, religieux Dominicain, un des princes de l'éloquence chrétienne, écrit dans une de ses lettres : « Plus j'avance dans la vie, plus j'admire la toute puissance de la bonté. C'est la vertu maîtresse ; toutes les autres, sans elle, ressemblent aux branches mortes d'un arbre desséché. Ceux qui aiment se font aimer, et ceux qui se font aimer sont capables de tout bien. Pour sauver une âme et pour agir divinement sur elle, il faut l'aimer. »

« Notre Père, écrit la Révérende Mère Saint-Dominique de la Croix dans son livre sur le vénéré Père, « avait peur de faire de la peine à qui que ce fût, et s'il avait cru vous en faire, il vous rappelait, vous disait un bon petit mot, ou bien vous procurait un petit plaisir pour vous le faire oublier, enfin il vous renvoyait toujours content. »

Sa dernière maladie fut longue et pénible. Le D\u02b3 Paulesco qui lui donna ses soins, actuellement professeur à l'Académie de médecine de Bucharest, écrivit, à la date du 18 janvier 1901, une longue lettre sur les dernières années de souffrance du bon Père, à la demande de la Très Révérende Mère Prieure Générale ; nous n'en donnerons que quelques courts extraits..... « Une seule chose, dit-il, le retenait encore ici-bas ; il aurait voulu achever son *Cartulaire* de Saint-Dominique, monument grandiose qu'il élevait à la mémoire de son sublime Père. — Mais le mal progressait et vint interrompre ses travaux ! — Un soir, l'avant-veille de sa mort, je me trouvais dans sa chambre avec le R. P. Collomb. Nous causions à voix basse au pied de son lit. Tout à coup « silence, nous dit-il, vous ne voyez donc pas ? » Sa face s'illumina et prit une expression de béatitude indicible ; il étendit les bras. « Que voyez-vous, Père ? » interrogea le P. Collomb. « Mais une procession d'anges, répond le mourant..... Notre Père saint Dominique !..... Oh ! que c'est beau !.... » Un frisson me parcourut le corps et j'eus le sentiment que j'assistais à l'agonie d'un saint. C'était le 23 février. Dans la nuit du 23 au 24, le pauvre malade fut fort agité. Dans l'après-midi du même jour le P. Collomb pensa que le moment était venu de faire la recommandation de l'âme ; il le dit au Père qui y adhéra avec le calme et la sérénité dont il demeura pénétré jusqu'à la fin. Un peu avant minuit, une altération soudaine s'étant produite sur le visage du vénéré Père, on comprit que le terme approchait. Quelques instants après, sans secousse, sans contraction, le bon Père rendait le dernier soupir de cette vie dépensée toute entière au service de Dieu, de son Ordre et des Sœurs de cette Congrégation d'Etrépagny qui perdait en lui le meilleur, le plus fidèle et le plus dévoué des Pères.

C'était le 25 février 1900. Il avait voulu terminer sa vie au milieu de ses chères filles, dans cet hôpital de Notre-Dame du Perpétuel Secours, à Levallois près de Paris, et placé sous la garde et la direction de nos Sœurs Dominicaines de la Congrégation de Sainte-Catherine de Sienne, à laquelle appartiennent toutes celles que nous avons le bonheur de posséder à la Trinidad.

Le R. P. François Balme, âgé de 73 ans, était dans la quarante-huitième année de sa profession religieuse.

# CHAPITRE XIV

## T. R. P. Bertrand Cothonay
## Supérieur de la Mission
### (1886-1892)

Le second Priorat du Tr. Rév. P. Hilaire Arnaud, qui prenait fin le 23 septembre 1885 fut prorogé d'un année par le P. Provincial de Lyon. L'année expirée, la nomination du T. R. P. Bertrand Cothonay à cette charge importante fut officiellement portée à la connaissance de toute la Communauté ; l'acte est daté du 23 septembre 1886.

Le R. P. Bertrand, né à Saint-Avit, diocèse de Valence, le 27 décembre 1854, prononça ses vœux le 15 août 1875 dans notre couvent de Poitiers. Il avait 28 ans quand il vint à la Trinidad en 1882. Rarement plus précieux don fut fait, par Dieu, à notre mission. Il n'avait donc pas encore trente-deux ans quand la confiance de ses supérieurs l'éleva à la double charge de chef de la mission et de curé de la cathédrale. C'était un homme dont la valeur et le mérite frappaient l'attention ; il ne trompa l'attente de personne.

Lecteur en sacrée théologie il avait encore le don de s'assimiler facilement les langues étrangères. Deux ou trois ans après son arrivée, il parlait couramment l'anglais, l'espagnol et le patois, ou mieux, le créole. Quoiqu'il fut, comme il est dit de saint Thomas d'Aquin, d'une forte corpulence, *habitus plenioris*, il n'en était pas moins d'une activité remarquable ; il est peu de paroisses de l'île qu'il n'ait visitées. Pendant ses six années de Priorat et de charge curiale, il administra la mission et la paroisse à la satisfaction de tous à ce point que, le premier de tous les supérieurs mis jusque-là à la tête de notre mission de la Trinidad, il fut continué dans sa double charge pour trois autres années.

C'est en cette année 1886 que s'agita la grave question de la paroisse de San-Fernando. Le R. P. André Violette en avait été nommé curé ; mais nous avons dit comment il fut mis à la tête de cette importante paroisse, en 1876.

Le Révérend Père était mort en juin 1886. D'après nos conventions avec Mgr Gonin, l'acceptation de la paroisse était personnelle et n'engageait que le P. Violette, non les Pères Dominicains ; nous continuâmes cependant à desservir cette paroisse quelque temps encore ; ce que voyant, Mgr l'archevêque ne se pressait nullement de chercher un nouveau curé. Mais la décision du récent chapitre Provincial de Lyon était formelle, nous devions laisser cette paroisse. Dès le mois d'août de cette année 1886, le Tr. R. P. Hilaire, supérieur de la Mission, avait fait connaître cette décision à Sa Grandeur en la priant de donner un successeur au R. P. Violette au commencement d'octobre, mais rien n'ayant été fait dans ce sens, le 29 de ce mois, le Conseil des Pères vota à l'unanimité la remise immédiate de la paroisse de San-Fernando à l'archevêque. Toutefois, pour ne pas mettre Mgr Gonin dans un grand embarras, nous restâmes quelque temps encore au poste jusqu'à ce que Monseigneur y eut placé son Vicaire Général, le T. R. P. Dominique Berthet, qui ne relevant que du prélat en raison de son titre, pouvait accepter, sans engager en rien ses Frères Dominicains.

Mais il restait à résoudre une grave difficulté. Le R. P. Violette dans son zèle, allait toujours de l'avant ; il bâtissait chapelles et écoles dans les principaux centres de sa vaste paroisse, sans avoir en mains, ou même en espérance fondée, les ressources nécessaires ; tant et si bien que, après sa mort, il laissait un passif de 9 à 10.000 dollars, toutes dettes paroissiales, sans préjudice de ses dettes personnelles. Il s'était si bien emparé de l'esprit de son archevêque qu'il avait pu faire, en achat de terrains et en constructions, à peu près tout ce qu'il désirait, toujours, bien entendu, pour le bien de sa paroisse. L'avocat dauphinois avait trouvé son maître dans le Normand qu'était le P. Violette.

Il est vraiment curieux de constater cette soumission parfaite de Mgr Gonin, nous ne dirons pas aux exigences, le mot serait trop fort, mais aux volontés du Père curé de San Fernando, lui

si hostile, par principe, à tout acte pouvant devenir la cause
d'une charge pécunière pour son diocèse. D'où lui vinrent les
difficultés, si nombreuses, qu'il rencontra avec les religieuses ?
De la crainte qu'il avait de grever de dettes son diocèse. C'est ce
qui expliqua pourquoi il fut si péniblement affecté de voir, à son
retour de France les Sœurs Dominicaines de Caracas établies dans
sa ville épiscopale. Il leur pardonna difficilement cette intrusion
faite cependant avec le plein consentement de Mgr O'Carroll,
son coadjuteur, et pendant son absence, administrateur avec
pleins pouvoirs sur tout le diocèse. Il le leur fit bien voir quand
elles voulurent, quelques années après, laisser leur couvent du
Calvaire où elles n'étaient pas chez elles, pour s'établir près de
l'église du Rosaire, dans une maison et sur un terrain leur appartenant en propre.

Mgr Gonin ne fut pas satisfait de notre refus d'accepter sa paroisse de San-Fernando. Nous étions certainement très flattés de
ce témoignage de la confiance épiscopale, mais nous perçions,
qu'on nous permette le mot, la pensée de notre archevêque ;
ce n'était pas seulement la cure de San-Fernando qui demeurait
vacante, il aurait pu, après tout, trouver un prêtre capable de
gouverner cette paroisse, comme, de fait, il en trouva un plus
tard ; mais il y avait à payer les grosses dettes laissées par le défunt curé et il était plus facile à une Congrégation qu'à un seul
homme d'en assumer la responsabilité, voilà ce que pensait le
vénérable et perspicace archevêque. Mais sa perspicacité fut mise, cette fois, en défaut, il se heurta à un refus auquel il ne s'attendait pas.

Ces dettes paroissiales avaient été contractées avec l'assentiment de l'Ordinaire qui, en maintes circonstances, avait loué et
encouragé le Père à continuer ses Œuvres, allant lui-même bénir ses immeubles. Sa Grandeur n'ignorait pas qu'à plusieurs
reprises le Conseil des Pères avait fait savoir au P. Violette que
la Communauté ne prenait aucune responsabilité dans les dettes
qu'il contractait pour le compte de l'archevêque. C'était donc
notre droit de ne pas reconnaître ces dettes, comme c'était le devoir de notre cher Frère et Seigneur de trouver à les acquitter.

Nous avions encore une excellente raison pour refuser cette pa-

roisse et, à elle seule, elle ne nous aurait pas permis de l'accepter ; c'est que nous ne voulions pas qu'il put être dit que les Pères Dominicains prenaient peu à peu les meilleures paroisses de
l'île. En tout état de cause, même n'y eut-il aucune dette, nous
aurions encore décliné l'offre de prendre la cure de San-Fernando.

La droiture d'esprit du vénérable archevêque lui fit accepter,
quoiqu'il lui en coutât, notre refus motivé et, après quelques
mois, il nomma à la cure de San-Fernando M. l'abbé Maingot,
prêtre créole de la Trinidad et docteur en théologie. Le choix ne
pouvait être meilleur. Pendant les quelques années qu'il resta à
la tête de cette importante paroisse, il parvint à diminuer considérablement la dette en question. La confiance de Mgr Gonin et
de son successeur l'appela plus tard à occuper les postes les plus
en vue dans le diocèse et, en témoignage public de sa satisfaction,
ce dernier demanda et obtint pour ce digne prêtre la prélature romaine. Mgr Maingot fit la joie des paroissiens de Gran-Couva qui
se félicitèrent de l'avoir pour père et pasteur.

Ici trouve sa place un fait intéressant de très près l'œuvre dominicaine à la Trinidad.

L'église du Rosaire, commencée en 1867 par le R. P. Forestier,
continuée, en 1884, par le R. P. Hilaire, était demeurée inache-
vée. Celui qui écrit ces lignes avait été chargé de la direction de
cette église et du soin spirituel de tout le quartier de la ville qui
en dépend, dès l'année 1888, par le T. R. P. Bertrand Cothonay,
supérieur de la mission. Le Révérend Père prit, en cette année,
une grave et excellente mesure qui, croyons-nous, réalisa un très
grand bien dans la paroisse de Port-d'Espagne. Il divisa la paroisse en quatre districts, d'après le nombre des églises, et un
Père fut mis à la tête de chacun de ces districts de son église. Il
y eut désormais le district de la cathédrale, celui du Rosaire, celui du Sacré-Cœur et celui de Belmont. La division trouvée très
bien faite, a toujours été maintenue. Ce nouveau système, approuvé de tous, fut d'un très grand secours pour le chef de la
mission qui put ainsi se reposer sur trois de ses religieux du soin
des trois quarts de sa paroisse. Tous les sacrements furent administrés depuis lors, dans chacune de ces églises, dites auxiliaires,
par le Père à qui elle avait été confiée.

Depuis cinq années déjà, l'église du Rosaire était à notre charge, lorsque nous résolûmes la construction d'une nouvelle église plus grande et plus en rapport, d'abord avec la grandeur et la dignité du Maître qui veut bien en faire sa demeure, ensuite avec les édifices de toutes sortes qui s'élevaient à ses côtés, et aussi avec la population qui augmentait. Nous étions vivement poussés à ce travail par Monseigneur l'archevêque ; mais presque point de ressources, 3.000 dollars seulement. Nous commençâmes néanmoins et la terre fut ouverte pour recevoir les fondations de cette nouvelle église, le 2 juillet 1892. Sous l'habile direction du général Hernandez, architecte vénézuélien, un magnifique édifice, tout en pierres taillées et du plus pur gothique, ne tarda pas à s'élever. Vu notre manque d'argent, nous ne fîmes que l'abside de l'église et la sacristie, c'était presque le tiers de l'édifice, avec le commencement des deux nefs latérales, chacune avec son autel placé sur la même ligne que le maître-autel et consacré l'un au Sacré-Cœur, l'autre à saint Joseph ; tous deux en marbre blanc comme le maître-autel lui-même dominé par le groupe de la Vierge Marie donnant le Rosaire à saint Dominique, tandis que son divin Enfant, soutenu par le bras de la sainte Mère, présente un lys à sainte Catherine de Sienne.

Dans sa plus grande largeur, en dedans du transept, l'église mesure quatre-vingt-quatorze pieds, et, finie, elle aura, en longueur cent trente-huit pieds. Sa hauteur totale est d'environ quatre vingt-douze pieds. Il nous fallut, on le pense bien, du temps et beaucoup de peines, pour recueillir les fonds nécessaires. Un païen disait : *audaces fortuna juvat*, la fortune vient toujours au secours de ceux qui ont de l'audace ; nous, chrétiens, nous dirons que Dieu exauce les prières et couronne toujours par le succès les efforts de ceux qui travaillent pour lui.

La première pierre a été posée et bénite solennellement par Mgr Flood, le dimanche 4 septembre 1892. Quand nous commençâmes, nous avions en caisse, exactement, 3.197 dollars ; lorsque nous arrêtâmes les travaux, quatre ans après, nous avions dépensé 29.370 dollars. Sur cette somme nous en devions environ 10.000. Au mois d'août 1900, notre dette était entièrement payée. C'est un devoir pour nous de constater ici, et une grande satisfaction, jointe à une légitime fierté pour nos paroissiens d'apprendre que cette somme de 30.000 dollars a été donnée par les seuls habitants de l'île ; de l'étranger, il ne nous est pas venu 20 dollars.

Nous arrivions à l'année 1904, un peu plus de sept ans après avoir terminé la première partie de cette église. Depuis quatre ans toutes nos dettes étaient payées. Sur ces entrefaites notre savant architecte vint à mourir, le *général* Hernandez (c'est le titre qu'on lui a toujours donné ; il est curieux de constater et nul ne me contredira, car il y a trente-cinq ans bientôt que j'ai pu faire cette constatation, qu'on n'a jamais connu, à la Trinidad, un vénézuélien qui fut lieutenant, capitaine ou colonel ; quand ils ne sont pas simples soldats ils sont tous Généraux !) Il est certain que le « *Général* » était un homme de grande science en architecture quoiqu'il n'eût jamais voyagé, ni même quitté le Vénézuela, excepté pour venir à la Trinidad où il est mort.

Il fallait cependant continuer cette église, elle ne pouvait rester dans cet état, mi-partie vieille, mi-partie jeune. On nous demandait de reprendre les travaux interrompus, mais comment faire ? Ni architecte, ni argent. Enfin, le 8 janvier 1904, nous pûmes dire à notre archevêque que nous tenions en mains un peu plus de 3.000 dollars (somme égale à celle que nous avions quand nous commençâmes l'abside) et que la Providence nous procurait un architecte. C'était un Allemand, fixé à la Trinidad. Il fut accepté et, sous son habile direction, les travaux recommencèrent le 2 février 1904. La tâche du nouvel architecte était rendue facile par ce qui déjà avait été fait, il n'eut qu'à continuer dans le même style, le même genre et les mêmes proportions ; toutefois il eut le grand mérite de comprendre ce qu'il avait à faire par ce qu'il voyait déjà fait et il sut si bien s'assimiler les idées de son prédécesseur que celui-ci, s'il avait vécu, n'aurait pu ni plus, ni mieux faire. A sa science vint s'ajouter un entier désintéressement de toute rétribution pécuniaire, aussi sommes-nous heureux de transmettre à la postérité le nom et le souvenir de ce digne homme, bon chrétien et habile architecte, M. William Holler.

La première pierre de ces nouvelles constructions fut posée et bénite le 22 mai 1904 ; on peut la voir, marquée d'une croix gra-

vée au ciseau, sur la face sud, au ras du sol, à l'entrée même de
la porte latérale s'ouvrant à l'ouest. Les travaux d'architecture
proprement dits étaient terminés vers la fin de 1907. Les travaux
secondaires, carrelage, vitraux, bancs, autels, etc., demandèrent
encore du temps et de l'argent, bref, en février 1910, tout était
heureusement fini, un peu plus de cinq ans après avoir commencé cette seconde partie de l'édifice ; elle nous a coûté près de
60.000 dollars, ajoutée au coût de la première partie, nos dépenses totales ont été, à ce jour, de 90.106 dollars. Nous nous plai-
sons à le redire, tout cet argent est sorti de la Trinidad seule,
l'étranger n'entre dans cette totalité que pour 25 ou 30 dollars.

La troisième et dernière partie de l'édifice sacré reste à faire,
c'est-à-dire la façade avec son ou ses clochers, et les fonts baptismaux ; nous estimons à 20.000 dollars la dépense nécessaire à cet
effet. On les trouvera, nous ou nos successeurs : *Quod Deus in-
cepit ipse perficiet.* Dieu finira ce qu'il a commencé.

Nous ne pouvons, ni ne devons terminer cet article déjà long,
sans rendre un dernier et suprême hommage à celles que Dieu
a choisies pour être les plus insignes bienfaitrices de cette église
du Rosaire et, en témoignage de notre reconnaissance, comme
pour en perpétuer le souvenir, nous avons élevé deux bien modestes monuments à leur mémoire ; on peut les voir, scellés dans
les murs de l'église. Ils rappelleront aux générations futures la
générosité incomparable de M^lle Marie Le Roy et de M^lle Marie de
Verteuil.

Elles sont pieusement décédées, chargées plus encore de mérites que d'années, la première, le 17 mars, la seconde le 10 avril
1907.

En 1888, le P. Cothonay étant supérieur, le P. Mariano Forestier se vit contraint de s'en retourner en France momentanément pour raison de santé. Déjà, en octobre 1880, comme
il s'était beaucoup fatigué dans les travaux du ministère, on
avait décidé que cet excellent religieux, le père des orphelins, le
Vincent de Paul de la Trinidad comme l'appelaient nombre de
personnes, serait autorisé à s'établir entièrement à l'orphelinat
au milieu de ses chers enfants.

Un appartement plus que modeste lui fut préparé, et en attendant, il couchait dans le dortoir des petits garçons qu'il fustigeait d'importance lorsqu'ils n'étaient pas sages. Car si le Révérend Père avait le cœur bon, la main chez lui n'était pas toujours tendre.

Toutefois le P. Forestier venait prendre chaque jour son repas de midi au presbytère. Et comme il n'était plus de première jeunesse, et que la distance à parcourir se trouvait assez longue, on lui procura un cheval, à cette condition qu'il aurait avec l'orphelinat la charge du quartier de Belmont et de l'hôpital colonial. Mais bientôt un seul cheval ne suffit pas, il en fallut deux. Or, aux bêtes comme aux gens, il est d'usage de donner un nom, en conséquence ils reçurent l'un, le nom d'*Observance* ; l'autre, celui de *Dispense*. Et l'on crut ensuite remarquer, c'est du moins ce qui était dit, qu'*Observance* sortait plus rarement, demeurait à l'écurie, tandis que *Dispense* allait et venait presque chaque jour. « Le Français est né malin », a dit Boileau.

Le P. Forestier se rendit donc en Europe, et y resta quelques mois. Mais quand il en revint, le 5 janvier 1889, il n'en rapporta pas une santé bien meilleure. Et quoiqu'il n'eut pas encore 60 ans, étant né en novembre 1831, on ne le laissa pas reprendre son poste à l'orphelinat. Il était épuisé par vingt-cinq années d'apostolat.

Il accepta cependant la cure de San-Juan qu'on lui offrit, mais il n'y resta guère plus de deux ans, et revint ensuite au presbytère de Port-d'Espagne pour vivre au milieu de ses Frères. Ce fut la dernière étape de sa laborieuse carrière.

Il y passa dans la prière et l'étude les six dernières années de sa vie. Malade depuis longtemps, perclus de rhumatismes avec de fréquentes attaques de goutte, il luttait encore avec énergie contre le dépérissement prématuré de ses forces. « Je suis cassé », disait-il.

Dans l'espoir qu'un changement d'air pourrait apporter quelque amélioration à son état, ses supérieurs l'envoyèrent à Santa-Cruz, petit village tout proche de Port-d'Espagne, et où le R. P. Noël Lartaud remplissait provisoirement les fonctions de curé. Le bon P. Forestier était donc chez lui, recevant l'hospitalité d'un de ses Frères. La vigueur et la santé parurent en effet revenir, mais ce mieux ne devait pas persévérer.

Le Père avait demandé de garder auprès de lui au moins l'un de ses enfants de l'orphelinat, puisqu'il ne pouvait aller mourir au milieu d'eux, comme il l'aurait tant souhaité. Des Sœurs tourières, qui étaient d'anciennes enfants de l'orphelinat, venaient le visiter. En les voyant entourer son lit de mort, il bénissait Dieu de l'avoir choisi comme l'instrument de sa grâce auprès de tant d'âmes et surtout de celles-ci que la divine miséricorde avait appelées à une vocation plus élevée. Elles reçurent pour leurs frères et sœurs de l'orphelinat, la bénédiction et les derniers conseils de leur Père mourant.

Enfin, fortifié par les sacrements de la sainte Eglise, le R. P. Mariano Forestier remit son âme entre les mains de son Créateur, dans le presbytère de Santa-Cruz, le 20 avril 1901, la soixante-dixième année de son âge, la trente-huitième de sa profession religieuse.

Ses restes mortels furent transportés à la cathédrale, où, le lendemain, on lui fit de magnifiques funérailles. La ville entière se mit en deuil, une personnalité importante disparaissait. C'est au P. Forestier que la Trinidad doit de posséder la plus belle institution de charité chrétienne qui y ait été fondée, et nous, ses Frères, nous sommes fiers de penser et de pouvoir dire que c'est un fils de saint Dominique qui la lui a donnée.

Le nom de ce vénéré Père ne reviendra probablement plus sous notre plume. Aussi avant de sceller la pierre du tombeau où repose celui qui fut le P. Forestier, rappelons au souvenir et à la reconnaissance des chrétiens de la Trinidad que non seulement il fonda l'orphelinat, mais que c'est encore à lui que Port-d'Espagne doit de posséder une église au centre de la ville, de toutes la mieux située, l'église Notre-Dame du Rosaire. Ces deux œuvres suffisent pour rendre impérissable la mémoire d'un homme de bien.

Le bon Père n'est plus, il est allé recevoir dans le ciel la récompense promise à l'homme charitable dont Jésus lui-même a dit : *Celui qui, en mon nom, reçoit un de ces petits me reçoit moi-même ; en leur donnant à manger et à boire, en les vêtant*

*c'est moi qu'il a vêtu, c'est à moi qu'il a donné la nourriture :
quamdiu fecistis uni ex his fratribus minimis, mihi fecistis*
(Matth. XX. 40).

Et il nous semble voir la cohorte angélique de ces petites âmes
accourir à la nouvelle que l'âme de leur père et sauveur a quitté
son enveloppe terrestre et est arrivée à la porte du ciel. Elles lui
font escorte jusqu'au tribunal du grand Juge, elles plaident sa
cause qui est facilement gagnée.

Et lui, après les avoir vus chétifs et souffreteux, autour de sa
personne sur la terre, il les voit maintenant resplendissants de
gloire et triomphants dans les cieux. C'est à lui qu'ils doivent
leur salut éternel ! C'est à eux que lui-même est redevable de la
magnifique couronne qui orne son front. Les enfants ont payé
au père la dette de la reconnaissance.

En 1888, la mission de la Trinidad reçut de Dieu une faveur
importante par l'envoi de deux nouveaux missionnaires. Le 9
novembre, nous voyions avec joie venir les PP. Eusèbe Poulet
et Réginald Sarthou.

Le P. Eusèbe, né à Lyon le 21 juin 1863, se tourna vers la vie
religieuse et obtint le saint habit de l'Ordre à Sierre, dans le Valais (Suisse), où les Pères de la Province de Lyon avaient été
obligés d'installer provisoirement leurs noviciats, après avoir été
chassés en 1880 de leurs couvents de France. Il y fit profession
le 14 août 1882.

D'une santé très délicate, il ne promettait pas une longue carrière. Sur le conseil des médecins, ses supérieurs lui offrirent
d'aller à la mission de Trinidad, dont le climat lui serait beaucoup plus favorable que celui de la France. Il accepta avec joie
et n'eut pas à le regretter, et nous encore moins. C'était bien sa
place : le bon Père y a refait sa santé, et nous ne nous souvenons
pas de l'avoir jamais connu malade.

Très actif, aimant peu la vie sédentaire de la ville, il désirait
une occupation plus au grand air. Ses supérieurs le comprenant,
lui offrirent la cure et la paroisse de San-Juan alors vacantes.
Nous avions accepté le service provisoire de cette paroisse la plus
voisine de la nôtre. Le P. Eusèbe y resta dix-huit mois. Peu après

il fut nommé à l'importante cure de Montserrat, une des principales située au centre de l'île. La charge était trop lourde pour un seul prêtre, aussi, environ douze ans après, cette paroisse fut divisée en deux : Gran-Couva et Tortuga ; le Père, comme de juste, eut le choix ; il se décida pour le district de Tortuga dont il est encore le chef spirituel depuis bientôt huit ans.

Le 3 juillet 1890, nous perdions un excellent religieux, le P. Laurent Hénocq. Parti de Saint-Nazaire pour les Antilles le 7 octobre 1875, il accompagna le P. Hilaire Arnaud, qui venait aussi à cette date se dévouer à la mission de la Trinidad.

Le R. P. Laurent Hénocq était né à Menton, dans le diocèse de Nice, le 13 août 1839. Revêtu du saint habit de l'Ordre, au couvent de Sainte-Sabine, à Rome, le 27 décembre 1858, il fut envoyé peu après, par le Révérendissime Maître Général, au noviciat du Couvent de Lyon ouvert depuis peu. Il y trouva le Fr. Noël Lartaud qui venait d'y recevoir les livrées dominicaines, et tous les deux y prononcèrent leurs vœux, le 6 janvier 1860. Le Fr. Laurent, le premier ; immédiatement après lui, le Fr. Noël. Le R. P. Laurent Hénocq est donc le premier novice de la Province de Lyon et le premier qui y ait prononcé ses vœux. Ordonné prêtre, quatre ans après, ses études théologiques terminées, il passa brillamment ses examens de lecteur en théologie. Le Révérend Père n'était pas doué pour la prédication et, sur ce point, ses goûts étaient complètement en rapport avec ses aptitudes. Mais aussi, sous le rapport de la science théologique, il était remarquablement doué, et il avait reçu du ciel un don spécial pour s'assimiler les questions les plus difficiles et les plus ardues de la théologie scolastique. Ce qui étonnait en lui, c'était la vivacité de l'intelligence ; quelques minutes lui suffisaient pour comprendre les théories les plus abstraites des philosophes et des théologiens et il savait les développer sans peine comme sans effort. Il fut, à la Trinidad, le théologien du presbytère et aucune difficulté dogmatique ne put jamais l'embarrasser ni le trouver sans une réponse pleinement satisfaisante. Aucun fait saillant ne le signale à notre attention. Il faisait son devoir dans le service de la cathédrale, mais s'occuper d'une œuvre spéciale n'était pas son genre.

Il vécut ainsi pendant les quinze années qu'il passa à la Trinidad. Il ne demanda jamais à revoir sa famille, ni la France, son pays. Souffrant depuis longtemps d'une maladie de cœur, il ne s'en plaignait jamais ; elle devait l'emporter fatalement, et il savait que la science médicale pouvait le soulager, mais non le guérir. En effet, des symptômes alarmants se manifestèrent dans les premiers mois de 1890 et, le 3 juillet, il rendait son âme à Dieu, entouré de tous ses Frères pour lesquels il avait été un sujet de grande édification pendant le cours de sa maladie. On lui fit de magnifiques funérailles.

Si nous avons eu à enregistrer bon nombre de faits accomplis en 1889, par contre, l'année 1890 en offre peu à son actif. Toutefois elle nous a apporté un précieux secours par l'arrivée de trois nouveaux missionnaires ; voici dans quelles circonstances.

Le Chapitre Provincial de la Province Dominicaine de Lyon devait se tenir en mai 1890. Le supérieur de la mission de Trinidad y fut convoqué, mais, en cas d'empêchement, il était autorisé à envoyer un de ses religieux à sa place. Il pouvait y aller lui-même, mais il eut l'amabilité de nous prier de vouloir bien le remplacer. « Voilà, nous écrivit-il, déjà près de onze ans que vous êtes ici et vous n'êtes jamais retourné en France, allez-y. » Nous partîmes donc dans les premiers jours d'avril, nous y restâmes cinq mois et nous repartions pour la Trinidad dans les derniers jours de septembre ; nous avions eu le bonheur de faire trois recrues. Trois de nos Pères s'étaient offerts à partir pour la Trinidad et leur offre avait été acceptée. C'étaient les PP. Emmanuel Arnaud, Stanislas Mourette et Germain Hilaire. Partis de Bordeaux le 26 septembre, ils arrivaient à Port-d'Espagne le 11 octobre. La joie fut grande ce jour-là au presbytère.

Le R. P. Emmanuel Arnaud était né dans le diocèse de Nîmes (France) le 9 juillet 1848 ; entré en notre noviciat de Lyon en 1866, il y prononça ses vœux le 21 novembre 1867. D'un esprit sérieux et réfléchi, il se mit avec ardeur à l'étude de la théologie ; devenu prêtre, il passa avec succès ses examens pour le grade de lecteur en sacrée théologie et il l'enseignait depuis plusieurs années à nos jeunes étudiants, quand il fut élu en 1888 Prieur de notre Couvent de Poitiers. C'est à la tête de ce Couvent que nous le trouvâmes, lors de notre passage, en août 1890. Désireux de se consacrer au service des missions il avait supplié le T. R. P. Ambroise Laboré, qui venait d'être récemment élu Provincial de Lyon, d'accepter sa démission. Elle fut agréée et le Père put se préparer à partir. Pendant les quelques années qu'il est resté parmi nous, il n'a été chargé d'aucune œuvre spéciale et n'a laissé par conséquent que peu de traces de son séjour à la Trinidad. Désireux d'une vie plus strictement religieuse, moins répandue au dehors, il demanda et obtint de retourner en France. Arrivé en 1889, il partait en 1894, laissant derrière lui le souvenir d'un religieux pieux, instruit et zélé.

Le R. P. Germain Hilaire, né dans le diocèse du Puy le 17 mai 1862, compagnon de voyage du R. P. Emmanuel Arnaud, était entré dans la Province de Lyon et admis au noviciat, alors à Poitiers (France) en 1880. Il prononça ses vœux le 30 avril 1881, à Sierre, dans le Valais, âgé de 19 ans. Sur sa demande il fut envoyé dans notre mission. Il vaquait, depuis six années, aux travaux ordinaires des prêtres de paroisse, attaché au service de la cathédrale, quand il fut appelé à remplacer le R. P. Siméon Guillet à l'orphelinat et à Belmont. Il y était depuis près de deux ans lorsque, par ordre supérieur, il fut, bien à contre-cœur, obligé de laisser la Trinidad. La veille de son départ, le R. P. Germain recevait de Mgr l'archevêque Flood ce témoignage écrit : « J'ai lu, avec la plus grande satisfaction, les progrès opérés dans le district de Belmont depuis près de deux ans que vous en êtes chargé. C'est une preuve évidente du zèle, de l'énergie et du dévouement avec lesquels vous avez accompli votre devoir. Je regrette votre départ, etc. » Arrivé à la Trinidad, en octobre 1890, il en repartait en novembre 1897. Après trois années de séjour en France, il fut envoyé dans l'île de Cuba, où, consumé après vingt ans de zèle apostolique, il rendit son âme à Dieu à la Havane, le 15 juillet 1920.

Le P. Stanislas Mourette, né à Salaise, diocèse de Grenoble (France), le 18 novembre 1890. Nous lisons dans un écrit que nous avons entre les mains : « Le jeune Mourette se distingua de bonne heure par une piété extraordinaire et par un ensemble de vertus qui le rendaient aimable à tous. Il entra en 1857 au Petit Séminaire et y acquit parmi ses condisciples et ses maîtres la réputation d'un véritable saint. »

Attiré à la vocation religieuse, il se rendit au noviciat des Dominicains de Lyon vers la fin de 1866, et reçut avec l'habit de l'Ordre le nom de Frère Marie-Stanislas. Le 1er janvier 1886, il se consacrait définitivement par les vœux.

Avide du salut des âmes, il accueillit avec beaucoup de joie l'ordre de ses supérieurs d'aller à Trinidad, ce qui répondait à ses plus ardents désirs. D'une santé très faible, il était menacé de pulmonie, plusieurs fois même il avait vomi du sang. Le climat des Antilles, au dire des médecins, devait lui être très salutaire.

Mgr Flood nous disait un jour : « Il prie comme un vrai saint et travaille comme un excellent missionnaire. » Il était l'ami du petit peuple, et lorsqu'on apprit son décès, les bonnes gens répétaient consternés ce mot : « Le Père qui disait toujours : Bonjour, mon enfant, est mort ! » Quand il allait à la léproserie de Cocorite, il embrassait sans répugnance les petits garçons tout couverts de taches de lèpre.

La veille de la fête de saint Joseph, 18 mars, il fut atteint d'une fluxion de poitrine, et le 30, il s'endormait pieusement dans le Seigneur après avoir édifié tous ses Frères par l'ardeur de sa foi et son inaltérable patience. Ses funérailles ont été presque un triomphe : de la part des humbles et des petits, c'était une manifestation de la reconnaissance. Elles eurent lieu le 31 mars 1892, dix-huit mois seulement après sa venue à Port-d'Espagne. Il était âgé de 47 ans, et dans la quinzième année de sa profession religieuse.

Nous ne pouvons passer sous silence un fait qui a son importance surtout dans un pays de si peu d'étendue, et qui, du reste, tient de trop près à notre Ordre. Ce fait, c'est la création d'une feuille périodique, d'une *gazette*, pour employer le mot reçu.

Le besoin d'un journal religieux s'affirmait de plus en plus et, déjà, le T. R. P. Hilaire avait essayé d'avoir à sa disposition pour y insérer toutes les nouvelles religieuses un journal, le « *Palladium* » rédigé dans un excellent esprit. Mais cette feuille ne put se soutenir et n'eut qu'une existence de peu de durée et le clergé n'en était pas le propriétaire.

Mgr Flood se préoccupait, depuis son élévation au siège archiépiscopal, d'avoir un journal à lui, c'est-à-dire, au diocèse, et ne relevant que de lui seul. Après mûres réflexions et beaucoup de prières pour connaître la volonté de Dieu qui doit toujours être la règle de tout, il décida la fondation d'un journal qui serait l'organe du clergé diocésain. Le titre en fut promptement trouvé ; il s'appelait le « *Catholic News.* » L'archevêque devait en être le propriétaire et le censeur souverain, et aussi le bailleur de fonds. Son apparition, annoncée longtemps à l'avance, était attendue avec autant d'impatience que de curiosité. Les uns disaient, les catholiques, nous aurons un journal pour nous défendre ; les autres, les protestants, s'attendaient à voir un ennemi qui allait les attaquer. Enfin le *Birth day* arriva, le nouveau-né parut le vendredi 6 mai 1892. Nous croyons faire plaisir en donnant, ici, presque *in extenso*, la traduction du premier article qui ouvre le journal :

Pour nos lecteurs.

La publication d'une nouveau journal est en tout temps et en tout lieu une affaire d'importance, qu'on peut à peine entreprendre sans qu'il y ait de la part des administrateurs une profonde anxiété, et sans exciter plus ou moins d'intérêt dans le public. Un nouveau journal ! Pourquoi ? Comment sera-t-il rédigé ? Quels principes lui serviront de base ? Réussira-t-il, ou ira-t-il au-devant d'un échec comme tant d'autres entreprises ? Combien de temps durera-t-il ? Et pendant qu'il durera, quelle influence bonne ou mauvaise exercera-t-il ?

Telles sont les questions que beaucoup se poseront naturellement à notre première apparition, et c'est notre devoir d'en appeler à la confiance de nos lecteurs et de leur répondre du mieux que nous pourrons.

Avant tout, le *Catholic News* entend faire face à un besoin longtemps senti en procurant aux catholiques du diocèse de Port-d'Espagne un journal à eux, qui répandra l'information

catholique et leur fournira des nouvelles intéressantes qu'on ne
rencontre pas dans d'autres journaux circulant au milieu d'eux.
Nos principes sont suffisamment indiqués par notre titre, nous
n'essaierons pas de les dissimuler, ni de les taire le plus possible pour obtenir et nous assurer un plus large écoulement. Nous
désirons que nos amis et même nos ennemis, s'il faut en avoir,
puissent connaître à quel but nous visons, et où l'on nous trouve
en premier lieu, et en toutes occasions d'expliquer et au besoin
de défendre les doctrines et les pratiques de l'Eglise catholique.

Après en avoir tant dit, nous n'aurons pas à ajouter que le
*Catholic News* sera excellemment un journal catholique. Cependant ceci ne nous empêchera pas de traiter avec considération les convictions consciencieuses et les sentiments de ceux qui
ne s'accordent pas avec nous sous le rapport de la religion. Notre arme sera le raisonnement, non pas l'injure. C'est avec soin
que nous éviterons toute personnalité, et nous tâcherons de ré-
futer les opinions erronées sans offenser la susceptibilité de ceux
qui y adhèrent, et nous espérons que ceux qui ne partagent pas
nos sentiments en matière religieuse pourront lire nos pages même avec plaisir. Nous plaiderons pour montrer que non seulement il est nécessaire de posséder la vraie foi, mais qu'il faut
encore exercer la charité chrétienne envers tout le monde sans
exception : *In necessariis unitas, in dubiis libertas, in omnibus
caritas.* La parole d'or de saint Augustin sera le principe qui
nous guidera.

Nous sommes décidés à ne rien négliger pour faire du *Catholic News* un journal de première classe, de telle sorte que par
son propre mérite il puisse s'assurer la bienvenue en ces colonies dans des milliers de maisons.

Ayant ainsi expliqué brièvement notre objet et nos principes,
nous offrons notre salut au public, et nous faisons paraître le
premier numéro du *Catholic News* avec l'assurance bien fondée
qu'il a devant lui une longue et utile carrière. »

Dans le deuxième numéro du journal, nous lisons ceci :

« La vente de notre premier numéro a bien surpassé toute notre attente. Nous ignorons le montant des autres journaux, mais avant de nous mettre en marche et considérant nos prétentions comme très hautes, nous aspirions à atteindre 1.500 exemplaires. Nous en avons imprimé 3.500, et le dimanche soir, il n'y avait plus un seul exemplaire à vendre à Port-d'Espagne, et beaucoup de personnes étaient ennuyées de ne pouvoir en obtenir. »

L'apparition de la nouvelle feuille catholique fit du bruit. Sujet de satisfaction pour les uns, sujet de mécontentement pour les autres. Il fallait s'y attendre. Des deux ou trois journaux qui se publiaient alors à Port-d'Espagne, le plus ancien comme aussi le plus important était le *Port of Spain Gazette*. Il crut voir non pas un frère, mais un ennemi dans le *Catholic News*. Cette pensée lui inspira dans son numéro du 10 mai 1892 l'entrefilet suivant sous ce titre : *The catholic News :*

« Depuis quelque temps, un bruit courait que l'archevêque de Port-d'Espagne, le T. R. Patrick-Vincent Flood songeait à publier un nouveau journal dans sa ville épiscopale. Vendredi dernier le bruit s'est confirmé par l'apparition du premier numéro du *Catholic News*.

Le *Catholic News* est la quatrième feuille de ce genre qui apparait dans la colonie, les deux dernières étaient le *Palladium* et *The Star of the West* (l'Etoile de l'Ouest). Le vénérable archevêque Mgr Gonin n'était pas bien favorable à un journal catholique romain, tellement qu'il refusa son consentement à l'idée d'une petite publication mensuelle que projetait le R. P. Bertrand. L'opinion de Mgr Gonin est partagée par un grand nombre de catholiques romains de la Trinidad, et nous aussi nous pensons de même. Nous pouvons nous tromper, mais lisant entre les lignes du premier numéro du *Catholic News*, nous supposons reconnaître là une preuve évidente de cette idée que le dernier archevêque avait raison dans sa manière de voir.

Il ne saurait y avoir le moindre doute que si le journal se livre à la controverse, il deviendra un fléau plutôt qu'une bénédiction pour cette société déjà malheureusement tant divisée, et où s'est éveillé dernièrement un esprit de bigoterie que nous espérions enterré avec le passé.

Si malheureusement le *Catholic News* se publie conformément à ce que nous venons de dire, il ne jettera pas seulement à la Trinidad des semences de discorde, mais dans les îles sœurs. Cependant nos confrères dans ces îles veilleront sans aucun doute aux intérêts de leur peuple.

Nous espérons toutefois que le journal marchera sur d'autres voies plus intelligentes, et qu'ainsi il pourra obtenir un meilleur succès. »

Cette appréciation du *Port of Spain Gazette* a été reproduite au *Catholic News* qui, dans un article de plus de deux colonnes, répond en le réfutant. La *Gazette* y est traitée très sévèrement, même très rudement, mais elle n'avait que ce qu'elle méritait. La guerre était allumée. Toutefois le calme ne tarda pas à se faire, la paix fut conclue d'un mutuel accord. La *Gazette* mit un peu d'eau dans son vin ; le *Catholic News* n'étant plus attaqué n'eut plus à se défendre. Et en cette année 1914, où nous écrivons, ces deux journaux très lus, très répandus, ont abandonné le ton acerbe des premiers jours, tout en s'observant mutuellement.

Du reste nous ne pouvons que rendre hommage à l'esprit profondément chrétien du rédacteur en chef du *Port of Spain Gazette*, M. Th. Laughlin, qui maintenant comme alors est à la tête de ce journal. Se tromper n'est pas défendu et arrive ; c'est la persévérance dans l'erreur qui, seule, est interdite : *errare humanum est, perseverare diabolicum*.

Le 26 septembre de cette même année 1892, deux Pères et un Frère s'embarquaient, en France, pour la Trinidad ; les PP. Julien Bouche et Régis Gerest, avec le Fr. Jacques Viannin. Ils arrivaient à Port-d'Espagne vers le milieu d'octobre.

Le P. Julien Bouche, né à Langeac, diocèse du Puy (France) le 25 mai 1857, se sentit de bonne heure appelé à la vie religieuse. L'Ordre de Saint-Dominique eut ses préférences et il avait un peu plus de 19 ans quand il prononça ses vœux dans notre Couvent de Poitiers, le 8 septembre 1876. Ordonné prêtre, il fut immédiatement appliqué à la prédication en laquelle il excellait. Sur sa demande il fut désigné par ses supérieurs pour la mission de Trinidad. Pendant quatre années il fut affecté au service paroissial de la cathédrale et envoyé fréquemment dans nos paroisses rurales pour remplacer provisoirement le titulaire absent. Mis à la tête de la confrérie du SS. Rosaire, c'est à lui que la cathédrale doit le beau groupe du Rosaire qu'on y peut admirer.

Sur ces entrefaites, le poste d'aumônier de la léproserie de Cocorite vint à être vacant ainsi que celui de Saint-James qui en est comme une annexe. L'un et l'autre furent confiés au R. P. Julien qui en prit possession vers le milieu de l'année 1896. Il fut là ce qu'il avait été à Port-d'Espagne, zélé, actif, laborieux, cherchant toujours et partout la gloire de Dieu et le salut des âmes. Il n'y avait pas d'église à Saint-James, il en construisit une, celle qu'on y voit encore, assez grande pour la population catholique de l'endroit ; il y installa aussi deux écoles, l'une pour les enfants du pays, l'autre pour les petits hindous dont il parlait très bien la langue. Il s'appliquait aussi à l'étude du chinois ; la connaissance de ces deux langues lui fut d'un grand secours dans son ministère auprès des lépreux.

Depuis six ans, il occupait ce double poste quand nous apprîmes qu'il allait quitter la Trinidad pour l'île de Cuba où les Pères de la Province de Lyon ont une mission. Sa connaissance de la langue espagnole ne dut pas être étrangère à ce changement. Toujours est-il qu'en février 1902 il disait ce qu'il croyait être un adieu au pays trinidadien et allait à Cuba y continuer le bien qu'il faisait au milieu de nous. Il y resta trois ans.

Rappelé en France, il y séjourna jusqu'en 1909, puis il demanda et obtint de retourner à la Trinidad que nos Pères français quittent toujours à regret, et où ils reviennent avec tant de plaisir. Là, il s'efforça de reprendre son activité apostolique.

Mais, bientôt, atteint d'une sérieuse maladie contractée au service des lépreux, et qui semblait offrir les caractères de la lèpre, il entra dans une période de la vie, qui fut un véritable martyre. Aussi Mgr Dowling, archevêque Dominicain de Port-d'Espagne,

le prit chez lui à l'archevêché, et l'entoura de la plus grande charité. Le pauvre Père en vint à ne pouvoir presque plus se servir
de ses mains, tellement que s'il lui arrivait de laisser tomber à
terre son porte-plume, il ne pouvait le ramasser qu'avec la bouche. « Je ne suis plus qu'une ruine, écrivait-il dans une lettre,
un pot cassé mis au rebut. »

Enfin retiré peu après à la léproserie de Cocorite, il vit arriver
ses derniers moments. Le 14 novembre 1922, à une heure du
matin, on entonna à mi-voix le *Salve Regina*, selon la coutume
dominicaine. Et à ces mots : *Eia ergo advocata nostra*, le cher
Père sourit doucement et rendit son âme à Dieu. Il avait 65 ans.

Pendant les années de sa vie apostolique, il s'était beaucoup
appliqué à l'étude des langues même les plus difficiles. En
même temps que l'anglais et l'espagnol, il avait appris les dialectes hindous, le sanscrit, l'arabe et le chinois, afin de pouvoir
entrer en relation avec les orientaux si nombreux dans la colonie. Dévoreur de livres, il amassa aussi une foule de notes, qui
lui servirent à composer un immense *Catéchisme en exemples*,
qu'il ne réussit pas à faire imprimer.

Avec le P. Julien Bouche, nous recevions le P. Régis Gerest. Né
à Saint-Etienne, diocèse de Lyon, le 26 octobre 1886. Entré chez
les Dominicains de la Province de Lyon, il prononçait ses vœux
le 23 septembre 1886 dans notre Couvent de Rijckholt (Hollande)
où avait été transporté le noviciat de la Province. Il avait 26 ans
quand on l'envoya à la Trinidad. Doué d'une belle intelligence
et d'une merveilleuse facilité pour apprendre les langues, il ne
tarda pas à parler couramment l'anglais et l'espagnol ; aussi,
moins de deux mois après son arrivée, il était assigné à notre
mission à l'île de Tabago où on ne parle absolument que l'anglais. Déjà là le 18 novembre, il y fut laissé seul pendant quelque
temps, malgré sa jeunesse et son inexpérience du ministère apostolique, mais il ne tarda pas à y être rejoint par le P. Réginald
Sarthou qui y retournait après une absence de quelques mois
pour raison de santé. Le P. Régis resta à Tabago jusqu'au 25 janvier 1894. La maladie seule l'obligea de quitter cette île qu'il affectionnait.

Peu après son retour à Port-d'Espagne il fut mis à la tête de la paroisse de Caura dont nous avions accepté la charge, il y laissa les meilleurs souvenirs quand il dut l'abandonner, au commencement de 1896, pour retourner en France. Nous le retrouvons ensuite à New-York, puis à Cuba où, durant plusieurs années, on lui confia la direction de la grande mission des Pères de la Province de Lyon. Epuisé par les fatigues et le climat, il laissa Cuba pour la France en mars 1903 et fut, peu de temps après, élu Prieur de notre Couvent d'Angers : religieux de grand mérite et de hautes capacités, il honore grandement notre saint Ordre, et la Province de Lyon, à juste titre, est fière de le compter au nombre de ses fils.

Nous venons de parler d'une paroisse de l'île confiée à nos Pères, Caura, dont le P. Gerest fut chargé le premier d'entre nous, et qui eut pour successeur immédiat le R. P. Siméon Guillet.

Les Pères Dominicains n'étaient venus à la Trinidad que pour desservir la ville (nous ne disons pas la paroisse) de Port-d'Espagne. Le contrat passé entre l'Ordre et l'archevêque ne disait rien de plus. Ce n'était qu'à titre provisoire que nos premiers Pères allaient exercer le ministère paroissial en dehors de la ville et même aussi dans les autres îles faisant partie du diocèse. Comment avons-nous été amenés à accepter à titre définitif le service régulier de plusieurs paroisses de l'île ? Nous l'avons cherché partout, nous ne l'avons trouvé nulle part.

Ce qui est certain, c'est qu'au moment où nous écrivons ces lignes, nous avons à notre charge et sous notre responsabilité, sans parler de la paroisse de New-Town qui fait partie de la ville, celle de Sainte-Anne, située presque dans la banlieue de la ville, celle de Tortuga, située dans le *ward de Montserrat*, celle de Toco, au nord de l'île, sur le bord de la mer et dont toute la côte est baignée par l'Océan Atlantique, celle de Blanchisseuse, à l'ouest de Toco ; et enfin l'île de Tabago, dont nous ferons, plus loin, une mention spéciale. Nous avions accepté l'île de Chacachacare, dépendante de la paroisse du Carénage et dont les habitants étaient en délicatesse avec leur curé, celui-ci ne pouvant supporter ceux-là et, *vice versa*, elle a été confiée pendant de longues années au R. P. Hyacinthe Bariou qui a mis la paix entre les 300 habitants de l'île qui ne s'entendaient pas, et parvint à les réconcilier avec leur curé. Nous avons remis entre les mains du curé de Carénage, cette fraction de sa paroisse, sous le priorat du T. R. P. Donegan, vers 1901.

Après la mort du P. Siméon, la paroisse de Caura fut confiée au R. P. Vincent Sutherland, qui en revint malade après quelques mois. On la joignit alors à celle de Maracas qui avait à sa tête un religieux Augustin et qui l'accepta provisoirement. Nous desservons encore l'importante paroisse de Sangre-Grande, la plus importante peut-être après celle de la cathédrale, si on prend le nombre de baptêmes pour base d'appréciation ; nous y avons même deux Pères. Cette paroisse dépendait auparavant de celle d'Arima dont elle a été détachée. Elle a été acceptée par notre Révérendissime archevêque, Mgr Dowling, qui n'était alors que prieur de notre Communauté, c'était en 1907 ; aucun contrat ne nous lie au sujet de cette paroisse, nous pouvons donc, quand il nous plaira, la remettre entre les mains de notre archevêque. Nous aurions pu, si nous l'avions voulu, avoir les premières et principales paroisses de l'île, Saint-Joseph, Arima, San-Fernando ; elles nous ont été offertes, mais nous les avons refusées. Il nous semblait préférable, et tous nous approuveront, d'accepter les lieux les plus abandonnés, les plus deshérités, d'un placement plus difficile, Toco, Blanchisseuse, Tabago ; on ne pourra donc nous accuser, comme on a déjà essayé de le faire, de prendre pour nous les meilleurs postes. Il est encore bien d'autres paroisses que nous avons occupées à titre provisoire, non pas seulement pendant quelques mois, mais l'espace de plusieurs années, et en agissant ainsi, nous avons, sinon abandonné, du moins évité d'user de notre droit strict qui nous disait de limiter notre zèle et nos travaux à la seule ville de Port-d'Espagne. Mais nous avons toujours pensé, avec tous les Supérieurs placés à notre tête par la divine Providence depuis un demi-siècle, que nous devions, aussi largement que possible, prendre notre part de la lourde responsabilité qui pèse sur les épaules de notre archevêque, la robe qu'il porte ne nous permettant pas d'oublier qu'il est aussi pour nous un Frère.

## CHAPITRE XV

### Le bon Pasteur à Port d'Espagne

Les premiers jours de l'année 1890 avaient vu la réalisation d'un projet depuis longtemps à l'étude ; c'est un fait important, non seulement pour l'histoire du pays, mais encore pour celle de notre Mission.

Le voici : Nous en tirons le récit presque textuellement des « Mémoires » de nos Sœurs Dominicaines sur Trinidad.

« Dès 1878, il était question de nous offrir une œuvre qui semblait devoir être le complément de celle de l'orphelinat. Le R. P. Hilaire Arnaud, dans son dévouement pour notre Congrégation, désirait ardemment que l'on entrât dans les vues du gouverneur qui tenait à nous confier cette œuvre. Il s'agissait d'un *Réformatoire*, c'est-à-dire d'une maison de correction, où seraient recueillies les jeunes filles reconnues pour avoir des instincts mauvais, ou condamnées à la prison pour des méfaits de leur âge, des vols surtout. Le gouverneur offrait de fournir pour l'œuvre une certaine somme, remboursable dans des conditions avantageuses, et l'on cherchait un terrain pour y construire une maison.

Il y eut alors bien des pourparlers entre Mgr Gonin et l'administration civile, les négociations durèrent dix ans. Elles aboutirent enfin et une vaste maison fut construite aux frais du gouvernement sur une partie du terrain de l'orphelinat, terrain qui est la propriété du diocèse. Mgr Gonin ne jugea pas à propos d'offrir cette œuvre aux Sœurs Dominicaines. Il s'adressa aux Sœurs du Bon-Pasteur d'Angers (France), congrégation fondée, au siècle dernier, sous le nom du Bon Pasteur, et dont la Maison-Mère fut établie à Angers. Le but de cette création éminemment

Léproserie de Cocorite

(Année 1924)

charitable était de recueillir les filles perdues de mœurs et de leur offrir tous les moyens de se réhabiliter par une vie désormais conforme à la morale chrétienne. Des milliers de pauvres créatures doivent le salut de leur corps, et surtout de leur âme, à cette Congrégation du Bon-Pasteur. Elles étaient donc dans leur rôle et remplissaient le but pour lequel elles avaient embrassé cette héroïque vocation, ces bonnes religieuses qui vinrent à la Trinidad prendre la direction de ce Réformatoire. Choisies parmi celles qui se trouvaient dans une maison de leur Ordre, aux Etats-Unis, toutes parlant la langue anglaise, elles arrivèrent en janvier 1890.

Elles gouvernaient cette maison depuis plus de douze ans, lorsque, pour des motifs qui nous sont inconnus, elles furent rappelées par leurs supérieurs, et laissèrent la Trinidad le 4 juillet 1903. Alors, Mgr Flood qui, il faut bien le dire, ne partageait pas les préventions de Mgr Gonin, fut heureux d'offrir cette œuvre aux Sœurs Dominicaines et de la leur voir accepter *en principe*, à titre conditionnel, pour une durée de six années. C'est donc le 4 juillet 1903, que nos Sœurs prirent en main la direction et le service du Réformatoire. Au terme des six années d'essais, nos Sœurs ont conservé cette œuvre, joyau de plus, véritable perle, ajoutée à cette couronne qui sera leur récompense dans le ciel. Je n'en dirai pas plus, car elles m'ont déjà sévèrement grondé de ce que je disais trop de bien d'elles.

Les jeunes filles du Bon-Pasteur étaient alors au nombre de vingt-trois. Beaucoup d'entre elles sont protestantes. Leur travail consiste dans le blanchissage qu'elles font pour les Communautés de la ville et diverses familles, ce qui rapporte environ 40 dollars par mois (ceci a été écrit en 1904), c'est une des ressources de la maison. Il faut y ajouter une pension de 240 frs. (environ 24 dollars) payée par le gouvernement pour chaque enfant jusqu'à l'âge de seize ans ; puis, 7.000 frs. (1.400 dollars) qu'il verse annuellement en plus, tant que les jeunes filles n'auront pas atteint le nombre de quarante.

Le terrain sur lequel l'établissement est construit appartient en partie à l'orphelinat, par conséquent à l'archevêché. La maison, solidement construite, a été bâtie par le gouvernement qui se charge de l'entretien, et peut recevoir 70 enfants. Le jardin est vaste et bien clos. La chapelle parfaitement ornée, est desservie par les Pères du Saint-Esprit. Le nom du Bon Pasteur est resté au couvent, aucun autre titre ne pouvant mieux convenir à une maison où de pauvres petites brebis viennent se réfugier pour échapper au loup ravisseur.

Depuis le début, le Réformatoire a reçu 217 enfants, actuellement (1914) leur nombre est de 28. C'est le magistrat qui les envoie et elles doivent être âgées de plus de dix ans. Elles sont libres à l'âge de 16 ans.

Pour l'instruction et l'édification, nous complèterons ici les quelques renseignements que nous venons de donner sur cette Congrégation du Bon-Pasteur.

Cet institut est une branche de celui qui fut fondé en France, en 1641, par le Bienheureux Jean Eudes, sous le nom de « Notre-Dame de Charité du Refuge » et qui fut approuvé, quelques années plus tard, par le Pape Alexandre VII. La différence entre l'institut primitif et cette nouvelle branche consiste seulement dans le mode de gouvernement. Primitivement cette Congrégation de Notre-Dame du Refuge n'avait pas de Maison-Mère, chacune de ses maisons se gouvernait elle-même n'ayant d'autres liens avec les autres que ceux d'une fraternelle charité. Parmi les nobles dames qui, au xix° siècle, embrassèrent cet institut, il en est une dont le nom et le souvenir ne devront jamais se perdre. L'Eglise elle-même l'a immortalisée en la déclarant en 1814, elle avait reçu, à sa profession, le nom de Marie-Euphrasie Pelletier était née dans l'île de Noirmoutier le 31 juillet 1796. Entrée dans la Communauté du « Refuge », à Tours, en 1814, elle avait reçu, à sa profession, le nom de Marie-Euphrasie. Huit ans après, elle était mise à la tête de cette maison. Elle ne tarda pas à s'apercevoir que, pour répandre plus au loin les bienfaits de sa Congrégation, il lui fallait une administration centrale, une Maison-Mère qui en serait la tête ; celle qu'elle venait de fonder à Angers lui parut désignée par Dieu pour accomplir ce but. Par un bref, en date du 3 avril 1835, Grégoire XVI reconnut le couvent d'Angers pour la Maison-

Mère de toute la Congrégation nouvelle sous le titre de « Notre-Dame du Bon Pasteur d'Angers .» '

La « Vénérable » Mère Marie-Euphrasie fut pendant trente-trois ans la Mère Générale du Bon Pasteur, et à sa mort, arrivée le 29 avril 1868, cette Congrégation, qui avait cinq Sœurs le jour de sa fondation à Angers, comptait 2.067 religieuses professes, 384 novices et 309 Sœurs tourières, disséminées en cent dix couvents, dans toutes les contrées du globe. Elle va toujours en augmentant, à ce point qu'en 1901, elle comprenait 232 maisons, 24 provinces, 7.044 Sœurs, avec 43.159 pauvres filles ou femmes qui se sont réfugiées près de ces anges de la terre pour y vivre, pendant quelques années, d'une vie de pénitence et d'expiation et, en les quittant, recommencer une vie nouvelle, dans la pratique de ces vertus chrétiennes qu'elles avaient trop souvent et trop longtemps méconnues.

Cette Congrégation du Bon Pasteur se glorifie, avec juste raison, d'avoir eu à sa tête une autre femme de haut mérite, la Révérende Mère Marie du Sacré-Cœur. C'est elle qui, paraît-il, aurait suggéré au Souverain Pontife Léon XIII la pensée de consacrer la terre entière au Sacré-Cœur : consécration que l'illustre et saint Pontife considérait comme l'acte le plus important de son pontificat et qui eut lieu le 9 juin 1899. La Révérende Mère Marie du Sacré-Cœur ne vécut pas assez pour être témoin de ce mémorable événement, elle mourut la veille même, le 8 juin 1899, à Porto, en Portugal. La cause de sa béatification a été introduite.

# CHAPITRE XVI

## L'île de Tabago et les Missionnaires Dominicains

Compagnon de voyage du R. P. Eusèbe Poulet, le R. P. Réginald Sarthou débarquait avec lui le 9 novembre 1888.

Le Père Réginald était né à Pau, grande ville du midi de la France, le 28 mai 1861. Entré au noviciat de nos Pères de la Province de Lyon en 1883, il prononçait, le 28 juin 1884, ses vœux à Rijckholt, en Hollande, où la Province avait été obligée de transporter son noviciat. Il avait témoigné en maintes occasions son vif désir d'être missionnaire à la Trinidad, ses vœux furent exaucés. Là, il se révéla de suite un excellent missionnaire et déploya un zèle, un dévouement, une activité, un savoir faire qui le firent beaucoup apprécier. Il exerçait son ministère depuis un peu plus de trois ans dans la paroisse de Port-d'Espagne, quand ses supérieurs, certains de sa valeur et de ses aptitudes, lui donnèrent une preuve éclatante de leur estime en confiant à son zèle l'île de Tabago, qui appartenait au diocèse de Port-d'Espagne. Il y débarquait le 29 avril 1892.

Là se passèrent les plus longues et les dernières années de sa vie apostolique ; il y contracta probablement, ou du moins il y sentit se développer en lui les germes de la terrible maladie qui l'obligea de s'éloigner de la colonie pour n'y plus jamais retourner.

Tabago fait partie du gouvernement et du diocèse de Trinidad. C'est une petite île baignée d'un côté par l'Océan atlantique, de l'autre par la mer caraïbe. Située à douze milles environ de la Trinidad, elle renferme 18.000 habitants. Presque entièrement protestante, l'île ne compte guère plus de 750 à 800 catholiques en cette année 1914. Le premier des Dominicains qui y aborda, après la prise de possession de la mission de Trinidad, fut le R. P. André Violette. La Trinidad était trop petite pour la grandeur de son zèle ; et puis, il y avait des prêtres à Port-d'Espagne, à Tabago il n'y en avait aucun.

Le Révérend Père vint à Tabago en mars 1870, il y resta jusqu'en juin. Il y fit onze baptêmes durant ces trois mois. Le R. P. Jérôme Hargrove y vint la même année et y resta deux mois. Mgr Gonin n'avait ni donné, ni refusé son consentement au R. P. Violette qui dut se contenter de l'autorisation de son Prieur. Jusqu'en 1880, l'île paraît être restée sans prêtre. A cette dernière date, les RR. PP. Violette et Hyacinthe Bariou y furent envoyés. Ils achetèrent à Scarborough, capitale de l'île, une maison qui leur servit de presbytère. Elle fut payée 150 livres sterling par le R. P. Violette avec l'argent qu'il put se procurer à San-Fernando et auprès de quelques charitables personnes. Monseigneur l'archevêque refusa son concours, mais puisque la maison était achetée et payée, il déclara qu'elle appartenait désormais au diocèse. Les Pères ne restèrent que quelques jours dans l'île. Pendant les trois années qui suivirent, plusieurs de nos Pères et un prêtre séculier vinrent y passer successivement quelques semaines et même quelques mois. C'était pour eux un temps de repos, un vrai *changement d'air*, mais leur bien-être corporel ne leur faisait pas perdre de vue le bien des âmes et ils surent utiliser ce temps de repos en travaillant au salut de ces pauvres abandonnés. Quarante-cinq d'entre eux furent baptisés durant ce laps de temps.

Cependant, la maison achetée pour tenir lieu de presbytère, et qui n'était pas neuve quand elle devint notre possession en 1880, s'en allait peu à peu ; des réparations étaient urgentes et d'autant plus nécessaires que la plus vaste salle de l'édifice servait de chapelle pour nos peu nombreux fidèles, et d'école pour leurs enfants. Le conseil des Pères, en 1885, décida d'envoyer là un Père trois ou quatre fois par an. En conséquence le T. R. P. Marie-Dominique Berthet, vicaire général, se rendit à Tabago au commencement de 1886 ; il y retourna en juin de la même année et il fit faire d'importantes réparations à la maison curiale, pour la somme de 500 dollars, dont une bonne partie fut donnée par l'Œuvre de la Propagation de la foi. Le nombre de nos catholiques augmentant, on dut, en 1880 même, transporter l'école dans une nouvelle maison ; elle y resta jusqu'en 1892, époque où elle fut définitivement établie dans un autre local, sur un vaste terrain acheté par le R. P. Réginald Sarthou.

Les choses allèrent ainsi pendant les années 1887 et 1888, durant lesquelles rien de notable ne se fit dans cette mission qui fût toutefois fréquemment visitée par nos Pères, de manière qu'elle ne restât presque jamais sans prêtre. Ils ne reçurent de l'archevêque ni subsides, ni salaire. Leurs frais de voyage et de séjour, ainsi que le salaire de la maîtresse d'école leur étaient donnés, partie par l'Œuvre de la Propagation de la foi, partie par les ressources qu'ils se procuraient eux-mêmes.

Un épisode comique, arrivé en 1887, trouve ici sa place. L'excellent abbé Maingot, prêtre créole dont nous avons déjà parlé, était venu, lui aussi, passer quelques semaines à Tabago ; il était l'hôte du R. P. Hyacinthe Bariou qui le conduisit, un jour, chez un ministre protestant des environs de la ville. Le R. P. Hyacinthe était bien connu du Révérend ministre, mais non le bon abbé Maingot. Quand ils entrèrent, demandant à voir le maître de la maison, la bonne vieille servante toisant du regard l'abbé, petit de taille et mince de figure, de plus, habillé d'une robe noire, se méprit sur l'identité et le sexe du personnage et, le prenant pour l'épouse du R. P. Hyacinthe, elle annonça gravement à son maître : *The roman Parish Priest and his wife :* Le prêtre catholique romain et sa femme ! Je laisse à penser si on dut rire.

Nous ne pouvons passer sous silence le nom du *manager* de notre première école à Scarborough, M. Titsh, (nom prédestiné pour un chef d'école). Quoique luthérien allemand, cet homme, très respectable, se fit, pendant plus de dix ans, le protecteur des catholiques, à ce point qu'il était surnommé par les protestants « *Catholic Bishop.* »

Nous devons mentionner encore le fait suivant tout à l'honneur de ce digne homme : un fervent catholique irlandais, le D$^r$ Shears, ayant énergiquement refusé le ministère du pasteur protestant, dans sa dernière maladie, M. Titsh se procura un livre catholique et fit lui-même toutes les prières sur la tombe. Il n'y avait, à ce moment, aucun prêtre dans l'île.

L'année 1889 marque une date mémorable pour cette mission. Le R. P. Hyacinthe, qui doit être considéré comme son vrai fondateur, y faisant, chaque année, de fréquents voyages, lui consacrant son temps, ses peines et tout l'argent qu'il pouvait se procurer, avait résolu d'y construire une église. Mgr Gonin venait de mourir (mars 1889). Le Révérend Père, amenant avec lui un excellent jeune homme, suisse d'origine, nommé François Goy, arrivait à Scarborough pour commencer sans plus de retard son église tant désirée. Ce jeune homme, désireux de se consacrer au service des Pères de la mission, s'était offert au T. R. P. Bertrand Cothonay qui, vu ses dispositions, l'avait accepté. Il était, croyons-nous, du Tiers-Ordre séculier, on l'appelait communément le Fr. François, mais il n'a jamais reçu l'habit de Frère convers. Quand, en mai 1889, le P. Hyacinthe laissa Tabago, il confia à ce bon Frère qui avait toute sa confiance, le soin de surveiller les travaux de construction de la nouvelle église. François devait encore remplacer le prêtre pour réciter les prières publiques qui se faisaient dans l'église. Il s'acquittait parfaitement de ses délicates fonctions quand, par suite d'une imprudence due à l'ignorance qu'il avait du climat de nos pays tropicaux, il attrapa une pleurésie qui l'emporta en quelques jours. Il rendait son âme à Dieu le 17 juillet de cette même année 1889, regretté de tous ceux qui l'avaient connu.

A la fin de juin, le P. Hyacinthe retournait encore à Tabago. Il venait de Blanchisseuse, sur la côte nord de Trinidad. Ce quartier faisait partie de l'immense paroisse de Toco qui lui avait été confiée par Mgr Flood, peu de mois après la mort de Mgr Gonin. Cette paroisse allant de la pointe de Cumana à Fillette occupe toute cette partie de l'île appelée « la bande du nord », elle a environ 60 milles d'étendue ; c'est la plus vaste de toutes celles de l'île. Avec l'autorisation de ses supérieurs religieux, le zélé, dévoué et actif missionnaire qu'était le P. Hyacinthe, accepta, sans hésiter, la direction spirituelle de tout ce quartier et cela ne suffisait pas encore à l'activité de son zèle ; les dangers de la mer, très agitée dans ce canal qui sépare l'île de Tabago de celle de la Trinidad, ne l'effrayaient nullement et nous le voyons en faire le trajet jusqu'à deux et trois fois par mois.

Sans doute, le zèle du salut des âmes était son principal mobile, mais aussi une autre considération lui avait fait accepter cette double charge. Les ressources pécuniaires faisaient complètement défaut à Tabago ; les prêtres qui y passaient deux et trois mois, le bon P. Hyacinthe qui s'y rendait si fréquemment, ne recevaient du diocèse aucun salaire, nous l'avons dit ; mais avec le titre de curé de Toco, le Père recevait, chaque mois, 60 dollars, sans compter le casuel de la paroisse et les quêtes qu'il y pouvait faire. Si ce n'était pas une mine d'or, c'était toujours une mine d'argent d'où il tirait des ressources pour les œuvres qu'il avait créées dans la nouvelle mission, école, presbytère et surtout la nouvelle église dont il avait commencé la construction. On peut dire de ce bon Père qu'il était à cheval sur ce canal, un pied à Toco, l'autre à Tabago, son cœur dans les deux endroits. Cet état de chose dura quatre ans, de 1889 à 1892. Entre temps, plusieurs de nos Pères allaient passer quelques mois à Tabago; le R. P. Noël Lartaud, qui y demeura d'octobre 1890 à juin 1891 fut le premier qui reçut un salaire de l'archevêque, salaire que par la suite on donna régulièrement au prêtre chargé de cette mission.

L'église actuelle, placée sous le vocable de saint Joseph, fut terminée en janvier 1892 et solennellement bénite par le T. R. P. Gabriel O'Farrell, vicaire général du diocèse, le R. P. Hyacinthe étant présent, le 31 janvier 1892. Nous pouvons dire du bon Père ce que la Bienheureuse Jeanne d'Arc disait de son étendard, au sacre du roi de France, dans la cathédrale de Reims : « ayant été au danger, il est bien juste qu'il soit à l'honneur. »

Ce fut le 29 avril 1892 que le R. P. Réginald Sarthou vint, pour la première fois, à Tabago. Il y resta un mois, revint à Port-d'Espagne et retourna à Tabago où il ne resta que peu de jours. D'une santé délicate, il se vit obligé, par ordre des médecins, de partir pour la France afin d'y refaire ses forces, en avril 1893. De retour à la Trinidad le 12 décembre, il en repartait, huit jours après, pour son île préférée, où étaient son trésor et son cœur. Ce fut sa dernière étape dans ces pays. Il y trouva le

R. P. Régis Gerest qui gouverna la paroisse pendant plus d'un an, pour la laisser entre les mains du R. P. Réginald. Ces deux Pères peuvent être considérés comme ayant été les premiers curés résidants de Tabago, le R. P. Réginald surtout, qui occupa ce poste près de sept ans, de décembre 1893 à juillet 1900. Depuis lors, aucun de ses successeurs n'y est resté aussi longtemps. Il fallait créer presque tout et sans ressources, la population étant trop pauvre ou trop hostile. Seul prêtre catholique dans toute l'île, le Père ne recula pas devant la tâche. Soutenir les fidèles qui formaient bien le *pusillus grex* de l'évangile, le petit troupeau, les instruire, les visiter, leur donner les sacrements, les protéger contre les machinations des hérétiques qui mettaient tout en œuvre pour les intimider et les attirer dans leurs rangs, pourvoir à la construction des chapelles, à l'entretien des écoles, à la formation des catéchistes, voilà ce qui incomba au zèle du missionnaire, au milieu de privations et de souffrances de toutes sortes. Mais il ne tarda pas à voir ses efforts couronnés de succès.

Des rapports envoyés par lui à la Sacrée Congrégation de la Propagande y furent reçus avec beaucoup de joie. Le Préfet, le cardinal Ledochowski, lui exprima, à plusieurs reprises, sa satisfaction, en lui transmettant, chaque fois, des secours importants. Le Pape Léon XIII, lui-même, daigna l'honorer d'un Rescrit en réponse à une adresse que le zélé missionnaire lui avait fait envoyer par les fidèles de Tabago.

Le prêtre de Tabago, qu'on ne l'oublie pas, n'a pas seulement à s'occuper de la ville principale, Scarborough, qui compte environ 15.000 habitants, mais de l'île toute entière ; outre ce que, un peu pompeusement, nous appellerons la capitale, il y avait des centres plus ou moins importants, entre autres : *Patience Hill*, où le bon Père administra le premier baptême donné par un prêtre ; il y ouvrit une chapelle et une école ; *Delaford*, qui possède une église dédiée au Sacré-Cœur, commencée par le R. P. Réginald en 1892 ; le premier baptême y fut administré par lui, en décembre de cette même année ; *Goodwod*, où le Père vint faire sa visite pastorale en 1895. Il y construisit une chapelle qui fut dédiée à saint Dominique et bénite en novembre de la même année ; *Maison Hall,* où le Père ouvrit une chapelle-école dédiée à saint Antoine et bénite en octobre 1898.

Hélas ! toute cette activité si précieuse pour les âmes devait être arrêtée bientôt. Une maladie terrible, comme on en contracte dans les pays chauds, se déclara, et sur l'ordre des médecins, le Père dut reprendre le chemin de la France. On l'examina, on le traita sérieusement. Mais il fut reconnu qu'il était atteint de la lèpre, mal incurable qui ne lui permettrait plus de retourner aux Antilles. Il les avait quittées en août 1900. Le P. Réginald avait 40 ans. Plein de zèle, de force et d'expérience, il arrivait au moment d'exercer un apostolat très fructueux, mais non, il lui fallait abandonner ce champ de bataille où l'appelaient tous les désirs, tous les attraits de son cœur. Ce fut dur.

Les Dominicaines de l'hôpital de Levallois-Perret lui offrirent une chambre avec leurs admirables soins si pleins de charité. Il s'enferma là comme dans un tombeau vivant, pour y rester, près de six ans, jusqu'à la mort. Les deux premières années furent cruelles et il eut besoin de toute sa foi pour accepter le sacrifice que Dieu lui demandait. Cependant les Sœurs qui le soignaient ne l'entendirent jamais proférer un murmure. Ce n'est que par d'intimes confidences qu'on put connaître le martyre profond de cette âme, encore plus immolée du côté moral que par la souffrance physique.

En 1904, le cher malade fit le pèlerinage de Lourdes et, à cette occasion, il rédigea une très humble supplique à la Sainte Vierge où il disait : « O Mère bénie, au nom de votre glorieux privilège de Vierge immaculée, j'ose vous demander la faveur insigne, exceptionnelle, miraculeuse de ma guérison, si toutefois pareille faveur entre dans les vues de la divine Providence à mon égard, et si elle doit contribuer au plus grand bien de mon âme..... Que si, ô Vierge bénie, il est dans les desseins divins que je ne guérisse pas, et si, au contraire, je dois me sanctifier dans l'épreuve de cette maladie, accordez-moi, ô Mère ! la grâce d'une parfaite résignation, et que, du fond du cœur, je dise : *Fiat.* »

La guérison ne fut pas accordée au cher Père, mais il obtint l'autre grâce, celle d'une résignation parfaite à la volonté de Dieu.

Il est mort comme meurent les saints, de la maladie qu'il avait contractée au service de Dieu, dans l'exercice du dévouement aux âmes. Nul doute, par conséquent, qu'il n'ait trouvé là-haut, non seulement miséricorde, mais une gloire admirable. C'était le 28 novembre 1907. Le R. P. Réginald Sarthou était dans la quarante-cinquième année de son âge, la vingt-sixième de sa profession religieuse.

## CHAPITRE XVII

### La Mission de Port d'Espagne érigée en Couvent formel

Nous n'avons pas signalé, sauf de rares exceptions, les allées
et venues de nos Pères de France à Trinidad et de Trinidad en
France, c'est un « fait divers » qui n'a guère d'importance. Cependant nous ne pouvons passer sous silence le départ pour la
France du T. R. P. Bertrand Cothonay, supérieur de notre mission, en raison de ce qui fut la conséquence de ce voyage. Le
Chapitre Provincial de la Province de Lyon ou, pour parler plus
exactement le langage dominicain, la Congrégation intermédiaire de la Province devait se tenir cette année 1892. On devait
y prendre une grave décision au sujet de la mission de Trinidad. C'est le 1er mars que le R. P. Bertrand s'embarqua pour la
France.

Le 13 janvier 1893, le T. R. P. Joseph-Ambroise Laboré, Provincial de Lyon, accompagné du T. R. P. Bertrand et du Fr.
Exupère Crettaz, débarquait à la Trinidad. C'était la première
fois que le T. R. P. Laboré venait aux Antilles. Le 16, trois jours
après son arrivée, le Révérend Père Provincial réunissait toute
la Communauté dans la salle de la bibliothèque et faisait savoir
aux Pères et aux Frères étonnés qu'il avait été décidé par les supérieurs de la Province réunis en Chapitre, et sur la demande
formelle du R. P. Bertrand, supérieur de la mission, que le simple vicariat qu'avait été jusqu'alors la maison des Pères de Port-
d'Espagne, était dès ce moment érigé en « Couvent formel ». Il
fit donner lecture d'une patente du Révérendissime Maître Général qui nommait Prieur du nouveau couvent le T. R. P. Dominique Berthet, et nous fit savoir que désormais, le supérieur
de la Communauté serait nommé directement par le Révéren-

dissime Maître Général sur la présentation du Révérend Père Provincial.

Pour nous, religieux et missionnaires, chargés du soin de gouverner la grande paroisse de Port-d'Espagne et d'autres encore, c'était un gros événement et, si l'on veut me permettre de parler ainsi, un coup d'autorité. Je dirai que par suite de l'érection de notre Vicariat de Port-d'Espagne en Couvent formel, nos droits et nos devoirs ont été augmentés, les premiers, très légèrement, les seconds, considérablement. Il faut en effet savoir quelle différence existe dans l'Ordre de saint Dominique entre un Vicariat et un Couvent formel. Un Vicariat se compose d'un nombre plus ou moins restreint de religieux, quelquefois de deux ou trois seulement, le supérieur, avec le titre de vicaire, est en la dépendance complète du Provincial qui peut nommer le religieux qu'il veut. Aucun vote, ni d'en haut, ni d'en bas, n'est requis pour légitimer cette nomination. Cette maison religieuse ne peut donc être appelée un Couvent, dans le sens strict du mot, du moins dans l'Ordre de saint Dominique.

De plus, les lois conventuelles qui obligent, parfois gravement, la collectivité, dans un couvent proprement dit, sont beaucoup moins nombreuses et ne lient pas aussi strictement les religieux d'un Vicariat. Il en est autrement pour un couvent, il n'est véritablement « Couvent » que s'il peut loger et entretenir douze religieux et s'il est reconnu comme tel par le Révérendissime Maître Général. Alors tous les emplois et les conditions requises chez ceux auxquels ils incombent sont minutieusement désignés dans les Constitutions, Office religieux, repas, récréations, entrées, sorties, locaux privés et publics, rapports entre supérieurs et inférieurs, droits et devoirs de chacun, tout est prévu et réglé d'avance et souvent dans les plus petits détails. Le supérieur de ce couvent, dit Couvent « formel », porte le titre de *Prieur*. Il est nommé au scrutin secret par les religieux prêtres de son couvent, et encore leur faut-il certaines conditions pour avoir le droit d'élire leur Prieur. Cette élection doit être confirmée par le Provincial de la Province à laquelle appartient le couvent, pour être valable ; il a donc le droit de l'annuler s'il le juge à propos. Un Prieur n'est élu que pour trois ans. Les autres « officiers » du couvent ne restent en charge que pendant un temps limité. Tout ce système, plus ou moins le même dans la plupart des Ordres religieux, dure depuis des siècles et fonctionne admirablement bien. C'est toujours le vieux qui dure le plus longtemps.

Par ce qui précède, on peut concevoir l'émotion que causa parmi les Pères Dominicains de Port-d'Espagne leur élévation de simple Vicariat en Couvent. Les nouvelles obligations qui en découlaient pour eux devenaient, de ce fait, et plus nombreuses et plus rigoureuses, à ce point qu'elles leur parurent impraticables, par suite, inacceptables. Non pas qu'ils ne voulussent pratiquer leurs règles dans les termes et les bornes prescrits par les saintes Constitutions de leur Ordre ; mais, étant donné la situation exceptionnelle où ils se trouvaient placés, chargés d'une vaste et importante mission, avec des devoirs à remplir aussi nombreux que variés ; ayant devant leur évêque, comme devant leurs milliers de fidèles, de très graves responsabilités matérielles et spirituelles, ils trouvaient, selon nous avec raison, qu'il y avait une certaine incompatibilité entre la parfaite observation des lois conventuelles et celle de leurs obligations comme chefs de paroisse et pasteurs des âmes qui leur étaient confiées.

Pour montrer néanmoins leur bonne volonté, ils acceptèrent ces nouvelles charges et s'en acquittèrent religieusement pendant deux années. Après ce laps de temps, plus que suffisant pour connaître et juger le bien-fondé des observations qui lui furent faites, le Très Révérend Père Provincial exposa clairement la situation et porta les réclamations des Pères de Trinidad devant le Révérendissime Maître Général qui, mieux informé, rapporta la décision du Chapitre Provincial qu'il avait tout d'abord hautement approuvée et autorisa le retour de notre maison de Port-d'Espagne à son état primitif de simple Vicariat. Notre situation nouvelle n'avait rien d'anormal, elle était de tout point conforme et à l'esprit et à la lettre de nos saintes Règles. Je dois ajouter que cette demande des Pères de Trinidad, de voir leur Vicariat transformé en Couvent, avait étonné les Pères du Chapitre Provincial ; la stricte observance de nos lois religieuses telle qu'elle doit être pratiquée dans nos « Couvents formels » leur paraissait impossible pour des religieux chargés du service d'une grande paroisse et de plusieurs églises, mais puisque, d'après ce qu'on leur affirmait, c'était le désir de la majorité des Pères de la maison de Trinidad, ils pensèrent que nous savions ce que nous demandions et s'empressèrent de nous accorder ce que nous n'avions jamais demandé. La maison des Pères Dominicains de Port-d'Espagne a donc été « Couvent » en janvier 1893 et elle est redevenue « Vicariat » en février 1895.

En relisant attentivement ce que nous venons d'écrire, nous sommes inquiets à la pensée que nos lecteurs pourraient croire un instant que, à notre jugement, et à celui de presque tous nos Pères, les observances de la vie religieuse telles qu'on les trouve écrites dans le livre de nos Constitutions sont incompatibles avec le ministère apostolique tel qu'il est compris et pratiqué à la Trinidad et en bien d'autres pays où races et langues se trouvent mêlées avec les religions les plus diverses et le paganisme même. Nous n'avons jamais dit cela et ne l'avons jamais pensé, ni nos Frères non plus.

L'Ordre des Frères Prêcheurs a pour objet et but principal le salut des âmes par la prédication plus spécialement ; nous lisons en effet cette déclaration à la première page de nos Constitutions : *Ordo noster specialiter ob prœdicationem et animarum salutem ab initio noscitur institutus.* D'où cette conclusion rigoureusement logique : aucun genre de ministère vraiment apostolique n'est incompatible avec les observances monastiques, prises dans leur ensemble, et telles qu'elles sont pratiquées dans l'Ordre des Frères Prêcheurs.

« Deux choses font le vrai missionnaire Dominicain, nous écrivait, un jour, le T. R. P. Ambroise Potton, ancien Provincial de Lyon, de sainte mémoire ; le ministère sacerdotal et l'observance régulière. Même le prêtre séculier, s'il veut être homme de Dieu et produire autour de lui un bien réel, doit joindre au travail extérieur des prédications, confessions, conversations, courses et labeurs de toute espèce, la pratique de la prière vocale et mentale, le silence à certaines heures, la lecture, le recueillement, l'union à Dieu, la solitude à certains moments choisis ; car, sans cela, que serait-il, sinon, *œs sonans et cym-*

*balum tinniens :* Un airain sonore et une cymbale retentissante ?
On pourrait alors lui dire : pauvre aveugle : *seminasti multum
et intulisti parum :* Vous avez semé beaucoup et vous avez recueilli fort peu. Car après s'être dépensé jusqu'à son dernier souffle, dans une agitation continuelle, il paraîtrait les mains à peu
près vides devant Dieu qui demande et réclame, non pas du
mouvement et du bruit mais, comme il le dit lui-même dans
l'Apocalypse : *opera plena :* des œuvres pleines, c'est-à-dire ani-
mées par des dispositions vraiment surnaturelles et, par suite,
vraiment fécondes en bénédictions de toute espèce.

« Mais si déjà, le prêtre séculier doit cultiver avec amour cette
petite observance régulière sans laquelle il serait trop au-dessous
de sa mission, à combien plus forte raison le prêtre religieux, le
Frère Prêcheur ne doit-il pas s'attacher de toutes ses forces à
cette grande observance dominicaine qui fit la joie de sa jeunesse, qui fait la fécondité de son âge mûr et qui fera la consolation de sa vieillesse. C'est dans l'histoire de notre Ordre que
nous pouvons nous instruire de ses tendances légitimes. Vous y
trouverez en grand nombre les vies de nos missionnaires des
Antilles, du Mexique, du Pérou et autres pays américains. Ils
ont fait preuve, sans doute, d'une ardeur de zèle incomparable,
se consumant dans des travaux multipliés et gigantesques.

« Mais en même temps, quel amour ou, pour parler plus juste,
quelle passion n'avaient-ils pas, ne témoignaient-ils pas pour
l'observance régulière ! Assistant joyeusement de jour et de nuit
aux saints Offices, chérissant le silence le plus exact, faisant de
longues oraisons, se retrempant fréquemment dans la retraite,
pratiquant la pauvreté la plus pénible et l'obéissance la plus dévouée, la plus délicate et la plus humble envers les supérieurs
chargés de les conduire, en un mot réalisant dans leur vie la parole évangélique : *haec oportuit facere et illa non omittere :* sans
omettre ou négliger le ministère, ils ont voulu et su lui joindre
la pratique de l'observance régulière, sans laquelle des religieux
ne seraient presque plus religieux.

« Ne vous laissez pas tromper par la voix fallacieuse de la nature pécheresse qui, *sub specie boni,* se déguisant pour mieux sé-
duire, s'efforce de vous démontrer que nul ne suffit à faire tout,

que le travail extérieur à lui seul est assez lourd, qu'il faut donc
dire adieu à l'observance, qu'elle est impraticable à Trinidad,
que d'ailleurs les âmes crient et qu'il faut voler à leur secours.
Ce ne sont pas les âmes qui crient, c'est la voix de la nature
qui trouve le joug salutaire de la grâce trop pesant, qui veut se
mettre au large et qui revendique son ancienne liberté, oubliant
qu'elle s'en est dépouillée le jour où elle a fait profession de vivre *secundum institutiones Fratrum prœdicatorum usque ad
mortem*. Jusqu'à la mort !

« Que le poids des observances monastiques soit très notablement allégé pour vous, soit par des ordinations générales en vigueur à la Trinidad depuis longtemps, soit par des dispenses
miséricordieuses que vos supérieurs vous accordent largement,
certes, ce n'est point là ce que nous avons l'intention de réprou-
ver ou de blâmer. Mais plus la religion se montre à votre égard
compatissante, plus ses représentants sont envers vous doux et
faciles, plus il est nécessaire que vous vous attachiez, non seulement de cœur et d'âme, mais encore d'œuvres et d'effet, *in re et
veritate*, au peu d'observance régulière qui demeure et doit demeurer dans un couvent chargé d'œuvres extérieures comme le
vôtre. »

Cette doctrine si belle et si noblement exprimée est du T. R.
P. M.-Ambroise Potton, Provincial de Lyon, écrivant à ses religieux de la Trinidad, en 1885 ; nous avons tenu à la faire connaître à nos lecteurs pour leur montrer l'esprit supérieur et éminemment surnaturel avec lequel sont conduits et dirigés les prêtres à qui ils ont confié le soin de les conduire et de les diriger
eux-mêmes. Depuis lors, les supérieurs chargés de la haute direction de la Mission, quels qu'ils aient été, n'ont jamais va-
rié dans cette doctrine et ont tous souscrit à ces principes par la
parole, par l'écrit et par l'exemple. Ils ont tous admis des adoucissements dans l'application de nos lois religieuses suivant les
circonstances, les lieux et les personnes, mais ces dispenses ainsi
concédées sont dans l'esprit et même dans la lettre de nos Constitutions et en les accordant, nos chefs religieux n'ont fait qu'u-
ser de leurs droits et rester toujours dans leur devoir.

Le T. R. P. Ambroise Laboré était donc venu pour faire la vi-

site canonique d'un couvent de sa Province et surtout pour notifier le changement du *Vicariat* de Port-d'Espagne en *Couvent*,
décision qu'on fut obligé de rapporter deux ans après. Commencée le 10 février 1893, cette visite fut close le 18 avril. Trois jours
après, le 21, le Très Révérend Père quittait la Trinidad, accompagné du R. P. Bertrand Cothonay, avec lequel il était arrivé le
13 janvier.

Nous ne pouvons pas laisser le T. R. P. Laboré s'éloigner,
pour toujours, de cette terre de Trinidad, sans lui envoyer un
cordial adieu ; il s'est montré à tous ce qu'il a toujours été, tel
que nous l'avons toujours connu, un religieux de haute vertu,
excellent administrateur, et prédicateur recherché. Après avoir
prononcé ses vœux de religion le 2 février 1858 dans la Province
de France, il avait demandé son admission dans la Province de
Lyon en 1862. Il était Prieur au Couvent de Carpentras, après
l'avoir été à Poitiers, puis à Lyon, quand on l'élut, en 1890, à
la dignité de Provincial de Lyon. Trois fois de suite, il fut nommé à cette charge, sans interstice, fait extrêmement rare et qui
nécessite une dispense spéciale, car il est contraire à nos lois. Il
l'occupa donc pendant douze ans, de 1890 à 1902. Louer le Révérend Père serait superflu, ces faits parlent d'eux-mêmes.

Il est encore bien juste, et pour de plus nombreuses et plus
graves raisons de justice, que nous accompagnions de notre souvenir reconnaissant celui qui fut le compagnon de voyage du
T. R. P. Laboré, le R. P. Bertrand Cothonay ; son souvenir est
inséparable de celui de notre mission. Pendant plus de dix années, de 1882 à 1893, le R. P. Bertrand a travaillé avec autant
de zèle et d'intelligence que d'affection dans cette mission de
Trinidad. Ses actes, ses écrits, ses paroles, témoignent surtout
de ce dernier sentiment qui remplissait son cœur de prêtre. Pendant six années, de 1886 à 1892, il en fut le supérieur, ce qui ne
s'était pas encore vu.

Quand il prit la direction de la paroisse, il n'avait que trente-
deux ans ; il nous a laissé un mémoire, ou plutôt un compte
rendu, dans lequel il nous dit : « En prenant la direction de la
paroisse, je trouvai huit écoles primaires, à savoir : Saint-Thomas, Sainte-Rose, Saint-Joseph (attenant au presbytère) Siparie-

Hill, Columbus, Belmont, Sacré-Cœur et Ecole de la Providence.
Pendant mon premier triennat, sept nouvelles écoles ont été
établies : Saint-Vincent, Saint-James, Shooler, Calvaire, Chacachacare, Saint-Martin et Saint-Dominique » (ces deux dernières
écoles portent le nom du quartier de Laventille où elles ont été
fondées, la dernière n'existe plus). Ainsi donc, pendant ces trois
années, il doubla presque le nombre de nos écoles, de huit elles
passèrent à quinze.

C'est à lui qu'on doit de notables améliorations faites à la cathédrale, entre autres, la chaire à prêcher, œuvre du Général
Hernandez, architecte du Rosaire ; l'ouverture d'une porte dans
le mur sud, vis-à-vis du presbytère ; les stalles du chœur ; la
table de communion en marbre ; le pavage en carreaux de toute
l'église ; la sacristie actuelle qui, avant lui, se trouvait du côté
opposé. C'est encore lui qui a fait entourer toute la cathédrale
de cette grille en fer qui est pour l'édifice sacré une protection en
même temps qu'un ornement. Le maître-autel se trouvait beaucoup plus rapproché de la table de communion de sorte que
le sanctuaire proprement dit était fort petit, il le fit enlever
et transporter à la place qu'il occupe actuellement, ce qui permet d'avoir un beau sanctuaire et un vaste chœur pour le clergé.
Tous ces divers travaux coûtèrent environ la somme de 7.500
dollars. C'est lui également qui divisa la paroisse en quatre districts, avec un Père à la tête de chacun.

Pendant les dix années qu'il passa à la Trinidad, dont six
comme supérieur, il trouva le temps de parcourir presque toute
l'île ; il alla même au Vénézuela et à l'île Saint-Vincent. Profond observateur, rien ne lui échappait et il notait ce qu'il voyait
et entendait, pour écrire plus tard et livrer à l'impression le résultat de ses recherches et de ses observations. C'est ainsi que
pendant son séjour à la Trinidad et dans le diocèse, il écrivit :
*Trinidad. Journal d'un missionnaire dominicain ;* gros vol.
in-8°, d'octobre 1882 à janvier 1888. — *Un mois dans l'île de
Saint-Vincent,* janvier à février 1888. — *Les deux premiers martyrs de la Trinidad, en 1513,* drame en 4 actes, paru en 1885. —
*La Fille de Saint Hilaire, ou triomphe de la Virginité,* drame en
un acte, paru en 1886. — *Las dominicas de Caracas de la segunda*

*Orden, en Puerto-Espagna*, 1892. — Puis, plus tard, après avoir quitté la Trinidad pour notre mission du Tonkin, il fit paraître : *Deux ans en Chine.* — *Martyre de trois soldats tonkinois, 1838-1839* ; drame historique, en vers. — *Lives of twenty six martyrs of Tonkin, beatified on may 1900*, paru en 1913. — *Visites au Saint-Sacrement et autres poésies*, 1 vol. — *Saint-Paul à Thessalonique*, roman de l'époque apostolique, en 1913. Plusieurs de ces ouvrages ont paru sous le pseudonyme de Charles de Saint-Avit ; le Révérend Père s'appelait Charles, de son nom de baptême, et il était né à Saint-Avit, paroisse du diocèse de Valence (France). Le R. P. Bertrand Cothonay était supérieur de notre Vicariat de Hawthorne aux Etats-Unis en 1910. Il avait été auparavant chapelain de la légation française à Fou-Tcheou (Chine) de 1899 à 1902, supérieur et curé de la cathédrale de Haï-Phong (Tonkin) de 1902 à 1909. D'une santé usée par le climat et les fatigues, il avait été obligé de revenir en France. Il se reposait en travaillant beaucoup, quand une lettre de lui, datée du 23 janvier 1914, nous apprit que le Saint-Siège venait de le nommer Préfet Apostolique de Lang-Son et Cao-Bang, au Tonkin. Il repartit donc pour l'Extrême-Orient et tout en priant pour que Dieu lui rendit ses forces épuisées par l'âge et la maladie, nous nous sommes réjouis ici, à la Trinidad, de l'honneur insigne fait à l'ancien supérieur des Dominicains et curé de Port-d'Espagne.

# CHAPITRE XVIII

## T. R. P. M.-Dominique Berthet, troisième fois supérieur
### (1893-1895)

Le 16 janvier 1893, le T. R. P. Laboré, Provincial de Lyon venu à Port-d'Espagne, érigeait la Communauté en couvent formel, et mettait à sa tête comme Prieur le T. R. P. Marie-Dominique Berthet. Le changement de Vicariat en couvent proprement dit était considérable, et imposait des devoirs nouveaux plus rigoureux aux religieux déjà très occupés par le ministère.

Le supérieur toutefois fit bien tout son possible. Toujours avide de sanctification, il ne négligea aucun effort pour l'exécuter et encourager la fidélité aux observances.

Pendant les deux ans qu'il est resté supérieur, nous n'avons que peu de faits à signaler.

Le 12 décembre 1893, deux nouveaux Pères, les derniers que la Province de Lyon ait envoyés aux Antilles, débarquèrent à Port-d'Espagne, les PP. Cyrille Delenne et Amé Constantin.

Le P. Cyrille, né à Saint-Jean-de-Pourcharesse, diocèse de Viviers (France) en 1867, avait dix-sept ans lorsqu'il se présenta au Couvent de Rijckholt pour demander à être reçu dans l'Ordre. Sur le témoignage de tous ses maîtres, on l'admit au saint habit, et l'année suivante, en août 1885, il s'engageait par la profession religieuse.

Excellent novice, gai, franc, ouvert, bon, charitable, il était aimé de tous ses Frères. Peu après son ordination sacerdotale, les supérieurs, conformément à son désir, l'envoyèrent à la Trinidad qui réclamait des ouvriers évangéliques.

On ignorait malheureusement, en France, la nouvelle apparition de la fièvre jaune. Il y arriva donc en plein fléau. Pour

l'y soustraire, sans doute, on ne le garda que fort peu de temps
à Port-d'Espagne, et le 31 janvier 1894, six semaines après son
arrivée, il prenait le chemin de Tabago, en compagnie du R. P.
Réginald Sarthou qui y retournait.

Hélas ! il était déjà mûr pour la récompense. A peine avait-il
débarqué, le 2 février, que le jour même il se sentait atteint de
la fièvre, et trois jours après, le 5 février, il rendait son âme à
Dieu. Le P. Réginald était heureusement à ses côtés pour recevoir son dernier soupir. Les funérailles eurent lieu le lendemain
au milieu d'un grand concours de catholiques et de protestants.

Dans une allocution brève et émouvante que le Père adressa
à l'assistance, il fit en quelques mots le récit de la vie religieuse
du P. Cyrille. « Il semble, ajouta-t-il, que Dieu a voulu retirer
de ce monde notre très regretté et très cher confrère et le cueil-
lir comme une fleur pour la transplanter dans son paradis, et il
l'a choisi, j'en suis sûr, pour être une victime de propitiation
en faveur de cette malheureuse île de Tabago. »

On célébra, à Port-d'Espagne, un service solennel pour le repos de l'âme du défunt. La cathédrale était comble. Le bon Père,
dans un séjour de deux mois à Port-d'Espagne, avait déjà su gagner les sympathies de tous. « Le P. Cyrille, écrivait Monseigneur l'archevêque, donnait les plus hautes espérances sur son
avenir et son succès dans l'apostolat, et il avait déjà conquis l'estime et la vénération de tout le monde. » — Le Père était dans la
vingt-septième année de son âge, la neuvième de sa profession
religieuse.

Le P. Amé Constantin, compagnon de voyage du P. Cyrille,
était suisse d'origine ; né le 28 août 1862, il entra, dans sa
vingtième année, au noviciat de la Province de Lyon et y prononça ses vœux le 22 août 1882. Venu à la Trinidad avec le P.
Cyrille, il en partit avec lui, non pour Tabago, mais pour Blanchisseuse, vaste quartier qui fait partie de l'immense paroisse
de Toco. On espérait évidemment soustraire ces deux nouveaux
Pères à l'influence de la fièvre jaune qui sévissait en ville, mais
ce fut en vain. Nous venons de voir le bon P. Cyrille mourir à
Tabago.

Le jour même, le R. P. Hyacinthe Bariou, curé de Toco, écri-

vait au supérieur de la Communauté de Port-d'Espagne que le
P. Amé était tombé gravement malade et lui inspirait beaucoup
d'inquiétude, d'autant qu'il n'y avait aucun médecin dans l'endroit ; c'était bien la fièvre jaune, mais le Père triompha du
mal, et en peu de temps retrouva forces et santé. Il revint en
ville, peu après, puis retourna au poste qu'il avait été obligé
d'abandonner momentanément. Nommé curé de Blanchisseuse,
il déchargea ainsi le P. Hyacinthe Bariou de presque la moitié
de la paroisse de Toco. Il y resta environ deux ans, puis revint
à Port-d'Espagne.

Par suite de changements survenus dans l'administration religieuse de Port-d'Espagne, il eut des difficultés avec le chef du
diocèse, comme avec celui de la paroisse. Il ne crut pas pouvoir
ni devoir rester dans la mission, et au cours de l'année 1897,
avec l'entière approbation de ses supérieurs, il quitta les Antilles où il demeurait depuis plus de trois ans. Il avait su se faire
aimer de la population par son caractère sérieux et ses manières
toutes religieuses.

Déjà à plusieurs reprises, nous avons appelé l'attention de nos
lecteurs sur la grave question des écoles. Importante dans tous
les pays, elle l'est spécialement dans ceux où des cultes différents sont en contact, par conséquent en lutte entre eux. D'après
ce que nous voyons, depuis de longues années que nous sommes à la Trinidad, l'ouverture d'une école est autrement importante chez les cultes dissidents que celle d'une église et nous
compterions facilement trois écoles protestantes pour une église
du même culte. Cela se conçoit aisément ; pour ce qu'est un pasteur protestant, et pour le ministère qu'il lui faut exercer, une
salle d'école suffit. Elle répond au même but et lui rend les mêmes services qu'un autre édifice décoré du nom de *temple*. Dieu
est autant, ou, pour parler mieux, il n'est pas plus dans l'une
que dans l'autre.

Il fallait nous hâter de nous emparer des « bons endroits », si
nous ne voulions pas voir nos ennemis religieux arriver avant
nous, et ouvrir des écoles dans les meilleurs centres de la ville.
Déjà, nous avions, pour les garçons, une école merveilleusement bien située pour y voir affluer les enfants du haut de la

ville, nous parlons de l'école Saint-Thomas, plus connue sous le nom d'école du Rosaire. Nous possédions encore, et surtout, le collège des Pères du Saint-Esprit, pour les enfants d'une classe plus élevée. — Pour les filles, toujours dans les hauts quartiers qui, chaque année, devenaient plus importants, par suite de l'expansion de la ville de ce côté, nous tenions le pensionnat des Sœurs de Saint-Joseph de Cluny et leur externat, mais l'un et l'autre également, pour les classes plus aisées de la société.

Ces bonnes Sœurs avaient, dès 1866, ouvert une petite école gratuite pour la classe pauvre, sur un terrain qu'elles achetèrent plus tard, en 1871. Elles avaient donné à cette école le nom de « Providence », parce que, nous a-t-il été dit, les ressources faisant complètement défaut, la divine Providence en fut jugée la seule pourvoyeuse. On eut bien raison de compter sur elle. Elle y pourvut, en effet, et si bien, qu'au moment où nous écrivons ces lignes, « Providence School » compte 480 élèves.

A cette époque, on était bien loin de ce chiffre et il faut croire que cette école fut jugée insuffisante, vu le nombre des enfants qui pullulaient, puisque le T. R. P. Marie-Dominique, curé de la paroisse, s'occupa, dès son entrée en charge, d'en fonder une autre. Il chercha longtemps quel en serait le meilleur emplacement. Il finit enfin par trouver une place excellente.

D'accord avec l'autorité diocésaine et approuvé par le Conseil des Pères de sa Communauté qu'il était obligé de consulter dans les affaires importantes, celles surtout qui pouvaient engager pécuniairement le presbytère, il acheta, avec des dons qui lui furent faits, des prêts qu'il parvint à obtenir, et aussi avec des bazars, des concerts et des loteries, une grande et vieille maison, située dans la rue Pembroke, en face de Harris-Square. La maison fut démolie et on construisit une vaste salle avec ses dépendances. Commencés en 1880, les travaux, confiés à la direction du savant abbé Poujade, prêtre français et curé de la paroisse du Carénage, étaient terminés en 1881.

Le 2 mars de la même année, l'école s'ouvrait sous le patronage de sainte Rose. Elle eut, dès le premier jour, vingt-deux élèves ; puis, grâce au zèle et à la réputation de la maîtresse qui en eut la direction, elle comptait, un an après son ouverture, cent élèves. Elle ne tarda pas à devenir trop petite, la place manquait pour les recrues qui affluaient, et il fallut songer à un agrandissement. Grâce à un prêt de 1.400 dollars que fit le presbytère, on put acheter, en 1889, une maison donnant sur la rue voisine, la rue Frederick. La contenance de la propriété fut ainsi presque doublée, avec deux entrées, la principale restant toujours Harris-Square et l'autre dans la rue Fréderick.

Cette école Sainte-Rose compte, au moment où nous écrivons ces lignes, plus de trois cents élèves ; elle jouit de la confiance de toutes les familles et est très estimée de tout le clergé.

Nous croirions manquer à un devoir si nous taisions le nom de celle qui en reçut la direction, le jour même de son ouverture, le 2 mars 1881. Elle enseignait déjà dans une école du gouvernement, c'est là qu'elle fut prise par le T. R. P. Marie-Dominique qui, s'il savait découvrir ce que nous avons appelé « les bons endroits » pour y ouvrir une école, avait le même flair pour mettre à leur tête d'excellents maîtres ou maîtresses. M<sup>lle</sup> Mathilde Alexandre, installée à la tête de cette école, la dirigea avec autant de tact que d'habileté durant de longues années, et je ne suis que l'interprète des sentiments du clergé, comme des habitants de cette ville de Port-d'Espagne, en lui adressant, dans cet écrit, l'hommage de notre sincère reconnaissance.

L'activité scolaire, si nous pouvons parler ainsi, du R. P. Dominique, ne s'arrêta pas là. Le nord de la ville était, pour le moment, pourvu suffisamment d'écoles pour filles et garçons, la partie sud en manquait. Il chercha et trouva dans la rue dite Marine-Square, et alors Kingstr., presque vis-à-vis du square Christophe-Colomb, au fond d'une vaste cour, un local disponible. Il loua une chambre pour servir de salle d'école et une autre pour le logement de la maîtresse. Le tout devait être bien modeste puisque la location se montait à huit dollars par mois ; quatre pour chaque appartement.

Encore ici, le Très Révérend Père avait eu du flair, ou, pour parler plus surnaturellement, Dieu, son guide, bénit les débuts qu'il avait inspirés ; l'école prospéra tant et si bien, qu'on fut obligé de louer progressivement tous les appartements donnant sur cette cour, appelée cour Laguerrande, du nom de sa propriétaire et, peu d'années après, la location de l'immeuble, de huit dollars monta à quatre-vingts par mois. C'est dans les premiers mois de 1882 que cette école fut ouverte, elle était mixte, c'est-à-dire qu'on y instruisait les enfants des deux sexes.

Grâce à ces agrandissements successifs, l'école vit le nombre de ses élèves s'augmenter d'années en années ; le local devint trop étroit et, comme, de plus, le prix de location (900 dollars par an) était une lourde charge pour notre budget, on songea à construire une autre école. Mgr Gonin n'était plus, c'est son successeur, Mgr Flood, qui mit le projet à exécution. Il fallait pour cela deux choses, de l'argent et un terrain ; l'argent une fois avancé par le presbytère et par l'archevêque, le terrain fut donné par le presbytère qui céda une partie de son vaste enclos ; à vrai dire, nous ne faisions pas en cela un acte de magnanime générosité, attendu que cette part de notre terre, située à l'extrémité sud-est de notre propriété, ne nous était d'aucune utilité, nous n'y allions presque jamais. Du reste, l'archevêque prétendait que ce coin, revendiqué par nous comme notre bien, lui appartenait.

A cela près nous étions parfaitement d'accord sur la nécessité de changer de place cette école, nommée alors école Christophe-Colomb, et d'en construire une autre sur le terrain du presbytère. Il n'y eut aucune difficulté. Ce projet était en voie d'exécution dès le mois de janvier 1899. Les Pères avancèrent une partie de la somme nécessaire, Mgr Flood suppléa à ce qui manquait et dans les premiers mois de l'an 1900, le T. R. P. Augustin Coveney étant supérieur de la Communauté et curé de la paroisse, l'école fut ouverte sous le nom d'école de la rue Nelson. Elle avait alors près de quatre cent cinquante enfants, elle en a, en cette année 1913, près de neuf cents : trois cent soixante-dix garçons et cinq cents filles. Les frais de construction se sont montés à dix mille dollars environ. C'est la plus nombreuse, par suite, la plus importante de toutes les écoles de la Trinidad.

Parlons encore d'un autre établissement scolaire dû, celui-ci encore, au zèle et à l'activité du T. R. P. Dominique. Pour la troisième fois, le Révérend Père avait été mis à la tête de la Communauté des Pères et de la paroisse. Avec son amour de Dieu et son dévouement à la religion, il était désolé de voir la marche envahissante de l'hérésie protestante dans cette paroisse de Port-d'Espagne qui, depuis tant d'années, lui avait été confiée. Il comprenait parfaitement qu'il fallait, avant tout, sauvegarder l'enfance, et il avait ouvert dans ce but deux écoles qui ont pris rang parmi les plus importantes de la ville, Sainte-Rose et Nelson str. ; l'une au nord, l'autre au sud-est. L'ouest n'en possédait pas, du moins pour les garçons. Le zélé pasteur réussit encore, il loua un morceau de terre appartenant à la ville, et où l'on construisit un vaste bâtiment approprié à sa destination, et, le 18 juin 1888, la *Western school* était ouverte après avoir été solennellement bénite par Mgr Gonin. Elle est située près du grand cimetière, à l'angle formé par les rues Park et Richmond.

Chose digne de remarque : les pensées de l'homme, à leur naissance, sont presque toujours petites, dignes filles de leur père, le cerveau humain lui-même, petit, étroit et borné. Et quand ces pensées se traduisent par des œuvres, ces œuvres se ressentent de l'insuffisance originelle de la pensée qui les a fait naître ; elles sont, elles aussi, petites à leur naissance et ne tardent pas à se découvrir et à se laisser voir incapables de répondre au but que l'on s'était proposé. Heureusement quand on vise à un noble but, la pensée grandit sous la poussée divine et l'œuvre qui en est la fille grandit avec elle. Nous avons été témoin de cette vérité un peu profonde, dans maintes occasions, depuis que nous sommes attachés au service de cette paroisse de Port-d'Espagne. Nous avons vu bien des œuvres, et de belles œuvres, exécutées par nos Pères avant et après notre venue dans ce pays, et il nous a fallu constater que toutes, ou presque toutes, ont été conçues sur des données imparfaites et exécutées sur des plans trop petits, trop étroits, de trop peu de développements, puisqu'il a été nécessaire d'y revenir, de les établir sur d'autres bases, d'en refaire les plans, toujours pour les agrandir et leur donner plus de portée.

En nous bornant à ne considérer que les œuvres purement matérielles, nous sommes témoins que tout ce qui a été fait, tout ce qui est sorti de nos mains, fruit du travail de notre pensée, a demandé une retouche partielle parfois considérable, souvent même un changement total. Que cette œuvre s'appelle église, chapelle, presbytère, salle de réunion, sacristie, école, logement pour une destination quelconque, tout a été toujours trouvé, au bout de très peu de temps, trop petit, trop étroit, trop mesquin.

Ces réflexions nous ont été suggérées par l'histoire de toutes ces maisons d'écoles dont nous racontons l'ouverture et par celle qui nous occupe en ce moment, cette « *Western school* » qui n'a pas échappé à la loi commune et qui a été complètement jetée bas pour être remplacée par une autre entièrement neuve et construite dans de bien plus vastes proportions que la première. Commencée en 1911, elle était terminée en 1912 et solennellement bénite le 1er avril de cette même année, par Sa Grandeur Mgr Dowling, notre archevêque. Ayant fait connaître le nom du Père, fondateur de la vieille école, il convient de nommer celui qui a fait construire la nouvelle au prix de beaucoup de peines, le R. P. Malachie O'Louglin, religieux de notre Province d'Irlande. — Le terrain a été acheté à la ville et l'école construite pour la somme de huit mille dollars. Cette école, en pleine prospérité, compte plus de 400 élèves.

Le dernier Dominicain français envoyé à la Trinidad fut le R. P. Edmond Richard. Il arrivait à Port-d'Espagne le 26 février 1895. Né le 6 novembre 1868, il avait prononcé ses vœux au noviciat de la Province de Lyon, le 15 octobre 1888. Ce bon Père, déjà atteint d'une grave maladie, ne put rester longtemps parmi nous. Il fut obligé d'aller demander au ciel de sa patrie le rétablissement d'une santé à jamais perdue, car on le confia, peu après, à une maison de santé de Lyon où il est mort dans des souffrances qui ont duré vingt-quatre ans. Après lui, aucun nouveau dominicain de la Province de Lyon ne fut envoyé à la Trinidad.

Cette année 1895 marque une date de première importance pour notre Mission dominicaine de la Trinidad ; elle a été le témoin de graves événements qui ont complètement changé la face de la mission ; et après l'an 1864 qui vit l'arrivée de nos premiers Pères, l'an 1895, par les faits qui s'y succédèrent, occupe une place capable de saisir l'attention.

Cette année vit le départ de deux des principaux parmi nos Pères chargés de la paroisse de Port-d'Espagne ; départ définitif pour tous les deux. Celui du R. P. Thomas Greenough, le 21 février et celui du R. P. Dominique Berthet, le 29 août.

Nous avons raconté l'arrivée du R. P. Dominique Berthet, accompagnant le T. R. P. Balme, celui-ci venant comme Visiteur envoyé par le Révérendissime Maître Général de l'Ordre ; c'était le 24 octobre 1871.

Les Pères de la Province dominicaine, dite « Province de France » ne voulant ou ne pouvant garder plus longtemps la charge de la mission Trinidadienne, celle-ci fut offerte aux Pères Dominicains de la Province de Lyon qui l'acceptèrent, car ils n'en avaient aucune ; c'est dans ce but que le R. P. Balme avait été envoyé ici en éclaireur. La transmission des pouvoirs fut régulièrement faite, et le 24 septembre 1873, le T. R. P. Marie-Dominique Berthet était nommé Prieur, ou mieux, Vicaire de la Communauté. Ses trois années de charge terminées, il lui fut donné un successeur et, le 25 septembre 1879, la supériorité lui était confiée pour la seconde fois. Ce second Priorat terminé en 1882, il fut appliqué à des travaux apostoliques multipliés. Nous le voyons curé de l'île Saint-Vincent, pendant plusieurs mois. Il s'y cassa un bras en tombant de cheval ; nous le trouvons encore curé de San-Fernando, où il succéda, mais à titre provisoire, au bon P. André Violette. Plus tard, il est mis à la tête de la paroisse Saint-Joseph. Dans ces deux postes, des plus importants du diocèse, il fit un bien immense, laissant après lui la réputation d'un homme de Dieu. Il était à Saint-Joseph quand il fut choisi par le Révérendissime Maître Général, en janvier 1893, pour être le premier *Prieur* de notre maison de Port-d'Espagne élevée au rang de *Couvent*, de simple *Vicariat* qu'il avait été jusque-là ; il en fut le premier et le dernier.

Le P. Marie-Dominique Berthet, dans les différents emplois qu'il occupa à l'île de Trinidad, joignait à un cœur d'or une certaine rudesse de manières, nous pourrions même dire une sorte de dureté, mais plus apparente que réelle.

Qu'on nous permette de rapporter à l'appui de cette assertion, un fait qui nous est personnel, et qui montrera au vif quel excellent homme était ce Père à l'enveloppe si sévère.

C'était un vendredi, et qui plus est, un vendredi de carême.

Difficile comme nous l'avons toujours été sur la question de nourriture, nous ne mangions presque rien. Le digne supérieur s'en aperçut, il ne dit mot. Le repas terminé, nous allâmes à la salle de récréation. Nous y étions conversant agréablement depuis quelques instants, quand le P. Marie-Dominique nous fit appeler. « Allez, dit-il, au réfectoire, on vous a servi quelque chose, à votre place. — Mais, mon Père, je n'ai besoin de rien. — Allez, vous dis-je, et vous mangerez ce qui vous a été servi, allez et obéissez ! »

Nous allâmes par obéissance, et nous eumes à savourer deux délicieuses côtelettes, les meilleures que nous ayions jamais mangées. Il faut avouer, nous disions-nous *in petto*, en les dégustant, que si le Prieur paraît dur, ses côtelettes sont bien tendres ! Ceci fait pardonner cela.

Encore un autre trait aussi nous concernant. C'était en 1879, pendant son second Priorat, nous débarquions à la Martinique en route pour Trinidad. Nous crûmes pouvoir y rester quelques jours, ayant là quelques proches parents du côté maternel : c'était aussi l'opinion de deux Pères qui nous accompagnaient. Huit jours après, débarquant à la Trinidad, nous fûmes grondé par le Révérend Père Prieur, non pas pour ces quelques jours que nous avions passés à la Martinique, mais pour ne lui avoir pas écrit par les deux Pères arrivés avant nous. « Je vous aurais, me dit-il, envoyé une dépêche pour vous inviter à y rester un mois. »

Ces quelques lignes valent un beau portrait.

Le 16 mai 1895, il fut nommé par Mgr Flood, partant pour l'Europe, avec le R. P. O'Farrell, vicaire général et administrateur du diocèse, sans préjudice de sa double fonction de curé de la cathédrale et de supérieur des Pères Dominicains. Il portait, depuis trois mois, le poids de cette quadruple charge quand, sur l'ordre absolu des médecins, il dut se résoudre à laisser la Trinidad et à retourner en France. Il y avait urgence, sa santé était gravement compromise par vingt-quatre années de travaux apostoliques et de fatigues ininterrompues. De plus, il avait de bien graves infirmités dont l'une avait exigé une cruelle opération que refusa de subir, d'après les historiens, le saint Pape Pie V, qui préféra la mort. Ce lui fut un cruel sacrifice de quitter, pour n'y plus revenir, cette chère terre de Trinidad, cette paroisse de Port-d'Espagne qu'il avait tant aimée. Mais il n'y avait pas à hésiter. Il était dans toutes les conditions voulues pour aspirer au repos. Il dut partir, et le 29 août de cette année 1895, il s'embarquait pour la France. Il avait 67 ans.

Pendant plus de douze années qu'il vécut encore, grâce au doux climat de France, il occupa dans sa Province les charges les plus importantes, entre autres, celles de Prieur et de Maître des novices, sans laisser de côté le ministère de la prédication qui maintes fois lui fut confié. Il s'éteignit doucement, au milieu de ses Frères, dans notre Couvent de Rijckholt, en Hollande, le 21 mars 1909, dans la quatre-vingt-unième année de son âge, la quarante-septième de sa profession religieuse. Sa mort fut sainte comme l'avait été sa vie toute entière, et aucune expression ne me paraît plus exacte que celle dont se servit devant moi un religieux qui avait longtemps et intimement connu le vénérable Père : « J'apprendrais, me disait-il, que le Père Dominique a fait des miracles, après sa mort, je n'en serais nullement étonné. » Il aima jusqu'à la fin sa chère Trinidad et racontait volontiers, à l'occasion, taisant toujours avec modestie ce qui eût été à sa louange, les divers épisodes de sa vie de missionnaire. Uni par une oraison continuelle avec le Souverain Bien, il n'aimait à parler qu'à Dieu ou des choses de Dieu. Son obéissance était celle d'un enfant, c'est ce qu'un jour, nous dit, à nous qui écrivons ces lignes, Mgr Flood lui-même.

Mais les vertus intérieures ne suffisent pas pour faire le vrai missionnaire, il faut que son amour pour Dieu se manifeste aux yeux de tous par son amour pour les âmes. Homme d'oraison, le P. Dominique était un homme d'action. Il n'est pas une église, pas une école, dans la paroisse de Port-d'Espagne où le zélé curé n'ait mis la main pour l'ériger, l'agrandir ou l'embellir. C'est à lui, notamment, qu'on doit d'avoir deux de nos principales écoles : *Western school* pour les garçons, et *Sainte-Rose* pour les filles. C'est à lui qu'on doit également le presbytère actuel de Port-d'Espagne. Excellent prédicateur, il donnait, du haut de la chaire chrétienne, de très remarquables discours où la solidité du fond le disputait à la beauté de la forme. Confesseur infatigable, il ne refusait jamais d'entendre la personne qui le demandait au confessionnal ; nulle conscience n'était mieux dirigée que celle dont il avait pris le soin. Physicien, chimiste, mathématicien hors ligne, il était encore un musicien de talent et il nous a laissé quelques écrits remarquables sur la musique religieuse, la vraie musique d'église, le *plain chant*, qu'il aimait par dessus toutes les autres.

Avec un tempérament, une volonté de fer, cet homme avait un cœur d'or. Il aimait Dieu par dessus tout et, comme nous l'avons écrit nous-même, nous mettons au défi qui que ce soit, de citer de lui une parole, un acte, de rappeler même un simple geste qui ait jamais été en opposition avec une vertu quelconque. Et nous pouvons parler ainsi, nous qui avons vécu quatorze ans dans son intimité.

Ses restes mortels reposent loin de cette terre de Trinidad qu'il a tant aimée, mais son esprit restera toujours avec nous, ses Frères. Il nous inspirera cette fidélité au devoir, cet amour du sacrifice, cette soif de conquérir les âmes à Dieu qui est la vie, la raison d'être du Prêtre, et le fait s'écrier : Donnez-moi les âmes, le reste pour moi n'est rien : *Da mihi animas, cœtera tolle.*

Toute la vie du R. P. Marie-Dominique Berthet est dans ces mots.

A ceux qui trouveraient peut-être que nous nous sommes bien longuement étendu sur le caractère et la vie publique et privée du Révérend Père, nous répondrons qu'en raison même de son caractère, des hautes charges qui lui ont été confiées et des œuvres multipliées qu'il a entreprises et menées à bonne fin dans cette mission de Trinidad, et aussi des nombreuses années qu'il y a passées, il mérite une place à part, une place privilégiée, la première peut-être, dans cet écrit, mais surtout dans le souvenir et la reconnaissance des fidèles de Port-d'Espagne. Et, en parlant de lui comme nous l'avons fait, nous nous sommes souvenu de cette parole, qui est plus qu'un conseil, prise dans nos saintes Lettres : Nous devons louer ces hommes illustres qui, de leur vivant ont été nos pères, éminents par leur haute vertu et la

Cocorite. — Les plus petits au jeu

Sœur Françoise du Rosaire. — Sœur Jeanne de l'Immaculée

prudence dont ils étaient doués : *Laudemus viros gloriosos et parentes nostros in generatione sua..... homines magni virtute et prudentia sua prœditi.....* et nous pouvons continuer la citation qui convient si bien au Révérend Père : *In peritia sua requirentes modos musicos :* appliquant leur science musicale à composer les plus suaves mélodies (Ecclé.44. 1, 3, 5).

---

# CHAPITRE XIX

## Les Tertiaires Dominicaines de l'hospice de Shine

Il nous faut parler ici d'un établissement de charité, destiné plus spécialement aux infirmes pauvres, et connu sous le nom de « Ariapita », « asile de Shine », ou encore « hôpital de ville ». Cet asile de la charité, confié d'abord à des mercenaires, serviteurs à gage, était tenu dans les conditions les plus désavantageuses. Le conseil de ville, composé en grande majorité de fervents catholiques, crut, avec raison, remédier au mal et relever la maison, moralement et physiquement, en confiant la direction de cette œuvre à nos Sœurs Dominicaines de Cocorite ; l'offre fut acceptée par la Révérende Mère Prieure générale et deux Sœurs reçurent la charge d'organiser l'œuvre en souffrance.

Le 12 mai 1869, elles prenaient possession de cet hospice. A la fin de cette année, comme un coup de foudre, la terrible fièvre jaune éclata au milieu des Frères et des Sœurs : deux des premiers, neuf des secondes succombèrent en quelques jours sous les atteintes précipitées du fléau. On obligea les survivantes à se séparer et à abandonner momentanément les œuvres entreprises. A l'hospice de Shine, plusieurs pieuses filles se chargèrent de tenir la place de nos Sœurs jusqu'à ce que d'autres fussent arrivées d'Europe. Mais les supérieures de la Congrégation eurent à prendre d'autres mesures qui modifièrent la situation de l'hospice.

Dès le commencement, la Révérende Mère Prieure générale avait regretté qu'on eut entrepris cette œuvre ; or, les circonstances actuelles étaient de nature à ôter toute hésitation; le personnel de nos Sœurs était trop restreint pour qu'il fut possible de disséminer celles qui restaient. Malgré les vives réclamations des catholiques, des Pères Dominicains et même de l'archevêque, les supérieures de la Congrégation crurent devoir renoncer à l'hospice de Shine.

La Providence qui n'abandonne jamais les siens inspira à plusieurs pieuses personnes, toutes déjà membres de notre Tiers-Ordre séculier, de prendre à cœur et en mains le soin des pauvres malades. Elles exercèrent dans cet hospice, durant de longues années, un véritable apostolat, et, après vingt années de dévouement, elles furent établies en Congrégation régulière. Il nous reste à dire quand, comment et par qui. Nous avons puisé nos renseignements dans un manuscrit conservé aux archives de la Communauté de l'hospice, sous ce titre « *Origines de la Congrégation des petites Sœurs de charité, du Tiers-Ordre de saint Dominique.* »

Le vrai fondateur de cette Congrégation est le R. P. Hilaire Arnaud, dont le nom s'est trouvé si souvent déjà sous notre plume. C'était en 1884, le Révérend Père remplissait alors les fonctions de supérieur des Dominicains et de curé de la cathédrale. Le 1er novembre, Mlles Joséphine Winniett, Emmanuelita Benitez, Virginie Alcazar et Marie Milne réunies sous la présidence du R. P. Hilaire, commencèrent leur *postulat* comme « *Petites Sœurs de la charité* », sous la règle de saint Augustin et les constitutions des religieuses garde-malades du Tiers-Ordre de saint Dominique. Ce fut le 30 avril 1885, en la fête de sainte Catherine de Sienne, que les nouvelles Sœurs commencèrent leur *noviciat*. Quelques mois après, Mlle Hélène Almandoz demandait à être reçue dans la Communauté naissante, faveur qui lui fut accordée. Deux années après, le 4 août 1877, les Sœurs devaient prononcer leurs vœux, mais l'archevêque, Mgr Gonin, qui cependant avait encouragé les débuts de l'œuvre, refusa son consentement, disant qu'il ne croyait pas le moment venu pour les Sœurs d'émettre des vœux au nom de l'Eglise.

La jeune Congrégation encore au berceau, vit s'ouvrir à ses côtés une tombe pour recevoir celle qui en était devenue la première supérieure, Mlle Joséphine Winniett. Entrée dans le Tiers-Ordre séculier le 8 décembre 1866, elle a remis pieusement son âme à Dieu à l'âge de 54 ans, dans la vingt-deuxième année de sa profession de Tertiaire et après avoir été pendant dix-neuf ans surintendante de l'hospice. Elle mourut le 27 août 1889. En octobre de cette même année, là petite Communauté s'augmentait d'une nouvelle postulante, M^{lle} Caroline Marcelin.

Le 11 janvier 1890, le T. R. P. Hilaire Arnaud, en vertu des pleins pouvoirs qu'il tenait de l'archevêque, instituait la Sœur Alcazar supérieure des Sœurs, et, chargée d'années et de mérites, elle est restée de longues années à la tête de la Congrégation.

Il y avait plus de cinq ans que les Sœurs de Shine avaient commencé leur noviciat et leur plus grand désir n'avait pas encore été exaucé, elles ne portaient pas un habit religieux et on ne les autorisait pas à prononcer leurs vœux de religion. Mgr Gonin, qui s'y était toujours opposé, avait quitté ce monde l'année précédente, elles espérèrent trouver plus de bienveillance auprès de de son successeur, Mgr Flood, et, le 31 octobre 1890, elles lui adressaient une supplique dont voici la teneur :

 A Sa Grandeur Monseigneur Flood, archevêque de Port-d'Espagne.

 Monseigneur,

Les Sœurs du Tiers-Ordre de saint Dominique chargées de l'hospice de Shine, viennent humblement solliciter de Votre Grandeur une faveur qui est, depuis de nombreuses années, l'objet de leur plus ardent désir, à savoir, l'approbation canonique qui leur est nécessaire pour émettre les vœux de religion. La petite Communauté fondée, il y a vingt ans, avec quatre membres appartenant au Tiers-Ordre de saint Dominique, n'a cessé d'aspirer à ce but, mais c'est depuis six ans surtout qu'elle s'est efforcée de pratiquer les principales observances de la vie religieuse, conformément à la Règle et aux Constitutions des religieuses garde-malades du Tiers-Ordre de saint Dominique : Règle et Constitutions approuvées par son Eminence le Cardinal Caverot, archevêque de Lyon, pour les religieuses Dominicaines garde-malades de Saint-Etienne, en son diocèse.

Aujourd'hui nous sommes six seulement, mais nous avons

lieu d'espérer qu'avec l'aide de Dieu et la consécration religieuse notre nombre s'augmentera peu à peu. — Daignez
agréer, Monseigneur, etc... Suivent six signatures.

Le T. R. P. Marie-Dominique, vicaire général, s'empressa
d'apostiller la demande, et le T. R. P. Bertrand Cothonay, alors
supérieur des Dominicains et curé de la cathédrale, y joignit ses
instances.

Monseigneur accueillit la pétition avec bienveillance, mais ne
donna pas de décision, la croyant prématurée. L'administration
civile s'occupait alors de remplacer le vieil hospice de Shine par
un nouvel établissement, et les Protestants commençaient à
s'agiter pour faire entrer parmi les *nurses* chargées des malades
quelques membres de leur religion. Soulever la question d'habit
et de congrégation religieuse eut été peut-être imprudent, et on
résolut d'attendre encore.

Enfin, le 9 janvier 1892, après une nouvelle et pressante demande du Révérend Père Directeur (le R. P. Hilaire Arnaud),
Monseigneur l'archevêque déclara consentir à ce que les Sœurs
de Shine reçussent l'habit religieux. On leur accordait un costume noir, avec les formes dominicaines. La Congrégation devait conserver le nom qu'elle portait déjà : « *Congrégation des
petites Sœurs de la charité* » sous la Règle de saint Augustin et
les constitutions des religieuses garde-malades du Tiers-Ordre de
Saint-Dominique.

Les Sœurs qui se disposaient à recevoir le saint habit passèrent
devant l'archevêque l'examen prescrit par le Concile de Trente,
c'étaient les Sœurs Alcazar, Milne, Almondoz, Caroline Marcelin
et Villanewa, celle-ci était entrée à Shine le 28 octobre de l'année précédente.

Le grand jour arriva. Le 30 avril 1892, fête de sainte Catherine
de Sienne, patronne du Tiers-Ordre, la petite Œuvre de Shine,
commencée le 1ᵉʳ novembre 1884, reçut son couronnement et sa
consécration. Fidèle à sa devise des premiers jours : *In silentio
et in spe erit fortitudo vestra : dans le silence et l'espérance sera
votre force* (Is. 30. 15), elle s'est développée dans le silence, se
confiant en la divine Providence qui avait veillé sur son berceau

et, aujourd'hui, ses espérances deviennent des réalités. Mgr Flood donna le saint habit aux premières religieuses de la nouvelle Congrégation.

Après la sainte messe, dans la modeste chapelle de l'hospice, beaucoup trop petite pour contenir les nombreux fidèles qui s'y pressaient, la cérémonie de la vêture eut lieu suivant le cérémonial approuvé.

Le soir, le T. R. P. Dominique, vicaire général, prononça un sermon sur la vie religieuse. Le savant et saint religieux montra qu'il s'y connaissait dans la matière.

Nous ne pouvons terminer ce récit des premiers temps de cette petite Congrégation de Shine, sans attirer encore l'attention respectueuse sur une figure sympathique qui, modestement, s'est toujours tenue à l'écart, dans l'ombre ; nous voulons parler du T. R. P. Marie-Hilaire Arnaud, le Père et fondateur de cette Congrégation. Le Révérend Père a acquis, de ce fait, un droit incontestable à la reconnaissance de tous les habitants de Port-d'Espagne. Il a mis dans cette œuvre toutes les puissances actives de son âme pour la faire réussir et Dieu, en qui il avait mis toute sa confiance, l'a récompensé de ses peines et a couronné ses efforts par le succès.

Un an après, le 30 avril 1893, les quatre premières Sœurs prononçaient leurs vœux de cinq ans, entre les mains du T. R. P. Marie- Dominique.

Le 14 janvier précédent, une pieuse veuve, Mme Elisa Huerne, avait reçu le saint habit des mains de Mgr Flood. Quelques mois après, le 28 septembre, la jeune Communauté était, pour la seconde fois, cruellement éprouvée, la Sœur Marie-Dominique Milne, l'une des quatre premières professes, rendait pieusement son âme à Dieu.

Il était question, depuis plusieurs années, de construire un nouvel hospice, l'ancien se trouvant beaucoup trop petit et exigeant de fréquentes et coûteuses réparations. Le conseil de ville résolut d'abandonner le vieil établissement et d'en construire un autre. Le projet fut mis à exécution et, le 3 octobre 1893, les Sœurs et les malades prirent possession de leur nouvelle maison. — Sur la demande qui en fut faite par le T. R. P. Marie-

Hilaire Arnaud, la Congrégation des « Petites Sœurs de Charité », fut affiliée à l'Ordre de saint Dominique par lettre patente du Rme P. Fruhwirth, Maître Général de l'Ordre, datée du 10 avril 1894.

Pour faire suite à ce qui vient d'être raconté, il convient de dire un mot de l'hospice Spaccapietra. C'est un autre asile de la charité chrétienne qui porte gravé à son frontispice ce nom si bien appliqué : *Domus pauperum, maison des pauvres.* Mais l'établissement est plus connu sous le nom d'Hospice Spaccapietra, en souvenir du vénérable fondateur, Mgr Spaccapietra, l'archevêque qui en posa la première pierre le 23 avril 1858. Un comité, sous le titre de « Comité de l'Hospice de saint Vincent de Paul » avait été formé pour veiller à la conservation, à l'entretien et la distribution des fonds consacrés aux besoins des pauvres admis dans la maison.

Le 17 juin 1894, ce comité fut réuni sous la présidence de Monseigneur l'archevêque, afin d'examiner les plans du R. P. Hilaire relativement à l'établissement des *Petites Sœurs de charité* sur le terrain de l'hospice. Le Révérend Père proposait de fonder là un couvent de ses religieuses pour leur confier la direction de cet hospice, selon le désir souvent exprimé de l'archevêque et du comité.

Ce couvent devait servir en même temps de maison de noviciat pour la Congrégation, ce qu'on ne pouvait avoir à Shine, et on aurait ainsi au centre de la ville une maison de religieuses pour aller soigner les malades à domicile, ce qui était un des buts de la nouvelle Congrégation.

Le Comité approuva le plan proposé et donna au R. P. Hilaire toute autorisation pour commencer les travaux. La première pierre en fut posée et bénite par Mgr l'archevêque le 19 juillet. Et le 24 mars 1895, le couvent terminé était solennellement béni par Sa Grandeur en présence d'une assistance nombreuse. Trois Sœurs prenaient, le 1er avril, possession du couvent et la charge de la direction de l'hospice ; Mme Isabel Almandoz, en religion Sœur Marie de l'Immaculée Conception en fut nommée la première supérieure.

Saluons en passant et avec respect celle qui, depuis sa fondation, avait eu en mains la direction de cet hospice, Mlle Helena Latour. Ce lui fut un grand sacrifice de voir passer en d'autres mains le soin de ces pauvres malades. Elle s'y résigna humblement, voyant en cela la sainte volonté de Dieu.

Elle continua à demeurer là, accablée d'infirmités en attendant la récompense à laquelle elle avait droit, et que Dieu réserve à ses fidèles servantes. Membre du Tiers-Ordre séculier, elle a toujours joui d'une haute considération dans notre paroisse de Port-d'Espagne.

## CHAPITRE XX

### Les Frères Convers

Si nous mentionnons avec soin l'arrivée d'un missionnaire
député par ses supérieurs pour travailler au salut des âmes dans
cette grande paroisse de Port-d'Espagne, nous ne pouvons omettre celle de nos *Frères* qui, eux aussi, sont envoyés pour se consacrer au même but, quoique à un degré moindre, et d'une manière différente. Nous voulons parler de ces bons religieux qu'on
appelle, dans l'Ordre de saint Dominique, des Frères Convers ;
dont l'habit diffère peu de celui des Pères, la forme et les couleurs restant toujours les mêmes. Ils prononcent des vœux exactement les mêmes et aussi indissolubles que ceux des Pères. Ils
sont leurs serviteurs, mais surtout leurs frères et ont le droit
strict d'être traités comme tels. Eux aussi, ils s'emploient au salut des âmes, non par la parole, ni par l'administration des sacrements, mais par l'exemple et la prière et encore par les services et les soins dont ils entourent leurs Pères, spécialement
dans leurs maladies et infirmités.

Nous avons lu quelque part qu'un de nos Pères, grand prédicateur, voyait, à chacun de ses sermons, une foule nombreuse
se presser au pied de la chaire ; il en était flatté et il éprouvait
une satisfaction un peu trop naturelle. Il eut, une nuit, une vision, il crut entendre cette parole : « Ne te complais pas tant dans
ton éloquence et dans le bien que fait ta parole, c'est moins à
elle que ce bien est dû qu'aux prières du bon Frère qui t'accompagne et qui, humblement assis au pied de l'escalier de la
chaire, récite son chapelet pour attirer sur tes paroles les bénédictions d'en Haut. » Le grand prédicateur, se réveillant, comprit la leçon et se promit d'être plus humble.

Ces réflexions nous ont été suggérées à l'occasion de l'arrivée d'un Frère convers, le Fr. Elie Cordé, de la Province de Lyon. Il débarquait à la Trinidad, vers le milieu de l'année 1878. C'était le troisième Frère envoyé par la Province. Quoiqu'il soit resté dans la Mission une quinzaine d'années, le bon Frère y a laissé peu de souvenirs, n'ayant jamais été mêlé à aucune œuvre extérieure, toute sa vie religieuse s'est écoulée dans le travail, le silence et la prière. Rappelé en France par ses supérieurs, il y est mort le 1ᵉʳ septembre 1904.

Frère Jacques Falquet. Le 6 août 1883 a été un jour de deuil pour le presbytère, et aussi, nous pouvons l'affirmer, pour la paroisse de Port-d'Espagne. La mort nous enlevait ce jour-là le Frère Jacques Falquet, le premier Frère convers que la Province de Lyon ait envoyé aux Antilles, en 1871.

Pendant ces douze années, ce Frère s'acquitta, à la satisfaction et à l'édification de tous, des divers emplois auxquels on l'appliqua. Religieux de haute vertu, d'une humilité, d'un esprit de mortification qu'on rencontre rarement à un semblable degré, même parmi les personnes consacrées, il vivait toujours uni à Dieu par la prière. Et nous qui l'avons bien connu avant et après son arrivée dans la mission, nous pouvons assurer que sa vie était une oraison continuelle ; même au milieu des travaux les plus matériels et les plus grossiers, il paraissait toujours en prière. Avec cela, négligeait-il son travail ? Non, jamais. La prière aidait le travail, loin de lui nuire ; en notre saint Frère, l'âme conduisait la main.

Avec un autre de nos Frères convers, le Fr. Benoit Martinet, il prit une grande part dans la construction de la première chapelle de Notre-Dame de Laventille, construite toute en planches, œuvre de foi, de dévouement, de patience et de sacrifice, selon les expressions du R. P. Hilaire Arnaud dans la notice imprimée qu'il a consacrée à cette chapelle.

Il travaillait de plus au salut des âmes, non seulement par la prière dans laquelle il vivait, mais aussi par l'instruction religieuse qu'il donnait aux pauvres ignorants. Il préparait la voie de cette façon au prêtre qui n'avait plus qu'à parfaire l'œuvre commencée. Sa réputation était celle d'un saint religieux, et on le connaissait partout sous le nom de « Bon Frère. »

Atteint d'hydropisie, il s'éteignit doucement, ne voulant, disait-il, déranger personne. Ses funérailles furent une marche triomphale du presbytère au cimetière. Bien des grands de la terre n'ont pas eu et n'auront jamais des obsèques aussi solennelles que celles qu'on accorda à ce pauvre et humble Frère convers, et surtout ils n'emporteront pas les mêmes regrets ni les mêmes sympathies, ou s'ils les emportent, ces regrets, c'est en ce sens qu'ils n'en laisseront aucun derrière eux.

Le Fr. Jacques mourait à cinquante-cinq ans, dans la vingt-cinquième année de sa profession.

Ce fut à l'occasion de sa mort qu'on prit la résolution d'acheter le terrain du cimetière, où se trouvaient ensevelis tant de Frères et de Sœurs que nous avions perdus. On s'en ouvrit à Monseigneur l'Archevêque qui y consentit volontiers, ajoutant même qu'il en paierait une partie pour que les prêtres séculiers de son diocèse y puissent avoir aussi leur sépulture. Nos Sœurs Dominicaines, mises au courant de l'affaire, y donnèrent, elles également, leur complète adhésion.

Cette partie du cimetière fut donc achetée au gouvernement pour le prix de quinze cents dollars, et les trois parties intéressées en donnèrent chacune le tiers, soit cinq cents dollars.

Frère Emmanuel Armand. Ce Frère est venu à la Trinidad en compagnie du P. Martin Lambert au mois de janvier 1881. Né en France en mai 1844, il avait 28 ans quand il prononça ses vœux dans notre Couvent de Poitiers le 3 août 1872. Envoyé sur son désir à la mission des Antilles, il y rendit de grands services dans les fonctions de portier du presbytère. Il occupait encore cet emploi, quand, sur les conseils des médecins, il demanda et obtint l'autorisation de retourner en France : c'était en 1892, un peu plus de onze ans après son arrivée. Il est mort au couvent de Rijckholt le 6 mai 1925.

Frère Théodule Tayta. Ce bon Frère fut envoyé de France à la Trinidad en 1885. Originaire du Valais (Suisse), il était âgé d'environ quarante ans, quand il entra au noviciat de la Province de Lyon. Né le 6 août 1831, il prononça ses vœux le 13 avril 1876. Religieux exemplaire, d'une humilité profonde, d'une solide piété et d'une obéissance parfaite, il fut au comble de ses vœux lorsqu'on lui permit de consacrer ses forces et sa vie au service de Dieu et de la religion dans notre mission de Trinidad.

Il s'y dévoua sans faiblesse jusqu'à la mort, c'est-à-dire pendant près de dix années, puisqu'il fut emporté de cette vie en 1894. Le 30 janvier de cette année, il montait à Notre-Dame de Laventille pour accompagner un Père qui allait y célébrer la messe. Le soir de ce même jour, il se sentit atteint de cette fièvre que les médecins craignent de définir, mais qui porte à peu près tous les caractères de la fièvre jaune. Le mercredi le Frère resta assez tranquille. Le jeudi, il recevait la sainte communion à la chapelle du presbytère ; le vendredi, il descendait même au réfectoire, pour remonter ensuite dans sa pauvre petite cellule.

Le T. R. P. Hilaire Arnaud, alors Prieur, alla le voir, et le trouvant assez malade, il appela le docteur, qui ordonna de lui administrer sans tarder le sacrement de l'Extrême-Onction. Le cher Frère perdit bientôt connaissance et entra en agonie. Quelques heures après, il rendait son âme à Dieu âgé de soixante-trois ans. Ses funérailles eurent lieu le même jour, 2 février, fête de la Purification de la Bienheureuse Vierge. Sa profession religieuse avait eu lieu dix-huit ans auparavant.

FRÈRE JACQUES VIANIN. Cet excellent Frère, Suisse d'origine, né le 7 mai 1864, avait embrassé la vie religieuse dans la Province dominicaine de Lyon et s'était consacré à Dieu le 21 novembre 1887. Envoyé à Port-d'Espagne en 1892 avec les PP. Julien Bouche et Gerest, il y demeura environ six ans, et toujours fidèle dans son rôle de Frère convers, il en remplit les humbles fonctions avec autant d'intelligence que de dévouement. Atteint de la terrible fièvre jaune, il fut à deux doigts de la mort et reçut les derniers sacrements. Il guérit cependant, mais il fut obligé de retourner en France pour y recouvrer ses forces, et malgré son vif désir, on ne lui permit pas de revenir à la Trinidad.

FRÈRE EXUPÈRE CRETTAS. C'est le 13 janvier 1893 que ce Frère débarquait à la Trinidad. Né en Suisse le 29 septembre 1860, il avait prononcé ses vœux de religion dans la Province de Lyon le 24 décembre 1886. Peu de temps après son arrivée, il avait reçu la charge de portier du presbytère, et il s'en acquittait à la satisfaction de tous. Ce qui frappait le plus dans ce bon Frère, c'était sa grande douceur de caractère.

Le 12 novembre, quelques mois seulement après son arrivée, il tomba malade, et on ne put longtemps se faire illusion, c'était la terrible fièvre jaune. Et malgré les soins les plus assidus, le 15 il rendait son âme à Dieu. Il fut sincèrement regretté de tous ceux qui l'ont connu. Il n'avait que trente-trois ans, et moins de sept années de profession religieuse.

Trois mois après, le Fr. Théodule Tayta, son compatriote, dont nous avons parlé plus haut, mourait également frappé de la même maladie. Et chose singulière, un autre de nos Frères convers, Suisse lui aussi, était attaqué du même mal, presque à la même époque, mais heureusement il échappa à la mort.

FRÈRE VINCENT. Notre presbytère fut témoin le 16 juillet 1893 d'une cérémonie très rare, la vêture d'un postulant convers, et ce qui rendait la chose plus extraordinaire, d'un jeune homme de couleur, avec ses cheveux crêpus. Il était natif de Cariacou, petite île voisine et dépendant de la Grenade.

Vu son origine, nous avions eu tout d'abord des doutes sur la sincérité et la solidité de sa vocation, hésitations à première vue bien fondées. Mais il y a des exceptions à toutes règles. James John était si pieux, si doux, si fidèle au silence, obéissant et travailleur, que le conseil du Couvent, à la presque unanimité, consentit à l'admettre à la prise d'habit, mais seulement comme Tertiaire régulier. Il reçut le nom de Vincent.

Plus que satisfaits de ses dispositions et de toute sa conduite, les supérieurs ne firent aucune difficulté de l'envoyer dans un de nos Couvents de France. Après l'avoir éprouvé un certain nombre d'années, on l'admit enfin le 2 juillet 1901 à prononcer ses vœux. Il n'a jamais quitté la France, et en cette année 1914, nous le voyons assigné au Couvent de Poitiers.

Frère Benoit Martinet. Né le 23 septembre 1837 dans le diocèse de Grenoble, Fr. Benoit se fit recevoir au Couvent des Dominicains de Lyon, où il prononça ses vœux le 15 août 1867. Il a été le second Frère convers que la Province de Lyon ait envoyé à la Trinidad, le Fr. Jacques Falquet l'avait précédé quatre ans auparavant, en 1871. Aucun des deux n'a revu son pays, la France. Ils ont, l'un et l'autre, quitté la Trinidad pour la première fois, le jour où ils ont été reçus, nous aimons à le croire, dans leur vraie patrie, le ciel.

Humble serviteur des Pères pendant les trente-trois années qu'il vécut aux Antilles, le bon Fr. Benoit sut s'acquitter, à la satisfaction de tous, des divers emplois qui lui furent successivement confiés, et y fit preuve d'une intelligence qu'on trouve assez rarement chez un serviteur. Tour à tour sacristain, employé au service de la table, jardinier, surveillant des constructions du presbytère de Port-d'Espagne et de la chapelle de Notre-Dame de Laventille, infirmier, notre cher Frère ne trompa jamais la confiance qu'on mettait en lui.

Mais ce fut surtout dans cette dernière fonction que Fr. Benoit se révéla. C'était sa voie, il la poursuivit et il y excella. Comme infirmier, il était, qu'on me permette cette expression, la charité faite homme. C'est lui qui, pendant plus d'un quart de siècle, a soigné, sans exception, tous nos pauvres malades, enseveli tous nos chers morts. Et quand l'heure arrivait de conduire à sa dernière demeure celui des nôtres que notre Maître nous avait enlevé, on était assuré de voir dans le triste cortège le charitable infirmier, accablé lui-même d'infirmités, se traînant avec peine, mais franchissant, sans faiblir, la longue distance du presbytère au cimetière, heureux de donner au Frère qu'il pleurait ce dernier témoignage de sa religieuse et fraternelle affection.

D'une mortification très grande, il ne touchait presque jamais à la viande, se contentant d'aliments maigres, malgré son âge, ses infirmités et ses travaux. Pendant de longs mois, il coucha dans le sous-sol du presbytère sur deux planches que supportaient deux barils.

Nous l'avons dit, il ne voulut jamais revoir son pays, sa chère

et belle France ! Il mourut plein de mérites le 26 juin 1908, jour
de la fête du Sacré-Cœur de Jésus.

Frère Ange Monségue. Le 3 mai 1883, un jeune Trinidadien
se faisait admettre au presbytère comme postulant convers.
C'était déjà une nouveauté en raison de l'origine de l'individu.
Mais ce qui donnait à cette nouveauté le caractère d'un événement, c'est que le jeune homme était un noir. Dans aucune de
nos trois Provinces Dominicaines de France, nous n'avions encore eu un religieux noir.

Qu'on veuille bien le remarquer, nous disons un noir, non
pas un nègre. Ceux qui ne sont pas familiarisés avec la race
noire ne voient pas la différence. Cependant il en existe une et
considérable. Le noir est une couleur, le nègre est une race. Sans
entrer dans les particularités physiques qui les font distinguer
l'un de l'autre, il nous suffira de dire que le noir n'est différen-
cié de l'européen que par la couleur, ses traits sont les mêmes,
et souvent plus réguliers, plus attrayants. Cependant, il a quelquefois les cheveux crépus, alors ce n'est pas un noir pur, il est
de sang mêlé, il y a du nègre à son origine. Pourquoi ne saisi-
rions-nous pas l'occasion, puisqu'elle se présente à nous, de dire
ce que nous pensons de la race qui nous occupe en ce moment ?
Elle forme la grande majorité de la population trinidadienne,
elle a donc droit à une mention toute spéciale dans ce récit.
Cette mention sera brève, et ce que nous pensons sera clairement exprimé. — Le noir a ses défauts et des défauts propres à
sa race, mais ne doit-on pas en dire autant de ceux qui appartiennent à la race blanche, comme à la race jaune ?

Si on dressait un tableau comparé des défauts propres à chacune de ces trois races, pourrait-on désigner, sans crainte d'erreur, celle qui doit occuper le dernier rang ? Et si les Africains
et ceux qui en descendent avaient, dans leur passé, autant de
siècles de civilisation que les Européens et les Asiatiques, pourrait-on affirmer qu'ils n'en eussent pas autant usé, et mieux peut-
être, intellectuellement et moralement, que ceux qui les méprisent ? Nous voyons des représentants de la race noire à tous les
degrés de l'échelle sociale. Ils ne sont déplacés nulle part ; et

nous les voyons occuper, souvent avéc distinction, les postes les plus variés, les positions les plus recherchées. Ils sont magistrats, médecins, solliciteurs, avocats, architectes, chefs d'école, chefs de bureau ; la marine les a mis plus d'une fois à la tête de ses vaisseaux ; sans parler des arts libéraux dans lesquels, souvent, ils ont excellé.

Nous avons cru ces considérations utiles, elles mettront fin peut-être à bien des préjugés et corrigeront beaucoup d'erreurs ayant l'ignorance pour cause. Elles déplairont probablement à plus d'un de ceux qui les liront, nous le regrettons fort peu, la vérité nous ayant toujours paru être la plus belle parure de l'histoire : *Amicus Plato, magis amica veritas*. Mais revenons à notre jeune postulant, cause de cette longue parenthèse.

Le Fr. Ange Monségue, admis comme postulant le 3 mai 1883, répondit pleinement à nos espérances et son départ pour le noviciat de la Province de Lyon, transporté, par suite de la persécution religieuse qui sévissait en France, à Rijckholt, dans le Limbourg hollandais, fut résolu. Il y reçut, avec le saint habit, le nom de Frère Ange de la Trinité, le 21 mai 1884. Il avait 23 ans et 6 mois. Il prononçait ses vœux le 7 septembre 1886. Le climat de la Hollande n'est pas précisément semblable à celui de la Trinidad, aussi est-il aisé de s'imaginer ce qu'eut à souffrir le bon Frère pendant les longs et rudes mois d'hiver de cette froide contrée. On eut pitié de ses souffrances et, peut-être aussi pour le soustraire à la curiosité générale dont il était l'objet, on le renvoya à la Trinidad, son pays, dès qu'il eut prononcé ses vœux. Il y arrivait le 10 novembre 1886. Il est toujours au milieu de nous ; à peu près apte à tout, il nous a rendu de grands services, à la fois peintre, maçon, charpentier ; actuellement il est le portier de notre presbytère et cela depuis un bon nombre d'années.

## CHAPITRE XXI

### Les quatre Coadjuteurs de M<sup>gr</sup> Gonin

Mgr William O'Carroll. — William-Dominique O'Carrol
naquit à Limerick (Irlande) le 26 mars 1826. Son père était médecin et la famille de sa mère avait donné à l'Ordre de saint Dominique plusieurs enfants, dont l'un, le P. Mac Donald, avait
été Provincial de la Province d'Irlande. Ce que nous savons de
son enfance et de sa première jeunesse, nous montre en lui une
âme bonne et inclinée à la vertu. L'histoire du jeune O'Carroll
pourrait se résumer dans ces paroles du fils de Sirach que nous
lisons au dernier chapitre du Livre de l'Ecclésiastique : « *J'étais
bien jeune encore, j'avais à peine atteint l'âge où les écarts deviennent possibles et déjà je cherchais la sagesse..... Dieu daigna m'écouter et elle a fleuri en moi comme un raisin précoce*
(Eccli. 51).

Quand Dieu inspira au jeune William la pensée de la vocation
religieuse, il n'avait que quinze ans. Ayant toujours fidèlement
pratiqué les commandements, il pouvait dire à Notre-Seigneur :
*Omnia hœc custodivi a juventute mea* : J'ai fait tout cela depuis
ma jeunesse (Matth. 19. 20) et quand le Maître lui répondit : *Si
vis perfectus esse..... veni et sequere me* : venez et suivez-moi,
plus heureux que le jeune homme de l'Evangile, William O'Carroll ne résista pas à cet appel et, sans tarder, il alla frapper à la
porte du Couvent des Frères Prêcheurs de Limerick et réclamer
humblement l'honneur et le bonheur de s'enrôler dans leurs
blanches phalanges. Mais, afin que son sacrifice fut complet, on
lui dira de quitter sa patrie, sa famille bien-aimée et ce sera sur
la terre étrangère, à Lisbonne, qu'il revêtira la bure dominicaine. Il n'avait donc guère plus de seize ans quand il fit sa profession religieuse en notre Couvent de Lisbonne.

En 1847, il quittait le Portugal pour l'Italie et venait se préparer au sacerdoce à Rome, à l'ombre du vieux cloître de Saint-Clément, d'où étaient partis, quelques années auparavant, les restaurateurs de l'Ordre de saint Dominique en France. Le Couvent de Saint-Clément possédait alors, dans ses murs, une colonie de Dominicains irlandais, pleins de ferveur pour les saintes observances.

Le Fr. Dominique, comme on l'appelait, n'avait pas encore l'âge requis pour être promu au sacerdoce. Mais on lui accorda une dispense aussi étendue que possible et, à vingt-deux ans accomplis, il reçut l'ordination sacerdotale.

Le P. O'Carroll aurait désiré demeurer plus longtemps à Rome, mais le devoir, la charité et la reconnaissance le rappelaient dans sa patrie désolée par un épouvantable fléau, le choléra. La famine avait fait périr plus de deux cent mille personnes et chassé vers les rivages de l'Amérique et de l'Australie près d'un million d'habitants. Le clergé catholique avait accompli des prodiges de dévouement, mais un grand nombre de ses prêtres avaient succombé à leur tâche héroïque. Le P. O'Carroll partit dès qu'il fut ordonné prêtre et travailla à guérir les plaies de son pays.

Durant les quinze années qu'il passa en Irlande, il fit, en France, un séjour de plusieurs mois. Avec plusieurs religieux des autres pays, le Père avait demandé et obtenu la permission d'aller se livrer à la pratique plus complète des observances monastiques, au milieu de ses Frères de France. Les Dominicains français recevaient, à leur tour, de leurs Frères étrangers, devenus leurs hôtes, cette expérience de la vie active qui manquait à leur jeunesse.

En 1864, le Maître Général de l'Ordre nomma le P. O'Carroll Provincial de la Province dominicaine des Etats-Unis ; Province presque au berceau, dont l'organisation demandait de son supérieur beaucoup d'intelligence, d'expérience et de vertu. Le choix fait du P. O'Carroll était une distinction qui supposait ces qualités et ces mérites. C'est lui qui fonda le Couvent de New-York.

Le temps de sa charge terminé, il se préparait à retourner dans sa patrie, quand la voix de l'obéissance l'appela sur un nouveau champ de bataille, là où venaient de tomber, nombreuses, les victimes de la fièvre jaune. Ce pays qui allait devenir la dernière et bien-aimée patrie du P. O'Carroll était Trinidad. Dieu nous l'envoyait dans sa miséricorde à la fin de 1869. Le Maître Général l'avait nommé Prieur de la Communauté dominicaine, Monseigneur l'archevêque l'institua immédiatement curé de la cathédrale de Port-d'Espagne.

Un des principaux témoignages de l'amour de Dieu pour quelqu'un, c'est de lui confier des âmes, et surtout les âmes qui lui sont consacrées. Ce témoignage était donné au P. O'Carroll depuis son sacerdoce. La Providence l'avait chargé, en Irlande, des âmes de milliers de fidèles ; aux Etats-Unis, d'âmes religieuses et sacerdotales ; à la Trinidad il avait la responsabilité des unes et des autres.

Comme Prieur et comme Curé, le P. O'Carroll savait allier la douceur à la fermeté, copiant cette divine sagesse, qui dans l'univers conduit tout avec force et suavité, *suaviter et fortiter* (Sap. 8). Sympathique aux œuvres paroissiales, sans distinction, il les encourageait toutes, comme il savait encourager ceux qui en étaient chargés.

Parmi ces œuvres, celle qu'il avait le plus à cœur était l'éducation de la jeunesse. Pendant dix années il fut aumônier du pensionnat des Sœurs de Saint-Joseph à Port-d'Espagne ; il s'occupait aussi des enfants de l'école voisine du pensionnat qui recevait plus spécialement les enfants des pauvres et appelée la *petite Providence*, et ses préférences semblaient aller à ces derniers. Il est des enfants encore moins privilégiés, ce sont les orphelins. Ce fut sous son administration et sous sa direction que s'établit l'œuvre de Belmont, destinée à recevoir ces pauvres petits délaissés. Il n'a jamais cessé de lui donner des preuves du plus vif intérêt.

En 1873, le R. P. O'Carroll était élevé au rang de Vicaire Général du diocèse, ce qui l'obligea à résigner ses fonctions de président du *Vestry* de la cathédrale. Il convenait, en effet, que cette place fut occupée par le curé. Mais les membres de ce *Vestry* ne pouvaient se séparer de leur ancien chef, avec lequel ils avaient toujours été si unis d'esprit et de cœur pendant près de quatre années, sans lui témoigner leur respectueuse affection et l'assurer du souvenir précieux qu'ils conservaient des rapports si cordiaux qu'ils avaient eus avec lui. Ils acceptèrent, à l'unanimité, la motion faite par un des membres, M. L.-D. O'Connor, de présenter une adresse d'adieu au Très Révérend Père à l'occasion de sa retraite du *Vestry* par suite de son élévation au Grand Vicariat du diocèse.

Une séance spéciale eut lieu le 16 octobre, présidée par Monseigneur l'archevêque. Le T. R. P. O'Carroll fut introduit par M. Ferdinand Rat, le secrétaire, qui lut l'adresse suivante, tous les membres du *Vestry* debout, excepté l'archevêque.

Au T. R. P. O'Carroll, Vicaire général de Port-d'Espagne.

Très Révérend Père,

Comme vous cessez d'être curé de la paroisse de Port-d'Espagne, les membres soussignés du Comité paroissial de la cathédrale en prennent occasion pour vous adresser quelques mots, qui, venant de leur cœur, ne manqueront pas, nous en sommes sûrs, de vous être agréables.

Depuis que vous avez assumé la charge de la paroisse en janvier 1870, nous avons eu chaque jour sujet de remarquer et d'admirer vos constants et infatigables efforts dans la poursuite de toutes les bonnes œuvres et plus spécialement dans celle, si importante, de l'éducation.

Les grandes améliorations qui progressent à la cathédrale sont par elles-mêmes une preuve remarquable de votre zèle en tout ce qui regarde la plus grande gloire de Dieu. Et nous qui savons avec quelles faibles ressources vous avez obtenu de tels résultats, nous savons également que si ces ressources ont pu suffire, on le doit à votre continuelle et infatigable activité.

Tout ceci, l'ensemble de vos paroissiens ont pu le constater autant que nous-mêmes. Mais ce que nous, membres du Comité, nous désirons spécialement faire ressortir, c'est la profonde impression de l'invariable urbanité, de la bonté et de la patience avec lesquelles vous vous êtes uni à nous durant ces quatre dernières années.

Pendant cette période, toute suggestion faite par nous a toujours été de votre part l'objet de la plus sérieuse attention, et nous avons invariablement senti que votre ardent désir était de maintenir et de développer cette sympathique et mutuelle cordialité entre le pasteur de la paroisse et le Comité, sans laquelle il eût été impossible d'obtenir accord et unanimité dans la manière de voir.

Votre union avec nous en tant que pasteur de la paroisse a pris fin, mais une cause de grande joie pour cette Communauté, c'est de savoir que vous continuerez encore à travailler au milieu de nous. Et nous souhaitons que vous puissiez encore de longues années donner vos soins à ce champ nouvellement confié aux fils de saint Dominique.

† Joachim-Louis, Archevêque de Port-d'Espagne.
P. Marie-Dominique, Curé.
P. Thomas Greenough.
L. A. A. de Verteuil, membre du Comité.
Lionel M. Fraser,               id.
L.-D. O'Connor,                 id.
Fr. J. Scott.
J. Pollonais.                   Ferd. Rat, secrétaire.
José-Maria Pénalosa.
P. Maingot.                     Presbytère de Port-d'Espagne,
Fr. J. Meagher.                        16 octobre 1873.
Alex. Thavenot.


Réponse du T. R. P. W. O'Carroll au Comité paroissial de la cathédrale :


Mes chers Amis,

Je reçois avec gratitude votre aimable adresse. Elle est conçue dans un tel esprit de sincérité et rédigée avec tant de délicatesse d'expression que j'ai grand plaisir à l'accepter.

Vous me croirez, je l'espère, quand j'assurerai que mon seul droit à une adresse de votre part ne repose que sur votre coutume de saluer ainsi un curé qui s'en va.

Si j'ai été zélé pour l'éducation des masses, c'est parce que j'ai compris comme un prêtre le comprend, surtout un prêtre qui l'a expérimenté en Irlande et aux Etats-Unis, qu'une saine instruction est le soutien de la société chrétienne, tandis qu'une instruction non saine est la ruine.

Mais, c'est à sa Grâce l'Archevêque, qu'est due principalement l'importance du mouvement relatif à l'instruction. Il n'a jamais cessé d'exprimer ses vues sur le rôle du gouvernement. Il a donné à cela toute son influence, toute son énergie, toute sa clairvoyance. Tout ceci est connu. Ce qui ne l'est pas, c'est que la paroisse est redevable de l'Ecole du Rosaire au zèle et à la bourse de l'Archevêque.

La question de l'enseignement est également redevable à quelqu'un qui nous a quittés et que je ne nommerai pas. Il travailla durement et avec succès pour faire fonctionner le système non encore essayé et il éleva l'Ecole du Rosaire à un tel niveau efficace que l'Inspecteur des écoles en fit mention honorable dans son rapport.

Nous devons aussi beaucoup aux Messieurs Catholiques qui s'intéressent à l'œuvre, particulièrement ceux du Comité d'Instruction (Ministre de l'Instruction publique) et qui employèrent tous leurs efforts pour rendre le système actuel le moins nuisible et le plus avantageux possible. Si l'éducation n'a pas la religion pour base et n'en est pas éclairée, elle ressemble à ces outils à double tranchant entre les mains des enfants qui se font mal à eux-mêmes et aux autres.

Au sujet de l'enseignement, je ne puis m'empêcher d'exprimer ma joie pour la fondation de l'orphelinat Balmont due au zèle infatigable et au dévouement plein de sacrifice du R. P. Forestier. Grâce à cette Œuvre, nous constaterons, je l'espère, le bien que fait l'enseignement quand il est le serviteur de la religion. L'orphelinat mérite tout l'appui de la corporation catholique entière.

Vous avez eu également l'amabilité de faire allusion à l'intérêt que j'ai porté à l'ornementation de votre cathédrale. C'est vrai, j'aime la splendeur où l'éclat de la maison de Dieu, parce qu'elle est sa maison et l'endroit où demeure sa gloire.

A vous, Messieurs, je dois de sincères remerciements, à vous à qui le zèle n'a jamais fait défaut.

Grâce au goût artistique du P. Thomas et aux moyens que vous lui avez fournis, grâce aussi à la générosité d'un de nos membres absent, M. Jean Agostine, la cathédrale commence à prendre l'aspect qui convient à la cathédrale de Port-of-Spain.

Ceux qui étaient avant nous ont montré par leur exemple ce qu'on peut faire et ce serait une honte pour nous si nous ne terminions pas le noble édifice qu'ils nous ont légué comme un monument de leur zèle et de leur piété.

Pendant près de quatre ans nous avons travaillé ensemble avec cordiale entente et bonne volonté, mais pouvait-on s'attendre à autre chose de la part de ces chrétiens qui sont membres du Vestry ? Aucun n'a essayé de faire prévaloir ses vues personnelles, mais tous ont travaillé ensemble pour le bien commun, animés d'un seul esprit, l'esprit de charité. Je n'ai donc aucun mérite spécial pour le maintien de la paix et de la bonne volonté.

Cependant, j'aurais été bien répréhensible si quelque chose était survenu de nature à gâter les bons sentiments ou à déranger la paix ou la bonne entente de nos réunions.

Mais ce qui me fait le plus plaisir dans votre adresse, c'est le contentement que vous exprimez qu'en cessant d'être le curé (des épaules plus dignes sont revêtues du manteau), mes rapports ne cesseront pas avec vous et je ne cesserai pas d'habiter parmi vous. Cela sonne joyeusement comme une note de bienvenue.

Vers l'expiration de la durée de mon office, mes supérieurs m'ont donné à comprendre que je continuerais à habiter Trinidad. M'inclinant devant leur décision, j'ai adopté Trinidad comme ma patrie ou mon chez moi. Jusqu'ici je me sentais comme un oiseau de passage. Maintenant je suis l'un de vous. Je ne veux pas dire que j'oublie ma chère Irlande ou que je cesse de la chérir. Ce serait impossible. Ses traditions chrétiennes, son combat glorieux pour la foi que l'histoire a couronnée, la sainteté que consacre son nom me l'interdisent. Mais je dois reconnaître qu'avant mon arrivée au milieu de vous comme un étranger, je ne me suis jamais senti un étranger. Car Trinidad a été pour moi un séjour de bonté, d'hospitalité et d'amitiés.

Je me sentirais indigne si je nourrissais d'autres sentiments que ceux de la reconnaissance pour l'attention affectueuse dont j'ai été l'objet de la part de sa Grâce l'Archevêque, de mes Frères dans la maison desquels j'ai été accueilli avec la plus grande amitié et la meilleure entente, de mes frères bien respectés du clergé séculier, de mes amis civils que j'ai appris à estimer, en les appréciant à leur juste valeur et en les aimant.

Tout le temps que j'ai été parmi vous, je n'ai cessé d'être l'objet des gentillesses et du respect de toutes les classes de la communauté.

Cette dernière manifestation de votre amabilité me demeurera profondément chère. Car elle m'a donné l'occasion de soulager mon cœur, et sur cette terre je ne connais rien qui doit être gardé plus précieusement que la sincère affection d'amis hospitaliers.

Messieurs, je vous remercie encore une fois et je prierai pour que vous soyez bénis en ce monde et que nous nous rencontrions dans notre patrie éternelle où nous serons tous frères et tous, les amis de Dieu ».

Les qualités du T. R. P. O'Carroll devaient bientôt le faire monter à une autre dignité plus importante que celle de vicaire général. En effet, le 24 mai 1874, sur la demande de Mgr Gonin, il était consacré évêque d'Alabanda et coadjuteur de l'archevêque de Port-d'Espagne, avec droit de future succession. Le nouvel élu voulut recevoir la consécration épiscopale dans la cathédrale de Port-d'Espagne, théâtre de ses travaux apostoliques ; elle lui fut donnée par Mgr Silvestre Guevara y Lira, archevêque exilé de Caracas (Vénézuela), assisté de NN. SS. Fava, évêque de Saint-Pierre (Martinique), Poirier, évêque de Roseau (île de la Dominique), et Etheridge, vicaire apostolique de Démérara. La grande solennité de la Pentecôte avait été choisie pour la cérémonie du sacre. Dès huit heures, le clergé, les catholiques notables, la foule des fidèles, étaient réunis non loin de la cathédrale, sur le cours magnifique qui s'étend de la basilique à la mer. On s'avance bientôt au son des cloches et aux harmonies de la fanfare de la ville. La cathédrale ne pouvait contenir la foule immense qui se pressait de toute part.

« Monseigneur l'archevêque de Caracas, prélat consécrateur et confesseur de la foi, malgré ses souffrances, et le front ennobli par la majesté de l'âge et d'un douloureux exil, accomplit les imposantes cérémonies du pontifical. A l'évangile, Monseigneur l'évêque de la Martinique monta en chaire. Lorsque le nouvel élu est revêtu de tous ses insignes pontificaux il parcourt la basilique, donnant ses premières bénédictions aux fidèles qui le vénèrent comme un père. Mgr O'Carroll, d'une noble famille iriandaise, est en effet l'homme de confiance de la ville et du diocèse. Zèle infatigable, parole apostolique et toujours facile, réputation sans tache, c'est la fleur du sacerdoce. On n'en parle qu'avec estime, amour et vénération. » (Extrait du *Bulletin religieux de la Martinique*).

Le nouvel évêque était entré dans sa quarante-neuvième année.

Le coadjuteur, comme son nom l'indique, est l'aide de l'évêque titulaire ; il partage avec lui ses fonctions aussi bien que ses responsabilités ; c'est la même autorité placée en des mains différentes. Le Chef de l'Eglise peut accorder un coadjuteur à un évêque titulaire d'un diocèse et il ne le fait que sur sa demande, et encore faut-il que celle-ci soit motivée. Le vénérable Mgr Gonin n'était pas encore d'un âge très avancé, n'ayant que cinquante-neuf ans ; à cet âge un évêque est presque jeune. Mais il lui fallait gouverner un grand diocèse dont les différentes parties étaient disséminées à travers le vaste océan. Ce n'était pas par heures, mais par journées, qu'il fallait évaluer les distances de l'une à l'autre de ces différentes parties, et, étant donné le caprice des vents et des flots, si on savait l'heure exacte de son départ, on ne pouvait jamais connaître exactement l'heure, ni même le jour de son arrivée. De plus, l'archevêque, déjà d'une faible santé, souffrait encore d'une grave infirmité qui lui interdisait le cheval et les longues marches. Il était donc dans toutes les conditions voulues pour avoir droit à un coadjuteur et Mgr O'Carroll était bien l'aide qu'il lui fallait, l'évêque de l'extérieur, le vénéré chef étant celui de l'intérieur ; au premier les travaux du dehors, au second les travaux du dedans.

Sur ces entrefaites, la pensée et le désir de se rendre en Europe vinrent à Mgr Gonin ; il avait effectué son dernier voyage en 1870, pour le Concile du Vatican, quatre ans auparavant. Il voulut s'acquitter du voyage *ad limina*, c'est-à-dire faire cette visite au Chef de l'Eglise que tout chef de diocèse doit lui rendre à époque à peu près fixe, et qui diffère suivant que la distance sépare plus au moins ce diocèse du centre de la catholicité. Plus cette distance est grande, plus ces visites sont espacées. En outre, le bon et infatigable prélat avait besoin de respirer l'air natal, l'air du pays qui, s'il est salutaire aux poumons, réjouit surtout le cœur. Il sentait la nécessité de s'accorder un repos de quelques mois. Les circonstances étant favorables, il laissait son cher et grand diocèse en des mains habituées à conduire, à un homme revêtu, comme lui, du caractère épiscopal. Avec ses instructions, il lui remettait toute son autorité ; et plein de confiance en son remplaçant, il pouvait partir. C'est ce qu'il fit peu après le sacre de son coadjuteur, probablement dans les premières semaines de juin.

Un événement d'une certaine importance pour le diocèse et surtout pour la ville épiscopale devait s'accomplir durant cette absence de Mgr Gonin, absence voulue de Dieu qui voit et prévoit tout. Mgr O'Carroll était l'homme choisi par la divine Providence pour la réussite de ses desseins, lesquels n'auraient jamais été réalisés si l'archevêque était resté dans son diocèse. Son départ momentané a donc été un bien pour la ville de Port-d'Espagne.

Nous faisons ici allusion à la détresse des Dominicaines de Caracas, qu'un gouvernement impie chassait du Vénézuela, et qui, c'est certain, n'auraient jamais obtenu de Mgr Gonin leur admission dans l'île de la Trinidad. Il fallait donc qu'il s'éloignât. Et Mgr O'Carrol qui le remplaçait se montra pour les pauvres Sœurs plein de bonté et de miséricorde. Aussi elles lui conservèrent toujours une extrême et affectueuse reconnaissance.

Le vénérable coadjuteur continua à se dévouer au bien des âmes comme il n'avait cessé de le faire. Malheureusement il ne lui restait plus que quelques années à vivre. Depuis un certain temps, il souffrait d'une grave maladie de cœur, qu'il supporta d'abord patiemment et vaillamment. Mais, accablé par le mal, il en vint à garder la chambre et à ne plus pouvoir accomplir les actes de son ministère. C'est ainsi qu'il ne put se trouver présent ni à la bénédiction du nouveau presbytère, ni à celle de la première pierre de l'église du Sacré-Cœur. Sa maladie longue et douloureuse, endurée avec une patience toute surnaturelle et une entière soumission à la volonté divine, finit par le vaincre, et le 13 octobre 1880, dans la soirée, il rendait sa belle âme à Dieu.

Mgr William-Dominique O'Carrol, gentilhomme irlandais, aux manières douces et affables, était un homme accompli. Ministres et laïques des autres confessions le connaissaient parfaitement et appréciaient son caractère ouvert, droit, bon et sociable. Sa mort a jeté un voile de deuil sur la Communauté qui l'aimait et le respectait. Sa perte s'est fait sentir profondément dans beaucoup de familles sur lesquelles sa main généreuse était sans cesse étendue, occupée à alléger les misères de l'humanité. Sa Grâce Monseigneur l'archevêque perdait un ami sincère, en même temps qu'un coadjuteur capable, et le clergé un supérieur et un ami.

La nouvelle de la mort de l'Evêque tant regretté fut répandue de bonne heure par les cloches des églises de la ville. Le soir de la mort du prélat, son corps fut exposé ; un grand nombre de personnes se rendirent sur le lieu funèbre, pour donner un dernier regard à celui qu'on tenait en si haute estime.

Le jeudi 14, on porta le corps à la cathédrale, solennellement. La procession était précédée de la musique militaire qui jouait la marche funèbre de Saül. Le vendredi 15, les obsèques eurent lieu avec solennité. La grande cathédrale était comble et, bien que profondément affecté par la perte douloureuse que lui et la Communauté catholique venaient d'éprouver, Monseigneur l'archevêque officia et fit une touchante oraison funèbre de Mgr O'Carroll.

Parmi les personnes présentes à cette triste cérémonie on remarquait le secrétaire de la colonie, les juges du tribunal, le receveur général, le procureur général, les membres du conseil législatif, le maire et les membres du conseil municipal, les officiers publics, les membres du barreau et quantité d'autres personnages. En signe de respect pour le digne et vénéré prélat, les magasins de la ville, appartenant aux différentes communions religieuses, furent fermés, et tout commerce interrompu pendant la journée des funérailles. De plus, eu égard au rang, à la position et au caractère de l'évêque, et pour témoigner davantage l'estime dont il était l'objet, la session de la Cour suprême, alors en séance, fut suspendue jusqu'à une heure de l'après-midi.

Un mois après, le R. P. Hilaire Arnaud, confesseur du regretté défunt, prononça à la cathédrale l'oraison funèbre du prélat ; nous croyons être agréable à nos lecteurs en transcrivant ici la fin de cet éloquent discours.

« C'est le 13 octobre qu'il rendit son âme à Dieu, le jour de la fête de saint Edouard auquel l'Eglise applique cet éloge qui convient si bien à notre cher défunt : *fuit ingenio mitissimo atque ab omni dominandi cupiditate alienus* : il était très doux de caractère et étranger à tout désir de domination. Il est mort ; dans la langue plus vraie de l'Eglise, on disait : il commence à vivre. Oui, il vit, cet homme qui a passé parmi nous et dont la mémoire est en bénédiction ; cet homme qui n'eut point d'ennemis et qui fut l'enfant privilégié de Dieu : *Dilectus Deo et hominibus, cujus memoria in benedictione est.* Il vit sur la terre, dans le souvenir et le cœur de tous ceux qui l'ont connu et qui, l'ayant connu, n'ont pu s'empêcher de l'aimer ; il vit dans le ciel, car sa vie si pure et ses souffrances si longues ont dû lui ouvrir les portes de l'éternité bienheureuse et lui procurer une gloire semblable à celle des saints.

« Les paroles de mon texte s'appliquent donc merveilleusement à celui dont j'ai essayé de faire l'oraison funèbre. Dieu l'a aimé, en lui donnant une noble patrie et une famille chrétienne, une âme inclinée à la vertu et la vocation religieuse de bonne heure ; Dieu l'a aimé, en lui donnant le sacerdoce, l'apostolat des âmes, en général, et le soin des âmes religieuses en particulier, la dignité épiscopale, la souffrance, qui est le cachet spécial des amis de Dieu, enfin, à ses derniers moments, la joie, la paix, la sérénité après l'orage, et « *ridebit in novissimo die* » il sourira à son heure dernière », dit le sage ; enfin en se donnant à lui, sous les voiles eucharistiques, dans la pleine lumière de son intelligence. — Et les hommes l'ont aimé. Vous l'avez aimé, Monseigneur, ce digne et aimable coadjuteur, vous avez proclamé, sous ces voûtes sacrées, que « pendant onze ans, vous avez toujours vécu ensemble dans la paix et l'harmonie » et aujourd'hui vous vous écriez, comme David pleurant Jonathas : « Je pleure sur vous, Jonathas, ô mon frère ; comme une mère aime son fils unique, ainsi je vous aimais (2 Reg. 1. 2). — Vous l'avez aimé, prêtres séculiers et réguliers de ce diocèse, vous avez apprécié son esprit de conciliation, qui cependant ne sacrifiait jamais les principes. Aimé sur tous les coins de terre où il a porté ses pas, il a été aimé comme un père par le peuple de Trinidad qu'il laisse embaumé du parfum de ses vertus. Père bien-aimé, nous vous aimerons encore ; votre mémoire sera toujours en bénédiction parmi nous ; puissions-nous, aidés par vos prières, comme nous l'avons été par vos exemples et vos vertus, être, un jour, réunis près de vous, et avoir, comme vous, une gloire semblable à celle des saints. Ainsi soit-il ».

Mgr Hyland. — Monseigneur Dominique-William O'Carroll était parti pour l'autre monde le 13 octobre 1880. Sa Grandeur Mgr Gonin, âgé et infirme, avait absolument besoin d'un coadjuteur ; Mgr O'Carroll avait été le premier, Mgr Hyland fut le second et il ne devait pas être le dernier. Ce fut le 31 octobre 1882 qu'il arriva dans la colonie. Comme son prédécesseur, Mgr Hyland était Irlandais d'origine, né à Dublin, en 1837. Entré dans l'Ordre de saint Dominique, il fit son noviciat au couvent de Tallaght (Irlande) en 1856, et après sa profession religieuse on l'envoya à Rome, au couvent de Saint-Clément, pour y faire ses études théologiques. Il y prit ses grades en théologie et revint en Irlande où il enseigna au couvent de Tallaght, et où il remplit les fonctions de maître des novices. Prieur du couvent de Tralec quand il fut choisi par le Saint-Siège pour la coadjutorerie de Trinidad, il reçut la consécration épiscopale en Irlande avec le titre, *in partibus*, d'évêque d'Evari.

Le nouveau coadjuteur ne devait pas rester longtemps au milieu de nous ; deux ans après son arrivée, Dieu devait le rappeler à Lui. Mais il se donna tout entier, dès le premier jour, à sa mission ; il fut vraiment le bras droit de Mgr Gonin. Plus actif que Mgr O'Carroll, car il était plus jeune et tout nouveau dans le pays, n'ayant pas encore porté, comme son prédécesseur, le poids du jour et de la chaleur, il fut d'un grand secours pour son archevêque.

Le premier, il fit, au nom de l'archevêque, la visite canonique de la cathédrale, ce qui, croyons-nous, ne s'était encore jamais fait. A des intervalles de temps plus ou moins longs, les évêques doivent faire, par eux-mêmes, ou par un prêtre délégué à cet effet, la visite des édifices consacrés au culte divin dans leur diocèse. Ils doivent ainsi se rendre compte de l'état de l'édifice dans son ensemble, puis dans tous ses détails ; inspecter si l'église possède tous les objets requis au culte ; si tout est en ordre, propre et en nombre suffisant. Il se rend, en cérémonie, accompagné du curé et de ses vicaires, aux autels, aux confessionnaux, aux fonts baptismaux, à la chaire à prêcher, à la sacristie ; se fait montrer les vases sacrés, les ornements du prêtre, les linges qui servent au prêtre à l'autel. Les lampes du sanctuaire brûlent-elles nuit et jour devant le Saint Sacrement ? Le luminaire de l'autel, pendant le saint Sacrifice, est-il bien celui que prescrivent les règles liturgiques ?

Nous dirons au sujet de ces lampes et de ce luminaire que Mgr Hyland fit une heureuse innovation, innovation pour le diocèse, mais qui, en réalité, n'en était pas une, puisqu'elle ne servit qu'à appliquer des règles liturgiques méconnues, ou pratiquement négligées dans la majeure partie des paroisses, pour d'excellentes raisons, sans doute, puisque cela se faisait au vu et au su de l'autorité diocésaine. En effet, d'après les prescriptions de la liturgie, l'huile qui brûle devant le Saint Sacrement doit être de l'huile d'olive, et les cierges qui brûlent à l'autel, surtout pendant le saint Sacrifice de la messe, doivent être faits avec de la cire d'abeilles. Il y a bien des adoucissements apportés à cette règle, ainsi il n'est pas nécessaire que la pureté d'origine soit parfaite pour l'huile comme pour la cire, mais au moins est-il exigé que

les éléments étrangers introduits dans l'une comme dans l'autre
de ces deux substances soient en petite quantité. Cette concession
est faite pour ne pas trop grever le budget assez maigre des pauvres curés de campagne, et aussi en raison de l'impossibilité de se
procurer ces substances pures de tout alliage, quoiqu'en disent
les fabricants dont la plupart sont d'une honnêteté très relative.
Ce n'était donc pas l'huile d'olive, la seule acceptée par la liturgie de l'Eglise, mais l'huile faite avec les noix, la graine du co-
ton, le coco, voire même le pétrole, qui alimentait à peu près
partout nos lampes d'église. Partout également, la stéarine, appelée aussi bougie, ou *blanc-baleine*, par nos créoles, tenait lieu
de cire d'abeilles. Nos évôques avaient été forcés de fermer les
yeux sur ces abus.

Mgr Hyland parvint à y mettre un terme, et depuis, ce sont
toujours des chandelles de cire d'abeilles qui brûlent sur nos autels pendant le saint Sacrifice, et, sauf impossibilité de s'en procurer, l'huile d'olive qui alimente nos lampes du sanctuaire.

C'est encore à Mgr Hyland qu'on doit le pieux usage pratiqué
ailleurs, mais, avant lui, inconnu dans le diocèse, de faire sonner les cloches à huit heures du soir, dans le but, certainement
ignoré de la plupart des fidèles, de faire prier pour les pieuses
âmes du purgatoire par la récitation du « *de profundis.* »

A l'occasion de cette visite canonique, Mgr Hyland régla également que désormais, dans toutes les églises de la ville, l'*Angelus* se sonnerait à six heures matin et soir. Avant lui, l'*Angelus*
du matin était sonné à 4 h. 30 m. ; très peu de fidèles pouvaient
donc gagner les indulgences attachées à la récitation de cette
pieuse prière ; car, à cette heure trop matinale, la plupart de nos
pieux fidèles dormaient encore profondément, et s'ils se réveil-
laient, c'était moins pour faire la prière que pour maugréer contre la cloche qui venait troubler leur doux sommeil.

Mgr Hyland institua, dans le même temps, une société de tem-
pérance, appelée : *Temperance Crusade*, spécialement établie
contre l'abus des boissons alcoolisées. De nombreuses et sérieuses critiques furent faites contre cette société, elle ne put y résister, et après un court espace de temps, elle tomba pour ne plus
se relever.

Avant de dire un éternel adieu, du moins sur cette terre, à notre pieux évêque, nous devons parler d'une réunion solennelle qui se tint à l'orphelinat de Belmont, d'un *meeting*, le plus important qui s'y fut jusqu'alors tenu. Cela nous permettra en même temps d'appeler, à nouveau, l'attention sur nos bonnes Sœurs Dominicaines du Tiers-Ordre que nous n'avons jamais perdues de vue dans tout le cours de cette histoire. Il est de toute justice que notre pensée se porte de préférence, et plus longuement, sur les faits et gestes des membres du premier Ordre, sur ce qu'ont fait nos Pères ; mais cela ne doit pas nous faire oublier que nous avons des Sœurs qui ont travaillé jusqu'au sacrifice de leur vie, dans cette mission de Trinidad et qui, tout en n'étant que du second ou du troisième Ordre sont, au même titre que leurs Frères, enfants du même Père, de saint Dominique. Japhet, pour être le troisième fils de Noé, l'était tout autant que Sem, le premier né.

En 1882, la Révérende Mère Thomas des Anges avait été réélue, pour la seconde fois, Prieure de Belmont, elle eut à préparer, à ce titre, un grand meeting d'une importance exceptionnelle. Mais, laissons parler les « Mémoires des Sœurs. » Nous allons les copier avec notre fidélité coutumière.

« Ces meetings sont des assemblées ordinairement présidées par l'archevêque et le gouverneur. Le maire et l'aristocratie du pays y prennent part. Ces réunions ont pour but d'intéresser en faveur de l'œuvre et de lui procurer des ressources pécuniaires. Les enfants vêtus de blanc assistent à la fête. Nous allons donner ici le compte rendu de celui de 1882 qui a été publié, il a un intérêt spécial.

« Le grand meeting qui se tient tous les ans à l'orphelinat de Belmont a eu lieu dimanche 2 décembre. Son Excellence le Gouverneur le présidait, il était accompagné de son aide de camp. Il fut reçu au pied du morne par leurs Grandeurs Monseigneur l'Archevêque et Mgr Hyland, coadjuteur de Mgr Gonin, le P. Forestier et plusieurs messieurs. Une plate-forme avait été élevée et son Excellence le Gouverneur a pris la première place, ayant à sa droite Monseigneur l'Archevêque, et à sa gauche Monseigneur le coadjuteur. L'hymne national a été chanté par un

Mgr Vincent FLOOD, archevêque de Port-d'Espagne

·chœur composé de petits orphelins de l'établissement. Le compte-rendu de l'année a été lu par M. Bishop, professeur au Collège royal, et on a pu constater jusqu'à quel point les orphelins ont été secourus par la ville de Port-d'Espagne.

« Le R. P. Forestier, fondateur de cette œuvre, et qui ressemble à saint Vincent de Paul par sa charité, ainsi que la Révérende Mère Prieure et les bonnes Sœurs, sont le sujet de l'admiration de la ville. L'importance de cette œuvre entreprise par un homme faible, et la merveilleuse interposition de la Providence pour ces pauvres enfants, constituent un fait qui peut être inscrit dans les annales de la religion.

En lisant les discours de Monseigneur l'archevêque et de M. Garcia, frère d'une des Sœurs, tous se réjouissent de constater les vues chrétiennes de son Excellence le Gouverneur sur la question importante de l'éducation. M. Bishop ayant lu le compte rendu de l'œuvre pour l'année 1882, le gouverneur s'est levé et a prononcé ces paroles : « Le compte rendu que vous venez d'entendre est très satisfaisant, l'administration de la maison est parfaite. Ces bonnes Sœurs sont entièrement dévouées à cette œuvre et elles ont si bien travaillé qu'on a pu bâtir cette maison. Nous espérons que le R. P. Forestier vivra encore longtemps pour continuer l'œuvre à laquelle il se dévoue depuis plusieurs années. Nous remercions le docteur de Montbrun de sa générosité à donner gratuitement ses soins à l'orphelinat de Belmont. »

Son Excellence a donc été très satisfaite de voir que toutes les dettes étaient à peu près payées.

Mgr Hyland a ensuite pris la parole. Il a montré comment l'éducation anglaise est entendue. Il a ajouté qu'il ne voudrait pas voir les vieilles langues françaises et espagnoles disparaître du pays, mais comme la Trinidad est sous la dépendance du gouvernement anglais, il faut, dit-il, que la langue anglaise y domine. Toutefois, il est heureux de dire combien la colonie doit de reconnaissance aux créoles français, et, pour sa part, il n'oubliera jamais les bontés et la franche cordialité qu'on lui a témoignées depuis qu'il est à la Trinidad. Il ne désire qu'une chose, c'est que dans toutes les écoles, la religion soit la première étude que l'on fasse faire aux enfants, c'est la chose la plus nécessaire, et l'éducation a peu de valeur sans la religion.

Mgr Gonin, à son tour, a dit que le compte rendu méritait tous ses éloges. Il a fait remarquer qu'un petit pavillon a été bâti près de la maison des garçons pour l'aumônier, le R. P. Forestier. Il fit observer qu'on ignorait jusqu'à quel point le Révérend Père avait rendu de services importants à cette œuvre. Il va frapper aux portes des maisons charitables, dit Sa Grandeur, et jusque sur le marché, on le voit tendre la main, afin d'approvisionner ses orphelins. Toutes ces courses ont altéré sa santé ; il était donc bien juste qu'il eût enfin une chambre confortable, et il ne l'a que depuis que le pavillon est bâti. « Je l'ai vu, continue Monseigneur, souffrant de la goutte, couché dans un lit placé dans un coin de la chambre des garçons. »

Quelques réparations ont été faites dans la partie du bâtiment qu'occupent les filles.

Il y aurait eu des dettes bien plus considérables pour un établissement comme celui-là, si la Providence n'était venue à l'aide de ses fondateurs. Une dame très charitable a eu la générosité de faire un don magnifique, et ce don, avec les économies, a réduit la dette de l'établissement à 3.500 frs. (environ 680 dollars). Donc, en s'agrandissant, au lieu de s'endetter davantage, on a diminué la dette.

Un grand nombre de ces enfants que l'on recueille et qui reçoivent à l'orphelinat une éducation si solide, seraient exposés, sans cela, à toutes sortes de tentations et de dangers, s'ils étaient livrés à eux-mêmes.

Il est donc très heureux que l'argent de la colonie soit employé à l'éducation de ces pauvres enfants, ce qui permet de faire d'eux de bons chrétiens.

Le discours de Monseigneur l'archevêque étant terminé, le gouverneur, s'excusant d'avoir cru que l'orphelinat avait une dette plus considérable qu'elle n'est en réalité, promit de donner 100 dollars pour aider à acquitter ce qui restait dû.

Sa Grandeur Mgr Hyland reprit alors la parole et promit de suivre les traces de son prédécesseur, Mgr O'Carroll, qui s'était donné cœur et âme à cette œuvre si belle. Il a aussi exprimé sa joie, en remerciant le gouverneur de l'intérêt qu'il prend à l'éducation catholique et félicite la colonie de posséder, comme représentant de la Reine, un homme dont les vues sont si élevées.

M. le docteur de Verteuil, que nos lecteurs connaissent déjà, termina en disant : « Après les paroles que vous venez d'entendre, vous ne pouvez compter que je vous entretienne longuement ; mais à la vue de ces enfants, autrefois si misérables, et aujourd'hui élevés avec tant de soin, on ne peut dire qu'un mot, un merci à ceux qui ont contribué à les préserver de la dégradation et de la misère. Merci aussi à ces religieuses qui sont pour eux de tendres mères, et spécialement à celle que l'on voit maintenant en bonne santé (la Mère Thomas des Anges qui relevait d'une grave maladie). Que Dieu lui accorde encore de longues années pour ces pauvres enfants. »

Mgr Hyland ne devait que passer au milieu de nous. Arrivé le 31 octobre 1882, il nous était enlevé par la mort le 9 octobre 1884. Atteint de la fièvre typhoïde qui s'était abattue sur le pays, il fut transporté, par l'ordre des médecins, au presbytère de Sainte-Anne, c'est là qu'il mourut. Voici comment le T. R. P. Marie-Dominique raconte les derniers moments de Mgr Hyland, dans l'éloquente oraison funèbre prononcée par lui à la cathédrale :

« Mgr Hyland nous fit signe de réciter le Rosaire, et tous tombant à genoux, nous nous empressâmes de nous conformer à son désir. Malgré ses horribles souffrances, notre cher malade nous suivait comme il pouvait, remuant légèrement les lèvres et promenant ses doigts sur son Rosaire. Lorsque nous fûmes arrivés vers la fin de la dixième dizaine, au moment où nous allions commencer les mystères glorieux, Mgr Hyland mit son rosaire de côté, puis joignant les mains, il se mit à regarder fixement devant lui à une certaine hauteur, comme s'il avait contemplé une apparition céleste. Le bon Frère qui ne le quittait pas ayant voulu alors arranger son scapulaire, il le repoussa de la main, comme s'il eut craint d'être troublé dans sa contemplation. Il resta dans cet état jusque vers le milieu de la dernière dizaine du Rosaire, ayant l'air d'être complètement absorbé dans la contemplation d'un spectacle tout divin, et remuant constamment les lèvres, comme s'il avait voulu parler à quelque être surnaturel. Enfin il éprouva une assez forte crise, pendant laquelle nous achevâmes le Rosaire, et presque aussitôt après il rendit sa belle âme à Dieu.

Nous n'osons point affirmer que notre pieux évêque ait eu une vision surnaturelle à sa dernière heure ; ce sont là des secrets et des mystères qu'il n'est pas facile de pénétrer. Cependant, nous ne pouvons nous empêcher de le dire, l'attitude du très regretté Mgr Hyland pendant que nous récitions les mystères glorieux du Rosaire, ses mains jointes et élevées à une certaine hauteur, ses lèvres qui remuaient constamment et plus fortement que pendant la récitation dés dix premières dizaines, l'expression de son regard et de sa figure, sur laquelle semblait rayonner déjà la gloire du ciel, nous portent à croire que Sa Grandeur a réellement vu quelque chose de surnaturel. Qu'y aurait-il d'étonnant si la Reine du Très Saint Rosaire, entre les mains de laquelle il a voulu en quelque sorte remettre son âme, en demandant que le Rosaire fût récité à sa dernière heure, était descendue du ciel pour prendre elle-même l'âme de son fidèle serviteur et la transporter dans le séjour des Bienheureux ? Ne savons-nous pas que, plus d'une fois, Elle a accordé cette même faveur à quelques dévots serviteurs qui l'avaient pieusement et fidèlement invoquée pendant leur vie ? Est-ce qu'Elle ne pourrait plus aujourd'hui ce qu'elle a pu jadis ? — Quoiqu'il en soit, nous ne saurions douter que la mort de Mgr Hyland n'ait été précieuse devant le Seigneur. Du haut du ciel, où sans doute il a été admis déjà, nous espérons qu'il pensera à nous. Il s'occupera encore du troupeau qui lui était confié, et peut-être sa sollicitude pour notre avancement spirituel sera-t-elle plus efficace qu'elle n'était sur la terre. »

Mgr Hyland était dans la quarante-septième année de son âge, la vingt-septième de sa profession religieuse. Ses restes mortels reposent dans un vaste caveau situé dans la sacristie actuelle. Un mémorial, plus que modeste et consistant dans une petite plaque en marbre, a été scellé dans le mur de cette sacristie.

Mgr Vincent King. — En 1885, une affaire importante pour le diocèse se traitait depuis quelques mois entre notre archevêque et le Saint-Siège : la nomination d'un coadjuteur pour succéder au regretté Mgr Hyland. Quand il fut promu à l'épiscopat, Mgr Gonin avait eu, sous sa conduite, dans le couvent de Woodchester dont il était prieur, un religieux de grand mérite, le P. Vincent King. Il ne l'avait pas oublié. C'est lui qu'il demanda et obtint pour succéder à Mgr Hyland. Il allait à coup sûr, connaissant la haute valeur intellectuelle, morale et religieuse du P. Vincent King.

Le P. King naquit à Becca, près de Hazlevood (Angleterre) le 16 avril 1837. Entré au Couvent des Dominicains de Woodchester le 22 juin 1853, il y prononça ses vœux le 23 juin 1854, à l'âge de 17 ans. Après son ordination, il partit pour Rome afin d'y compléter ses études théologiques et y être reçu lecteur en théologie. Dans l'Ordre de saint Dominique, il est deux degrés qu'il faut franchir avant d'arriver au plus élevé qui est le magistère. On est d'abord lecteur, titre qui donne le droit d'enseigner publiquement la théologie, puis bachelier, et enfin maître. Nous trouvons le R. P. King, Prieur de son Couvent de Woodchester en 1866, âgé seulement de 29 ans, et renommé encore en 1869. En 1870, il était élu Provincial de la Province d'Angleterre. En 1875, il se rendait à Rome pour se faire recevoir maître en théologie. On fut si satisfait de son gouvernement que le Chapitre Provincial, après l'avoir élu une première fois, le postula deux fois de suite pour occuper la même charge, en 1874 et en 1878. Il fut donc, chose rare, pendant douze ans, Provincial d'Angleterre. Mgr Gonin qui l'avait eu sous ses ordres au Couvent de Woodchester, crut, et avec raison, qu'il ne pouvait mieux choisir, et le 8 décembre 1885, Mgr Georges-Vincent King était consacré évêque de Juliopolis, *in partibus*, à titre de coadjuteur de l'archevêque de Port-d'Espagne, avec droit de future succession.

Cette expression, *in partibus*, équivaut à du grec ou de l'hébreu pour le plus grand nombre de nos lecteurs ; nous allons leur donner la clef de ce mot mystérieux. *In partibus*, est une abréviation pour : *In partibus infidelium ;* mots latins qui peuvent se traduire ainsi : Dans les pays infidèles. Quand un prêtre est consacré pour occuper un siège épiscopal, il prend le nom du siège sur lequel il est placé ; par exemple, le prélat nommé au siège archiépiscopal de Port-d'Espagne, prend le nom et le titre d'archevêque de Port-d'Espagne. L'évêque nommé au siège de Fort-de-France prend le nom d'évêque de Fort-de-France, etc. Mais il est des prêtres, élevés à la dignité épiscopale, sans être nommés à un siège ; ils n'ont pas d'évêchés à gouverner, par exemple un évêque coadjuteur, un vicaire apostolique. Alors, c'est un pieux usage, consacré par la pratique constante de l'Eglise, de donner au nouvel élu le titre d'un ancien évêché, d'un diocèse qui n'existe plus. Ces évêchés, ces diocèses étaient très nombreux, surtout en Asie et en Afrique ; les hérésies et l'infidélité musulmane les ont détruits, plusieurs centaines ont ainsi disparus après avoir été pendant de longs siècles un ornement pour l'Eglise et gouvernés par de saints évêques et même des docteurs de l'Eglise. Celle-ci, jalouse de perpétuer ses gloires et d'en conserver le souvenir parmi ses enfants, en conserve pieusement le nom et l'empêche de disparaître en le donnant comme titre épiscopal à celui qui a reçu cette dignité sans être nommé à un siège.

C'est ainsi que Mgr Hyland fut appelé évêque d'Evari ; Mgr King évêque de Juliopolis. Ces villes, autrefois florissantes et chrétiennes, avaient un évêque à leur tête ; tout a disparu sous le fer et le feu des ennemis du nom chrétien. La sainte Eglise n'a pas voulu que leur nom disparut également.

Deux mois après sa consécration épiscopale, en février 1886, Mgr King partait pour se rendre à Louvain (Belgique) où l'Ordre de saint Dominique possède un couvent ; le lendemain même de son arrivée, 26 février, il tombait gravement malade et, quelques heures après, il rendait le dernier soupir, à l'âge de 40 ans. Transportés en Angleterre, ses restes mortels reposent dans un caveau de l'église des Dominicains de Woodchester.

Mgr Flood. — L'année suivante, c'est-à-dire en 1887, Mgr Gonin, aux prises avec beaucoup de difficultés, était gravement préoccupé de faire le choix d'un nouveau coadjuteur. Il avait environ 73 ans, et souffrait d'une sérieuse infirmité qui l'empêchait de procéder à la visite de son vaste diocèse, et même des paroisses un peu éloignées dans l'île de Trinidad.

Il avait déjà eu et perdu trois coadjuteurs, et on trouvait à Rome qu'il en usait beaucoup. Mais comme il le disait plaisamment : « Ce n'est pas moi qui les renvoie, c'est Dieu qui me les prend. » Il priait donc le Saint-Esprit de l'éclairer et de diriger son choix dans l'élection d'un quatrième coadjuteur. Quand il eut jeté son dévolu sur le R. P. Vincent Flood, religieux Dominicain de la Province d'Irlande, il en référa au Cardinal Préfet de la Propagande de qui relève le diocèse de Trinidad, et cette nomination fut acceptée. « J'espère, disait-il en riant, que ce sera mon dernier coadjuteur. Après moi le *déluge*. » Il jouait sur le mot *flood*, qui, en anglais, veut dire déluge. Ce fut en effet le dernier.

Mgr Flood, évêque d'Epheste (in partibus), était né en 1844 dans le comté de Longford au cœur même de l'Irlande, et fit ses études au collège de Saint-Mil, tout près de son pays natal. Entré à l'âge de quinze ans au noviciat de la Province d'Irlande, il prononça ses vœux en 1861. Pendant son noviciat profès, il se fit remarquer par l'énergie et la persévérance avec lesquelles il s'appliqua aux études de la théologie.

Depuis son retour de Rome où il avait conquis ses grades en théologie jusqu'à sa promotion à la dignité épiscopale, le P. Flood s'était consacré tout entier aux nobles labeurs de l'apostolat. Constamment sur la brèche, il prit part à toutes les grandes missions que les Pères irlandais donnèrent, non seulement dans leur pays, mais encore en Angleterre et en Écosse.

Pendant plusieurs années, le Père resta chargé de la direction des Dominicaines de Galway et de Newry. C'est à son zèle et à son intelligence pratique des affaires que la Province d'Irlande doit, en grande partie, sa belle église de Waterford et le couvent de Newry. A lui revient aussi l'honneur d'avoir mené à bonne fin l'achèvement de l'église du couvent de Tallaght, commencée par le regretté P. Burke. On peut dire qu'avec lui ont travaillé à cette œuvre tous les patriotes irlandais, qui ont fait de ce sanctuaire comme un monument gigantesque chargé de rappeler aux générations futures le grand orateur dont l'Irlande et l'Ordre de saint Dominique sont fiers à bon droit. Nommé Prieur de Tallaght, le Père ne recula, pour terminer cette œuvre, devant aucune fatigue et n'hésita pas à aller en Amérique solliciter les aumônes de ses compatriotes pour l'entreprise nationale. Ces pénibles travaux ne le détournèrent jamais du ministère de la parole, et tout en prêchant des retraites aux prêtres et aux communautés religieuses, quand il se trouvait dans son couvent, il n'hésitait pas à se charger d'une classe de théologie. Avec cela, toujours assidu aux exercices du chœur et de la vie régulière, il fut pour les novices qui l'entouraient un exemple vivant des vertus religieuses.

Le nouvel élu avait 43 ans ; il fut consacré à la cathédrale de Dublin, le 14 août 1887. Au nombre des prélats consécrateurs se trouvait Mgr O'Callaghan, évêque de Cork, de l'Ordre de saint Dominique.

Mgr Vincent Flood arrivait à la Trinidad le 16 décembre 1887.

# CHAPITRE XXII

**Les deux archevêques, Mgr Gonin et son successeur Mgr Flood**

Avant l'érection canonique du couvent du SS. Nom de Jésus, en 1889, l'archidiocèse de Port-d'Espagne avait été témoin d'un grave et douloureux événement, la mort de son vénérable archevêque, Mgr Gonin. Par le long temps qu'il resta à la tête du diocèse (un quart de siècle), par les événements importants et nombreux dont il fut la cause initiale et dont les principaux furent l'arrivée dans l'île de prêtres réguliers, religieux de l'Ordre de saint Dominique, ordre auquel il appartenait lui-même, et celle des Dominicaines du Tiers-Ordre qui furent placées à l'asile des lépreux de Cocorite pour en prendre le soin et la direction, ainsi qu'à l'orphelinat de Belmont, Mgr Gonin a droit, plus que tout autre, même plus qu'aucun de ses prédécesseurs sur ce siège archiépiscopal, à une place et à une mention toute spéciales. Et en écrivant ces lignes, ce texte de nos saintes Lettres vient comme tout naturellement se placer sous notre plume : *Mementote præpositorum vestrorum qui vobis locuti sunt verbum Dei, quorum intuentes exitum conversationis, imitamini fidem* : « Souvenez-vous de ceux qui ont été vos chefs, qui vous ont annoncé la parole de Dieu ; suivez leurs exemples en marchant sur leur trace et imitez-en la foi » (ad Hebrœos, 13. 7). Mieux que notre prose, l'article biographique que la revue mensuelle « *L'Année Dominicaine* » a consacré à la mémoire du vénéré prélat, redira à ses diocésains ce que fut le saint religieux et l'éminent évêque dont l'archidiocèse de Port-d'Espagne eut à déplorer la perte en cette année 1889. Voici cet article :

« La mort vient de ravir à l'Ordre des Frères Prêcheurs et à la Province dominicaine de France un de leurs plus illustres fils.

Mgr Gonin, archevêque de Port-d'Espagne (Trinidad), est pieusement décédé dans sa ville épiscopale, le 13 mars dernier, dans la soixante-quatorzième année de son âge, la trente-sixième de sa profession religieuse et la vingt-sixième de son épiscopat.

Mgr Gonin était né à Bourgoin (Isère), dans le Dauphiné, le 14 décembre 1815. A peine âgé de deux ans, l'enfant partit avec ses parents pour l'île Maurice. C'est là qu'il fit sa rhétorique complétée ensuite par l'étude du droit. En 1849, après avoir réalisé sa fortune, il se rendit en Angleterre et se fit attacher au barreau d'Edimbourg.

Cependant, désireux de connaître son pays natal et la vieille terre de ses ancêtres, M. Gonin fit un voyage en France. La divine Providence en profita pour lui révéler ses mystérieux desseins. En traversant Paris, il assista aux conférences du Père Lacordaire. L'illustre orateur était alors dans tout l'éclat de sa gloire et exerçait une irrésistible influence sur la jeunesse chrétienne et les intelligences d'élite qui se pressaient au pied de la chaire de Notre-Dame.

Cette influence, M. Gonin ne tarda pas à la subir. Bien qu'il fut arrivé à cet âge où d'ordinaire l'homme a orienté sa vie et définitivement choisi sa voie, il ne se sentait pas complètement à sa place, son cœur resté jeune et son âme naturellement généreuse cherchaient une plus grande cause que les causes du barreau à servir par un grand dévouement. Il alla voir le P. Lacordaire, et au contact de cette haute et surnaturelle intelligence, il vit, d'un trait, sa place et son devoir. Il les vit dans l'état religieux et le don complet de soi aux âmes et à Dieu. Comme François d'Assise, il commença par se dépouiller de tout ce qu'il possédait, puis, ce renoncement généreusement accompli, il demanda humblement au P. Lacordaire de lui ouvrir les portes du noviciat.

Depuis deux ans, le noviciat simple de la Province de France avait été transféré de Chalais à Flavigny. Il comptait une dizaine de novices, quand, le 12 octobre 1853, le Fr. Gonin y prit l'habit avec le nom de Louis. Saint Louis Bertrand semblait prédestiné à servir de patron au courageux chrétien qui, au midi de ses jours, brisait avec un brillant passé pour se soumettre sans réserves à la rude discipline des austères vertus du cloître. A peine revêtu des blanches livrées de l'Ordre, le Fr. Louis s'étudia à prendre l'esprit de sa nouvelle famille. Les survivants de cette forte génération ne peuvent se rappeler sans profit spirituel pour eux-mêmes, avec quelle simplicité et quel joyeux entrain l'ancien avocat du barreau d'Edimbourg cherchait toutes les occasions de s'humilier et de rendre service à ses jeunes Frères. Les plus rudes besognes étaient celles qu'il ambitionnait davantage ; et il avait à s'en charger un mérite d'autant plus grand qu'il y était naturellement mal habile. Ses insuccès dans cet ordre de choses avaient souvent le don d'exciter la verve des jeunes novices et de contribuer à faire régner parmi eux cette gaieté de bon ton, vraie fleur de charité, qui répand sur la vie commune, dans les noviciats où règne l'esprit religieux, un charme inexprimable. Aussi le Fr. Louis était autant aimé de ses Frères qu'estimé de ses supérieurs. Le P. Lacordaire l'avait en grande considération, et dès qu'il fut prêtre, il l'appela près de lui à Sorèze, dont il venait d'entreprendre la restauration matérielle et morale. Le P. Gonin n'y resta pas longtemps. Le R<sup>me</sup> P. Jandel, Maître Général de l'Ordre, l'envoya, après deux ans de séjour à Sorèze, travailler au rétablissement de la Province dominicaine d'Angleterre.

D'abord supérieur du vicariat de Stroud, le P. Gonin ne tarda pas à être nommé Prieur de l'important Couvent de Woodchester, où il remplit en même temps la délicate fonction de Maître des novices. Ce fut là qu'en 1863 le choix du Souverain Pontife vint chercher l'humble religieux, pour l'élever sur le siège archiépiscopal de Port-d'Espagne, vacant par la mort de Mgr English. Après avoir reçu à Rome la consécration épiscopale et la bénédiction du Pape, Mgr Gonin alla prendre possession de son diocèse, accompagné de plusieurs Pères, dont quelques-uns furent, peu d'années plus tard, emportés par la fièvre jaune ou revinrent mourir, épuisés, au pays natal.

En arrivant à Port-d'Espagne, Monseigneur trouva les affaires du diocèse en assez mauvais état. La dotation fournie par le gouvernement anglais venait d'être considérablement réduite et cependant le nombre des prêtres était loin de suffire, eu égard aux besoins religieux du diocèse. Sans se laisser décourager par cette difficulté et sans cependant contracter de dettes, le zélé prélat se mit de suite à l'œuvre. Le nombre des prêtres augmenta ; de nouvelles églises furent construites. Avec l'aide des religieux de son Ordre et des courageuses filles de saint Dominique de la Congrégation de Sainte-Catherine de Sienne, qui ne tardèrent pas à aller partager dans les Antilles l'apostolat de leurs Frères, il fonda d'importants établissements et ouvrit des écoles et deux orphelinats, l'un pour les garçons, l'autre pour les filles. Le gouvernement colonial prit lui-même l'initiative, tout protestant qu'il était, de mettre les Dominicaines à la tête de l'hospice des lépreux ; en un mot, pendant un quart de siècle, le zélé prélat travailla sans relâche au bien spirituel du troupeau qui lui était confié.

L'un des caractères les plus saillants de la physionomie à la fois forte et douce de Mgr Gonin fut une extrême simplicité. Toute sa vie il resta ce qu'il avait été dans le cloître, le plus humble des religieux. Il ne quittait jamais l'habit de son Ordre. Un jour qu'on lui en faisait la remarque : « J'ai abandonné, répondit-il, le monde pour me faire moine. Moine je suis, et tout en étant archevêque, et en remplissant de mon mieux ma charge, moine je veux rester et moine je veux mourir. »

Cependant les forces de l'auguste prélat suffisaient difficilement aux rudes labeurs de son ministère. Trois fois le Souverain Pontife lui donna un coadjuteur et trois fois Mgr Gonin eut la douleur de se voir enlever, par une mort prématurée, l'auxiliaire que Rome lui avait choisi. En 1887, le R. P. Flood, prieur du Couvent des Dominicains de Tallaght (Irlande), fut élevé à la dignité épiscopale et désigné pour remplir à nouveau ce poste de coadjuteur si souvent vacant. En arrivant dans l'île de Trinidad, le jeune prélat trouva Mgr Gonin épuisé plus encore par le travail que par l'âge et les infirmités. Depuis quelques mois surtout, le vénérable archevêque déclinait à vue d'œil. Il put cependant encore faire son mandement de carême et, pour la dernière fois, adresser la parole à son peuple. Le mercredi des Cendres, il assista à l'Office dans sa cathédrale. Le lendemain se déclarait le mal qui devait l'emporter et qui n'était autre qu'une faiblesse générale provenant de l'épuisement. Le mercredi 13 mars, Mgr Flood crut le moment arrivé d'administrer au malade les derniers sacrements. Le pieux archevêque les reçut en pleine connaissance, avec une consolation visible, unissant ses prières à celles des assistants. La recommandation de l'âme était à peine finie que, sans effort, sans agonie, Mgr Gonin rendait son âme à Dieu.

Les obsèques du prélat ont fourni à la population de Port-d'Espagne l'occasion de manifester l'amour qu'elle portait à son archevêque. Toutes les autorités, ayant à leur tête son Excellence sir William Robinson, gouverneur de l'île, assistaient à la cérémonie. Les représentants des diverses puissances et un nombreux clergé avaient pris place dans le cortège. Après l'absoute donnée par Mgr Flood, le corps du défunt fut descendu dans les caveaux de la cathédrale où il attend, dans la paix du Seigneur, le signal de la résurrection.

La cérémonie terminée, Mgr Flood réunit le clergé présent aux obsèques, au presbytère, donna lecture de la bulle pontificale qui lui conférait les titres et pouvoirs du défunt, prêta serment en cette qualité entre les mains du Prieur des Dominicains, le T. R. P. Bertrand Cothonay, et après quelques mots de circonstance, donna rendez-vous à tout le clergé pour le service solennel qui devait être célébré à l'intention du défunt archevêque, un mois après sa mort.

Trois mois après la mort de Mgr Gonin, le nouvel archevêque, Mgr Flood, partait pour l'Europe, plus spécialement pour Rome, afin de voir le Saint-Père, de lui demander ses instructions et de recevoir le sacré *Pallium*, insigne de sa dignité archiépiscopale. Il eut une déconvenue. Croyant rendre service à Sa Grâce, le Prieur de Saint-Clément, couvent des Pères Dominicains irlandais à Rome, avait sollicité et obtenu la faveur d'envoyer ce Pallium à Mgr Flood, à la Trinidad, lui évitant ainsi les inconvénients et les frais d'un long et coûteux déplacement ; tout cela à l'insu de l'archevêque qui apprit seulement à Rome que son Pallium l'attendait dans son palais épiscopal de Port-d'Espagne.

Le 13 décembre, Sa Grandeur faisait son entrée dans sa ville épiscopale et pour la première fois comme archevêque. Réception splendide, toute la ville était sur pied. Le maire de la ville, M. Vincent Brown, lui souhaita la bienvenue dès qu'il eut touché terre. Puis conduit solennellement en procession à la cathédrale, il entendit à la porte une seconde adresse qui lui fut lue, au nom du clergé, par le curé de la cathédrale, le T. R. P. Bertrand Cothonay. Sa Grâce monta en chaire, et après quelques mots de remerciement, donna la bénédiction papale.

Monseigneur amenait avec lui un compagnon, le R. P. Gabriel O'Farrell, Dominicain irlandais, dont on n'ignorait pas la réputation comme excellent prédicateur. Ce Révérend Père n'était pas tout à fait un inconnu pour nous, car nous lisons dans les délibérations du conseil du presbytère, à la date du 24 septembre de cette année 1889, la proposition suivante qui lui fut soumise : Est-il opportun d'écrire au Très Révérend Père Provincial de vouloir bien accueillir favorablement la démarche du R. P. Gabriel O'Farrell, Prieur du couvent de Tallaght, en Irlande, qui demande à être affilié à notre Province et à venir à la Trinidad ? La proposition fut admise à l'unanimité.

Nous ne savons ce que répondit le Très Révérend Père Provincial, mais la demande du P. O'Farrell n'eut pas de suite, car il ne fut jamais affilié à la Province de Lyon. Le Père n'habita pas avec les autres Pères, Monseigneur l'archevêque fut autorisé à le garder avec lui et il ne tarda pas à en faire son vicaire général.

Le R. P. Gabriel O'Farrell était né en Irlande, le 14 novembre 1852, et il entra dans l'Ordre de saint Dominique en 1873. Il prononça ses vœux de religion le 23 janvier 1874. Il accepta de suivre Mgr Flood à la Trinidad, et pour cela, il n'hésita pas à donner sa démission de Prieur du couvent de Tallaght où se trouve le noviciat de nos Pères de la Province d'Irlande. Au titre et aux fonctions de vicaire général, le Très Révérend Père ajouta celui d'aumônier des Sœurs et du pensionnat de Saint-Joseph de Cluny. A la satisfaction de tous, il remplit cette double charge pendant tout le temps qu'il demeura à la Trinidad, c'est-à-dire jusqu'en juin 1901. Il acceptait très volontiers toutes les prédications qu'on lui demandait et il s'en acquittait à la satisfaction de tous. Il resta donc douze ans dans le diocèse.

Cependant, Monseigneur était revenu sans son *Pallium* qui,

tranquillement enfermé dans une boîte, attendait le retour de son maître. La remise de cet insigne à Sa Grâce fut l'occasion d'une belle solennité. Deux des évêques suffragants de l'archevêque vinrent à cet effet à Port-d'Espagne, et le 14 janvier 1890, Mgr Flood reçut le *Pallium* des mains de Mgr Butler, vicaire apostolique de Demeraria (Guyane Britannique), assisté de Mgr Maughten, évêque de Roseau (île de la Dominique). La cérémonie, commencée à dix heures, à la cathédrale, finit à une heure ; cinquante prêtres y assistèrent. Le sermon fut prêché par l'évêque de Roseau.

Sur ces entrefaites, le T. R. P. Bertrand Cothonay vit le terme de ses trois années de supériorité. Il fallait lui donner un successeur. Le Très Révérend Père Provincial préféra le nommer pour une nouvelle période de trois années qui commença le 23 septembre, ou plus exactement le 4 octobre.

# CHAPITRE XXIII

## Le R. P. Thomas Greenough

Avec le départ du R. P. Marie-Dominique Berthet, l'année 1895
en vit un autre non moins important, le 21 février, celui du
R. P. Thomas Greenough, départ qui devint un événement considérable à raison des conséquences dont il fut la cause initiale.

Nous avons déjà souvent et longuement parlé du Révérend
Père qui débarquait en mars 1864 avec Mgr Gonin et nos premiers Pères. Il était le seul prêtre anglais du presbytère, et quoique dans une mission confiée d'abord à des Dominicains de la
Province de France, puis à ceux de la Province de Lyon, il ne
cessa jamais d'appartenir à la Province Dominicaine d'Angleterre, qui le prêtait, mais ne le donnait pas à la mission de Trinidad.

Le R. P. Thomas, on le conçoit aisément, anglais de naissance, de langage, de caractère et d'habitudes, devait se trouver
quelque peu dépaysé dans ce presbytère, entouré de Frères en religion, dont pas un n'était de sa race et ne parlait sa langue, regardé presque comme un étranger dans un pays qui appartenait à la couronne britannique. Ces quelques lignes et celles qui
vont terminer cet article, ne sont que la reproduction de ce que
nous avons écrit dans un chapitre précédent, mais nulle part ailleurs, mieux qu'ici, elles ne trouvent leur place.

Sans aucun doute la charité religieuse la plus entière régnait
parmi nos Pères, tous fils du même saint et glorieux Père, on
s'aimait et on s'assistait fraternellement ; mais il est aisé de comprendre, et l'expérience de chaque jour, et dans tous les pays, le
prouve surabondamment, que si, au lien surnaturel qui unit les
âmes chrétiennes et religieuses, vient s'ajouter cet autre lien,

lien naturel, qui existe parce qu'on appartient à la même race, qu'on est du même pays, qu'on parle la même langue, l'union est encore plus étroite, la fraternité plus grande. Une nation est une grande famille et, si rien n'est plus naturel, plus légitime, que l'affection toute spéciale que l'on éprouve pour les membres de sa famille, on devra bien admettre la légitimité de cette affection toute spéciale aussi, accordée à ceux qui appartiennent à notre propre nation.

Le R. P. Thomas, on le conçoit aisément, devait moralement souffrir de se voir ainsi, seul anglais, isolé dans une communauté toute française. Mais, de ce qu'il souffrait de cette situation, faut-il en conclure que sa vie était un martyre, que la vie du presbytère lui était intolérable ? C'est ce qu'on affirmait. Les Pères français, disait-on, ne pouvaient le supporter, ils ne lui parlaient jamais ; ils ne mangeaient pas avec lui ; enfermé dans sa cellule, il ne communiquait avec aucun Père ou Frère, on lui refusait la voiture pour aller visiter ses malades ; on l'avait trouvé un jour, sanglotant dans sa chambre. C'était, on l'avouera, le comble de l'odieux, du ridicule et du grotesque. Des personnes amies se faisaient les propagateurs de tous ces bruits, croyant ainsi se rendre très agréables au Père dont elles prenaient la défense, défense d'autant plus facile qu'il n'était jamais attaqué.

Nous qui écrivons ces lignes, nous pouvons le faire en connaissance de cause, ayant vécu quinze années avec le Révérend Père Thomas, il n'y avait, nous l'affirmons, aucune différence entre le P. Thomas et les autres Pères. Sa cellule était entièrement semblable à celle des autres. Il se levait quand il le voulait, ce qu'il faisait toujours de très grand matin, prenait très régulièrement son bain, partait en voiture, avec les autres Pères, pour se rendre à son église du Sacré-Cœur, dire la sainte messe et y faire tous les actes de son ministère. Il allait ensuite où il voulait et rentrait au presbytère prendre part au repas de la communauté. Il occupait, à table, la place que lui assignait son ancienneté dans l'Ordre, c'est-à-dire une des premières. Le repas terminé, il prenait avec tous les Pères sa récréation qui, pour tous, consistait à converser de choses et d'autres, pendant environ trois-quarts d'heure. La récréation finie, il se retirait quelques instants dans sa cellule, d'où il sortait pour se rendre au Sacré-Cœur, ou dans quelque autre église ou chapelle de la paroisse, faire le catéchisme et entendre les confessions. Il aimait beaucoup ce genre de ministère et, de tous les Pères, sans exception, il était le seul qui, chaque jour de la semaine, faisait un catéchisme et confessait, tantôt dans une église, tantôt dans une autre. Sa tournée apostolique terminée, il descendait à la cathédrale, se rendant directement à son confessionnal toujours bien entouré, car on aimait beaucoup sa douceur et son calme imperturbable, puis, à une heure parfois très tardive, il rentrait au presbytère et y prenait son modeste repas du soir qui consistait invariablement en trois œufs et un grand verre d'eau ; que les âmes sensibles se rassurent, ce n'était pas un méchant supérieur français qui lui refusait le vin, c'était le bon Père Thomas qui n'en voulait pas ; nous ne lui en avons jamais vu boire une seule fois pendant les nombreuses années que nous avons vécu de sa vie.

Voilà, rapidement esquissée, la vie privée du R. P. Thomas, uniformément la même, pendant les trente et une années qu'il resta attaché à la mission de la Trinidad. Sauf la fièvre jaune dont il fut atteint, peu d'années après son arrivée dans le pays, il n'était jamais malade, nous ne nous souvenons pas de l'avoir vu, un seul jour, empêché de faire un acte quelconque de son ministère pour cause de santé. Tous les quatre ou cinq ans il faisait un voyage en Angleterre, il restait six mois absent, une seule fois même il y resta une année entière.

Maître absolu dans son église du Sacré-Cœur, il s'autorisait lui-même à y faire tous les changements et embellissements qui lui paraissaient bons, à construire même la tour énorme qu'on y peut voir, qui est, croyons-nous, le plus haut monument de la ville et dont l'utilité est très contestable. Il fut obligé, comme tous les constructeurs d'église, de faire appel fréquemment à la charité des fidèles, par des souscriptions, loteries et bazars, pour payer les dettes contractées, on lui vint généreusement en aide de toutes parts. Les Pères du presbytère l'aidaient de tous leurs moyens, il reçut même de l'un d'eux le plus beau don qu'il eut encore jamais reçu, quatre mille dollars ; nous le savons pertinemment puisque c'est nous-même qui les lui avons donnés, sans y être obligé par rien ni par personne, ayant le libre choix de l'emploi de la somme.

Nous nous sommes cru obligé d'écrire tout ce qui précède pour corriger et même effacer dans l'esprit de beaucoup l'impression pénible qu'ils auraient pu garder de tout ce qu'ils ont peut-être lu ou entendu dire à l'occasion du départ du R. P. Thomas. Ce fut, en effet, à cette occasion, qu'il y eut une vraie levée de boucliers contre les Pères du presbytère, tous français.

Le Père nous avait fait savoir qu'il retournait en Angleterre et quittait définitivement la mission.

Peu communicatif de sa nature, il ne fit connaître à personne le motif de son départ. On échaffauda à ce sujet mille suppositions. D'après nous, le Révérend Père, après trente et un ans de fatigues et de labeurs de toutes sortes, devait éprouver le besoin de se reposer, et nulle part on ne goûte mieux ce repos qu'au milieu des siens, dans son propre pays. De plus, il avait droit à recevoir une pension du gouvernement de la Trinidad. Lui et le R. P. Forestier étaient les deux seuls prêtres du presbytère qui eussent ce droit ; ceci demande une courte explication.

Nous l'avons dit plus haut, lors de la cession de l'île aux Anglais, à la fin du dix-huitième siècle, l'Espagne à qui appartenait l'île, demanda que le clergé catholique reçut un salaire du gouvernement anglais ; cette clause fut acceptée et, moyennant certaines conditions, les prêtres de l'île touchaient, mensuellement, une somme d'argent au même titre que tous les autres employés du gouvernement. Le traitement était personnel. Quand un prêtre était nommé à un poste, il suffisait que l'archevêque fit connaître à l'autorité civile le nom de ce prêtre et le poste auquel il avait été nommé, le titulaire n'avait plus qu'à se rendre, chaque mois, au *trésor*, où il recevait du receveur général le montant de son traitement mensuel. Si ce prêtre était nommé à une autre paroisse il fallait que ce changement fut notifié au gouvernement par l'archevêque et s'il devait s'absenter pour un certain temps il fallait que cette absence et sa durée fussent connues et approuvées par l'autorité civile. Ainsi, on le voit, le chef ecclésiastique du diocèse perdait en autorité sur ce prêtre tout ce que gagnait le chef civil.

Cet état de choses ne plaisait pas à Mgr Gonin. Il demanda et obtint que la totalité de la somme, l'*Ecclesiastic fund*, destiné à son clergé, lui fut remis directement pour être distribué par lui-même, et à sa guise, aux membres de son clergé, quitte à rendre un compte annuel de l'emploi fait par lui de la somme reçue. Le Législatif Conseil adopta ce nouveau système, et l'archevêque, sans avoir à en faire connaître les motifs à qui que ce fût, pouvait désormais accepter, refuser, placer et déplacer un prêtre, l'Etat n'avait rien à y voir.

Ce système actuel était très avantageux pour l'archevêque qui avait ainsi, en mains, la clef de la bourse ecclésiastique et pouvait, à sa volonté, l'ouvrir ou la fermer plus ou moins pour chacun de ses prêtres. Mais ceux-ci n'y trouvèrent ni avantage, ni profit, pour le présent comme pour l'avenir : pour le présent, car ils étaient à l'entière discrétion de leur archevêque qui, pour des raisons dont il était le seul juge, pouvait retenir sur leur salaire ; pour l'avenir, car ils perdaient tout droit à une pension de retraite de la part du gouvernement qui ne pensionne que ceux qu'il emploie et qu'il peut placer ou déplacer à volonté.

Nous ignorons en quelle année eut lieu ce changement quelque peu radical, mais, quand nous arrivâmes dans la mission, en 1879, il ne restait plus que cinq prêtres séculiers et trois Pères Dominicains dont la nomination, comme curés ou vicaires, avait été soumise et agréée par le gouvernement. Le R. P. Thomas Greenough et le R. P. Mariano Forestier restaient les derniers, les autres étaient morts, ou avaient laissé la colonie.

Dans ces conditions, on comprend que le R. P. Thomas ait eu la pensée de se retirer, après trente et un ans d'apostolat à la Trinidad, dans son pays, au milieu de ses Frères, sans leur être une charge, en raison de sa pension, et pouvant leur rendre encore de grands services dans le ministère des âmes. Y a-t-il eu d'autres motifs à son départ ? Nous n'en savons rien, et ceux et celles qui ont fait tant de tapage à cette occasion, par la plume et surtout par la langue, n'en ont jamais su davantage.

Comme le P. Thomas ne parlait que très peu, on pouvait dire

tout ce qu'on voulait, faire toutes les suppositions, il n'en approuvait ni improuvait aucun et, d'après nous et bien d'autres, ce fut là son grand tort. S'il y a un temps pour se taire, il y a aussi un temps pour parler, c'est la sainte Ecriture elle-même qui le dit : *Tempus tacendi et tempus loquendi* (Eccl. 3. 7). Il est des circonstances où le silence peut et même doit être pris comme une approbation. C'était le cas ; le Père pouvait et devait défendre ses Frères, les Pères français, injustement et odieusement calomniés, et répondre à ses amis, conformément à la vérité, qu'il avait toujours été traité comme un Frère par tous ceux avec qui il vivait et avait vécu au presbytère.

Beaucoup finirent par trouver que la version des mauvais égards contre un homme qui avait toujours joui, depuis près de trente ans, d'une santé parfaite et qui en portait les traces sur son visage, ne prenait pas près du plus grand nombre qui connaissait les vertus éminentes des saints religieux avec lesquels le Père avait des rapports quotidiens et qui, sans distinction de nationalité, se traitaient en Frères.

Alors, ils appelèrent la politique à leur aide ; ils montrèrent les prêtres français faisant obstacle à la diffusion de la langue anglaise, devenant un vrai danger pour le pays ; car, en temps de guerre, ils pourraient bien livrer le pays à leurs compatriotes !!! qu'ils obéissaient à un supérieur qui n'était pas anglais ; qu'ils émargeaient au budget de la colonie, malgré leur nationalité étrangère, etc., etc., etc. Le curieux de la chose, c'est qu'on ne s'était jamais douté de tout cela depuis plus de trente ans que les Pères français dirigeaient la paroisse de Port-d'Espagne et d'autres encore, et que ce fut l'annonce du départ du R. P. Thomas qui dessilla les yeux et fit voir, dans toute sa nudité, l'horreur de la situation. Qu'il y ait eu des niais pour débiter ces sornettes, c'est déjà fort, mais, ce qui l'est davantage, c'est qu'il y en ait eu un grand nombre pour les accepter. Cela rappelle le vers d'un poète français :

« *Un sot trouve toujours un plus sot qui l'admire* » (Boileau).

Les journaux s'en mêlèrent, le « *Port of Spain Gazette* » surtout eut, presque chaque jour, un article sur le R. P. Thomas, chantant ses louanges, pleurant son départ. Enfin, à entendre ce qui se disait et à lire ce qu'on écrivait, il était évident qu'il n'y avait qu'un seul Dominicain à la Trinidad, les autres ne comptant pas. Et cet unique dominicain, le seul nécessaire, c'était le R. P. Thomas Greenough. Son départ prenait les proportions d'une calamité publique.

Les choses en étaient là ; un comité se forma pour s'opposer au départ du Révérend Père et pour faire, dans ce but, des démarches auprès de l'archevêque, lorsque, agacé par tout ce tapage et outré des calomnies qui se débitaient sur les Pères français, le R. P. Mannés Gouchon eut l'idée d'écrire au rédacteur du « *Port of Spain Gazette* » une lettre toute privée.

Voici la lettre :

Port-d'Espagne, 8 février 1895.

Lettre *personnelle* et non destinée à la *publication*.

« Monsieur.

Vous venez de publier dans votre journal plusieurs articles, dont l'effet immédiat est de provoquer (sinon dans votre rédaction, dü moins dans le public), des suspicions malveillantes et des récriminations calomnieuses contre les Pères français de Port-d'Espagne, et par suite, de compromettre gravement la considération nécessaire à l'exercice de leur ministère pour le bien des âmes qui leur sont confiées. Quelle est l'origine et la raison d'être de cette levée de boucliers si imprévue et si pénible aux Pasteurs et aux fidèles éclairés de l'Eglise catholique ? L'annonce du départ du R. P. Thomas !!! Et pourquoi le P. Thomas veut-il nous quitter ? Parce que, dit-on, et nous a-t-il dit hier lui-même, tous les Pères de la mission désirent son départ !! — Fausseté ! indignité ! Telle est la base sur laquelle on élève cet échafaudage d'agressions contre les Dominicains français. J'ai protesté hier, devant le P. Thomas lui-même que c'est précisément le *contraire* qui est la *vérité*, et je crois le lui avoir prouvé. Qu'il demande, s'il le juge à propos, et qu'il obtienne sa pension, ce n'est pas une raison pour rompre avec

la mission de Trinidad. D'où il suit, cher Monsieur, qu'avant
de vous engager dans cette campagne si pénible et si pernicieuse
à vos Pères spirituels, vous auriez pu, comme vous le faites pour
d'autres objets beaucoup moins importants, prendre quelques
informations auprès des intéressés, ce qui vous aurait épargné
l'inconvénient de publier des assertions incomplètes ou inexac-
tes.

« Vous louez, à bon droit, le zèle du R. P. Thomas dans l'établissement de l'église du Sacré-Cœur ; nous nous applaudissons,
avec vous, du bien qui en est résulté. Mais puisque vous mettez
la cause devant le public, pourquoi ne pas l'exposer complètement pour être juste, et ne pas dire, par exemple, que le R. P.
Thomas, en partant, laisse à la charge de la population catholique une dette de 3.000 dollars, pour une tour dont la construction si coûteuse a été entreprise et exécutée sans l'assentiment du curé de la paroisse ?

« Cette controverse soulève à grand bruit la nécessité de remplacer les prêtres français par des prêtres anglais ; très bien !
qu'on fasse circuler une pétition en ce sens, je vous promets de
la signer bien vite, avec les deux mains, si c'était possible. —
Je termine, Monsieur, en vous priant de vouloir bien être plus
circonspect dans vos publications et de ne pas nous obliger à publier nous-même des démentis désagréables mais nécessaires.

J'ai l'honneur d'être, Monsieur, votre très humble serviteur. »

Fr. Mannés, O. P.

Cette lettre, quoique *personnelle* et *non destinée à la publication*, fut publiée, dès le lendemain, dans le « *Port of Spain Gazette* ». Le journal prétendit que c'était son droit, son devoir
même ; car les intérêts du pays étaient trop engagés dans toute
cette affaire. Nous croyons, nous, que le destinataire de cette lettre n'avait nullement le droit et qu'il a gravement manqué à
son devoir en rendant public un écrit tout privé ; dans bien des
pays, il eut été « disqualifié » par le fait seul d'avoir violé la loi
du secret. S'il croyait ne pas mériter les reproches qui lui étaient
adressés dans une lettre toute personnelle, toute intime, (et il le
déclare, en effet, dans les commentaires dont il fait suivre la let-

tre du Père), il n'avait qu'à répondre de la même façon, le public n'avait rien à y voir, et le motif qu'il invoque pour expliquer et excuser son acte, regrettable à tous les points de vue, c'est que, dit-il, cette lettre touche à une question qui affecte sérieusement les intérêts de la colonie, *which seriously affects the interests of the Colony.*

Il faut avoir lu cette phrase pour croire que vraiment elle a été écrite. Ainsi donc, d'après ce journal qui se croirait offensé si on disait qu'il n'était pas sérieux, le départ d'un seul homme devait compromettre gravement les intérêts de la Trinidad, et pour cette raison, il fallait s'y opposer à tout prix. Le R. P. Thomas partant, le commerce était arrêté, le cacao, la canne à sucre, le coco tombaient à vil prix, plusieurs grands magasins allaient se fermer, un grand nombre d'employés allaient perdre leur place ; le *Législatif Conseil* devait être sommé de prendre de sérieuses mesures pour enrayer les désastres qui certainement allaient fondre sur le pays si on n'empêchait pas le P. Thomas Greenough de partir. Et que penser de son Excellence le gouverneur qui ne faisait rien et n'en disait pas davantage pour prévenir une pareille catastrophe !

Le bon P. Thomas ne se doutait pas que sa présence était si nécessaire à la colonie, dont toutes les affaires « les intérêts » allaient être dans le marasme, depuis Icaque jusqu'à Chacachacare, s'il venait à partir. Dans son grand bon sens, il a dû souvent trouver gênant d'avoir des amis si remuants et dont le ridicule rejaillissait quelque peu sur lui et volontiers il aurait répété, s'il l'avait connue, cette parole que nous avons déjà citée dans cette histoire et qui, croyons-nous, est du prince de Talleyrand : « Mon Dieu ! délivrez-moi de mes amis, quant à mes ennemis, je m'en charge. »

Des ennemis, le bon P. Thomas n'en a jamais eu, nous qui écrivons ces lignes, nous n'avons jamais entendu dire que du bien du Révérend Père, tant au presbytère que dans la paroisse. Il était sec, raide, compassé dans sa démarche extérieure, (on est anglais ou on ne l'est pas) mais doux, serviable, charitable, zélé, lentement actif. Jamais un mot blessant pour qui que ce soit n'est tombé de sa bouche, et, quoi qu'il ait dit lui-même, jamais

un religieux français n'a désiré, encore moins demandé son départ.

Sans doute, ce départ était regrettable, sinon pour la colonie,
comme le dit le journal précité, du moins pour la paroisse de
Port-d'Espagne où le Père, depuis plus de trente années, faisait
le plus grand bien aux âmes ; mais en faire une catastrophe, le
déclarer un désastre pour la colonie entière, c'était se rendre
absolument ridicule. Ce qui a fait du mal à « la colonie », puisque le « *Port of Spain* » veut absolument faire entrer la colonie
dans cette affaire, ce sont les paroles et les écrits de ceux qui, à
l'occasion de ce départ, cherchaient à soulever cette colonie contre les Pères français. Ils avaient donc fait bien du mal au pays
ces pauvres Français ? Les faits sont là et parlent d'eux-mêmes
assez éloquemment en leur faveur. Presbytère, églises, chapelles,
orphelinat, écoles, à peu d'exceptions près, tout est sorti de leurs
mains et a été le fruit de leur zèle. Qui, plus que les écoles, est apte à propager une langue ? Or, presque toutes les écoles de la
ville, même celle du Sacré-Cœur, ont été ouvertes par les Pères
français, et il y en a quatorze !

Malgré tout, le R. P. Thomas voulait partir et il partit en effet
le 24 février 1895. Le dimanche qui précéda son départ, il fit ses
adieux à ses paroissiens du Sacré-Cœur, après l'évangile de la
messe, en termes extrêmement touchants. Il fut accompagné
jusqu'à son « steamer » par l'archevêque, un grand nombre de
prêtres du clergé de la ville et par plus de deux cents autres personnes. Il emporta certainement les regrets de tous et il le méritait. Toutefois les craintes du « *Port of Spain Gazette* » ne se
réalisèrent heureusement pas, et les affaires civiles et religieuses,
financières et commerciales, suivirent leurs cours ordinaires et
n'eurent aucunement à souffrir de ce départ.

Quelques jours après, on faisait circuler en ville une pétition,
dont nous n'avons pu malheureusement nous procurer la copie ;
elle fut signée par quatre-vingts messieurs. Dans cette pétition,
adressée au Maître Général de l'Ordre, on demandait le retour
du R. P. Thomas et l'envoi de trois ou quatre Pères anglais.
Si cette pétition avait été présentée à la signature des Pères
français du presbytère, nous sommes certains que pas un n'au-

rait refusé d'y apposer son nom ; et les rapports entre les uns
et les autres auraient été aussi fraternellement religieux qu'ils le
furent toujours avec le P. Thomas, quoiqu'en ait dit le « *Port
of Spain Gazette.* »

Beaucoup refusèrent de signer cette pétition. Parmi les signataires on releva le nom de plusieurs protestants et aussi d'un
certain nombre de catholiques qui ne s'approchaient jamais des
Sacrements. Aussi fut-il admis par la masse de la population
que cette pétition était moins un acte en faveur de la religion
qu'un acte politique dirigé contre les prêtres français ; d'aucuns
même demandaient l'expulsion de tous les prêtres de race française. Beau témoignage de la reconnaissance du cœur humain !
Fiez-vous, prêtres, mes Frères, à toutes ces protestations d'amitié dont souvent on est si prodigue à votre égard, à cette reconnaissance qui doit être éternelle ; son éternité durera ce que
dure une fleur, l'espace d'un matin. Nul doute que la même
main qui avait signé la demande du renvoi des Pères français
avait, le jour même, serré dans une chaude étreinte celle d'un
de ces dévoués et admirables missionnaires, insignes bienfaiteurs
de la paroisse, et qui s'appelaient Dominique, Hilaire, Hyacinthe ou Mannès. Qu'elle trouve bien ici sa place, cette pensée d'un
poète français exprimée à peu près en ces termes :

> *J'aime mieux un franc ennemi*
> *Qu'un bon ami qui m'égratigne.*

Ainsi donc on attaquait les meilleurs prêtres de la colonie,
pour l'unique raison qu'ils n'étaient pas anglais ; leur doctrine,
leur moralité, leur dévouement, leur zèle n'entraient pas en
cause, mais, pour les signataires de la pétition, l'important était
qu'ils fussent anglais.

Malgré la gravité des circonstances on eut pu apercevoir le
sourire sur bien des lèvres françaises, à la vue de cette anglo-
manie subite qui s'emparait du coeur de ces quatre-vingt messieurs. De ce qu'ils étaient *sujets britanniques* ils se croyaient
de vrais *anglais ;* ce qui nous rappelle l'histoire de ce bon monsieur, assez haut placé dans l'administration coloniale du pays,
et qui, par ses ancêtres, etc. venait directement du Congo ; dé-

sirant voir l'Angleterre qu'il ne connaissait pas, il fit, à ses amis, une visite d'adieu en leur disant à tous : *I go Home !* Ce qu'entendant, un de ses amis irlandais, pétillant d'esprit, lui demanda malicieusement : *you return to Congo ?*

Pour en revenir aux signataires de la pétition, sujets britanniques, mais non anglais, ils descendaient, pour les trois quarts, de familles françaises établies dans l'île, et n'avaient pas une goutte de sang anglais dans les veines.

Que la Trinidad tombe un jour, par conquête ou par cession, sous la domination de la France, on verra tous ces messieurs, signataires et autres, déclarer qu'ils ont toujours été français de cœur et que la France n'a jamais eu de plus chauds partisans qu'eux. Balzac, célèbre romancier français, voulant donner une notion exacte et vraie de la société contemporaine a écrit une série de romans qu'il réunit sous le titre général de : *La comédie humaine.* C'est le vrai nom qu'il faudrait donner à l'histoire de ce qui s'est passé dans cette ville de Port-d'Espagne, en l'an de grâce 1895 : COMÉDIE HUMAINE !

CHAPITRE XXIV

———

## La mission de Trinidad enlevée aux Dominicains de Lyon

A travers tout ce fracas de paroles et d'écrits rappelés au chapitre précédent, nous n'avons pas encore vu apparaître l'archevêque de Port-d'Espagne ; que faisait-il ? Tandis que la barque diocésaine, montée par un équipage français, menaçait d'être engloutie sous les flots d'une mer anglaise, dormait-il ? La vérité historique nous oblige de dire que Mgr Flood ne prononça pas une parole, ne fit pas un geste, pour arrêter cette campagne et défendre ses bons, loyaux et vieux serviteurs. Plus et mieux qu'à tout autre on peut lui appliquer, en cette circonstance, cet axiome bien connu : *Qui tacet, dum loqui tenetur, consentire censetur*, ce qui peut se traduire ainsi : qui ne dit rien consent.

Inutile de dire que les protestants se réjouissaient grandement de cette querelle suscitée par les anglais de Port-d'Espagne, et qui mettait le trouble dans cette paroisse, jusque-là si calme et si tranquille ; à leur point de vue ils avaient raison de se réjouir, car ce fut surtout la religion qui eut à souffrir.

La pétition signée (ce que le plus grand nombre de nos paroissiens refusèrent de faire) fut remise à Mgr Flood qui n'en ignorait pas l'existence et l'attendait avec impatience, car les demandes qu'elle contenait s'accordaient avec ses plus secrets désirs (qui n'étaient un secret pour personne.) Nous savons ce qu'à cette occasion il dit à un des porteurs de cette fameuse pétition. Sa Grâce crut devoir en faire part aux Pères du presbytère et il la leur porta lui-même pour leur en donner connaissance. Elle était adressée au Révérendissime Maître Général de l'Ordre qui était alors le R<sup>me</sup> P. André Frühwirth. Devant partir pour l'Europe, Monseigneur se chargea de porter lui-même la pétition. Après avoir nommé le T. R. P. Marie-Dominique Berthet, vicaire général et administrateur du diocèse pendant son absence, il partait le 16 mai, accompagné du T. R. P. Gabriel O'Farrell, son vicaire général. Ils se rendirent directement en Espagne, à Avila, où devait s'ouvrir, le 1er juin, veille de la Pentecôte, le Chapitre Général de l'Ordre. Sa Grâce avait l'intention, après en avoir conféré avec le Maître Général, de parler aux représentants des Provinces d'Occitanie, d'Angleterre et d'Irlande pour voir quelle suite on pourrait donner à la pétition des messieurs de Port-d'Espagne, dans le but d'obtenir, pour le service de la paroisse, quelques *sujets britanniques*, anglais ou irlandais. Sur ces entrefaites, le T. R. P. Marie-Dominique Berthet fut obligé, sur l'ordre formel des médecins, de laisser la Trinidad pour revenir immédiatement en France. L'archevêque, avisé de ce départ, pria son compagnon de voyage, le T. R. P. O'Farrell, de s'embarquer pour la Trinidad afin d'y prendre le gouvernement du diocèse jusqu'à son retour. Bien à contre cœur le Révérend Père, obligé d'interrompre le cours de ses pérégrinations, reprit le chemin de Port-d'Espagne où il arriva le 14 août. C'est le T. R. P. Hilaire Arnaud qui se vit imposer le lourd fardeau de la Supériorité, plus lourd que jamais, étant donné les circonstances dans lesquelles elle lui était imposée ; il eut, par le fait, la direction de la paroisse.

Cependant Mgr Flood n'avait pu, malgré ses instances, avoir une audience du Révérendissime Maître Général occupé à présider et à diriger les travaux du Chapitre général de son Ordre, réuni à Avila, en Espagne. Aussi il se rendit à Rome pour y attendre le retour du Maître Général et lui remettre la fameuse pétition qu'il voulait tant voir aboutir. Le Révérendissime Père n'arrivait pas. Alors Monseigneur l'archevêque se rendit chez le cardinal Ledochowski, préfet de la Propagande et lui remit directement la pétition.

Elle avait été faussée dans une de ses parties essentielles, c'est-à-dire qu'elle n'était plus le texte original présenté à la signature des quatre-vingts messieurs. Si nous avançons une chose aussi grave, c'est que nous en avons la certitude. Le fait seul que le vénérable docteur de Verteuil, regardé par tous comme le chef le plus éminent de la colonie française, avait signé la pétition, était la preuve évidente que le renvoi et même seulement le remplacement des Pères français n'était nullement demandé dans le texte soumis à sa signature. Il n'avait jamais signé cela, ni lui, ni un bon nombre de signataires. C'est donc une copie falsifiée que Mgr Flood emporta à Rome et mit sous les yeux du Cardinal Préfet.

A Dieu ne plaise que nous soupçonnions, même un instant, Monseigneur notre archevêque d'avoir trempé dans cette affaire indélicate. Qu'il fût satisfait de cette pétition pour avoir des Pères anglais, il l'a suffisamment laissé voir en maintes circonstances par la parole, par les écrits et par ses actes ; mais nous sommes convaincu qu'il ignorait que le document si important qui avait reçu quatre-vingts signatures n'était pas le même que celui qu'il avait emporté à Rome.

Nous devons ajouter ici qu'avant d'aller trouver le Cardinal Préfet de la Propagande, Monseigneur l'Archevêque avait été prié par le Révérendissime Maître Général, retenu à Gratz, en Autriche, de s'adresser pour cette affaire au R<sup>me</sup> P. Cicognani, Procureur Général de l'Ordre et parfaitement au courant de la question. Que se passa-t-il entre le Révérendissime Procureur Général et Monseigneur l'archevêque ? nous l'ignorons. Mais c'est alors que, ne pouvant s'entendre avec le R<sup>me</sup> P. Cicognani, le Prélat alla droit au Saint-Siège auquel il remit une relation détaillée sur l'état de son diocèse et en obtint tout ce qu'il voulut.

Ce qu'il désirait, avant tout, c'était de voir la mission Dominicaine de Trinidad confiée à sa Province d'Irlande, nul ne pourrait l'en blâmer. Mgr Gonin, Français, avait amené avec lui des Pères français ; si on avait mis sur le siège archiépiscopal un Père anglais, il aurait demandé des Pères anglais ; Mgr Flood, irlandais, souhaitait avoir des Pères irlandais, c'est dans la nature des choses. On pourrait, il est vrai, répondre qu'il faut regarder principalement le bien des âmes, mais qui nous dit que ce n'était pas ce que Monseigneur l'archevêque avait surtout en vue ? A-t-il eu raison ? A-t-il eu tort ? Les uns l'ont approuvé, les autres l'ont blâmé. Dieu l'a jugé..... La cause est entendue.

Pour arriver à ses fins, il fallait faire abroger le contrat passé entre Mgr Gonin et la Province de Lyon et approuvé par le Saint-Siège. Il semble que le Provincial de cette Province devait être mis au courant de ce qui se passait par l'archevêque lui-même. Il fut, nous devons le dire, complètement tenu à l'écart de toutes ces négociations, et sans qu'on le consultât, tout s'arrangea en dehors de lui et il n'apprit que par le Décret pontifical, obtenu par Mgr Flood et dont la copie lui fut envoyée par le Révérendissime Maître Général, que la mission de Trinidad n'appartenait plus à sa Province.

Le 10 septembre 1895 marque une date mémorable dans les annales de la mission Dominicaine de la Trinidad ; c'est ce jour-là, en effet, que l'on reçut, ou du moins qu'on nous communiqua officiellement la lettre suivante du Très Révérend Père Provincial de Lyon, alors le T. R. P. Joseph-Ambroise Laboré ; elle était adressée au T. R. P. Hilaire Arnaud, supérieur de la mission. Nous la transcrivons textuellement.

Mon Très Révérend et bien cher Père,

Je me hâte de vous transmettre la grave communication ci-jointe que le Révérendissime Père Maître Général m'adresse de Gratz, en Styrie. Je vous transcris, en même temps, les propres paroles dont il accompagne sa communication.

« Je vous envoie, m'écrit-il, la copie du décret par lequel notre Saint-Père Léon XIII fait relever la mission de la Trinidad de la juridiction immédiate du Général de l'Ordre de saint Dominique.

« Croyez-le bien, le Révérendissime Procureur Général a fait son possible pour sauvegarder les droits de votre chère Province et éviter la peine que nous éprouvons avec vous et les religieux de votre Province à cause du décret dont je vous fais part.

« J'écrirai, ces jours-ci encore, aux Provinciaux d'Angleterre et d'Irlande pour leur demander les quatre Pères dont le décret du Saint-Père fait mention. »

Puis le Très Révérend Père Provincial ajoute :

« En face d'un acte du Saint-Siège, nous n'avons tous qu'à nous incliner avec respect et docilité sans nous arrêter aux causes secondes ; remontons plus haut et voyons uniquement la volonté de Notre-Seigneur ; notre sacrifice sera plus agréable et nous l'accomplirons avec un meilleur courage. Vous voudrez bien communiquer le document ci-joint, ainsi que notre lettre à tous les Pères et Frères de la mission. Eux-mêmes voudront bien nous faire savoir, dans le cas où ils désireraient être appelés à quelque autre emploi, les motifs qu'ils peuvent faire valoir. Nous ne manquerons pas d'appuyer de notre mieux leur requête auprès du Révérendissime Père Maître Général, auquel ils auraient le soin de recourir aussi directement, en cela comme en tout le reste selon la teneur du décret.

« J'aurais sans doute bien des choses à ajouter, si je laissais ici parler mon cœur qui n'est pas, vous le pensez bien, sans ressentir douloureusement le coup de la séparation qui lui est imposée ; mais mieux vaut, je crois, nous réfugier dans le silence et la prière. Confions notre peine au Sacré-Cœur de Notre-Seigneur et à la Très Sainte Vierge, en les priant de la rendre sainte et méritoire, comme je leur demande de vous bénir et sanctifier tous, en même temps que je vous renouvelle la très sincère expression de mes sentiments les plus affectueusement dévoués en notre B. Père saint Dominique. ».

Fr. Joseph-Ambroise Laboré, Provincial, des Fr. Prêcheurs.

Voici le Décret Pontifical dont parle le Révérendissime Maître Général dans sa lettre au Provincial de Lyon : (Traduit du latin)

Dans son audience du 24 juillet 1895 :

Notre Très Saint-Père le Pape Léon, par la grâce de Dieu, treizième du nom, après avoir entendu une relation très détaillée sur l'état de la mission de l'archidiocèse de Port-d'Espagne, dans l'île de la Sainte-Trinité, dans les possessions britanniques, et ayant considéré attentivement la clause finale du contrat passé entre le prédécesseur de l'archevêque actuel et la Province des

**Le petit Etunois**

(Année 1924)

Frères Prêcheurs de Lyon ; clause qui stipule que ce contrat est révocable à la volonté du Saint-Siège, a décrété : Le susdit contrat est révoqué et la susdite mission de l'archidiocèse de Port-d'Espagne placée désormais sous la dépendance directe du chef suprême de l'Ordre de saint Dominique.

Sa Sainteté a ordonné pareillement qu'au moins quatre religieux de l'Ordre, pris dans les Provinces d'Angleterre ou d'Irlande, seraient envoyés, sans retard, à la susdite mission et qu'il n'y serait envoyé désormais aucun missionnaire pris dans la Province de Lyon. Mais, comme ceux-ci se sont toujours rendus très recommandables par leur esprit religieux, leur piété, leur zèle pour le salut des âmes et l'observance de la vie régulière, Sa Sainteté veut que ceux d'entre eux qui travaillent déjà dans cette partie de la vigne du Seigneur n'en soient point retirés ; mais Elle ordonne qu'au fur et à mesure qu'ils seront appelés à d'autres travaux ou à une vie meilleure, ils soient remplacés par des religieux anglais ou irlandais, jusqu'à ce que le nombre de ces derniers venant à augmenter, la mission de Port-d'Espagne puisse être confiée à des religieux de l'une ou de l'autre de ces deux Provinces. Et ce, nonobstant toutes décisions contraires.

Donné à Rome, au Palais de la Sacrée Congrégation de la Propagande, en l'année et au jour indiqués plus haut.

M. Cardinal Ledochowski, Prœf.

A. Archiep. Larissan. Secr.


Le Très Révérend Père Provincial de Lyon crut devoir notifier à tous les membres de sa Province les importantes décisions prises par le Saint-Siège concernant la mission de Trinidad, sur les instantes demandes de l'archevêque de ce diocèse. Il le fit dans une circulaire qu'il adressa à tous les couvents de la Province. En voici la teneur :

« ..... Nous n'avons pas à vous annoncer comment, à la suite des démarches faites en cour de Rome par Mgr Flood, pendant l'absence du Révérendissime Maître Général, le contrat passé en 1872 entre les archevêques de Port-d'Espagne et notre Province, et ratifié par le Saint-Siège, le 7 juin 1873, a été révoqué le 24 juillet de la présente année. La nouvelle vous en a déjà été communiquée. Mais nous croyons bien faire de profiter de l'occasion qui nous est offerte, pour porter à votre connaissance le texte même du Rescrit qui retire la mission de la Trinidad à l'autorité de notre Province, pour la placer sous la juridiction immédiate du Révérendissime Maître Général, en attendant qu'elle puisse être confiée à l'une des deux Provinces d'Irlande ou d'Angleterre. (Suit le texte du Rescrit) .

« En nous transmettant le Rescrit de la Sacrée Congrégation, le Révérendissime Père Maître Général l'accompagnait de ces bienveillantes paroles : « Je vous envoie la copie du Décret par lequel le Saint-Père Léon XIII fait relever la Mission de Trinidad de la juridiction immédiate du Général de l'Ordre de saint Dominique. Croyez-le bien, le Révérendissime Père Procureur Général a fait son possible pour sauvegarder les droits de votre chère Province et éviter la peine que nous éprouvons avec vous et les religieux de votre Province, à cause du Décret dont je vous fais part. »

« Au milieu de ces difficiles et douloureuses circonstances, notre grande consolation a été d'agir en toutes choses en parfaite entente avec le Révérendissime Père et avec sa pleine approbation. Le bon témoignage rendu à nos Pères par Mgr Flood lui-même et dont nous trouvons un écho dans le Rescrit de la Sacrée Congrégation, n'a pas été non plus sans apporter quelque adoucissement à notre peine.

« Le 31 juillet, Sa Grandeur nous écrivait de Rome :
Je ne puis laisser les longs et heureux rapports officiels entre Port-d'Espagne et la Province d'Occitanie (Lyon) toucher à leur terme, sans exprimer une fois de plus ma profonde reconnaissance envers cette Province pour tout ce que ses Pères ont fait et font encore pour mon diocèse. Ils ont travaillé pendant un grand nombre d'années, avec un dévouement et un esprit d'abnégation au-dessus de tout éloge, et leur vie a toujours été le modèle de toutes les vertus qui font le vrai prêtre et le vrai religieux. J'ai dit cela hautement en diverses circonstances, dans ma *Relatio Status*, il y a six ans, dans ma lettre adressée à l'un de vos Chapitres Provinciaux, dans mes lettres au Maître Géné-

ral de l'Ordre, dans mes conversations avec le cardinal Ledochowski, et au Saint-Père lui-même.

« Comme chef du diocèse qui doit tant à votre Province, j'ai
l'honneur en mon nom propre et au nom de mon clergé et de
mon peuple, de vous offrir ma très sincère et cordiale reconnaissance pour tous ces bienfaits et toutes ces bénédictions. Il vous
sera, je présume, difficile d'apprécier pleinement les raisons qui
m'ont porté à faire mon dernier appel ; mais, je l'espère, vous
me rendrez cette justice de croire, qu'en faisant cette démarche,
je n'étais animé d'aucun sentiment hostile contre vos Pères,
avec lesquels j'ai eu toujours et aurai encore à l'avenir, j'en ai
la confiance, les rapports d'une parfaite cordialité.....»

« Sous le coup de la profonde émotion qui les oppresse à cette
heure, nos Pères de la Trinidad ne pourront, sans doute, accepter pour eux-mêmes les éloges que Sa Grandeur leur décerne,
ils aimeront mieux les déposer sur la tombe de ceux de leurs
Frères qui sont morts à la peine, dix ou douze en moins de vingt-
quatre ans, et qui demeurent là-bas, comme un témoignage irré-
cusable du généreux dévouement de la Province à la terre de
Trinidad.

« Pour nous, nous sommes heureux que nos Pères aient été
appréciés comme de bons ouvriers, et que le seul grief articulé
contre eux soit leur nationalité étrangère. A la Trinidad, des
missionnaires parlant anglais suffisaient autrefois, maintenant
des « Speaking English », ce n'est plus assez, on veut des sujets
anglais « British subjects » ; sujets anglais, nos Pères ne le sont
pas !!

« En face d'un acte émané du Saint-Siège nous n'avons,
comme je l'écrivais à nos Pères de Trinidad, qu'à nous incliner
avec respect et docilité. Sans nous arrêter aux causes secondes,
remontons plus haut, ne voyons que la volonté de Notre-Seigneur. Notre sacrifice lui sera plus agréable, et nous l'accomplirons avec plus de courage..... Donné à Lyon, le 6 octobre 1895,
    Fr. Jph-Ambroise Laboré, des Fr. Prêch. Provincial. »


Les Pères français de la mission de Trinidad, c'est-à-dire tous
les Pères Dominicains, se conformèrent religieusement aux ins-

-tructions et aux conseils de leur Supérieur Provincial et acceptèrent avec une soumission parfaite la situation nouvelle que leur
créait le Décret pontifical. Mais nous qui écrivons cette histoire
et qui, en l'écrivant, avons toujours eu en vue d'être et de rester dans la plus scrupuleuse vérité, nous demeurons persuadés,
et, comme historien, nous avons le droit et le devoir de dire que
si Mgr l'archevêque Flood s'était moins laissé aveugler par ses
sentiments antifrançais, et s'il eût un peu moins prêté l'oreille
aux vues intéressées de son entourage, tant laïc qu'ecclésiastique,
il se fut rendu un compte plus exact des véritables besoins de son
diocèse et il ne se serait pas persuadé, et il n'aurait pas persuadé
le Saint-Siège que la langue anglaise était désormais, et dès à
présent, la seule langue nécessaire à la Trinidad.

Un journal de notre ville, le « *Public Opinion* » écrivait ceci,
peu après la divulgation du Décret apostolique : « Si nous voulions faire, à notre tour, une contre-pétition, des milliers de signatures répondraient aux quatre-vingts signataires de la première pétition », et dans un autre endroit du même article, il
disait : « Le nombre des catholiques parlant anglais, comparé
avec ceux qui parlent le français ou le patois français, équivaut
à un quart de la population, et sur ce quart, les trois quarts parlent ou comprennent le français. »

Pour demeurer toujours dans le vrai dont nous ne nous sommes jamais volontairement écarté une seule fois, depuis la première page de cette histoire, nous devons faire remarquer à nos
lecteurs que tout ceci se passait, se disait et s'écrivait il y a près
de vingt années ; depuis lors, nous ne faisons aucune difficulté
pour le reconnaître, la langue anglaise a fait de grands et rapides
progrès, progrès qui s'accentuent d'année en année dans le
pays ; elle est devenue une langue nécessaire, mais elle ne l'était
pas à l'époque de la pétition. Et maintenant encore le français
est parlé et surtout compris par le plus grand nombre de nos catholiques adultes ; quant au patois français qui, en réalité, est
une langue, ayant sa grammaire, c'est la langue courante du
plus grand nombre des habitants de nos campagnes. Et si le
français venait à disparaître complètement de la colonie et que
l'anglais fût la seule langue parlée à la Trinidad, la religion ca-

tholique y trouverait-elle son avantage ? Ce n'était pas l'opinion de Mgr English, le prédécesseur immédiat de Mgr Gonin sur le siège archiépiscopal de Port-d'Espagne. Les anciens répétaient souvent cette parole qu'ils avaient entendue de sa bouche : « Quand on ne parlera plus que l'anglais à la Trinidad, toute l'île sera prostestante. » Or, Mgr English était un pur anglais.

Ce n'était pas non plus l'opinion du R. P. Thomas Greenough, cause principale du conflit, plus politique que religieux, qui divisait alors la paroisse de Port-d'Espagne ; il nous a dit, à nous-même qui écrivons ces lignes, quelques mois seulement avant son départ, par conséquent en 1895 : « Je vois que plus l'île devient anglaise, plus elle devient protestante » ! Et le P. Thomas était le type achevé de l'anglais le plus accompli, et il séjournait depuis plus de trente ans dans le pays !

L'évidence est palpable ; en toute cette affaire et chez tous ceux qui y ont joué un rôle actif, la question de nationalité a primé la question religieuse. Il faut que la Trinidad devienne entièrement anglaise, on verra après à la rendre catholique. Le verra-t-on ?.... Fait digne de remarque, ce sont les Irlandais, les prêtres irlandais surtout, qui sont les plus ardents propagateurs de la langue anglaise, de la langue de leur pire ennemi, qui les a vaincus, écrasés, foulés aux pieds, politiquement et religieusement. Ils ne comprennent pas que le plus sensible tort, le plus grand mal qu'ils pourraient faire à cet ennemi, ce serait, sinon d'arrêter, du moins d'empêcher l'expansion de sa langue qui est le moyen le plus sûr et le plus rapide de répandre sa religion, adversaire irréconciliable de la leur, de cette religion catholique que leur a fait connaître leur glorieux apôtre saint Patrick, et qui, pratiquée à l'exclusion de toute autre, pendant des siècles, a fait surnommer leur île, l'île des Saints.

A l'appui de ce que nous avançons, qu'on nous permette de citer ce passage d'un livre que nous avons eu quelques instants sous les yeux, on verra que nous n'avançons rien à la légère. Ce livre est intitulé : « *Une colonie féodale en Amérique* » ; il est écrit par M. Rameau, et c'est du Canada qu'il s'agit ; voici ce que dit l'auteur : « Malheureusement les Canadiens rencontrent

« des adversaires inattendus dans les évêques irlandais qui, au
« grand détriment même de la religion catholique, ferment les
« écoles de langue française, imposent des prêtres anglais dans
« des paroisses où ils ne sont pas compris et poursuivent leur
« campagne jusque dans les Etats-Unis. »

# CHAPITRE XXV

## Derniers incidents

Le lien qui unissait l'archidiocèse de la Trinidad à la Province Dominicaine de Lyon est donc irrévocablement brisé : *Roma locuta est, causa finita est* : Le Pape a parlé, la cause est entendue. Cet axiôme, d'une clarté lumineuse, est, croyons-nous, de saint Ambroise. Il est comme une étoile polaire sur laquelle doit toujours se fixer le regard de l'intelligence et de la volonté de tout chrétien, surtout celui du prêtre ; avec cette boussole il ne fera jamais fausse route, ni dans ce qu'il doit croire, ni dans ce qu'il doit faire.

Le T. R. P. Dominique Berthet, pour raison de santé et sur l'ordre formel du Très Révérend Père Provincial, avait été obligé de quitter la Trinidad, nous l'avons dit, le 29 août 1895. Le T. R. P. Hilaire Arnaud lui succéda et, le 30 août, il prenait à titre provisoire, la direction de la communauté comme premier vicaire, et au même titre, celle de la paroisse.

Le 21 octobre, le Révérend Père recevait de Mgr Flood, une dépêche datée de la Barbade et portant ces trois mots, en français : « Quatre Pères viennent. »

Le 23, notre archevêque débarquait avec deux Pères Dominicains anglais et trois Pères irlandais. Nous pensions que Mgr Flood, en débarquant, se rendrait tout d'abord à la cathédrale ; nous fûmes trompés ainsi que les nombreux fidèles attirés par le bruit des cloches sonnées à toutes volées. L'archevêque se rendit en droite ligne à sa maison.

Le 25 du même mois, le T. R. P. Hilaire Arnaud nous fit savoir qu'il était nommé Vicaire du Maître Général pour la Trinidad. Toutefois cette nomination n'a rien d'officiel. C'est une lettre écrite par le Révérendissime Père à Mgr Flood, avant son départ de Rome pour la Trinidad, qui nous a notifié cette nomination, mais le T. R. P. Hilaire n'a reçu directement aucune lettre du Révérendissime Père.

Depuis que, par suite du décret pontifical en date du 25 juillet, notre mission a été placée sous son autorité immédiate, notre supérieur ne relève que de lui, et lui seul peut nous donner des ordres. Or, durant les trois mois déjà écoulés depuis la promulgation du décret, le Révérendissime Père ne nous a pas écrit une seule fois. Quoiqu'il en soit, par suite du mouvement acquis et, j'aime à le croire, en raison du besoin d'obéissance qui doit être à l'état latent dans le cœur de tout bon religieux, nous ne faisons aucune difficulté de reconnaître le R. P. Hilaire pour notre vénérable supérieur.

Nous nous trouvons, il faut en convenir, dans une situation curieuse et qui n'a rien d'agréable ; nous sommes une réunion de religieux appartenant à trois Provinces différentes (Provinces dominicaines) ; aucun des chefs de ces Provinces n'a d'ordre à nous donner et celui de qui nous relevons exclusivement, le Révérendissime Maître Général, ne nous donne pas signe de vie. Nous nous demandons quel est l'*Ordo* que nous devons suivre. Celui de Lyon ? Celui d'Angleterre ? Celui d'Irlande ? Celui du Maître Général ?

Le dimanche qui suivit l'arrivée des nouveaux Pères (27 octobre), Monseigneur l'archevêque prêcha à la cathédrale ; son apparition en chaire fit sensation, car on s'attendait à ce qu'il parlât de son voyage à Rome et du nouvel état de choses occasionné par le décret du Saint-Siège et l'arrivée des Pères anglais. On ne fut pas trompé. Il rappela la pétition de février dernier signée, dit-il, par les principaux membres catholiques de la paroisse de Port-d'Espagne et exprimant les sentiments de la majorité de la population. Cette pétition avait été mise par lui sous les yeux du Souverain Pontife qui, pour y faire droit, avait signé le Décret confiant la direction de la mission de la Trinidad au Maître Général de l'Ordre de saint Dominique, avec précepte d'y envoyer de suite quatre religieux de langue anglaise.

Ces Pères étaient arrivés, non dans le but de supplanter les

Pères français, (ici un éloge de nos Pères) mais afin de les aider. Les Pères français restaient donc pour continuer le bien qu'ils avaient toujours fait, et les nouveaux arrivés n'étaient nullement destinés à faire disparaître les anciens. Sa Grâce termina son discours en déclarant qu'il nommait curé de la cathédrale le R. P. Sadoc Silvester, un des Pères anglais récemment arrivés.

Ce discours était des plus difficiles à réussir ; il s'agissait, en effet, de faire savoir aux fidèles qu'un clergé anglais allait être substitué à l'ancien clergé français, et cela devant ce même clergé dont on louait la vertu, le zèle, le dévouement et le reste, tout en lui déclarant que son temps était fini.

Malgré ce discours de l'archevêque, tous les auditeurs comprirent parfaitement que les Dominicains français n'avaient plus lieu d'exister pour la paroisse et que c'était bien dans le but de les supplanter que les Dominicains anglais venaient à la Trinidad.

Quant à l'assertion de Mgr Flood que la pétition de février était signée par les principaux catholiques de la paroisse et qu'elle exprimait les sentiments de la majorité, nous l'avons déjà dit, et nous le redisons encore, elle est absolument inexacte. En la présentant au Saint-Siège comme telle, Mgr Flood avait moins en vue de l'éclairer sur le véritable état de la question que d'en obtenir le Décret qui enlevait la mission aux Dominicains français, pour la donner aux Anglais.

Cette fameuse pétition, en effet, n'avait été signée que par quatre-vingts personnes environ, hommes seulement, et elle ne demandait que deux choses : le maintien du R. P. Thomas Greenough à la Trinidad et l'envoi dans la mission de quelques Pères anglais. A cette double demande personne ne s'opposait. La pétition fut portée à domicile, mais seulement chez ceux dont la signature était certaine ; on eut bien soin de ne pas en donner connaissance à ceux dont on craignait un refus, de la sorte un grand nombre de nos principaux catholiques ne connurent qu'après coup l'existence de la pétition et, ce dont on eut bien soin de ne rien dire, c'est qu'un bon nombre de ceux à qui elle fut présentée refusèrent de la signer. Si donc on faisait le compte de ceux qui signèrent cet écrit et celui de ceux qui ne le signèrent pas, ou parce qu'ils ne le voulaient pas, ou parce qu'ils n'en connaissaient pas même l'existence, on trouverait, 1° que les principaux catholiques furent contre la pétition, 2° que la majorité de la population partageait l'opinion de ces derniers. Plusieurs ont avoué avoir signé la pétition sans la lire, d'autres sont navrés de voir l'importance qui lui a été donnée et déclarent actuellement que jamais ils n'auraient supposé qu'on en prendrait acte pour faire disparaître les Pères français et les remplacer par des Pères anglais.

Par suite de la nomination du R. P. Sadoc Silvester, le T. R. P. Hilaire Arnaud n'avait plus la direction spirituelle et temporelle de la cathédrale, ni des autres églises ou chapelles de la paroisse ni même des écoles. Toutefois, la chaîne qui unissait les Pères français à la paroisse de Port-d'Espagne et à la mission toute entière de la Trinidad n'était pas entièrement brisée. Car, non seulement ceux qui se trouvaient placés à la tête de plusieurs paroisses dans l'intérieur de l'île et ailleurs n'avaient pas été touchés, (sans doute faute de sujets britanniques pour les remplacer), mais le T. R. P. Hilaire Arnaud restait toujours le supérieur de tous les Pères de la mission avec le titre et les pouvoirs de Vicaire du Révérendissime Maître Général. C'était le dernier anneau de la chaîne. Le T. R. P. Hilaire, deux années encore, occupa la place de supérieur de la mission et tous lui rendaient respect et obéissance.

Cet état durait depuis deux années quand nous apprîmes le départ d'un Père irlandais envoyé par le Révérendissime Maître Général pour prendre le gouvernement de la mission. Il arrivait à la Trinidad en novembre 1897. C'était le R. P. Augustin Coveney, religieux de notre Province d'Irlande dans laquelle il avait déjà occupé plusieurs postes importants. La « Pagelle » qui le nommait supérieur de tous les religieux de l'Ordre assignés à la mission de Trinidad, fut lue publiquement devant toute la Communauté réunie dans la salle du Chapitre, quelques jours après son arrivée. Cette nomination fut accueillie, avec joie par plusieurs, avec la plus parfaite obéissance par tous,

Français, Anglais et Irlandais. Nous n'aurions pas compris qu'il pût en être autrement.

Nous appartenions tous au même Ordre, à cet Ordre illustre qui a toujours donné à l'Eglise l'exemple de l'unité la plus parfaite, qui n'a jamais connu de séparation, jamais de division entre ses membres. Tous nous étions fils du même Père, le glorieux saint Dominique ; tous nous portions le même habit, suivant la même Règle, obéissant au même chef. Le même salut à la Reine pleine de miséricorde, chanté sur le même rythme, viendra calmer les terreurs de nos derniers moments et mettre un doux sourire sur nos lèvres expirantes. La même robe blanche couvrira nos restes mortels, et quand il paraîtra devant son juge, c'est à un fils de saint Dominique que ce juge adressera, nous l'espérons, cette douce invitation : « Venez, les bénis de mon Père, posséder le royaume des cieux. » Et il n'importe point que ce fils ait été, pendant sa vie terrestre, Français, Anglais ou Allemand, Espagnol ou Italien, Russe ou Chinois.

Par une attention délicate de la divine Providence, l'homme à qui l'obéissance religieuse avait confié la place occupée jusquelà par un supérieur français était bien l'homme qu'il fallait, l'homme de la situation. Nous aurions eu à le choisir nousmême que certainement il nous aurait été impossible de trouver mieux.

Pendant les deux années qu'il vécut parmi nous et fut à notre tête, le R. P. Augustin Coveney nous donna l'exemple de toutes les vertus qui font le vrai religieux, toujours le premier à mettre en pratique ce qu'il recommandait aux autres ; modèle d'humilité, de douceur et de patience. Ses ordres étaient une prière plus qu'un commandement, et je ne sache pas qu'il ait jamais adressé à un religieux une seule parole qui eut pu le mortifier ; aussi tous le respectaient, tous lui obéissaient avec autant d'empressement que de joie. Nous pouvons même affirmer qu'il a obtenu de plusieurs de nos Frères français des actes d'humilité qu'un supérieur français n'aurait jamais pu en obtenir.

Malheureusement, nous ne le gardâmes pas longtemps. Arrivé en novembre 1897, il s'éteignait doucement, victime d'un acte de charité envers un des Frères, le 21 mai 1900. Il avait 55 ans.

Sur ces entrefaites, l'archevêque reçut une lettre du Révérendissime Maître Général, alors le R<sup>me</sup> P. André Frühwirth. A cette lettre étaient jointes des feuilles d'assignation pour tous les religieux français appartenant encore à la mission ; huit y furent maintenus, trois étaient assignés au Couvent de Lyon : les RR. PP. Hilaire Arnaud, Mannés Gouchon et Germain Hilaire.

Lecture fut donnée de ces assignations devant toute la Communauté, le 7 octobre de cette année 1897.

C'était le dernier son de la cloche du départ !

Le R. P. Mannés demanda et obtint de rester assigné à la mission. Les deux autres Pères préférèrent ne rien demander. On ne voulait plus d'eux, ils s'en allèrent.

Ce même jour, les feuilles publiques annonçaient le départ. De ce moment, jusqu'au départ, ce ne fut qu'une sorte d'agonie prolongée pour le T. R. P. Hilaire Arnaud et pour les fidèles qui, en si grand nombre, faisaient de son éloignement définitif un deuil public, c'était un échange ininterrompu des plus touchantes sympathies. Informé que le « Bon » P. Hilaire ferait ses adieux, le 21 novembre, dans l'église Notre-Dame de Laventille, le public s'y transporta en foule. Son Excellence, le Gouverneur, Sir Hubert Ierningham et Lady Ierningham voulurent y être présents. C'était la première fois qu'un gouverneur de la Trinidad gravissait la colline de Laventille et entrait dans le sanctuaire vénéré.

Après des chants divers exécutés par des voix nombreuses, vibrantes d'émotion, le T. R. P. Hilaire prit la parole. Il rappela l'histoire du sanctuaire de Laventille, et après avoir rendu grâce à la Vierge Marie, il s'écria d'une voix émue :

« Pour ce qui me concerne personnellement, ne puis-je pas redire la parole du vieillard Siméon : « Maintenant, ô mon Dieu, vous pouvez laisser partir votre serviteur en paix. » Vous n'êtes pas étonnés, mes frères, que pour vous adresser mes dernières paroles, j'aie choisi la chapelle de Notre-Dame de Laventille où j'ai trouvé force et consolation aux jours d'épreuve et de tristesse, ainsi que bénédictions pour mon apostolat. C'est aux

pieds de la Vierge de Laventille que je vous fais mes adieux,
mais c'est aussi à ses pieds que nous nous retrouverons dans un
mutuel souvenir et que vous prierez pour le pauvre missionnaire qui vous a tant aimés !

« Excellence, daignez accepter, pour vous et Lady Jerningham, mes adieux, avec l'expression de ma vive reconnaissance
pour le témoignage de haute bienveillance que vous me donnez
aujourd'hui.

« Adieu à ce clergé séculier et régulier, si souvent représenté
par ses membres dans cette chapelle de Laventille. Adieu aux
différentes Congrégations religieuses et séculières de ma chère
Trinidad ; adieu à tous sans exception, car je n'ai point conscience d'avoir fait acception de personnes dans mon ministère,
et pour tous, grands et petits, justes et pécheurs, j'adresse, en
terminant, cette prière à la Vierge protectrice de la Trinidad :
« O Mère Immaculée du Fils de Dieu, du haut de cette colline
de Laventille où vous avez daigné vous choisir un sanctuaire,
abaissez vos regards maternels sur vos enfants de la Trinidad
et sur tous ceux qui vous invoquent ; bénissez-les, écartez loin
d'eux tous les maux spirituels et temporels qui les menacent et
conduisez-les au port de la bienheureuse éternité. »

Ces paroles avaient trouvé un écho dans tous les cœurs et les
avaient profondément émus. Son Excellence le Gouverneur, au
nom de son peuple, se crut obligé d'y répondre et il le fit, dans
« la belle langue française » suivant sa propre expression, langue qu'il parlait parfaitement bien. « Je suis fort touché des paroles que je viens d'entendre et je pense que ce lieu de pèlerinage de Laventille appellera sur cette colonie les bienfaits de la
Vierge notre Mère. Comme le premier des fidèles catholiques et
au nom de ces fidèles, je tiens à remercier l'éloquent prédicateur
d'avoir, parmi ses œuvres si nombreuses, élevé à la Vierge Marie
un sanctuaire, d'où découlent tant de consolations au milieu des
peines et tant de confiance dans les familles de la Trinidad. Je
m'associe de grand cœur aux sentiments d'estime et de vénération que le peuple lui témoigne. »

L'assemblée applaudit, témoignant par là de son contentement d'entendre son Gouverneur remercier publiquement le P. Hilaire, au nom de la population.

Les jours suivants, le Révérend Père reçut de nombreuses adresses ; pour ne pas nous répéter, nous mentionnons seulement celle du maire et de la municipalité de Port-d'Espagne qui fut remise au P. Hilaire, écrite sur parchemin et richement enluminée, des fonds avaient été votés à cet effet.

Avec le T. R. P. Hilaire Arnaud, la mission dominicaine française en tant que telle, prenait fin. La tête était enlevée, le corps disparaissait ; il ne restait plus que des membres, des individualités.

La mission de la Trinidad cessait d'être à la France, elle appartenait désormais à l'Irlande ; le suprême désir de l'archevêque, Mgr Flood, était accompli.

Le départ approchait ; quelques jours après, le grand transatlantique français, le « *Canada* » mouillait en rade de Port-d'Espagne. Afin de ménager aux nombreux amis du « Bon Père » le bonheur de le posséder jusqu'à la fin, un membre du Conseil municipal fréta un steamer pour aller rejoindre le vapeur français ; de nombreux Trinidadiens y prirent place ; il était vraiment touchant de voir, à bord, sur le bateau français, tous ces pieux et fidèles amis, agenouillés, demandant une dernière bénédiction, voulant, chacun, presser encore une fois, et arroser de ses larmes cette main paternelle qui n'avait cessé de les bénir depuis plus de vingt ans ! Mais, qu'il était cruel au cœur du missionnaire de se voir séparé de ses enfants, d'une mission pour laquelle il s'était si longtemps et si entièrement sacrifié ! Peu d'instants après, le vaisseau levait l'ancre et s'éloignait à toute vapeur des rives bénies de la Trinidad.

C'était le 8 décembre 1897.

Le R. P. Hilaire Arnaud était arrivé à la Trinidad en 1875. Il fut envoyé, comme supérieur, à Cienfuegos, île de Cuba, où la Province de Lyon avait alors une mission. Il mourut à la Havane le 25 juillet 1903.

---

# TABLE

—

## PREMIÈRE PARTIE

### Dominicains de la Province de France


Pages

Chapitre premier. — Mgr Gonin, archevêque de Port-d'Espagne.....  3
II. — Voyage des Dominicains se rendant à la Trinidad.................................  7
III. — Principaux obstacles au salut des âmes à la Trinidad.................................  15
IV. — Eglises, hospices et œuvres.................  25
V. — Collèges et maisons d'éducation.............  33
VI. — Les premiers Dominicains français...........  42
VII. — Mgr Gonin à la tête du diocèse .............  63
VIII. — Activité des Pères Dominicains.............  70
IX. — Le Conseil de fabrique ....................  77
X. — Le P. Bion et ses collaborateurs.............  84
XI. — Le P. Forestier et la chapelle du Rosaire......  92
XII. — Concile provincial et venue de nouveaux Pères.  100
XIII. — Le Tiers-Ordre de Saint-Dominique.........  108
XIV. — Arrivée à la Trinidad des Dominicaines......  115
XV. — Hospice des lépreux de Cocorite et autres œuvres.................................  126
XVI. — La fièvre jaune et les Pères.................  135
XVII. — Dominicaines victimes de la fièvre jaune .....  149
XVIII. — L'orphelinat de Belmont ....................  163


## DEUXIÈME PARTIE

### Dominicains de la Province de Lyon


Chapitre premier. — La mission de la Trinidad confiée à la Province de Lyon ................................  179
II. — T. R. P. M.-Dominique Berthet, supérieur et curé.................................  195
III. — Les PP.-M. François Ribon et Noël Lartaud ...  206

IV. — L'école du Sacré-Cœur .................... 217

V. — Les Dominicaines de Caracas, ............ 226

VI. — Le P. M.-François Ribon et les Coolies ....... 240

VII. — La léproserie de Cocorite et le P. Brosse ...... 252

VIII. — Couvent du S. Nom de Jésus .............. 265

IX. — Nouveau presbytère ..................... 272

X. — T. R. P. Hilaire Arnaud, supérieur (1876-1879). 282

XI. — T. R. P. M.-Dominique Berthet, supérieur (1879-1882) ......................... 287

XII. — Deuxième priorat du P. Hilaire Arnaud (1882-1886) ......................... 299

XIII. — T. R. P. François Balme, Visiteur .......... 318

XIV. — T. R. P. Bertrand Cothonay, supérieur (1886-1892) ........................... 324

XV. — Le bon Pasteur à Port-d'Espagne ........... 346

XVI. — L'île de Tabago et les dominicains ........... 350

XVII. — La mission de Trinidad érigée en couvent formel ........................... 358

XVIII. — T. R. P. M. Dominique Berthet, supérieur (1893-1895) ......................... 367

XIX. — Les Tertiaires Dominicaines à l'hospice de Shine ........................... 380

XX. — Les Frères Convers ..................... 387

XXI. — Les quatre coadjuteurs de Mgr Gonin ........ 395

XXII. — Les deux archevêques, Mgr Gonin et Mgr Flood ........................... 419

XXIII. — Le R. P. Thomas Greenough ............. 426

XXIV. — La mission de la Trinidad enlevée à la Province de Lyon ........................ 438

XXV. — Derniers incidents ..................... 449


Luçon. — Imp. S. Pacteau.

www.ingramcontent.com/pod-product-compliance
Lightning Source LLC
LaVergne TN
LVHW020138070726

842527LV00017B/132